Leipziger Stadtgeschichte

Jahrbuch 2012

Im Auftrag des Leipziger Geschichtsvereins herausgegeben
von Markus Cottin, Detlef Döring und Gerald Kolditz

Sax Verlag

Im Auftrag des Leipziger Geschichtsvereins e. V.
herausgegeben von Markus Cottin, Detlef Döring und Gerald Kolditz

Anschrift der Redaktion:
Leipziger Geschichtsverein e. V., Redaktion Stadtgeschichte
Markt 1, 04109 Leipzig, e-mail: vorstand@leipziger-geschichtsverein.de

Beitragsmanuskripte, Leserzuschriften und Rezensionsexemplare senden Sie bitte an die Redaktion, für unverlangt eingesandte Manuskripte kann jedoch keine Haftung übernommen werden. Für den Inhalt der Beiträge sind die Autoren verantwortlich.

Die Jahrbücher Stadtgeschichte erscheinen jährlich.
Einzelpreis: 15 €, Abonnementpreis incl. Versandkosten 13 €
(für Mitglieder des Vereins frei).

Bildnachweis Umschlag:
Peter Schenk (I.), »Breunigkes Hof«, um 1700 (Stadtgeschichtliches Museum Leipzig)

Bibliografische Information der Deutschen Nationalbibliothek
Die Deutsche Nationalbibliothek verzeichnet diese Publikation in der Deutschen Nationalbibliografie; detaillierte bibliografische Daten sind im Internet über http://dnb.ddb.de abrufbar.

ISSN 1437-8604
ISBN 978-3-86729-102-6
E-Book (PDF) ISBN 978-3-86729-515-8

Umschlaggestaltung: Birgit Röhling, Markkleeberg
Herstellung: PögeDruck, Leipzig-Mölkau
Printed in Germany
www.sax-verlag.de

Inhalt

REZENSIONEN

Tagungsbericht

Leipzigs Bedeutung für die Geschichte Sachsens

Wissenschaftliche Tagung der Historischen Kommission der Sächsischen Akademie der Wissenschaften und des Leipziger Geschichtsvereins
11. bis 13. Oktober 2012

In Vorbereitung des 1000. Jubiläums der Ersterwähnung der Stadt Leipzig (2015) findet seit 2008 alljährlich eine wissenschaftliche Tagung statt, die sich jeweils bestimmten einzelnen zentralen Themen der Stadtgeschichte widmet. Veranstalter sind die Stadt Leipzig, der Leipziger Geschichtsverein und wechselnde innerhalb der Stadt angesiedelte wissenschaftliche bzw. kulturelle Einrichtungen.

Daneben besteht ein legitimes Interesse daran, gleichsam die Stadthistorie in ihrer (immer nur annäherungsweise darstellbaren) Totale sichtbar werden zu lassen. Die Historische Kommission der Sächsischen Akademie der Wissenschaften und der Leipziger Geschichtsverein haben entsprechende Anregungen aus dem Kreis ihrer Mitglieder aufgegriffen und den Beschluss gefasst, eine gemeinsame Tagung zu veranstalten, die die so reiche und vielfältige Historie der Stadt einem breiten Publikum möglichst vieldimensional vorstellen soll. Zum Leitgedanken der Veranstaltung wurde Leipzigs Rolle in der sächsischen Geschichte gewählt. Diese Intention entspricht den Aufgaben der 1896 gegründeten Historischen Kommission, die im Laufe der Jahrzehnte zahlreiche Forschungsvorhaben zur Geschichte der sächsischen Länder vom Mittelalter bis zum 20. Jahrhundert betrieben hat. Nicht wenige dieser Vorhaben berührten und berühren thematisch auch die Geschichte Leipzigs. Insofern bot sich die Zusammenarbeit zwischen der Kommission und dem ganz dem Leipzig-Thema verpflichteten Geschichtsverein an.

Die Veranstaltung fand vom 11. bis zum 13. Oktober 2012 in der Alten Börse am Naschmarkt statt. Alle angemeldeten zwanzig Vorträge konnten gehalten werden, was keineswegs als selbstverständlich zu betrachten ist, da ansonsten Ausfälle von Referenten fast zum Alltag von Tagungen dieser Dimensionen gehören. Die Vortragenden rekrutierten sich aus Vertretern der Universität Leipzig (Professoren, Doktoranden, wissenschaftliche Mitarbeiter) oder anderer Hochschulen (Dresden, Jena) und aus Wissenschaftlern nichtuniversitärer Einrichtungen (z. B. Bach-Archiv, Sächsische Akademie der Wissenschaften, Stadtarchiv Braunschweig). Etwa die Hälfte aller Referenten gehörte der Historischen Kommission oder dem Geschichtsverein bzw. beiden Institutionen an. Gegliedert waren die Vorträge in vier Sektionen: Politik, Wirtschafts- und Sozialgeschichte, Wissenschaft und Bildung, Kunst und Kultur.

Nach Auffassung der Organisatoren bilden diese Komplexe besondere Schwerpunkte der Leipziger Geschichte und sollten daher die Strukturen der Tagung maßgeblich bestimmen. Es versteht sich von selbst, dass im Rahmen einer Vortragsveranstaltung, egal welcher zeitlichen Ausdehnung, gleichsam beispielhaft nur einzelne Aspekte des jeweiligen Themas angesprochen werden können.

Die erste und zugleich umfangreichste Sektion behandelte Fragen der politischen Geschichte der Stadt. Der Bogen spannte sich von der Untersuchung, inwieweit die wettinischen Landesherrn des Mittelalters und des 16. Jahrhunderts Leipzig als Aufenthaltsort nutzten (Enno Bünz), bis zur Funktion des Rats der Stadt in der Zeit der DDR (Christian Rau). Das Verhältnis der Stadt zu ihrem näheren Umland bildet ein Thema, dass (auch aufgrund nur sporadischer Vorarbeiten) bei der Abfassung der geplanten vierbändigen Stadtgeschichte ein besonders anspruchsvolles Problem bilden wird. Einen speziellen Aspekt dieses ganzen Komplexes berücksichtigte Markus Cottin mit seinem Referat über den Rittergutsbesitz Leipziger Bürger im 15. und 16. Jahrhundert. Eine bisher nur wenig beachtete Dimension der Geschichte der Universität bildet deren feste Mitgliedschaft im sächsischen Landtag. Das ist sonst bei nur wenigen deutschen Hochschulen der Fall gewesen. Philipp Walter berichtete auf Grundlage der Dresdner Quellenüberlieferung über das Agieren der Universität auf den Landtagen der ersten Hälfte des 17. Jahrhunderts. Leipzig war im 19. Jahrhundert nicht nur das Zentrum der frühen Arbeiterbewegung, sondern auch Mittelpunkt der deutschen Frauenbewegung. Susanne Schötz, die auf eine langjährige Beschäftigung mit diesem Thema zurückblicken kann, bot einen breit angelegten Überblick über die Anfänge der Emanzipationsbewegung der Frauen. In die Zeit unmittelbar nach dem Ende des Ersten Weltkrieges führte der Vortrag von Siegfried Hoyer über Leipzig in den Tagen des Kapp-Putsches (März 1920). Gestützt auf einer genauen und unvoreingenommenen Analyse des vorhandenen Quellenmaterials konnte der Referent die bisher vorherrschende Sicht auf diese Ereignisse korrigieren.

Auch die Sektion Wirtschafts- und Sozialgeschichte wurde mit einem Vortrag zum Mittelalter eröffnet. Unter dem Titel »Die Handelsstadt Leipzig und Christoph Cuppeners Schrift über den Wucher« gab Henning Steinführer einen Überblick über die Geschichte der Handelsstadt Leipzig im späten Mittelalter. Außerdem stellte er die 1506 in Leipzig erschienene Schrift des Leipziger Juristen und Universitätslehrers Dr. Christoph Cuppener über den Wucher vor, die außer ihrer Bedeutung als eine der ersten deutschsprachigen Schriften zum Römischen Recht auch interessante Einblicke in das Handelsleben in Leipzig gewährt. Einem nur auf den ersten Blick recht speziell anmutenden Thema, der Geschenkpraxis des Leipziger Rates im Spätmittelalter, wendete sich Frau Doreen von Oertzen-Becker zu. Verschenkt wurden in erster Linie Nahrungsmittel, insbesondere Getränke (Wein). Auf Grundlage einer reichhaltigen Quellenüberlieferung im Leipziger Stadtarchiv vermochte die Referentin ein farbiges, kulturgeschichtlich aufschlussreiches Bild darüber zu vermitteln, wann, wo, was und wem geschenkt worden ist. Seit dem 16. Jahrhundert zählte des Verlagswesen im wachsenden Maße zu den Schwerpunkten des Leipziger Wirtschaftslebens. Keine Leipzig-Darstellung kann ohne Berücksichtigung dieser Tatsache auskommen. Ein Vortrag von Thomas Fuchs untersuchte daher den Einfluss der heftigen konfessionellen Auseinandersetzungen im Sachsen des ausgehenden 16. Jahrhunderts, die sich vor allem um den Kalvinismus bzw. Kryptokalvinismus drehten, auf die Buchproduktion. Die zweite Hälfte des Dreißigjährigen Krieges gehört zu den schwärzesten Abschnitten der Leipziger Geschichte, gerade auch in wirtschaftlicher Hinsicht. Dabei setzte der ökonomische Niedergang der Stadt bereits zuvor ein, als sie nämlich 1627 ihren Bankrott erklären musste und in die Zwangsverwaltung durch die Dresdner Regierung genommen wurde. Diesem Vorgang und der über Jahrzehnte anhaltenden finanziellen Bevormundung Leipzigs widmete sich ein Vortrag von Uwe Schirmer. Über die unzweifelhaft große Bedeutung des Handels für die Entwicklung Leipzigs wird im historischen Rückblick mitunter die Bedeutung des Handwerks vernachlässigt. Daher war es für die Tagungsorganisatoren umso erfreulicher, mit Frau Elke Schlenkrich eine ausgewiesene Kennerin der Handwerksgeschichte als Referentin gewonnen zu haben. Sie sprach über die Lebenswelten Leipziger Zunfthandwerker auf dem Weg in die Moderne (1750–1850).

Wissenschaft und Bildung sind Bereiche, die für Leipzig schon immer von ganz besonderer Bedeutung gewesen sind. Es war daher selbstverständlich, ihnen eine eigene Sektion zu widmen. Da das kürzlich begangene 600. Jubiläum der Gründung der Universität (2009) eine wahre Fülle an Publikationen zur Geschichte der Alma mater Lipsiensis hervorgebracht hat, sollte auf der Tagung stärker anderen Aspekten der Wissenschaftsgeschichte Beachtung gezollt werden. Eine Ausnahme bildete der Vortrag von Manfred Rudersdorf, der der Verbindung zwischen lutherischer Reform und humanistischer Bildung nachging, die für die weitere Entwicklung von Wissenschaft und Schule, ja für die Kultur überhaupt von ausschlaggebender Bedeutung gewesen ist. Ein Forschungsthema, das erst in den letzten Jahrzehnten stärkere Aufmerksamkeit gefunden hat, ist das Kalenderwesen. Kalender waren in vielerlei Hinsicht Vorläufer der Ende des 17. Jahrhunderts aufkommenden Periodika. Ihr Inhalt deckte Interessen ab, die vom Landmann bis zum Gelehrten reichten. Klaus-Dieter Herbst, der vielleicht derzeit beste Kenner der Materie, referierte über Leipzig als Druckort von Kalendern. Wenn auch Nürnberg unzweifelhaft das Zentrum der Kalenderherstellung war und blieb, so ist doch die Rolle der Buch- und Verlagsstadt Leipzig hier eine ansehnliche. Einen wenig beachteten Gegenstand der Forschung bilden die überaus zahlreichen Privatbibliotheken in Leipzig, die bis zum Beginn des 19. Jahrhunderts durchaus mit den großen öffentlichen Buchsammlungen zu konkurrieren vermochten. Mit einigen dieser Bibliotheken beschäftigte sich Thomas Döring

(Gelehrtenbibliotheken 1500–1750), der als Mitarbeiter der hiesigen Universitätsbibliothek über einen guten Überblick über die dort befindlichen Kataloge der verauktionierten Bibliotheken verfügt, ebenso aber Kenntnisse zu den Sammlungen besitzt, die nach dem Tod ihrer Besitzer Eingang in die öffentlichen Bibliotheken gefunden haben. In ausgeprägterer Weise als in den meisten anderen deutschen Städten war Wissenschaft, Kunst und Kultur in Leipzig eine Angelegenheit des Bürgertums. Die Förderung dieser Lebensbereiche ging in erster Linie von dieser Gesellschaftsschicht aus. Das galt noch für die Ära der Weimarer Republik, die im Mittelpunkt des Vortrags von Thomas Stein stand (Städtische Eliten und Mäzenatentum im Leipzig der Weimarer Republik).

Die letzte Sektion räumte den Bereichen Kunst und Kultur Raum ein. Die bildende Kunst war durch ein Referat von Constance Timm vertreten. Ihre Ausführungen galten den Epitaphien einer »erinnerten Kirche«. Gemeint ist die Universitätskirche St. Pauli, deren barbarische Zerstörung auf Befehl der SED-Herrscher (1968) im Gedächtnis der Stadt immer als eine Wunde verbleiben wird. Alte Bildaufnahmen und diejenigen Kunstwerke, die vor der Sprengung noch gerettet werden konnten, bieten die Möglichkeit, sich mit den »vergessenen Begräbnissen« zu beschäftigen. Leipzig bildete fraglos über die Mitte des 18. Jahrhunderts hinaus ein oder sogar das Zentrum der literarischen Produktion in Deutschland. Mit diesem großen Komplex beschäftigte sich Detlef Döring (Leipzigs Stellung in der deutschen Literaturgeschichte der Frühen Neuzeit). Entgegen der sonst üblichen Aufzählung mehr oder minder bedeutender Dichter, die mit Leipzig in Verbindung zu bringen sind, ging es ihm darum, die besonderen Bedingungen und Voraussetzungen zu skizzieren, unter denen in Leipzig literarische Texte entstanden. Ein weiteres Anliegen bildete die Kritik an der bisher verbreiteten Ablehnung fast jeder Bedeutung des Leipziger literarischen Lebens um 1800. In den Augen vieler, besonders der auswärtigen Betrachter, ist Leipzig wohl zuerst ein Ort der Musik. Die Namen von Personen und Einrichtungen, die selbst dem nur oberflächlich Informierten bei diesem Stichwort einfallen, müssen hier nicht aufgezählt werden. Auf der Tagung wurde die Musikgeschichte durch zwei Vorträge repräsentiert. Peter Wollny befasste sich mit den bisher kaum beachteten öffentlichen Musikaufführungen des 17. und 18. Jahrhunderts auf dem Leipziger Marktplatz. Die heute insbesondere in der warmen Jahreszeit stattfindenden öffentlichen musikalischen Großaufführungen (unter anderem auf dem Markt) stehen durchaus in einer langen Tradition, wie das Referat Wollnys anschaulich (und hörbar) den Tagungsteilnehmern demonstrierte. Einem der ganz Großen der Leipziger Musikgeschichte, Felix Mendelssohn Bartholdy, wandte sich Ralf Wehner zu, allerdings unter einem speziellen Leipziger Aspekt. Mendelssohn war über Jahre hinweg Mitglied der Leipziger Liedertafel, für die er auch Kompositionen verfasste. Die Liedertafel ist im Kontext der breiten Entfaltung des Chorwesens zu sehen, die im 19. Jahrhundert weite

Teile Deutschlands erfasste. Die erhaltenen Protokolle der Sitzungen der Liedertafel bieten eine vorzügliche Quellengrundlage für die Rekonstruktion ihres Lebens und des dortigen Wirkens Mendelssohns.

Von alters her ist bei längeren wissenschaftlichen Tagungen die Gepflogenheit des »Öffentlichen Abendvortrags« lebendig. Auch die Leipziger Veranstaltung ist diesem Brauch gefolgt und lud am Abend des 12. Oktobers zu einem solchen Vortrag ein. Vortragender war Ulrich von Hehl, der an der Leipziger Universität das Fach Zeitgeschichte als Lehrstuhlinhaber vertritt. Dementsprechend stand ein Thema aus dem 20. Jahrhundert im Mittelpunkt des Abends, nämlich die Aufenthalte Adolf Hitlers in Leipzig (»Führerbesuche« in der Messestadt – Anlässe, öffentliche Wahrnehmung, Wirkung). Lag der Brennpunkt der Forschung (nicht unberechtigt) lange Zeit bei der Beschäftigung mit Verfolgung und Widerstand im Dritten Reich, so gilt ein stärkeres Interesse doch inzwischen auch den Herrschenden bzw. den Eliten innerhalb der braunen Diktatur. An deren Spitze stand unstrittig Hitler, und so ist es für die historiographische Aufarbeitung jener Zeit durchaus sinnvoll, nach dem Verhältnis des »Führers« zur »Reichsmessestadt« zu fragen. Dabei stellt sich heraus, dass es weniger die Messen oder Wirtschaftsfragen waren, die Hitler dazu bewegten, nach Leipzig zu reisen, sondern Wahlkampagnen (Reichstagswahlen, Volksabstimmungen) und das Bestreben, die Heimatstadt Richard Wagners mit Monumenten auszustatten, die an den Komponisten erinnern. Hitler betrachtete ihn bekanntlich als einen seiner Vorbilder.

Die genannten Vorträge, die an dieser Stelle im Wesentlichen nur aufgezählt werden konnten, sollen 2013 in der Reihe »Quellen und Forschungen zur Geschichte der Stadt Leipzig« publiziert werden. So können ihre Ergebnisse noch Eingang in die für 2015 geplante und eingangs bereits erwähnte vierbändige wissenschaftliche Stadtgeschichte finden. Aber auch unabhängig davon bieten sie für den Interessenten Einblicke in verschiedene Aspekte der Leipziger Historie, die bisher nicht in dieser Weise oder noch gar nicht gewährt worden sind.

Detlef Döring

Tagungsbericht

Stadt und Glauben

5. Tag der Stadtgeschichte des Leipziger Geschichtsvereins 2012

Der fünfte »Tag der Stadtgeschichte« widmete sich vom 15. bis 18. November 2012 dem Themenfeld »Stadt und Glauben«. Wie gewohnt bestand er aus einer zweitägigen wissenschaftlichen Tagung und weiteren Veranstaltungen mit dem Anspruch eines Brückenschlages in die Gegenwart.

Unter der programmatischen, den Titel der ersten kirchengeschichtlichen Darstellung Leipzigs aus dem späten 16. Jahrhundert durch David Pfeifer wieder aufgreifenden, Überschrift »Das religiöse Leipzig« fand am 15. und 16. November 2012 im Festsaal des Neuen Rathauses das wissenschaftliche Kolloquium statt. Dessen inhaltliche und konzeptionelle Ausgestaltung verantworteten Enno Bünz, Lehrstuhlinhaber für Sächsische Landesgeschichte am Historischen Seminar, und Armin Kohnle, Ordinarius für Spätmittelalter und Reformation am Institut für Kirchengeschichte (beide an der Universität Leipzig). Das anspruchsvolle Vortragsprogramm sollte dabei über engere kirchengeschichtliche Ansätze hinausgehend einen kultur- und mentalitätsgeschichtlichen Zugang zu den Glaubenswelten der Leipziger in Vergangenheit und Gegenwart aufzeigen und Entwicklungslinien herausarbeiten. Offenbar sorgten sowohl die Thematik als auch die Referenten für einen regen Besucherzuspruch.

Den Tagungsauftakt bestritt der Mediävist Matthias Hardt vom Geisteswissenschaftlichen Zentrum Geschichte und Kultur Ostmitteleuropas an der Universität Leipzig mit einem Vortrag über Sorbische Gentilreligion und christliche Mission (10. bis 12. Jahrhundert). Christoph Volkmar, stellvertretender Leiter des Standorts Wernigerode des Landeshauptarchivs Sachsen-Anhalt, zeichnete im Anschluss unter dem provokanten Titel »Ein zweites Sodom« ein differenziertes Bild Leipzigs in der frühen Reformation, dem als Buchstadt zunächst eine durchaus prominente Rolle bei der Verbreitung lutherischer Schriften zugekommen war, bevor es mehr und mehr als albertinischer Vorort gegen die reformatorischen Einflüsse abgeschottet werden sollte. Dem kirchlichen Leben und den Ausdrucksformen der Laienfrömmigkeit widmete sich Enno Bünz, in dem er beeindruckende Beispiele spätmittelalterlicher Kultur- und Mentalitätsgeschichte vorstellte und im weiteren historischen Kontext analysierte. Methodisch wie inhaltlich schloss sich der Vortrag des Kirchenhistorikers Hartmut Kühne zu Wallfahrten und Wunderglauben vor und nach der Reformation an. Das Referat präsentierte Zwischenergebnisse seiner Arbeit an einer gemeinsam vom Leipziger Stadtgeschichtlichen Museum, dem Magdeburger Kulturhistorischen

Museum und den Mühlhäuser Museen geplanten Verbundausstellung zu »Alltag und Frömmigkeit am Vorabend der Reformation in Mitteldeutschland«. Armin Kohnle bot ein Panorama des lutherischen Leipzigs seit 1539 und im konfessionellen Zeitalter, das er – insbesondere durch die bekannten Ereignisse 1574 und 1586–91/93 – als durch den Calvinismus herausgefordert darstellte.

Rüdiger Otto, wissenschaftlicher Mitarbeiter am Projekt Gottsched-Edition der Sächsischen Akademie der Wissenschaften zu Leipzig und Theologe, beleuchtete am Beispiel der Kirchenstühle der Leipziger Bürger die kultur- und sozialgeschichtlichen Dimensionen der Frömmigkeit des 18. Jahrhunderts. Birgit Mitzscherlich, Abteilungsleiterin für Archiv, Bibliothek und Kunst des Bistums Dresden-Meißen in Bautzen, untersuchte den »Neubeginn des Katholizismus in Leipzig« in eben dieser Zeit und stellte die Probleme dieses Neuanfangs plastisch dar. Mit dem anschließenden Vortrag des Leipziger Kirchenhistorikers Markus Hein (Universität Leipzig) traten die Beiträge in ein Jahrhundert ein, für das u. a. der kontrovers diskutierte Begriff des »Zweiten konfessionellen Zeitalters« vorgeschlagen worden ist. Hein zeichnete den Weg der Lutherischen Kirche zur Großstadtkirche nach und thematisierte sowohl den Wandel der Kirchenorganisation als auch der Frömmigkeitsformen und mentalen Präfigurationen über das 19. bis ins frühe 20. Jahrhundert in Leipzig. Die Leipziger Germanistin und Historikerin Katrin Löffler stellte im Anschluss Aspekte des Jüdischen Lebens in Leipzig in eben dieser Zeit vor und analysierte Struktur und Kultur des durchaus nicht homogenen israelitischen Gemeindelebens.

Mit dem Vortrag der Direktorin des Leipziger Stadtarchivs Beate Berger zu Freidenkern und Monisten im 19. und 20. Jahrhundert traten dann erstmals moderne Formen der Auseinandersetzung mit und Abwendung von den jüdisch-christlichen Glaubensvorstellungen, die die Geschichte Leipzigs über Jahrhunderte geprägt hatten, in das Blickfeld. Einzelaspekte der Darstellung wurden in der anschließenden Diskussion rege problematisiert.

Den ersten Veranstaltungstag rundete ein Abendvortrag des Leipziger Kirchenhistorikers Klaus Fitschen (Lehrstuhlinhaber für Neuere und Neueste Kirchengeschichte an der Theologischen Fakultät) ab. Seine problemorientierte, ebenso Quellen wie Methodik thematisierende Analyse der Stellung der Leipziger Kirchen in der DDR und deren Rolle in der Friedlichen Revolution eröffnete einen anspruchsvollen Einblick in offene Fragen kirchlicher Zeitgeschichtsforschung am Leipziger Beispiel.

Der zweite Veranstaltungstag wurde durch den Vortrag Benjamin Gallins zu den Leipziger Katholiken im 19. und frühen 20. Jahrhundert eröffnet. In einer anregenden Analyse wurden die Spannungsverhältnisse von katholischer Bevölkerung und Institutionen zwischen Milieu-Bindung und Herausforderungen der (lutherischen) Mehrheitskonfession herausgearbeitet. Die Konkurrenzsituation der Konfessionen in der modernen Großstadt stellte im Folgenden auch der von Uta Karstein (in Vertretung für die verhinderte Fanny Stoye) referierte Beitrag »zur Positionierung religiöser Gruppen durch das Medium Architektur« am Beispiel der Leipziger Sakralbauten um 1900 dar. Die sowohl kunst- als auch sozialgeschichtlich erarbeiteten Thesen regten eine belebte Diskussion an.

Die doppelte Diktaturerfahrung der evanglisch-lutherischen Kirche in Leipzig in den Jahren von 1933 bis 1968 stand im Mittelpunkt des Vortrages von Georg Wilhelm (Leiter des Diözesanarchivs des Bistum Osnabrück). Die soziologische Bestandsaufnahme von Gert Pickel (Professor für Religions- und Kirchensoziologie an der Theologischen Fakultät der Universität Leipzig) zum Thema Kirche und Christentum in der modernen Großstadt beschloss die wissenschaftliche Tagung.

Im Rahmen der Tagung wurden zudem gleich zwei neu erschienene Publikationen zur Leipziger Stadtgeschichte präsentiert. Die Herausgeberin, Susanne Schötz, stellte den letztjährigen Tagungsband zur Leipziger Wirtschaftsgeschichte vor: Der Band »Leipzigs Wirtschaft in Vergangenheit und Gegenwart. Akteure, Handlungsspielräume, Wirkungen (1400–2011)« erschien als Band 3 der in Vorbereitung auf das Stadtjubiläum 2015 geschaffenen Reihe »Quellen und Forschungen zur Geschichte der Stadt Leipzig« im Leipziger Universitätsverlag.

Daneben konnte der vom Schulmuseum angeregte Jubiläumsband der Nikolaischule (Frank Fehlberg/Florian Friedrich: 500 Jahre Nikolaitana. Beiträge und Dokumente zur Leipziger Schulgeschichte, Sax-Verlag Beucha-Markkleeberg 2012) zur Geschichte der zweitältesten Leipziger Schule vorgestellt werden. Der Band dürfte mit seiner reichen Bebilderung und der Anlehnung an die Jubiläumsausstellung eine breitere Leserschaft ansprechen.

Das im Vergleich zum vorangegangenen Jahr reduzierte Rahmenprogramm zur Popularisierung des Tagungsthemas erstreckte sich 2012 nichtsdestotrotz über drei Tage. Eine ursprünglich geplante Exkursion durch den in der Leipziger Öffentlichkeit kontrovers diskutierten Neubau des Paulinum/Universitätskirche, konnte aus bauorganisatorischen Gründen nicht realisiert werden. Stattdessen wurde von der Universität eine Führung um das Paulinum im neuen Universitätshauptgebäude angeboten. Der Kustos der Universität, Rudolf Hiller von Gaertringen, führte mit einem instruktiven Vortrag zunächst in die Kunst- und Baugeschichte der Universitätskirche St. Pauli ein und berichtete über deren reiche Ausstattung sowie die Probleme der Restauration und der Wiedereinbringung in den Neubau. Ein anschließender Rundgang erschloss unter seiner kundigen Anleitung auch bislang unbekannte Seiten des Augusteums und noch nicht gezeigte Kunstschätze – etwa spätmittelalterlich-frühneuzeitliche Sgraffitos.

Am Samstag, den 17. November, ermöglichte die studentische Initiative Stadtkarawane e. V. mit speziell auf das Thema zugeschnittenen Besuchstouren die Begegnung mit den »Religionen der Welt in Leipzig«. Unter anderem wurden die Hare Krishna

Mönche des Bakhti-Yoga Zentrums, das Zentrum für islamische Kultur und Forschung sowie die Zeugen Jehovas besucht.

Die Veranstaltungen am Sonntag widmeten sich dann dem jüdischen Leipzig. Die Ephraim Carlebach Stiftung hatte zur Spurensuche nach dem jüdischen Leben in Leipzig im 18. und 19. Jahrhundert auf den (»Alten«) Israelitischen Friedhof in der Berliner Straße geladen. Den fundierten Ausführungen Kerstin Plowinskis folgten – trotz eisiger Novemberkälte – zahlreiche Leipzigerinnen und Leipziger.

Am Nachmittag führte dann der Gemeinderabbiner Zsolt Balla durch die Synagoge in der Löhrstraße. Er vermittelte den erneut zahlreich erschienenen Besuchern spannende Eindrücke in das heutige Gemeindeleben und beantwortete geduldig Fragen zu Liturgie und Dogmatik.

Sebastian Kusche

BEITRÄGE · BERICHTE · MISZELLEN

Pfarrzwang, Grabstätten und Steuerlisten. Zur Rekonstruktion der Sprengel der Leipziger Pfarreien St. Thomas und St. Nikolai im Mittelalter[1]

Marek Wejwoda

Zu den nicht eben wenigen offenen Fragen der Leipziger Stadtgeschichte des Spätmittelalters[2] gehört die Abgrenzung der Sprengel der beiden Pfarrkirchen St. Thomas und St. Nikolai.[3] Die ältere Stadtgeschichtsschreibung, etwa eines David Peifer[4] oder Johann Jacob Vogel[5], gibt darüber keine Auskunft. Daher musste schon Christian

1 Ich danke dem Oberseminar des Lehrstuhls für Sächsische Landesgeschichte der Universität Leipzig, wo ich diese Studie am 11. Juli 2012 vorgestellt habe, für die rege Diskussion und so manche Anregung. Meinem Lehrer Herrn Prof. Dr. Enno Bünz verdanke ich nicht nur konkrete Hinweise auf wichtige einschlägige Literatur, sondern auch langjährige und vielfältige Förderung. Diese Studie weiß sich ihm daher sehr verpflichtet – auch und gerade dort, wo sie zu anderen Ergebnissen gelangt.

2 Dazu Markus Cottin, Leipzig im Mittelalter. Stand der Forschung, in: Cathrin Friedrich (Hrsg.), 1000 Jahre Leipzig. Forschungsstand zur Stadtgeschichte im Vorfeld des Jubiläums der Ersterwähnung von 1015 (Leipziger Hefte 17), Beucha 2009, S. 6–35, hier bes. S. 22 f. und 35.

3 Außer Betracht bleiben im Folgenden die Pfarrei von St. Jakob, deren Sprengel vor den Mauern der Stadt lag, vgl. dazu: Markus Cottin, Henning Steinführer, Die Leipziger Jakobskirche – ein Schlüssel zur frühen Stadtgeschichte?, in: Klaus Herbers, Enno Bünz (Hrsg.), Der Jakobuskult in Sachsen (Jakobus-Studien 17), Tübingen 2007, S. 97–112, hier S. 107 und 110, und Enno Bünz, Die Leipziger Stadtpfarrkirchen im Mittelalter. Anfänge – Bautätigkeit – Ausstattung, in: Die Stadtpfarrkirchen Sachsens im Mittelalter und in der Frühen Neuzeit (Bausteine aus dem Institut für Sächsische Geschichte und Volkskunde), Dresden 2013, S. 23–70, hier S. 34, sowie die Kapellen St. Katharinen, St. Peter und St. Marien am Brühl, die zwar in den Quellen nicht nur als *capella*, sondern bisweilen auch als *ecclesia* bezeichnet werden, vgl. Urkundenbuch der Stadt Leipzig, Band 3 (Codex diplomaticus Saxoniae regiae II/10) bearb. von Joseph Förstemann, Leipzig 1894, S. 363, aber kein Pfarr- und Begräbnisrecht besaßen.

4 David Peifer, Lipsia seu originum Lipsiensium libri IV, Leipzig 1689. – Das hier besonders einschlägige dritte Buch der vier Bücher des lateinischen Werkes liegt seit einiger Zeit in Übersetzung vor: David Peifer, Das religiöse Leipzig oder Buch III des Leipziger Ursprungs und seiner Geschichte. Lipsia religiosa seu originum et rerum Lipsiensium liber III, bearb. von Gerhard Löwe (Leipziger Hefte), Beucha 1996.

5 Johann Jacob Vogel, Leipzigisches Geschicht-Buch Oder Annales, Das ist: Jahr- und Tage-Bücher Der Weltberühmten Königl. und Churfürstlichen Sächsischen Kauff- und Handels-Stadt Leipzig, Leipzig 1714.

Gretschel im Jahre 1839 in seinen »Kirchlichen Zuständen Leipzigs« eingestehen, dass ihm »die Ermittlung der frühern Pfarrgränzen bei der Thomaskirche [...] bei dem Mangel hinreichender Nachrichten nicht wohl möglich gewesen« sei.[6] Und noch Enno Bünz konstatierte vor einigen Jahren, der Grenzverlauf sei unbekannt,[7] sowie kürzlich, dass »über die Ausdehnung der beiden Pfarrbezirke im Mittelalter ... nur wenig bekannt« sei,[8] obwohl er nun immerhin aufgrund einzelner urkundlicher Belege zeigen konnte, dass es in Leipzig eine feste Sprengeleinteilung gegeben hat.

Dabei ist die Frage nach dem Umfang der Pfarrsprengel und dem Verlauf der Grenze keineswegs ein belangloses Detail, im Gegenteil: Wenigstens normativ war die Zugehörigkeit zu einer Pfarrei ein ganz elementarer und prägender Faktor des religiösen Lebens des Mittelalters: Sie konstituierte territorial definierte Gemeinden, die einer bestimmten Pfarrkirche zugeordnet waren. Die Pfarreizugehörigkeit war verbindlich. Durch den kirchenrechtlich fixierten Pfarrzwang war es den Mitgliedern der Pfarrgemeinde untersagt, Sakramente und weitere kirchliche Dienstleistungen an einer anderen Kirche als der eigenen Pfarrkirche entgegenzunehmen.[9]

Insofern handelt es sich bei der Untersuchung dieses Problems um ein Stück Grundlagenforschung, das für das Verständnis der Leipziger Kirchengeschichte[10] und insbesondere für die Beurteilung des Verhältnisses von Stadt und Kirche im Mittelalter von einer gewissen Relevanz sein kann. Doch dazu abschließend. Zuvor möchte ich hier zeigen, dass eine Rekonstruktion der Leipziger Pfarreisprengel durchaus mit einiger Sicherheit möglich ist, wenn man verschiedene Quellen miteinander kombiniert.

---

6 Carl Christian Carus Gretschel, Kirchliche Zustände Leipzigs vor und während der Reformation 1539, Leipzig 1839, S. 83 f.

7 Enno Bünz, Stadtsiegel und Stadtwerdung. Zum ältesten Leipziger Stadtsiegel von 1278, in: Henning Steinführer, Gerhard Graf (Hrsg.), Leipzig im Mittelalter. Befunde um 1300 (Leipziger Hefte 16), Beucha 2004, S. 49–71, hier S. 63.

8 Bünz, Die Leipziger Stadtpfarrkirchen (Anm. 3), S. 29.

9 Peter Krämer, Artikel »Pfarrei«, in: Lexikon für Theologie und Kirche 8 (1999), Sp. 162–165, bes. Sp. 163; Willibald M. Plöchl, Geschichte des Kirchenrechts, Band 2, Wien, München ^{2}1962, S. 163–171. – Über die Pfarrei als Element des Kirchenrechts orientiert demnächst aktuell und umfassend: Harald Müller, Die Pfarrei im Normengefüge der mittelalterlichen Kirche, in: Enno Bünz, Gerhard Fouquet (Hrsg.), Die Pfarrei im späten Mittelalter (Vorträge und Forschungen 77), Ostfildern 2013 (im Druck), S. 62–96 (Ich danke dem Mitherausgeber des Sammelbandes Prof. Dr. Enno Bünz für die Möglichkeit, das Aufsatzmanuskript vorab einsehen zu können); allgemein ist zu vergleichen der Forschungsüberblick: Enno Bünz, Die mittelalterliche Pfarrei in Deutschland. Neue Forschungstendenzen und -ergebnisse, in: Nathalie Kruppa (Hrsg.), Pfarreien im Mittelalter. Deutschland, Polen, Tschechien und Ungarn im Vergleich (Veröffentlichungen des Max-Planck-Instituts für Geschichte 238 = Studien zur Germania sacra 32), Göttingen 2008, S. 27–66.

10 Jens Bulisch, Kirchenorganisation Leipzigs um 1300, in: Steinführer, Graf, Leipzig im Mittelalter (Anm. 7), S. 107–119, übergeht die Frage.

Denn es ist zwar richtig, dass es keine direkten Nachrichten gibt, die – etwa im Sinne einer Grenzbeschreibung – den Umfang der Pfarrsprengel dokumentieren. Und wir haben für Leipzig vor der Reformation auch keine Kommunikantenverzeichnisse oder Kirchenbücher, die die Personen nennen würden, die in den verschiedenen Pfarrkirchen das Abendmahl empfangen haben oder getauft worden sind. Wir kennen aber von einer ganzen Reihe von Leipziger Bürgern des 15. und frühen 16. Jahrhunderts den Begräbnisort, und zwar durch die »Inscriptiones Lipsienses«, in denen Salomon Stepner im Jahre 1675 die Leipziger Inschriften gesammelt und veröffentlicht hat.[11] Ein großer Teil der 2250 Inschriften entfällt dabei auf Grabschriften in den Leipziger Kirchen – und zwar, das muss hinzugefügt werden, auf heute zumeist verlorene Grabmäler, denn die Innenräume der Kirchen sind im Laufe der Frühen Neuzeit gründlich umgestaltet worden. Mittelalterliche Grabmäler sind heute nur noch in geringer Zahl erhalten. Durch Stepners »Inscriptiones Lipsienses« lassen sich jedoch bis zum Jahre 1539 nicht weniger als 74 Begräbnisse in St. Thomas nachweisen, 75 sind es in St. Nikolai.[12]

Wenn man nun – und dies ist die methodische Prämisse des hier vorgestellten Ansatzes – vom Pfarrzwang ausgeht und annimmt, dass Leipziger Bürger in der Regel in der Kirche beerdigt sind, zu deren Pfarrei sie gehören,[13] müssten sich aus einer

11 Salomon Stepner, Inscriptiones Lipsienses locorum publicorum, academicorum pariter ac senatorium memorabiles [...], Leipzig 1675 (VD 17: 14:015175W).

12 Stepner, Inscriptiones (Anm. 11), Nr. 388–565 (St. Nikolai) sowie Nr. 566–860 (St. Thomas). Dazu kommen aber noch einige Belege im Buch VII der »Inscriptiones« (Liber deperditarum), der »Untergegangene« Inschriften aus verschiedenen Kirchen und anderen Orten enthält. Woher Stepner diese Inschriften hatte, sagt er nicht ausdrücklich, wahrscheinlich sind sie früheren Inschriftensammlungen entnommen, die er am Ende der nicht paginierten Vorrede anführt. – Hier wurden Familiengrablegen und auch einzelne Grabmale für Ehegatten nur einmal gezählt, ebenso Doppelgrabmale (einige Personen hatten zwei Grabmale), da es um die Personen und ihre Lokalisierung ging. Die Zahl der Personen, für die man ein Begräbnis nachweisen kann, ist insgesamt etwas höher.

13 Zur kirchenrechtlichen Entwicklung und Fixierung dieses Grundsatzes allgemein: Peter Lex, Das kirchliche Begräbnisrecht, historisch-kanonistisch dargestellt, Regensburg 1904, S. 103–133; vgl. auch Plöchl, Geschichte des Kirchenrechts 2 (Anm. 9), S. 163–171 passim, bes. S. 166f., dort und S. 164 aber auch mit dem Hinweis, dass die Abgrenzung der städtischen Pfarreien nicht überall mit gleicher Strenge durchgeführt worden sei und das pfarrliche Begräbnisrecht etwa durch Privilegierung geschmälert werden konnte. – Vor allem aber kollidierte das pfarrliche Begräbnisrecht mit der ebenfalls kirchenrechtlich verankerten Testierfreiheit der Gläubigen, das grundsätzlich die freie Wahl der Begräbnisstätte einschloss, vgl. dazu ebd., S. 164–198; Müller, Die Pfarrei im Normengefüge (Anm. 9). In der Praxis betraf dies aber wohl nur selten das Verhältnis zwischen verschiedenen Pfarrkirchen, sondern wohl fast ausschließlich den Wunsch der Gläubigen, in einer Kloster- oder Stiftskirche beerdigt zu werden. In diesem Fall war an den zuständigen Pfarrer eine Ausgleichszahlung für entgangene Einnahmen zu entrichten. – Dass auch in Leipzig eine Bestattung in der Pfarrei die Regel war und alternativ nicht die andere Pfarrei in Frage kam, sondern – wenn schon – die Kirche eines der beiden in Predigt und Seelsorge bekanntlich sehr aktiven Bettelorden, geht bereits aus den Auseinandersetzungen zwischen den Dominikanern und St. Thomas über diese Frage im 15. Jahrhundert hervor, siehe dazu unten bei Anm. 36.

Lokalisierung der Personen in der Stadt, d. h. aus der Bestimmung ihres Wohnortes, die Ausdehnung und die Grenzen der Pfarreisprengel von St. Nikolai und St. Thomas ergeben.

Eine solche Lokalisierung ermöglichen die Leipziger Steuerlisten, die mit dem Harnischbuch von 1466 einsetzen und dann in einigermaßen regelmäßigen Abständen die steuerpflichtigen Leipziger verzeichnen, im ersten Türkensteuerbuch von 1481, den Landsteuerbüchern von 1499, 1502, 1506 und dem zweiten Türkensteuerbuch von 1529. Die Auflistung folgt dabei einem bestimmten Weg durch die Stadt, der sich zwischen den Steuerbüchern kaum verändert, und verzeichnet zumindest den Wechsel der Stadtviertel, oft aber auch die Straßennamen, sodass man die erwähnten Personen schnell wenigstens ungefähr in der Stadt verorten kann. Sehr hilfreich ist hier aber die Edition von Gustav Wustmann, die seit über 100 Jahren vorliegt.[14] Wustmann hat nämlich versucht, die Wohnhäuser der erwähnten Leipziger Bürger möglichst genau zu bestimmen. Er gab in seiner Edition soweit wie möglich auch die jeweilige Hausnummer an, hierin dem Leipziger Stadtplan folgend, den Friedrich Gottlob Leonhardi 1799 seiner »Geschichte und Beschreibung der Kreis- und Handelsstadt Leipzig« beigefügt hatte.[15] Die Dichte dieser Angaben steigt von Steuerliste zu Steuerliste. Spätestens in den Landsteuerbüchern ab 1499 ist daher in den meisten Fällen eine exakte Lokalisierung in einem konkreten Grundstück möglich.

Der entscheidende Mangel der verdienstvollen Wustmann-Edition ist allerdings, dass sie kein Register hat, sodass die Ermittlung einzelner Personen in den Listen, wie sie hier erforderlich war, praktisch nicht möglich ist. Teilweise behoben hat diesen Mangel 2003 die Ratsbücheredition von Henning Steinführer, die auch ein Register zu den drei ältesten Steuerlisten bietet.[16] Für die hier vorgelegte Studie konnte ich aber ein vervollständigtes Gesamtregister bis 1529 benutzen, angefertigt von Alexander Sembdner, dem ich für die kollegiale Überlassung dieses Registers, das noch unveröffentlicht ist, aber unbedingt publiziert werden sollte, herzlich danke.

Von den erwähnten 74 bzw. 75 bekanntermaßen bis 1539 in St. Thomas und St. Nikolai Bestatteten sind durch die Steuerlisten 37 bzw. 29 lokalisierbar. Ergänzen lässt sich diese ansehnliche Datenbasis noch durch die Kirchväter, bei denen man aufgrund ihrer Funktion – sie verwalteten die Kirchenbaukasse (die *fabrica ecclesiae* bzw. »Kirchenfabrik«) und waren für die Anschaffung und den Unterhalt aller

---

14 Leipziger Steuerbücher 1466–1529, in: Gustav Wustmann, Quellen zur Geschichte Leipzigs, Band 1 (Veröffentlichungen aus dem Archiv und der Bibliothek der Stadt Leipzig 1), Leipzig 1889, S. 36–192.

15 Friedrich Gottlob Leonhardi, Geschichte und Beschreibung der Kreis- und Handelsstadt Leipzig, Leipzig 1799. Seit 2010 liegt eine kommentierte Neuausgabe vor: Klaus Sohl (Hrsg.), Leipzig um 1800. Kommentierte und mit einem Register versehene Neuausgabe der »Geschichte und Beschreibung der Kreis- und Handelsstadt Leipzig (1799)«, Leipzig 2010.

16 Henning Steinführer, Die Leipziger Ratsbücher 1466–1500. Forschung und Edition, 2 Bände (Quellen und Materialien zur Geschichte der Stadt Leipzig 1), Leipzig 2003, 2. Halbband, S. 665–691.

Ausstattungsstücke der Kirche verantwortlich – ebenfalls von einer Zugehörigkeit zur jeweiligen Gemeinde ausgehen kann. Leipziger Kirchväter sind seit der Mitte des 15. Jahrhunderts namentlich bekannt (schon 1440 für St. Thomas, 1452 für St. Nikolai): 12 sind es bis zur Reformation in St. Nikolai[17], acht in St. Thomas[18]. Von diesen insgesamt 20 Personen sind fünf in den Steuerlisten nicht verzeichnet, also nicht lokalisierbar.[19] Fünf weitere sind bereits durch Stepner mit ihren Begräbnissen in St. Nikolai und St. Thomas dokumentiert,[20] sodass man bei Einbeziehung der Kirchväter zehn zusätzliche lokalisierbare Angehörige der beiden Pfarrgemeinden gewinnt, sieben für St. Nikolai, drei für St. Thomas. Im Ergebnis haben wir insgesamt 76 (vorerst mutmaßliche) in der Stadt lokalisierbare Gemeindemitglieder, 40 für St. Thomas, 36 für St. Nikolai.[21]

Die Verteilung dieser 76 lokalisierbaren Gemeindemitglieder im städtischen Raum zeigt nun so deutliche Konzentrationen, dass sich daraus die Ausdehnung und Abgrenzung der beiden Pfarrsprengel ablesen lässt, mit nur geringen Unsicherheiten, auf die zurückzukommen sein wird. Die Grenze verlief demnach vom Peterstor im Süden der Stadt in der Mitte der Petersstraße nordwärts, sodass die Westseite zu St. Thomas, die Ostseite jedoch zu St. Nikolai gehörte. Das Haus Nr. 1 am Markt (Nordostecke der Petersstraße), ein sozial höchst prominenter Ort, gehörte im Spie-

---

17 Markus Cottin, Henning Steinführer, Die Kirchväter der Leipziger Nikolaikirche vor der Reformation, in: Michael Beyer (Hrsg.), Zur Kirche gehört mehr als ein Kruzifix. Studien zur mitteldeutschen Kirchen- und Frömmigkeitsgeschichte. Festgabe für Gerhard Graf zum 65. Geburtstag (Herbergen der Christenheit, Sonderband 13), Leipzig 2008, S. 409–418; Bünz, Die Leipziger Stadtpfarrkirchen (Anm. 3), S. 41, mit Anm. 80.

18 Zu den von Cottin, Steinführer, Kirchväter (Anm. 17), und Bünz, Die Leipziger Stadtpfarrkirchen (Anm. 3), ebd., genannten 17 Kirchvätern kommen für St. Thomas noch: – Hans Preußer, der schon 1440 gemeinsam mit Heinrich Stange als Kirchvater von St. Thomas erwähnt wird (*alterlute*), und zwar in einem Eintrag im ältesten Schöffenbuch der Stadt Leipzig: Das Leipziger Schöffenbuch 1420–1478 (1491). Edition, bearb. von Jens Kunze (Quellen und Forschungen zur Geschichte der Stadt Leipzig 4), Leipzig 2012, Nr. 147 (S. 96). Der hier erwähnte Heinrich Stange war noch 1466/67 Kirchvater, vgl. Cottin, Steinführer, Kirchväter (Anm. 17), S. 416. – Andres Jonas und Konrad Seidenhefter, die die Inschrift der Gloriosa-Glocke der Thomaskirche für das Jahr 1477 als Kirchväter nennt, vgl. Heinrich Magirius, Evangelisch-lutherische Stadtpfarrkirche St. Thomas, in: Magirius, Mai, Trajkovits, Werner, Stadt Leipzig. Die Sakralbauten (Anm. 31), Band 1, S. 153–335, hier S. 319: *Theodericus reinhard me fecit + proconsul et vitrici presentis anni fuerunt magister iohannes schaber andres ionas c. ser. et conradus seidenhefter*; am oberen Rand: *anno domini m^{o} cccc^{o} lxxvii^{o}*. – Hans Preußer, der 1527 bis 1540 im turnusmäßigen Wechsel mit Johann Huter über die Einnahmen und Ausgaben der Kirchenfabrik von St. Thomas abrechnete: Stadtarchiv Leipzig, Urk.-K. 86, Nr. 85. – Abzuziehen ist Hans Lochner, der erst 1544 als Kirchvater von St. Nikolai belegt ist.

19 Das betrifft bei St. Thomas Hans Preußer 1440 und Andres Jonas und Konrad Seidenhefter 1477 sowie die 1452 ersterwähnten Kirchväter von St. Nikolai Peter Reichenbach und Hans Nopel.

20 Dabei zeigt sich übrigens auch hier in einer Art Gegenprobe, dass die Pfarreizugehörigkeit den Begräbnisort bestimmte, denn diese Kirchväter sind alle – was freilich nicht überrascht – in derjenigen Pfarrkirche begraben, für die sie zuständig waren.

21 Siehe dazu die Dokumentation im Anhang.

gel der Grablegen zur Thomaspfarrei.[22] Abgesehen davon verlief die Sprengelgrenze jedoch gleichsam quer über den Markt zur Einmündung der Katharinenstraße. Zu St. Thomas gehörte der westliche und nördliche Teil des Marktes, zwischen der Ecke Petersstraße/Thomasgasse im Südwesten und der Katharinenstraße im Nordosten, nach St. Nikolai gepfarrt waren die Häuser auf der Süd- und die Ostseite. Folgt man der Sprengelgrenze dann weiter nach Norden, so gehörte offenbar die ganze Katharinenstraße (West- und Ostseite) zu St. Nikolai. An der Einmündung der Katharinenstraße auf den Brühl bog die Grenze dann nach Osten ab, um diesem bis zur Hallischen Straße zu folgen, auf der sie schließlich durch das Hallische Tor die Stadt wieder verließ; die Nordseite des Brühls bis zur Hallischen Straße und deren Westseite gehörten demnach zu St. Thomas, die Bewohner der Südseite des Brühls ab der Katharinenstraße und die der Ostseite der Hallischen Straße waren Pfarrkinder von St. Nikolai.[23]

Diese Grenzziehung ist insoweit die wahrscheinlichste und beste, als die Lokalisierung der weitaus meisten Gemeindemitglieder und Kirchväter damit problemlos übereinstimmt: 66 von 76 Lokalisierungen fallen in die durch diese Grenze definierten Sprengel. Andererseits verbleiben damit auch zehn »Problemfälle« von Personen, die nicht (nur) in dem Sprengel derjenigen Pfarrkirche wohnhaft gewesen sind, in der sie beerdigt wurden.[24] Immerhin fünf dieser Abweichungen lassen sich jedoch gut erklären. Eine Rolle spielen offenbar Wohnortwechsel, die hier in vier Fällen vorliegen.[25] Es liegt auf der Hand, dass ein Wohnortwechsel, also ein Umzug innerhalb der Stadt, wie er im spätmittelalterlichen Leipzig nicht selten vorkam, geeignet war, eine gewisse Unordnung in das Territorialprinzip der Pfarreizugehörigkeit zu bringen. Dass gerade hier Abweichungen bzw. Anomalien auftreten, ist insofern nicht überraschend. Die gefundene Sprengelgrenze wird dadurch umso weniger in Frage gestellt, als in diesen vier Fällen immer wenigstens einer der Wohnorte zur vermuteten Pfarreizugehörigkeit

---

22 Es könnte allerdings auch sein, dass die Zuordnung zu St. Thomas hier nicht aus der territorialen Definition des Sprengels resultiert, sondern eher aus einer quasi institutionellen Verbindung der Bewohner. Im Untersuchungszeitraum finden wir hier den Juristenordinarius (1470–1479) und kursächsischen Kanzler Dr. decr. Johannes Scheibe, seine Witwe und seinen gleichnamigen Sohn, ebenfalls Jurist (T-10, T-31). Das Verhältnis zwischen der Juristenfakultät und St. Thomas war bekanntermaßen sehr eng, gerade die Ordinarien wurden nicht selten in der Kirche der Augustiner-Chorherren beerdigt, vgl. Marek Wejwoda, Die Leipziger Juristenfakultät im 15. Jahrhundert. Vergleichende Studien zu Institution und Personal, fachlichem Profil und gesellschaftlicher Wirksamkeit (Quellen und Forschungen zur sächsischen Geschichte 34), Stuttgart 2012, S. 26 f.

23 Die Grenzen der Pfarrsprengel verliefen demnach nicht, wie man annehmen könnte, in völliger Übereinstimmung mit den Grenzen der Stadtviertel, des Petersviertels und des Hainischen Viertels sowie des Hallischen und des Grimmischen Viertels, vgl. zur Vierteleinteilung: Wustmann, Leipziger Steuerbücher (Anm. 14), passim, bes. S. 42–46 und S. 63 f.

24 T-4, T-13, T-19, T-22, T-27, T-38, N-2, N-16, N-17, N-23.

25 T-19, T-27, N-2, N-16.

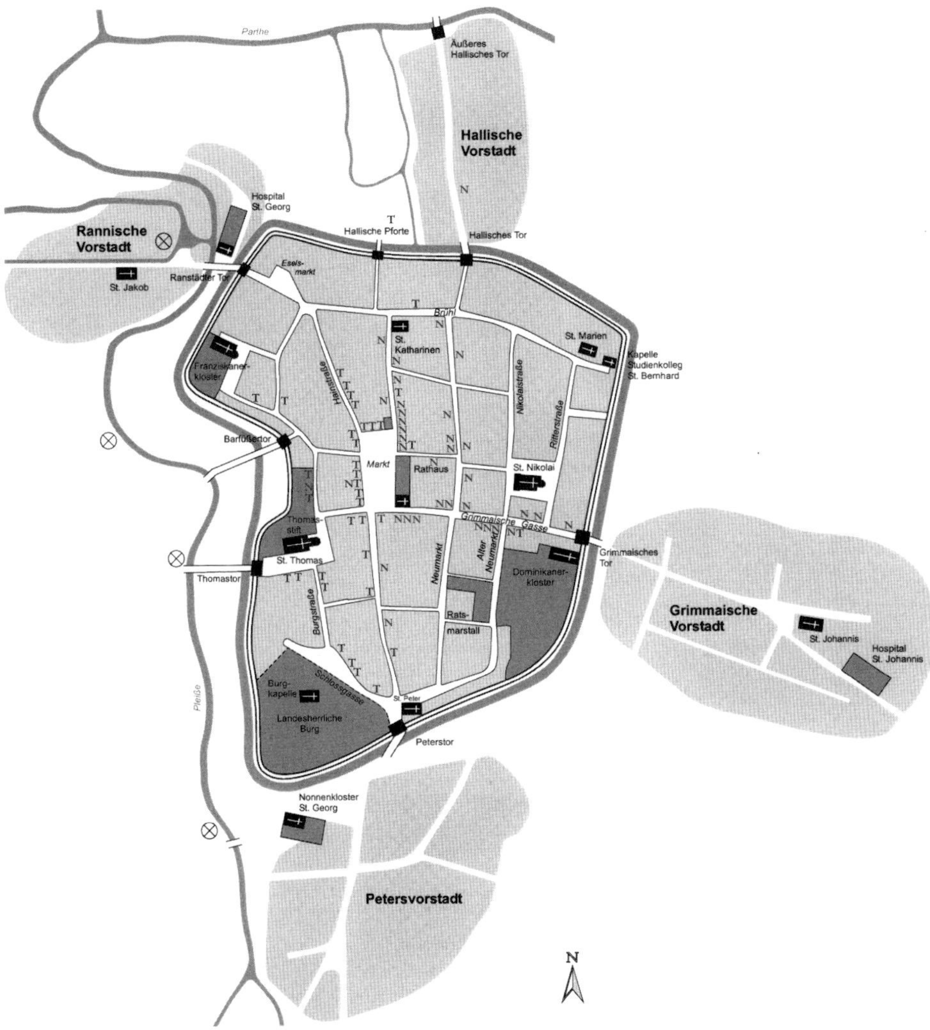

Wohnorte der in St. Thomas (T) und St. Nikolai (N) bestatteten Personen

passt. Anders gesagt: Offensichtlich kam beides vor: Entweder wechselte der Leipziger Bürger, der seinen Wohnort in den anderen Pfarrsprengel verlegte, auch die Gemeinde – oder er blieb unabhängig vom Territorialprinzip in seiner alten Pfarrei. Wenn man beides für möglich und zulässig hält, reduziert sich die Zahl der Anomalien auf sechs. In einem weiteren Fall könnte eine Familientradition eine Rolle spielen: Dr. med.

Simon Pistoris (T-22) wohnte auf der Südseite der Grimmischen Gasse, an der Ecke zum Alten Neumarkt (heute Universitätsstraße) im sogenannten »Fürstenhaus« (heute Grimmaische Straße 30), also mitten im Sprengel von St. Nikolai. Beerdigen ließ er sich dennoch in St. Thomas – wo allerdings schon sein Vater seine letzte Ruhestätte gefunden hatte, Dr. med. Nikolaus Pistoris (T-21), der auf der Westseite der Petersstraße ansässig gewesen war, die zum Sprengel von St. Thomas gehörte. Wenn man so will, handelt es sich damit um einen generationenübergreifenden Wohnortwechsel. Für die Rekonstruktion der Sprengelgrenzen fällt diese Abweichung daher nicht weiter ins Gewicht, umso weniger, als Martha, die Ehefrau des Simon Pistoris, ihre Grablege tatsächlich in St. Nikolai gefunden hat, in der Pfarrkirche also, zu deren Gemeinde sie dem Wohnort zufolge gehört haben dürfte (N-11).

Zwar verbleiben damit fünf Abweichungen,[26] die sich nicht ohne Weiteres erklären lassen. Aufs Ganze gesehen – und im Verhältnis zu den 71 unproblematischen Lokalisierungen und erklärbaren Abweichungen – wird man diese »Ausreißer« jedoch als Ausnahmen ansehen dürfen, die die zugrunde liegende Regel eher bestätigen, als dass sie sie ernsthaft in Frage stellen könnten. Solche Ausnahmen finden sich auch anderswo: So wurden in Greifswald Bürger meist in der Pfarrkirche bestattet, zu deren Gemeinde sie ihrem Wohnort zufolge gehört haben müssten, dennoch gibt es auch dort Abweichungen von dieser Regel.[27]

Es ist insofern zwar eine durchaus berechtigte und wichtige Frage, ob und unter welchen Bedingungen in der gelebten Praxis der spätmittelalterlichen deutschen Stadt Modifikationen des Pfarrzwangs möglich waren.[28] Insgesamt muss man für Leipzig aber als wichtigstes Ergebnis dieser Untersuchung festhalten, dass es hier einen grundsätzlich territorial bestimmten Pfarrzwang zweifellos gegeben hat und dass

26 T-4, T-13, T-38, N-17, N-23. Davon wird N-17 noch einmal dadurch relativiert, dass sich die Lokalisierung nicht auf die bestattete Ehefrau, sondern auf deren Ehemann bezieht, T-4 dadurch, dass ein anderes Familienmitglied in St. Nikolai begraben ist.

27 Karsten Igel, Kirchen im Greifswalder Stadt-Raum, in: Felix Biermann, Manfred Schneider, Thomas Terberger (Hrsg.), Pfarrkirchen in Städten des Hanseraumes (Archäologie und Geschichte im Ostseeraum 1), Rahden/Westfalen 2006, S. 71–87, hier S. 74–76, Abb. 3–5. – Allerdings gibt es offenbar auch für Greifswald keine mittelalterliche Quelle für die Ausdehnung der städtischen Kirchspiele. Igel legt – in Übereinstimmung mit der Greifswalder Stadtgeschichtsforschung – gleichsam im rückschreitenden Verfahren gegenwärtige Sprengelgrenzen zugrunde, die auch am Anfang des 18. Jahrhundert in dieser Form belegt sind, vgl. dazu Joachim Wächter, Die Anfänge Greifswalds, in: Werner Buchholz, Günter Mangelsdorf (Hrsg.), Land am Meer. Pommern im Spiegel seiner Geschichte. Festschrift für Roderich Schmidt zum 70. Geburtstag (Veröffentlichungen der Historischen Kommission für Pommern 5 = Forschungen zur Pommerschen Geschichte 29), Köln 1995, S. 138 mit Anm. 20.

28 Dazu künftig: Felicitas Schmieder, Die Pfarrei in der deutschen städtischen Kirchenlandschaft. Kirchliche, herrschaftliche, bürgerliche Gestaltung, in: Bünz, Fouquet (Hrsg.), Die Pfarrei im späten Mittelalter (Anm. 9), S. 131–156. Ich danke dem Mitherausgeber des Sammelbandes Prof. Dr. Enno Bünz für die Möglichkeit, das Aufsatzmanuskript vorab einsehen zu können.

dieser Pfarrzwang sich ziemlich direkt auf die Bestattungspraxis auswirkte.[29] Daran ändern auch die wenigen bis auf Weiteres nicht erklärbaren Abweichungen nichts.

Dieser Hinweis mag abschließend verdeutlichen, dass jede noch so detaillierte Einzelforschung letztlich im Zusammenhang mit sehr viel umfassenderen historischen Fragen steht und dazu etwas beitragen kann und soll. Auch die hier vorgelegte Studie ist insofern nicht nur lokalgeschichtliche Grundlagenforschung zur spätmittelalterlichen Kirchenverfassung der Stadt Leipzig. Mit dem Nachweis der nicht nur normativen, sondern auch faktischen Existenz eines Pfarrzwanges in Leipzig leistet sie einen kleinen Beitrag zur allgemeinen Stadt- und Kirchengeschichte des deutschen Spätmittelalters.

Was jedoch Leipzig betrifft, so fällt von hier aus gleichsam nebenbei ein nicht uninteressantes Schlaglicht auf das Verhältnis von Stadt und Kirche vor der Reformation, insbesondere auf das Verhältnis der Bürgerschaft zu den Pfarrkirchen St. Thomas und St. Nikolai. Denn die hier gewonnenen Ergebnisse stehen doch in einem gewissen Widerspruch zu tradierten Forschungsmeinungen. Fragwürdig erscheint es nun, St. Nikolai exklusiv als *die* Bürgerkirche[30] Leipzigs anzusprechen, und vor allem, sie mit dieser Funktion als Gegenpol und Widerpart zu St. Thomas zu interpretieren. Wenn Heinrich Magirius meint, die Bürgerschaft habe »meist die Nikolaikirche als ihre eigentliche Pfarrkirche angesehen«,[31] dann handelt es sich wohl eher um einen Reflex oder eine Fortschreibung der überkommenen Deutung, St. Thomas habe bei seiner Gründung durch Markgraf Dietrich den Bedrängten von Meißen zur Niederdrückung der Eigenständigkeitsbestrebungen des Leipziger Bürgertums gedient und das Verhältnis zwischen Stadt und Stift sei in der Folge vor allem von ständigen Konflikten und Konkurrenz geprägt gewesen.[32]

---

29 Sieht man einmal davon ab, dass sich Leipziger Bürger auch in den Klosterkirchen der Bettelmönche begraben lassen konnten und dies auch taten. Nachweisen lässt sich das durch das Verzeichnis von Stepner für die Dominikanerkirche St. Paul: Stepner, Inscriptiones (Anm. 11), Nr. 1–388. Zu Stepners Zeit bereits verloren gegangen waren die Grabmäler in der Kirche der Leipziger Franziskaner, siehe dazu Anm. 37.

30 Hartmut Boockmann, Bürgerkirchen im späten Mittelalters, in: ders., Wege ins Mittelalter. Historische Aufsätze, hrsg. von Dieter Neitzert, Uwe Israel, Ernst Schubert, München 2000, S. 186–204.

31 Heinrich Magirius, Evangelisch-lutherische Stadtpfarrkiche St. Nikolai, in: Heinrich Magirius, Hartmut Mai, Thomas Trajkovits, Winfried Werner (Bearb.), Stadt Leipzig. Die Sakralbauten (Die Bau- und Kunstdenkmäler von Sachsen), Band 2, hrsg. vom Landesamt für Denkmalpflege Sachsen, München, Berlin 1995, Band 1, S. 346; ihm folgt grundsätzlich noch, wenn auch zurückhaltend Bünz, Stadtsiegel und Stadtwerdung (Anm. 7), passim, bes. S. 69, 71, sowie ders., Die Leipziger Ratskapelle im späten Mittelalter, in: Stadtgeschichte. Mitteilungen des Leipziger Geschichtsvereins, Jahrbuch 2007, Beucha 2008, S. 17–61, hier S. 18; noch differenzierter jetzt jedoch: ders., Die Leipziger Stadtpfarrkirchen (Anm. 3).

32 Vgl. zur Deutung der Gründung des Thomasstifts: Arnold Roggisch, Das Stift der Augustiner-Chorherren 1212–1543, in: Herbert Stiehl (Hrsg.), 750 Jahre St. Thomas zu Leipzig, Berlin 1962, S. 9–28, hier S. 9 f.; Manfred Unger, Stadtgemeinde und Bürgerkämpfe (um 1165–1307), in: Klaus Sohl (Hrsg.), Neues Leipzigisches Geschicht-Buch, Leipzig 1990, S. 26–53, hier S. 34 f.; Günther

Diese Konflikte hat es natürlich gegeben. Andererseits ist es eine Binsenweisheit, dass Konflikte gerade im Mittelalter eine weit bessere Chance haben, sich schriftlich niederzuschlagen und überliefert zu werden, als ein friedlicher Normalzustand, der insofern im wahrsten Sinne des Wortes schlicht nicht der Rede wert war. Und dass im kirchlichen Leben Leipzigs vor der Reformation der Normalzustand ein weitgehend friedlicher, spannungsarmer Alltag gewesen ist, vor allem im 15. Jahrhundert, daran muss man nicht zweifeln[33] – unabhängig davon, dass die Bürgerschaft grundsätzlich nicht glücklich war mit der dominierenden Stellung des Stifts in kirchlichen Fragen und den Einfluss der Chorherren zu begrenzen versuchte, was ihr wohlgemerkt für St. Nikolai nicht besser gelang als für St. Thomas (als Pfarrkirche); kirchenrechtlich war der Status der beiden Pfarrkirchen identisch, sie waren dem Stift inkorporiert. Überdies haben sich die gelegentlichen Auseinandersetzungen zwischen den Chorherren und der Stadt nicht in erkennbarer Weise auf das Verhältnis der Thomasgemeinde zu ihrer Pfarrei ausgewirkt – im Gegenteil: Die Zahl der nachweisbaren Bürger-Grablegen ist in St. Thomas um einiges höher als in St. Nikolai.[34] Zwar ist dies einerseits zweifellos eine Folge des Pfarrzwangs; es kam aber andererseits auch keineswegs zu einer Massenflucht aus einer ungeliebten Zwangspfarrei in die Bettelordenskirchen – obwohl dies nahe gelegen hätte, kirchenrechtlich grundsätzlich möglich gewesen wäre[35] und tatsächlich Gegenstand von Auseinandersetzungen zwischen dem Chorherrenstift und den Mendikanten gewesen ist:[36] Durch Stepner sind jedoch höchstens 20 vorreformatorische

Wartenberg, Kirche im mittelalterlichen Leipzig, in: Martin Petzold (Hrsg.), St. Thomas zu Leipzig, Leipzig 2000, S. 123–131, hier S. 127; Bulisch, Kirchenorganisation (Anm. 10), S. 112; zu den Konfliktlinien des Spätmittelalters z. B. Gustav Wustmann, Geschichte der Stadt Leipzig 1, Leipzig 1905, S. 342–345; Wartenberg, ebd., S. 129 f.; Cottin, Steinführer, Kirchväter (Anm. 17), S. 411–413; Bünz, Ratskapelle (Anm. 31), S. 25–33.

33 Zurückhaltend zu dem tradierten, zu einseitigen Konfliktszenario äußert sich bereits Bünz, Stadtsiegel (Anm. 7), S. 69 f.; analog jetzt Alexander Sembdner, Stadt und Universität Leipzig im späten Mittelalter (Beiträge zur Leipziger Universitäts- und Wissenschaftsgeschichte B 17), Leipzig 2010, bes. S. 14–16, über die traditionelle Darstellung des Verhältnisses zwischen Stadt und Universität Leipzig, die bisher ebenfalls viel zu einseitig von den besonders gut überlieferten Konflikten her geschrieben worden ist.

34 Zwar war oben die Rede von 74 Bestattungen bis 1539 in St. Thomas und 75 in St. Nikolai. Man muss aber berücksichtigen, dass es sich dabei nicht nur um Leipziger Bürger handelt. Einen bedeutenden Anteil haben insbesondere die Grabmäler von Universitätslehrern, deren Zahl in St. Nikolai sehr groß ist, während sie in St. Thomas fast gar nicht vorkommen. Zieht man diese Grabmäler ab, gelangt man zu einem Verhältnis von 71 zu 49.

35 Lex, Begräbnisrecht (Anm. 13), S. 164–198, bes. S. 191–198.

36 Aus dem Jahre 1464 stammt eine Beschwerdeschrift der Dominikaner gegen das Thomasstift, in der es unter anderem um die Begräbnispraxis ging. Die Dominikaner klagten darüber, dass die Chorherren den Leipziger Bürgern mit ewiger Verdammnis drohten, falls sie ihr Begräbnis außerhalb ihrer Pfarrkirche wählen sollten. Außerdem habe der Propst in einer Predigt eine Dekretale zum Begräbnis unvollständig angeführt: Er habe nur den Teil erwähnt, wonach unter Androhung der Exkommunikation niemand einen anderen dazu bewegen dürfe, sein Begräbnis außerhalb der Pfarrei zu wählen. Weggelassen habe er jedoch den anderen Abschnitt, in dem es heiße, dass niemand die

Bestattungen von Leipziger Bürgern in der Dominikanerkirche St. Paul nachweisbar.[37] Und auch das Stiftungsverhalten der Bürger unterscheidet sich nicht: In St. Thomas hat es außer dem Hauptaltar noch 27 andere Altäre gegeben, von denen neun in sechs Kapellen standen; die meisten dieser Nebenaltäre wurden im 15. und 16. Jahrhundert von wohlhabenden Leipziger Bürgern eingerichtet, die hierfür hohe Beträge zur Verfügung stellten.[38] Dazu kommen noch diverse Stiftungen von Messbenefizien und eine Vielzahl von Jahrgedächtnissen. Zum Vergleich: In St. Nikolai hat Enno Bünz kürzlich 26 Nebenaltäre nachweisen können.[39] Dass sich die Bürgerschaft von der ungeliebten Thomaskirche ferngehalten und sich mit ihrer Heilshoffnung und ihrem Stiftungseifer auf St. Nikolai konzentriert habe, wird man angesichts dessen kaum sagen können.

---

freie Wahl des Begräbnisortes behindern dürfe, vgl. Urkundenbuch der Stadt Leipzig 3 (Anm. 3), Leipzig 1894, Nr. 234: Septimus, quod dicti domini dixerunt ad suos parrochianos, si alibi eligeris sepulturam, quam in parrochia tua, es filius aut filia eterne dampnacionis'. [...] Nonus, quod dictus dominus prepositus in quodam sermone eciam videbatur de sepulturis ad intencionem istam ad populum predicare, quia predicando de sepulturis adduxit decretalem animarum incomplete, proponens istam partem, quod nullus alium inducere debet ad eligendum extra parrochiam sepulturam sub pena excommunicationis, et omisit aliam partem, quod nullus clericus nec secularis nec religiosus debet impedire devocionem fidelium in electione sepulture, que maxime debet esse libera; vgl. dazu auch Wustmann, Geschichte der Stadt Leipzig (Anm. 32), S. 341.

37 Stepner, Inscriptiones (Anm. 11), Nr. 2, 6, 25, 26, 49, 108, 137, 161, 165, 199, 219, 288, 319, 1768, 1772, 1780, 1781. Unsicher sind Nr. 1758, 1774, 1804. – Vergleichswerte für die Minoriten lassen sich nicht angeben. Die Franziskanerkirche war nach der Einführung der Reformation in Leipzig z. T. abgebrochen und als Warenlager genutzt worden, bevor sie – mittlerweile stark beschädigt – ab 1698 zur »Neukirche« St. Matthäi umgebaut wurde, vgl. Cornelius Gurlitt, Stadt Leipzig (Beschreibende Darstellung der älteren Bau- und Kunstdenkmäler des Königreichs Sachsen 18), Dresden 1896, S. 142 f., sowie Hartmut Mai, Evangelisch-Lutherische Matthäikirche, in: Magirius, Mai, Trajkovits, Werner, Stadt Leipzig. Die Sakralbauten (Anm. 31), Band 1, S. 679–697, hier bes. S. 686. Dabei sind bis 1675 offenkundig alle mittelalterlichen Grabmäler verloren gegangen, bei Stepner sind entsprechende Inschriften jedenfalls nicht verzeichnet.

38 Diese Zahlen ergeben sich aus den urkundlichen Belegen im CDS, wodurch 18 Altäre nachweisbar sind, vgl. Urkundenbuch der Stadt Leipzig 3 (Anm. 3), S. 363 (Register), sowie aus einem 1526 angelegten Verzeichnis von Messstiftungen in St. Thomas, Stadtarchiv Leipzig, Urk.-K. 86, Nr. 88 (Zins- und Einnahmeverzeichnis des Thomasstifts, begonnen 1510), fol. 273r-v. Dieses Verzeichnis liegt – mit einige Missverständnissen – den Angaben bei Gretschel, Kirchliche Zustände (Anm. 6), S. 80–83 zugrunde. Es nennt 16 Altäre und Kapellen, von denen allerdings nur sieben auch urkundlich belegt sind, während elf der urkundlich belegten Altäre nicht erwähnt sind. Das Verzeichnis der Messstiftungen ist also zweifellos unvollständig, es enthält offenbar nur die Messen, die nicht von den Chorherren, sondern von eigens dafür angestellten Vikaren gelesen werden sollten. In der Zusammenschau kommt man zu einem Mindestwert von 27 verschiedenen Altären in St. Thomas. Diese mögen zwar nicht alle gleichzeitig existiert haben, auch mit Patrozinienwechseln ist zu rechnen. Allerdings dürfte die tatsächlich vorhandene Zahl der Altäre am Ende des Mittelalters auch kaum deutlich unter 27 gelegen haben. Die Stifter sind in 12 Fällen nachweislich Leipziger Bürger. Drei Altäre haben die Markgrafen eingerichtet, zuletzt 1384. Bei 12 Altären sind die Stifter unbekannt, aber vermutlich ebenfalls meist bürgerlich. Dabei ist ein regelrechter »Stiftungs-Boom« nach 1500 zu erkennen: 13 der 27 Altäre sind erst in dieser Zeit gestiftet worden, sämtlich – soweit erkennbar – vom gehobenen Bürgertum der Stadt.

39 Bünz, Die Leipziger Stadtpfarrkirchen (Anm. 3), S. 48–52.

Hinzu kommt, dass sich mit der Bestimmung der Grenze zwischen St. Thomas und St. Nikolai auch die Größe der Sprengel ermitteln lässt, und zwar ziemlich präzise mit der Anzahl der Häuser, die zum jeweiligen Sprengel gehörten. Dabei gelangt man zu einer nicht uninteressanten quantitativen Relation, denn St. Nikolai ist mit ca. 455 Häusern demnach deutlich größer gewesen als St. Thomas mit ca. 285 Häusern.[40]

Wenn man sich also zur Anzahl der bürgerlichen Grablegen und Altarstiftungen noch die unterschiedlichen Sprengelgrößen vor Augen hält und entsprechend gewichtet, entsteht eher der Eindruck, St. Thomas habe den Mitgliedern seiner Gemeinde noch mehr am Herzen gelegen als die Nikolaikirche der Nikolaigemeinde. Zudem erscheint St. Nikolai im Spiegel der Grabstätten keineswegs nur als Bürgerkirche: Sie war insofern auch und nicht zuletzt Universitätskirche, in der sich eine Vielzahl von Universitätslehrern begraben ließen, nämlich die Theologen und Artisten aus den Kollegien im Osten der Stadt. Sie prägen die Begräbnispraxis in St. Nikolai in weit höherem Maße als die Juristen die von St. Thomas.

Mit Blick auf die gelebte Frömmigkeit der Leipziger Bürger im Spätmittelalter kann man demnach sagen: In ihrer Eigenschaft als städtische Pfarrkirche war St. Thomas um nichts weniger Bürgerkirche als St. Nikolai.

Dokumentation

Die Dokumentation verzeichnet die in der Stadt lokalisierbaren mittelalterlichen Leipziger Bürger, für die durch Stepner, Inscriptiones (Anm. 11, darauf bezieht sich die Nr.-Angabe in der zweiten Spalte) ein Begräbnis in St. Nikolai oder St. Thomas nachgewiesen ist, sowie die Kirchväter (vgl. dazu auch Anm. 17 und 18). Die Nr.-Angabe in der dritten Spalte meint die Hausnummer nach dem Stadtplan von Leonhardi (Anm. 15), in Klammern stehen hier die Seitenzahlen der Steuerbücher-Edition von Wustmann (Anm. 14). Aufgenommen wurden nur die Hauptwohnsitze, unter denen das Steueraufkommen bzw. Vermögen der Personen in den Steuerlisten verzeichnet wurde. Kursiv gesetzt sind Lokalisierungen, die sich nicht auf die beerdigte Person selbst, sondern auf Familienangehörige beziehen, das betrifft zumeist den Ehemann. Mit Ausrufezeichen vor einer Lokalisierung sind diejenigen Fälle markiert, die mit der hier vorgeschlagenen Sprengelabgrenzung nicht übereinstimmen.

---

40 Die Unschärfe ergibt sich daraus, dass die Grundstücksstruktur, wie sie der Leonhardi-Plan abbildet, zwar im Wesentlichen, aber doch nicht in allen Einzelheiten mittelalterlichen Verhältnissen entspricht. Zu berücksichtigen sind insbesondere die Folgen der Aufhebung der Klöster und einzelner Kapellen im Gefolge der Reformation. Von den 765 Hausnummern des Leonhardi-Plans entfallen 23 auf das Gelände des Franziskanerklosters, das Vorwerk des Thomasstifts und die Katharinenkapelle. Für Leipzig vor 1539 ist damit von 742 Grundstücken mit Wohnhäusern auszugehen, vgl. Wustmann, Leipziger Steuerbücher (wie Anm. 14), S. 40.

T-1	Polycarp Sauer (†1507) (Nr. 568)	Burgstraße-Nordostseite, nahe am Peterstor (Nr. 127) (110, 136)
T-2	Johann Hutter (†1552, mit 114 Jahren) (Nr. 596); Kirchvater 1523 (CDS II 10, Nr. 383)	Markt-Westseite, Ecke Thomasgasse (Nr. 170) (112, 137, 167)
T-3	*Paul Hauptmann (†1479) (Nr. 609)*	*dessen Witwe (Paul Heubtmannin): »Barfüßergässchen«, allerdings nicht das »echte« (»Hinter der Stengerin«), sondern »der in den Barfüßerkirchhof mündende Teil der kleinen Fleischergasse« (78)*
T-4	Jakob Blasbalg (†1509; tatsächlich 1490!) (Nr. 612)	! Markt-Ostseite, Ecke Salzgasse (Nr. 409) (86) siehe aber auch N-20
T-5	Simon Apitz (†1500) (Nr. 614)	Hainstraße-Ostseite, Mitte (Nr. 344) (79; 115)
T-6	Hans Unwerd von Rech (†1519) (Nr. 617)	1481 Markt-Nordseite (zweiter vor der Waage) (80) 1499, 1506 Hainstraße-Westseite, Nordwestecke des Marktes (Nr. 195) (116, 139)
T-7	Conrad Stoffmel (†1484) (Nr. 620)	Markt-Westseite, zwischen Thomasgasse und Barfüßergässchen (zw. Nr. 173 und 175) (77)
T-8	Thomas Hermann (†1517) (Nr. 621)	Klostergasse-Westseite, zwischen Thomasgasse und Barfüßergässchen (Nr. 165) (112, 138)
T-9	Hans Grundmann (†1465) (Nr. 629)	Burgstraße-Ostseite, zwischen Thomasvorwerk und Sporergässchen (52; 76)
T-10	*Dr. Johannes Scheibe (†1479) (Nr. 646)*	*dessen Witwe (»Die Kanzlerin«): Markt-Südseite, Ecke Petersstr. (Nr. 1) (74, 107)*
T-11	Friedrich Marstaller (†1521) (Nr. 651)	Klostergasse, zwischen Thomasgasse und Barfüßergässchen (Nr. 163) (112; 138)
T-12	Kuntz Preusser (†1500) (Nr. 655)	1481 Markt-Nordseite (80) 1499 Markt-Westseite, nahe am Barfüßergässchen (Nr. 174) (112, 137)
T-13	Lorentz Jechler (†1525) (Nr. 656)	! Katharinenstraße-Ostseite, nahe am Markt (unmittelbar nach Nr. 391) (124, 143)
T-14	*Elisabeth, Hans Stockarts Witwe (†1471) (Nr. 657)*	*1466 Hans Stockart: Burgstraße-Nordostseite, zwischen Peterstor und Sporergässchen (52, 53)*
T-15	*Margarete Pfisterin (†1472) (Nr. 658)*	*1466 Fritz Pfister: Markt-Westseite, zwischen Thomasgasse und Barfüßergässchen (53)* *1481 Fritz Pfister: Burgstraße-Ostseite, zwischen Thomasvorwerk und Sporergässchen (76)*
T-16	Heinrich Stange (†1478) (Nr. 662); Kirchvater 1440 (siehe Anm. 18) und 1466/67	Petersstraße-Westseite, zwischen Sporergässchen und Markt (52)
T-17	Stephan Blecker (†1467) (Nr. 666)	Sack (am Thomaskirchhof) (53)
T-18	*Andreas Blecker (†1527) (Nr. 670)*	*1529 dessen Erben: Thomasgasse-Südseite, kurz vor dem Markt (Nr. 111b) (167)*

T-19	Georg Buchener (†1530) (Nr. 679)	1502/1506 Brühl-Nordseite, zwischen Neustraße und Hallescher Straße (zw. Nr. 451 und 453) (119, 140) !1529 Petersstraße-Ostseite, zwischen Markt und Preußergässchen (Nr. 33) (164)
T-20	Moritz Buchener (†1544) (Nr. 679)	Markt-Westseite, Ecke Barfüßergässchen (Nr. 175) (167) Die Familie Buchner hatte in St. Thomas eine Familiengrablege, außer den hier genannten noch Peter (†1520), Lorenz (†1534), Margarethe Moritz Buchnerin (†1518), Sophia (†1547) und Regina Moritz Buchnerin (†1538), und ist mit einem älteren Familienangehörigen in der Burgstraße-Ostseite zwischen Thomasvorwerk und Sporergässchen nachweisbar (Simon Buchener 52; 76)
T-21	Dr. Nicolaus Pistoris (†1471) (Nr. 709)	Petersstraße-Westseite, Nordecke Sporergässchen (51)
T-22	Dr. Simon Pistoris (†1523) (Nr. 709)	!Grimmische Gasse-Südseite, Ecke Alter Neumarkt/Universitätsstraße, neben der domus praedicatorum (»Fürstenhaus«, heute Grimmaische Straße Nr. 30) (126, 144, 178) Die Grablege in St. Thomas erklärt sich bei ihm wohl aus der Tatsache, dass er Universitätsjurist und Ordinarius der Juristenfakultät war; seine Frau Martha ist in St. Nikolai begraben (Nr. 487, siehe N-11)!
T-23	Merten Leubel (†1533) (Nr. 710)	1499, 1502 Katharinenstraße-Ostseite, nahe am Markt (nördl. Nachbar von Nr. 390) (124) 1506, 1529 Markt-Westseite, nahe an der Thomasgasse (Nr. 171) (137, 167)
T-24	Lorenz Mordeisen (†1510) (Nr. 713)	Markt-Westseite, zwischen Thomasgasse und Barfüßergässchen (Nr. 172a) (112, 137, 167)
T-25	Lampert von Kronenberg (†1481) (Nr. 714)	Petersstraße-Westseite, nahe am Markt (Nr. 68?) (52, 75)
T-26	Benedikt Belgershain (†1526) (Nr. 771)	Petersstraße-Westseite, Ecke Markt (Nr. 68) (109, 136)
T-27	Simon Alex (†1507) (Nr. 776)	!1481 Nikolaistraße-Ostseite, zwischen Brühl und Nikolaikirchhof (88) 1499 Fleischergasse-Ostseite, nahe am Nordende der Klostergasse (zw. Nr. 222 und 223) (114) 1506 Fleischergasse, nicht näher bestimmbar (139)
T-28	Caspar Saurman (†1514) (Nr. 779)	1481 Hainstraße-Ostseite, Nähe Markt (südl. Nachbar von Nr. 342) (79) 1499, 1506 Markt-Nordseite, neben der Waage (Nr. 336) (116, 139)
T-29	Benedict Mulver (†1492) (Nr. 781)	1466 Hainstraße-Ostseite (55) 1481 Hainstraße-Westseite, kurz vor dem Markt (Nr. 198) (80)

T-30	Johannes Seydenheffter (†1451) (Nr. 793)	Burgstraße, vor dem Schloss (CDS II 8, Nr. 219)
T-31	Dr. Johannes Scheibe (†1505) (Nr. 799) (siehe oben T-10)	Markt-Südseite, Ecke Petersstraße (wohl Nr. 1) (107, 135)
T-32	*Cordula Tumernichtin (†1480) (Nr. 803)*	*Simon Thummernicht: 1466 Sack (53)* *1481 Markt (Nr. 3 nach der Thomasgasse) (77)*
T-33	*Barbara Reichenbach (†1487) (Nr. 806)*	*Hans Reichenbach: Markt-Westseite, Eckhaus Barfüßergässchen (»Hinter Reichenbach«) (Nr. 175) (112)*
T-34	Johannes Fuchs, Baumeister (†1511) (Nr. 810)	Äußere Neustraße, wohl Ostseite (57; 81; 118; 140)
T-35	Hans Stockart (†1474) (Nr. 811)	Burgstraße sowie Thomasgasse oder Markt-Westseite (52, 53)
T-36	*Magdalena Braunin (†1483) (Nr. 813)*	*Dr. Bernhardinus: Markt-Nordseite (80)*
T-37	Georg und Appolonia Wiedebach (†1524 und 1526) (Nr. 632 f.)	Burgstraße, gegenüber dem Schloss (CDS II 10, Nr. 136)
T-38	Paul Keiser, Kirchvater 1466/67	! Petersstraße-Ostseite, südl. Preußergässchen (nördl. von Nr. 59) (51, 75)
T-39	Merten Bauer, Kirchvater 1493 (Steinführer, Ratsbücher [wie Anm. 15], Nr. 1352)	Hainstraße-Ostseite, Mitte (Nr. 343) (56, 79, 115)
T-40	Hans Preußer, Kirchvater ca. 1527–1540 (Anm. 18)	1529 Markt-Westseite, nahe am Barfüßergässchen (Nr. 174) (167), vgl. T-12

N-1	*Margaretha Frankenstein (†1400) (Nr. 428)*	*Nickel Frankenstein: Grimmaische Gasse-Südseite, gegenüber vom Rathaus/Naschmarkt (50, 74)*
N-2	*Ottilie, Ehefrau des Erbaren Hans Kurtz (†1520) (dieser †1547) (Nr. 448)*	*Hans Kurtz: !1481 Hainstraße-Westseite (80)* *1529 Katharinenstraße-Ostseite,* *Nordecke Kitzgasse/Böttchergässchen (Nr. 410) (177)*
N-3	*Margarethe, Ehefrau des Erbaren Michael Püffler (Kirchvater 1513) (†1537) (Nr. 454)*	*Michel Büffler: Katharinenstraße-Ostseite,* *Südecke Kitzgässchen/Böttchergäßchen (Nr. 394) (143, 177, 188)*
N-4	*Hans Körner (†1525) (Nr. 457)*	*1529 Hans Korners Erben: Katharinenstraße-Ostseite, Nähe Markt (Nr. 389) (Nr. 176)*
N-5	*Magdalena, Ehefrau Heinrich Scherls (Kirchvater) (†1523) (Nr. 463)*	*1529 Heinrich Scherl: Katharinenstraße-Ostseite, zwischen Markt und Kitzgasse/Böttchergässchen (Nr. 391) (176)*
N-6	Hans Randenrod (†1532) (Nr. 468)	Grimmische Gasse-Südseite, zwischen Neuem und Altem Neumarkt/Universitätsstraße (Nr. 611) (178)
N-7	Barbara Pufferin, Hans Steinbachs Frau (†1524) (Nr. 472)	Grimmische Gasse-Nordseite, Westecke Ritterstraße (Nr. 758) (181)

N-8	Ulrich Lintacher (Kirchvater 1513) und seine Frau Veronica (†1518 bzw. 1525) (Nr. 473))	Markt-Nordostseite, Ecke Katharinenstraße (Nr. 388) (124, 143)
N-9	Adam Moller und seine Ehefrau Adelheit (†1562 bzw. 1537) (Nr. 477)	Petersstraße-Ostseite, zwischen Markt und Preußergässchen (Nr. 32) (164)
N-10	Veit Widmann (†1527) (Nr. 482)	Salzgasse, Ecke Reichsstraße (wohl Nr. 404) (124, 143)
N-11	*Martha Simonis Pistoris (†1497) (Nr. 487)*	*Doctor Pistoris: Grimmische Gasse-Südseite, Ecke Universitätsstraße, neben der domus praedicatorum (»Fürstenhaus«, heute Nr. 30) (126, 144); vgl. T-22*
N-12	Valentin Schmidburg (†1490) (Nr. 488 und 527)	1466 Grimmische Gasse-Südseite, zwischen Universitätsstraße und Neumarkt, westl. Nachbar von Nr. 612 (49) 1481 Grimmische Gasse-Südseite, Ecke Universitätsstraße, neben der domus praedicatorum (»Fürstenhaus«, heute Nr. 30) (87)
N-13	Paulus Khüne bacc. art. civis Lypsicus (†1518) (Nr. 520)	Reichsstraße-Westseite, zwischen Böttchergässchen und Salzgässchen (124, 143)
N-14	Thomas Schobel (†1510) (Nr. 1806, 1813)	1499, 1506 Katharinenstraße-Ostseite, Südende, nahe am Markt (Nr. 389) (124, 143)
N-15	*Anna, Wolff Puschingerin (†1510) (Nr. 524)*	*Wolf Puschinger: Grimmische Gasse-Nordseite, zwischen Naschmarkt und Reichsstraße (Nr. 578) (130, 146)*
N-16	Thomas Arnolt (†1516) (Nr. 525)	!1466 Fleischergasse (54) !1481 »Barfüßergässchen«, allerdings nicht das »echte« (Hinter der Stengerin), sondern »der in den Barfüßerkirchhof mündende Teil der kleinen Fleischergasse« (79) 1499, 1529 Markt-Nordostseite, nahe am Südende der Katharinenstraße (Nr. 387) (124, 176)
N-17	*Anna Thumernycht, Wolff Widemanns Hausfrau (†1525) (Nr. 526)*	*!1529 Wolf Wiedemann: Klostergasse, zwischen Thomasgasse und Barfüßergässchen (Nr. 164) (168, 189)*
N-18	Der Erbare Sebastian Olderland (sic!) (†1518) (Nr. 529)	Zweifellos handelt sich um Bastian Osterland: 1499 Katharinenstraße-Ostseite, zwischen Kitzgasse/Böttchergasse und Brühl) (Nr. 414) (125) 1502, 1506 Katharinenstraße-Westseite (Nr. 368) (116, 139)
N-19	*Margaretha, Witwe Georg Breunsdorffs (†1515) (Nr. 535)*	*Georg Breunsdorf: Brühl-Südseite, Westecke Reichsstraße (Nr. 510) (60, 86, 125)*
N-20	*Trusiana, Jacob Blaßebalgs Hausfrau (†1425) (Nr. 541)*	*Jacob Blasebalg: 1481 Markt-Ostseite (Ecke Salzgasse) (86); siehe T-4*
N-21	Dr. Johann Wilde (†1520) (Nr. 542)	Grimmische Gasse-Südseite, zwischen Neuem und Altem Neumarkt/Universitätsstraße (Nr. 610/11) (126, 144)

N-22	Hanß Teuber (†1533) (Nr. 563)	1499 Petersstraße-Ostseite, zwischen Peterstor und Preußergässchen (zw. Nr. 61 und 62) (109) 1502, 1529 Reichsstraße-Ostseite, zwischen Schustergasse und Grimmischer Gasse (Nr. 606) (129, 145, 180)
N-23	Wolff Meyer (†1529) (Nr. 564)	! 1502 Markt-Westseite, zwischen Thomasgasse und Barfüßergässchen (Nr. 172b) (112) ! 1506 Barfüßergässchen oder Klostergasse (»Hinter Bucher«) (137)
N-24	Dr. Johannes Schipnitz aus Weida (†1484) (Nr. 510)	Äußere Hallische Straße, wohl Ostseite (58, 83)
N-25	Jacob Sommer, Kirchvater 1455	Grimmaische Gasse-Nordseite, Ostecke Reichsstraße (Nr. 589) (61)
N-26	Nickel Blesen, Kirchvater 1474	Grimmaische Gasse-Nordseite, wohl zwischen Nikolai- und Ritterstraße (61)
N-27	Policarp Storm, Kirchvater 1474	Grimmaische Gasse-Südseite, gegenüber vom Naschmarkt (50)
N-28	Tilmann Guntherode, Kirchvater 1476	Markt-Ostseite (Nr. 386) (86, 124, 143)
N-29	Peter Bantzschmann, Kirchvater 1479	Reichsstraße-Ostseite, Höhe Einmündung Salzgasse (Nr. 538) (61, 85)
N-30	Simon Breutigam, Kirchvater 1498	1466 Katharinenstraße-Ostseite, am Markt (63) 1481 Salzgasse-Südseite (89) 1499 Katharinenstraße-Ostseite, nahe am Markt (Nr. 390) (124, 143, 176)
N-31	Marcus Schütz, Kirchvater 1536	Reichsstraße-Westseite, zwischen Kitzgasse/Böttchergasse und Salzgasse (Nr. 403) (176)
N-32	Hans Blumentrost, Stadtrichter (†1531) (Nr. 1819)	1506, 1529 Katharinenstraße-Westseite, kurz vor dem Markt (Nr. 374) (139, 170) Die Familie hatte in St. Nikolai eine Familiengrablege (vgl. Stepner Nr. 1815-1818)
N-33	*Elisabeth, Ehefrau des Hans Koppe (†1509) (Nr. 1824)*	*Hans Koppe: 1499–1506 Grimmische Gasse-Südseite, gegenüber vom Rathaus (Nr. 4) (107, 135)*
N-34	*Anna, Ehefrau des Laurentius Schneider (†1519) (Nr. 1825)*	*Lorenz Schneider: Reichsstraße-Ostseite, zwischen Goldhahngässchen und Brühl (Nr. 501) (175)*
N-35	Augustin Bantzschmann, Baumeister (†1519) (Nr. 1828)	Grimmische Gasse-Nordseite, Westecke mit der Reichsstraße (Nr. 579) (130, 146)
N-36	Peter Freitag (†1522) (Nr. 1829)	Grimmische Gasse, wohl Nordseite-Ostende (144)

St. Petri Leipzig

Zur Geschichte der Leipziger Peterskirche
und ihrer Gemeinde

von Jens Trombke

ISBN 978-3-86729-109-5
1. Auflage 2012, Format: 14,8 x 21 cm
288 Seiten, 4 Abbildungen, Broschur
18,00 €

800 Jahre Ersterwähnung der Peterskirche Leipzig 2013 sind Grund genug, sich eingehender mit der Geschichte des Gotteshauses und seiner Gemeinde zu beschäftigen. Der Autor befasst sich so mit dem Gründungsmythos der Peterskirche im Mittelalter als wahrscheinlich ältester Leipziger Kirche und der Wiederaufführung als Predigt- und »Unterrichts«-Kirche nach über 100 Jahren profaner Nutzung zu Beginn des 18. Jahrhunderts, einer Zeit des Pietismus und der Aufklärung sowie des Wunsches der Gläubigen nach erbaulichen Predigten der Geistlichkeit. Bedeutende Geistliche der Peterskirche werden im Buch mit biografischen Skizzen gewürdigt. Darüber hinaus stellt das Gotteshaus insbesondere nach seiner Erhebung zur Pfarrkirche und der 1885 erfolgten Weihe ihres Nachfolgebaues am Schletterplatz (heute Gaudigplatz) auch eine Schnittstelle zwischen gesellschaftlicher Realität und geistlichem Wirken dar. Diesbezüglich werden in vorliegendem Buch sowohl Schicksale jüdischer Konvertiten als auch Prozesse kirchlich-gemeindlichen Wirkens und der Herausbildung der Leipziger Bekennenden Kirche während der nationalsozialistischen Diktatur nachgezeichnet. Dabei konnte der Autor verschüttete Informationen aus dem »Dunkel« der Geschichte wieder ans Licht holen und auch neue Erkenntnisse zur Geschichte der Kirche und ihrer Gemeinde aufbereiten. Gerade die Darstellung des Schicksals einiger Konvertiten während der Jahre 1933 bis 1945 erfolgt erstmals für eine Leipziger Kirchgemeinde.

Jens Trombke, geboren 1963 in Weimar, studierte 1986 bis 1991 an der Universität Leipzig Geschichte und schloss sein Studium als Diplomhistoriker ab. Danach wirkte er in verschiedenen Projekten mit und beschäftigte sich über Jahre und in verschiedenen Studien mit der Peterskirche. Die überarbeiteten Studien finden sich als gedruckte Beiträge in diesem Buch wieder. Jens Trombke lebt seit 1994 in Leipzig.

Die Beisitzer des Konsistoriums Leipzig von seiner Entstehung bis zur Mitte des 18. Jahrhunderts

Jens Kunze

Einleitung

Konsistorien waren staatliche Behörden zur Ausübung des Kirchenregiments der deutschen Landesherren über die protestantischen Kirchen. Sie führten die Aufsicht über den öffentlichen Gottesdienst, die Liturgie, die Kirchenzucht, den Lebenswandel geistlicher Personen sowie über die Verwaltung der Kirchengüter, Hospitäler und Armenhäuser. Außerdem waren sie für die Prüfung, Bestätigung und Einsetzung der vom Kirchenpatron vorgeschlagenen Kirchen- und Schuldiener verantwortlich. Wo der Landesherr das *jus patronatus* besaß, übernahmen sie die Bestellung der Kirchen- und Schuldiener und schließlich auch die Ausübung der Zensur in Religionsangelegenheiten.

Darüber hinaus übten die Konsistorien die Gerichtsbarkeit über alle geistlichen Personen, deren Verwandte und Bedienstete, Kirchen, Gottesäcker, Kirchhöfe und andere geistliche Einrichtungen, über weltliche Personen bei Dienstverrichtung für geistliche Einrichtungen sowie in Eheklagesachen aus.

Im Jahr 2010 konnte vermeldet werden, dass die schriftliche Überlieferung der Tätigkeit des Konsistoriums Leipzig nun erschlossen sei und ab sofort der Forschung zur Verfügung stünde.[1] Obwohl dieser Archivbestand seitdem rege genutzt wird, sind es doch meist einzelne Vorgänge, die das Interesse der Forschenden auf sich ziehen. Neben der Einsetzung von Pfarrern oder Lehrern sind es in erster Linie Eheklagesachen, also Akten über Gerichtsverfahren zu Eheversprechen und Scheidungen, die zur Benutzung vorgelegt werden.

Die allgemeinere Geschichte des Konsistoriums, vor allem in Bezug auf seine Strukturen und seine Mitglieder, blieb bislang wenig beachtet. Schon 2010 musste der Autor feststellen, dass aufgrund der unzureichenden Forschungslage die Liste der Mitglieder des Konsistoriums noch sehr lückenhaft war. Die Angaben entstammten damals den Sächsischen Staatshandbüchern von 1768 bis 1832.

Im Folgenden ist es Ziel, die erkannten prosopographischen Lücken weiter zu schließen. Dabei sollen an einigen ausgewählten Einzelbeispielen der Bildungsweg,

1 Jens Kunze, Der neu erschlossene Bestand »Konsistorium Leipzig« im Sächsischen Staatsarchiv Leipzig, in: Stadtgeschichte. Mitteilungen des Leipziger Geschichtsvereins e. V. 2010, S. 43–66.

der soziale Hintergrund sowie die Karrieren der Assessoren, also der Beisitzer des Konsistoriums, näher beleuchtet und (soweit dies die Aktenlage zulässt) auch die »Personalpolitik« dieser Institution untersucht werden.

Neben den recht aussagekräftigen Quellen im Archivbestand »Konsistorium Leipzig« machen es außerdem die sich in letzter Zeit sprunghaft entwickelnden Internetdatenbanken möglich, neue Forschungsergebnisse zum Personal des Konsistoriums in Leipzig vorzustellen. Einige der Wichtigsten sollen genannt werden: An erster Stelle ist die GND (Gemeinsame Normdatei) der Deutschen Nationalbibliothek zu nennen. Die GND enthält derzeit Daten von mehr als 2,6 Milionen Personen in sogenannten »individualisierten Datensätzen« (https://portal.dnb.de). Diese geben vor allem Auskunft über die Lebens- und Wirkungsdaten der jeweiligen Person sowie über deren Beruf, deren Wirkungsorte sowie mögliche Pseudonyme. Außerdem konnte die sehr ergiebige Datenbank »WBIS« – *World Biographical Information System Online* (http://db.saur.de/WBIS/login.jsf) genutzt werden. Diese Datenbank ist eine biographische Online-Bibliothek mit biographischen Artikeln aus zahlreichen biografischen Lexika. Diese Artikel wurden mittels eines Scans digitalisiert und können online abgerufen werden.[2] Wichtigste Quellen neben den Akten des Konsistoriums sind die überlieferten Leichenpredigten, die zum einen auf die ermittelten Mitglieder des Konsistoriums verfasst wurden oder an denen diese Personen selbst als Verfasser mitwirkten. Der Zugang zu diesen Leichenpredigten wird zukünftig durch die Online-Datenbank THENOM (Datenbank der Namen von Verfassern und Verstorbenen in frühneuzeitlichen Leichenpredigten) sicher weiter verbessert werden.[3] Sie wird rund 56 600 Verfasser- und 33 000 Verstorbenennamen der Frühen Neuzeit mitsamt einer Vielzahl biographischer Informationen zugänglich machen, die aus hessischen, schlesischen, sächsischen und thüringischen Leichenpredigten gewonnen werden konnten.

2 Vorranging sind hier folgende Nachschlagewerke: Christian Gottlieb Jöcher (Hg.): Allgemeines Gelehrten-Lexicon, darinne die gelehrten aller Stände [...], 4 Teile, Leipzig, 1750–51; Rudolf Vierhaus (Hg.), Deutsche Biographische Enzyklopädie, 12 Bände, München, 2. überarbeitete und erweiterte Ausgabe, 2005–2008. Genutzt wurde ebenfalls die Online-Datenbank der Allgemeine Deutsche Biographie (ADB/NDB).

3 Der Verfasser dankt Herrn Professor Rudolf Lenz, dem Leiter des Projekts THENOM, dass er die Datenbank bereits vor ihrer Veröffentlichung für diesen Artikel nutzen durfte. Zukünftig: http://thenom.online.uni-marburg.de.

Gesetzliche Bestimmungen

Die ersten gesetzlichen Bestimmungen im albertinischen Sachsen, die die Arbeit der Konsistorien regelten, sind in den sogenannten *Cellischen Ordnungen*[4] niedergeschrieben worden. Diese Ordnungen wurden auf einer Tagung von Theologen des albertinischen Herrschaftsgebiets von Weihnachten 1544 bis Anfang 1545 im Kloster Altzelle erarbeitet. Es entstanden drei Ordnungen: eine Kirchenordnung, eine Eheordnung und eine Konsistorialordnung, welche die Arbeitsgrundlagen für die Konsistorien werden sollten.

Bezüglich des Personal hieß es darin: »in dem consistorio sollen sein vir beisitzer, nemblich zwene gelerten der heiligen schrift und zwene doctores der rechte, ein protonotarius, auch ein substitutus notarius und ein laufender bote.« Diese Personen sollten einen Eid schwören, »sich in dem gerichte ider zu seinem ambt treulich und fleissik zuverzeigen und sich dorin gar nichts, das einen menschen verleiten mechte, wissentlich hindern lassen… Sie sollen alle wochen drei tage sitzen, nemblich montags mitwochs und freitags, auch wie es die Sachen erforden mehr tage.«[5]

Im Jahr 1550 erhielt Dr. Johann Reifschneider, Senior des Konsistoriums, den Befehl, das Konsistorium *zue Leiptzigk wiederumb antzustellen.* Damit wurde ein alter Plan aus dem Jahr 1544 aufgegriffen. Schon damals stellte man fest, dass Leipzig am geeignetsten wäre, da man *die gelerten bei der hand* habe.[6] Doch beklagte man sich noch 1577, dass das Konsistorium in Leipzig immer noch *keine schrieftliche fundation* habe.[7] Deswegen blieb man zunächst bei der Merseburger Tradition und hielt sich streng an die Cellischen Beschlüsse, wie man es wiederholt bekräftigte, so in einem Brief an den Kurfürsten August vom 18. Februar 1577, in einem Memorial von 1587 und in einem Bericht von 1599.[8]

Doch bereits 1580 hatte Kurfürst August eine für die Konsistorien in Leipzig und Wittenberg gültige Ordnung erlassen, die auf den Cellischen Beschlüssen aufbaute, aber vieles detaillierter regelte. So ist unter dem ersten Punkt, der das Personal der Konsistorien betrifft, nachzulesen: »Nach dem in diesen beiden consistorien nicht allein gewissens sachen, sondern auch weltliche hendel vorgebracht und verrichtet werden müssen, so die ehesachen, der kirchen und schuldiener guter, unterhaltung, leben

4 Abdruck: Emil Sehling (Hg.), Die evangelischen Kirchenordnungen des XVI. Jahrhunderts, 1. Abteilung: Sachsen und Thüringen nebst angrenzenden Gebieten, 1. Hälfte: Die Ordnungen Luthers, die Ernestinischen und Albertinischen Gebiete, Leipzig 1902. S. 291–304.

5 Sehling, Kirchenordnungen (Anm. 4), S. 291.

6 Sehling, Kirchenordnungen (Anm. 4), S. 96 f.. Siehe dort auch die Gründe, warum das Konsistorium zunächst in Merseburg eingerichtet wurde.

7 Heinrich Geffcken, Zur ältesten Geschichte und ehegerichtlichen Praxis des Leipziger Konsistoriums, in: Deutsche Zeitschrift für Kirchenrecht 3/ IV (1894) S. 7–180, hier S. 18.

8 Sehling, Kirchenordnungen (Anm. 4), S. 99.

und wandel der lerer und zuhörer belangen, sol keines alleine mit theologen oder politischen personen, sondern in gleicher anzal aus beiden stenden, nemlich mit zweien gelerten, gottfürchtigen, aufrichtigen und erbaren theologen, desgleichen auch zweien politicis bestellet werden, welchen ein notarius sampt einem copisten zugeordnet ...«[9]

Es folgen Anordnungen bezüglich der Aufgaben der Beisitzer, von denen die erste für die hier behandelte Fragestellung von Bedeutung ist. Man soll »aus den politischen personen, einen auswählen, der propter autoritatem, eruditionem und prudentiam vor den andern darzu tüchtig erkennet, zu einem directore verordnet« werde.[10]

Eidesformel der Assessoren von 1580:[11]

> »Ich schwer, das ich in allen und jeden dieses consistorii fürfallenden sachen, beneben den andern hierzu verordneten assessorn, getreulich und fleissig, nach meinem besten verstand und vermögen, raten, bedenken, suchen und befördern helfen wolle, was dem seligmachenden göttlichen wort, unserer kirchen christlichem einhelligem bekentnis, der erbarkeit und beschriebenen rechten gemess, auch zu heiligung und ausbreitung der hohen göttlichen majestet namens und worts, und dann zu pflanzung und erhaltung gottes furcht, eusserlicher zucht, frieden, ruhe und einigkeit in den kirchen und ganzer christlichen gemein gereichen, fruchtbar, nutz und dienstlich sein mag, und solches umb keiner eigennützigen, ehrgeizigen, oder sonsten eigenwilligen vortheilhaftigen affection willen thun oder lassen, auch mit nichten von einigen berathschlagungen, votirten stimmen, suffragien, verordnungen und verschaffungen aller derer hendel, so in dem consistorio vorfallen werden, jemands mündlich oder schriftlich, heimlich oder öffentlich, etwas offenbaren wolle, als mir gott helf, durch Jesum Christum, seinen sohn, unserem herren.«

Bereits 1602 folgte die Konsistorialordnung von Kurfürst Christian II., die im ersten Kapitel Anweisungen zur Besetzung des Konsistoriums enthält.[12] Erneut sind vier Assessoren, »zwen gelerte gottfürchtige unnd aufrichtige theologen, deßgleichenn zwen gelarte erbare unnd aufrichtige jurisconsultus«, vorgesehen. Zur Arbeitsorganisation heißt es: »Diese vier asseßores unnd collegae werdenn unter sich selbs eine richtige ordenung anzustellen wißenn, welcher gestalt sie in den berathschlagungen, ihre vota ordentlich colligiren unnd alle zum schluß dirigirn wollen.« Sollte Uneinigkeit bezüglich Angelegenheiten bestehen, welche die Superintendenten, Pastoren, Küster oder religiöse Fragen betrafen, sollten die Theologen das letzte Wort haben.

---

9 Sehling, Kirchenordnungen (Anm. 4), S. 401.

10 Ebd.

11 Sehling, Kirchenordnungen (Anm. 4), S. 402 f.

12 Sächsisches Staatsarchiv, Staatsarchiv Leipzig (im Folgenden: StA-L), 20021 Konsistorium Leipzig, Nr. 2, fol. 3v–4v.

Die Eidesformel der Assessoren von 1602[13] stimmte im Wesentlichen mit der von 1580 überein. Einzige bedeutsame Änderung war, dass der Passus *unserer kirchenn christlichen einhelligen bekendtniß* mit dem Zusatz, *im concordienbuch begriffen,* versehen wurde. Es liegt nahe anzunehmen, dass die neue Ordnung und der genannte Zusatz im Zusammenhang mit dem Sieg der lutherischen Orthodoxie über den sogenannten Kryptocalvinismus standen.

Nach dem Tod des Kurfürsten Johann Georg I. (1656) machte es die Einrichtung der Sekundogenituren notwendig, die Arbeit des Konsistoriums Leipzig neu zu organisieren. Die Söhne und Erben Johann Georgs beschlossen, ein gemeinsames Konsistorium mit Sitz in Leipzig beizubehalten. Sie erließen eine entsprechende Vorschrift, die auch die Besetzung der Assessorenstelle regelte.[14]

In der Folgezeit wuchs die Anzahl der im Konsistorium tätigen Personen kontinuierlich. 1748 erhielt das Personal des Konsistoriums Leipzig neue Instruktionen,[15] was wie folgt begründet wurde: »Demnach durch abgang derer bey unserm Consistorio zu Leipzig in gewißer maaße vormahls concurrirten fürstl. sächßischen häußer,[16] die sachen daselbst in andern stand gerathen, alß haben wir besagtes consistorium mit einer neuen … denen ietzigen umständen eingerichteten instruction zu versehen der nothdurfft befunden. Paragraph 1 definiert den für das Konsistorium tätigen Personenkreis: Zuförderst wurden die zu diesem Consistorio bestellte Director und vier ordinar assessores und hochgraduirte personen als zwey theologi und zwey jurisconsulti nebst dem protonotario und übrigen subalternen, auch denen advocaten und sachwaltern ingleichen die assessores extraordinarii[17] und der ietzige protonotarius adjunctus auf ihrer bereits geleistete pflicht hierdurch nochmahln gewiesen. Bey künfftig sich ereignenden vacanzien aber hat erwehntes consistorium von eines oder der andern tödlichen abgang oder veränderung sofort an uns iedesmahln seinen unterthänigsten bericht zu erstatten und wegen der ersetzung unsere gnädigste entschließung zu erwarten.«[18]

13 StA-L, 20021 Konsistorium Leipzig, Nr. 2, fol. 8v–9r.

14 StA-L, 20021 Konsistorium Leipzig, Nr. 5.

15 StA-L, 20021 Konsistorium Leipzig, Nr. 5, fol. 78r ff.

16 Gemeint ist das Aussterben der letzten bestehenden Sekundogenitur Sachsen-Weißenfels im Jahr 1746.

17 Sechs Akten geben Auskunft über die Bestellung der Supernumerar Assessoren, der außerordentlichen Beisitzer (StA-L, 20021 Konsistorium Leipzig, Nr. 20–25).

18 StA-L, 20021 Konsistorium Leipzig, Nr. 5, fol. 78v.

Aufnahme und Ausscheiden von Assessoren

Über die Erstbesetzung des Leipziger Konsistoriums konnten keine direkten Aussagen in den Quellen gefunden werden. Bekannt ist, dass Dr. Johann Reifschneider, der für die Verlegung bzw. die Neugründung des Konsistoriums in Leipzig verantwortlich war, zu seinen ersten Beisitzern gehörte. Ebenso müssen Christoph Gunderman und Andreas Morche frühzeitig ihren Posten im Konsistorium angetreten haben. Sie scheiden 1591 aus dem Konsistorium aus. Mit der Neubesetzung ihrer Stellen beginnen die schriftlichen Quellen zur Besetzung der Beisitzerposten im Bestand »Konsistorium Leipzig«.[19]

In der Regel wurde ein neuer Beisitzer ins Konsistorium aufgenommen, wenn durch das Versterben eines Mitgliedes eine Stelle frei geworden war. So geschah es z. B. bei dem schon mehrfach erwähnten Dr. Johann Reifschneider. Der in Frankfurt am Main geborene Assessor des Oberhofgerichts und erste Senior des Leipziger Konsistoriums verstarb 1591 im Alter von 73 Jahren. Seine Stelle wurde auf Befehl von Friedrich Wilhelm, Herzog zu Sachsen, *Administrator des Sächsischen Kurstaates*, noch im Dezember mit dem ehemaligen Kanzler am Hof in Coburg, Dr. Michael Wirth d. Ä., besetzt.[20]

Aus der Zeit der Regierung des Administrators Friedrich Wilhelm sind zwei Besetzungen der Beisitzerstellen überliefert, die andere Gründe als den Tod des ehemaligen Inhabers belegen. Besonders interessant ist dabei die Berufung von Zacharias Schilter, der bereits seit 1572 ordentlicher Professor der theologischen Fakultät an der Leipziger Universität war. Er nahm, wie es lapidar heißt, die vakant gewordene Stelle von *D. Gunderman* ein. Der aus Kahla in Thüringen stammende Christoph Gundermann war unter Kurfürst Christian I. und dessen Kanzler Nicolaus Krell einer der eifrigsten Philippisten.[21] Das wurde ihm zum Verhängnis, als Kurfürst Christian I. am 25. September 1591 verstarb und Herzog Friedrich Wilhelm von Sachsen-Weimar als Vormund die Regierung von Kursachsen übernahm. Die Anhänger des orthodoxen Luthertums gewannen ihren Einfluss zurück. Kanzler Krell wurde verhaftet und hingerichtet. Gundermann wurde am 15. November wegen Kryptocalvinismus in der

19 Vgl. StA-L, 20021 Konsistorium Leipzig, Nr. 12, fol. 1r–5r. Insgesamt existieren vier Bände (Zeitraum: 1590–1834) zur Bestellung der Assessoren (StA-L, 20021 Konsistorium Leipzig, Nr. 12–15).

20 StA-L, 20021 Konsistorium Leipzig, Nr. 12, fol. 6r.

21 Ausführlich zu dieser Problematik: Karlheinz Blaschke, Religion und Politik in Kursachsen 1586–1591, in: Heinz Schilling (Hg.), Die reformierte Konfessionalisierung in Deutschland. das Problem der »Zweiten Reformation« (Schriften des Vereins für Reformationsgeschichte 195), Gütersloh 1986, S. 79–97; Thomas Klein, Der Kampf um die Zweite Reformation in Kursachsen 1586–1591 (Mitteldeutsche Forschungen 25), Köln 1962; Ders., Politische oder kirchlich-religiöse Reform? Die Regierung Christians I. (1586–1591), in: Um die Vormacht im Reich. Christian I., Sächsischer Kurfürst (Dresdner Hefte 29), Dresden 1992, S. 5–13.

Pleißenburg eingesperrt. Nachdem er geschworen hatte, nichts gegen die Augsburgische Konfession, die Schmalkaldischen Artikel und die Concordienformel zu lehren und keine Predigten mehr zu halten, wurde er im Mai 1592 wieder entlassen. Daraufhin kehrte er in seine Geburtsstadt Kahla zurück und verstarb als Privatmann.[22]

Ebenfalls vom Ende des Jahres 1591 existiert ein Schreiben des Administrators, in dem zu lesen ist: »Wir seind berichtet worden, das D. Andreas Morche seines hohen erreichten alters und obliegender leibesschwacheit wegen den teglichenn bei euch vorfallenden consistorialhendeln ferner nicht beywohnen kan. Wann aber die notturfft sein will, das solche stell furderlichen mit einer anderen tüchtigen person ersetzt werden muge. Darzu wir dann D. Johann Ortwein genungsahmb qualificirt zu sein erachten.«[23] Andreas Morch war zu diesem Zeitpunkt 67 Jahre alt. Leider konnten bisher keine Quellen gesichtet werden, die über seinen tatsächlichen Gesundheitszustand Auskunft geben.[24] Fest steht aber, dass er Johann Ortwein überlebte und im Oktober 1594, wenige Wochen vor seinem Tod, noch ein neuer Ersatzmann gefunden werden musste. Dr. Paul Calemberg sollte die Stelle von Dr. Morch *bey seinem leben vortretten*. Deshalb wurde er aufgefordert, ins Konsistorium zu kommen, um dort die *4 visutalien articul* zu unterschreiben. In diesem Zusammenhang findet man auch eine der wenigen Aussagen zur Besoldung des Assessoren: »Auch mit der besoldunge, die ihme der herr March seiner gelegenheit nach aussetzen und von seinem stipendio volgen laßen wurde, zu frieden und begnugig sein und alßo solcher substitution ebener maßen wie sie D. Johann Othwein solcher gehabt vorrichten ...«[25]

Zwölf Jahre später, 1605, war es dann Paul Calemberg selbst, der aufgrund seiner Wahl in den Leipziger Rat und seiner zahlreichen anderen Verpflichtungen überlastet war. Wörtlich ist zu lesen: »Derweil aber erwehnter D. Celmberg, wegen der teglich verfallenden rathsgeschefften des consistory handeln und sachenn allezeit, wie bishero geschehen beyzuwohnen wohl verhindert werden möchte, auch der ordinarius ohne das, wegen der in der juristen Facultet teglich einkommenden rechtsfragen und acten sowohl auch der commissionsachen beneben der profession unndt sonsten mit arbeit uberheufft, auch leicht daran verhindert und abgehalten werden konnte.«[26] Da

22 Gotthard Lechler, »Gundermann, Christoph«, in: Allgemeine Deutsche Biographie 10 (1879), S. 125 f. [Onlinefassung]; URL: http://www.deutsche-biographie.de/pnd117591203.html?anchor=adb (03.10.2012).

23 StA-L, 20021 Konsistorium Leipzig, Nr. 12, fol. 5r.

24 Es existiert eine Leichenpredigt auf Andreas Morch. Vgl. Katalog der fürstlich Stolberg-Stolberg'schen Leichenpredigten-Sammlung, Band 3, Leipzig 1930.

25 StA-L, 20021 Konsistorium Leipzig, Nr. 12, fol. 13r–14r. Auf fol. 33r derselben Akte ist dann von 100 Gulden Konsistorialbesoldung die Rede, die Vincenz Schmuck, Pfarrer zu St. Nikolaus, übernahm, als er die Nachfolge von Dr. Zacharias Schilter antrat.

26 StA-L, 20021 Konsistorium Leipzig, Nr. 12, fol. 22v–25v.

Calemberg aber prinzipiell im Konsistorium verbleiben wollte, bat er sich nur aus, von einigen Sitzungen befreit zu werden.

Im selben Schreiben wurde auch der Fall des Casper Jungermann behandelt, der *seines hohen alters halben dergleichen zu vorrichtenn unmuglichen.* Da verlangt wurde, »das die consistorialsachenn nicht hindangesetzt oder verschleiffet, sondern vielmehr einen weg, wie den andernn der gebuer nach verrichtet, auch schleunig befordert und expediret werden mogen«, wurde angewiesen den damaligen Prorektor Michael Wirth d. J. »den beiden doctoribus, dem ordinario wegen seiner ohne das überheufften arbeit, D. Jungermanno wegen seines hohen alters und teglich zustehender unvermögligkeit, zu einem adiuncto gnedigst zu confirmiren«.[27] Am 4. März 1605 erging der Befehl, genannten Dr. Wirth zu vereidigen.

Nicht immer war die Stelle am Konsistorium das Karriereende. So kam Dr. Samuel Lange 1665 zu seiner Aufnahme, weil Dr. Martin Geier als Oberhofprediger in Dresden bestallt wurde.[28] Eine ähnliche Situation findet man 1707, als Gottlob Friedrich Seligmann die Nachfolge Samuel Benedict Carpzovs (1647–1707) als Oberhofprediger und Oberkonsistorialrat in Dresden antrat.

Gelegentlich entstand bei der Neuberufung eines Beisitzers auch Verwirrung. So ging im September 1709 ein Befehl von August dem Starken beim Konsistorium ein, in dem zu lesen war, dass auf Gesuch von »Oberhoffgerichts-Assessor und in obervormundschafft verordneter hoffrath zu Merseburg Dr. Ludewig Adolph Zech« die freie außerordentliche Stelle mit ihm neu zu besetzten sei.[29] Keine zwei Monate später hieß es dann »nachdem aber derselbe solche stelle unterthänigst hinwieder resigniret«, war Dr. Andreas Wagner als Ersatz vorgesehen.

Wer die neuen Anwärter für die Beisitzerstellen ins Spiel brachte, ist kaum aus den Quellen ersichtlich. Es werden wohl die etablierten Mitglieder des Konsistoriums gewesen sein. Auch scheint zumindest bei den theologischen Stellen ein gewisser Zusammenhang mit der ersten Professur an der theologischen Fakultät der Universität bestanden zu haben. Doch deuten einige kurfürstliche Schreiben wie auch das schon zitierte bezüglich Dr. Ludwig Adolph Zech darauf hin, dass einige Kandidaten sich selber bewarben. In einem kurfürstlichen Schreiben vom 15. Juli 1642 heißt es ausdrücklich, dass dieses auf Bitten von Dr. Christian Lange, Professor und Pfarrer zu St. Nikolaus, verfasst wurde. Es folgte die Anweisung, die freigewordene Stelle von Dr. Heinrich Höpfner mit Dr. Lange zu besetzten und diesen in die Geschäfte einzuweisen.[30]

27 Ebd.
28 StA-L, 20021 Konsistorium Leipzig, Nr. 12, fol. 141r.
29 StA-L, 20021 Konsistorium Leipzig, Nr. 13, fol. 24r.
30 StA-L, 20021 Konsistorium Leipzig, Nr. 12, fol. 88r.

Nach dem Tod von Abraham Teller sollte im November 1658 die Stelle mit Dr. Daniel Heinrich besetzt werden. Diesbezüglich belegen die Quellen, dass der Posten eines Konsistorialassessors durchaus begehrt und nicht immer leicht zu bekommen war. Zu Dr. Daniel Heinrich ist zu lesen: »welcher auch albereit zweymahl zurückgesetzet worden, ungeachtet er über 16 jahre in der theologischen facultät und professor zu Leipzigk gewesen, auch außer dem ministerio ist, und dahero die verrichtungen im consistorio füglich und wohl abwartten und neben seiner habenden profession verwalten kann«.[31]

Sozialer Hintergrund

Die Mitglieder des Leipziger Konsistoriums gehörten zur intellektuellen Elite der Stadt. In der Regel kamen sie aus Sachsen, oft sogar aus Leipzig. Einige sind in den ernestinischen Herzogtümern zur Welt gekommen, doch auch Eger in Böhmen, Frankfurt/Oder, Löwenberg in Schlesien und Hirschberg im Riesengebirge finden sich unter den Herkunftsorten der Assessoren.

Leipzig war mit der juristischen Fakultät der Universität, dem Schöppenstuhl und dem Oberhofgericht das Zentrum der Rechtsprechung in Sachsen. Das Leipziger Konsistorium, auch wenn es territorial begrenzte Kompetenz hatte, fügt sich hier nahtlos ein. Es verwundert daher nicht, dass viele der »politischen« Assessoren, der Juristen also, gleichzeitig noch an anderen Einrichtungen Funktionen innehatten. So war beispielsweise Jacob Born seit 1681 Mitglied des Schöppenstuhls zu Leipzig und seit 1692 ordentlicher Assessor des Oberhofgerichts und nahm darüber hinaus auch noch weitere städtische und staatliche Funktionen wahr: 1679 wurde er Bürgermeister, 1695 wirklicher Geheimer Rat und 1709, kurz vor seinem Tod, sogar noch zum Staatsminister berufen.

Eine ähnliche Ämterhäufung konnte Quirin Schacher vorweisen. Zunächst diente er als Advokat am Konsistorium. 1640 wurde er Beisitzer am Leipziger Oberhofgericht. 1645 übernahm er eine Professur an der juristischen Fakultät der Universität Leipzig und wurde gleichzeitig als Assessor ins Konsistorium aufgenommen. Bereits 1646 nennen ihn die Quellen *Senior des Chur und Fürstl. Sächs. Consistorii*[32] Zusätzlich war er noch von 1652 bis 1669 in Dresden als Assessor am Appellationsgericht tätig. Dem heutigen Betrachter drängt sich die Frage auf, wie dieses hohe Arbeitspensum überhaupt bewältigt werden konnte. Eine Erklärung ist wohl jene, dass die meisten

31 StA-L, 20021 Konsistorium Leipzig, Nr. 12, fol. 132r.

32 Marburger Personalschriften-Forschungen, hrsg. von Rudolf Lenz, Band 25: Katalog der Leichenpredigten und sonstiger Trauerschriften in der Christian-Weise-Bibliothek zu Zittau, Stuttgart 1999, Nr. 709.

Jacob Born (1638–1709)
Kupferstich von Martin Bernigeroth
(Sächsisches Staatsarchiv, Staatsarchiv Leipzig
Signatur: 20532 RG Rötha, Nr. 4065,
Leichenpredigt auf Jacob Born)

Mitglieder des Konsistoriums ausgesprochen intelligente und darüber hinaus auch zielstrebige Personen waren. Viele von ihnen erlangten ihren ersten akademischen Grad bereits in den frühen zwanziger Jahren ihres Lebens und machten danach in der Regel schnell Karriere. Der am 2. November 1644 in Leipzig geborene August Benedict Carpzov besuchte zunächst die Leipziger Thomasschule, um dann 1662 sein Studium an der Universität Jena zu beginnen. Dieses setzte er in Leipzig fort und wurde 1667, mit 23 Jahren, zum Doktor der Rechte promoviert. Bereits zwei Jahre später wurde Carpzov fünfter Professor an der juristischen Fakultät. Später stieg er noch bis zur zweiten juristischen Professur auf und wurde damit Domherr in Merseburg. 1676 wurde er Assessor der juristischen Fakultät und 1679 Syndikus der Hochschule. Seine Aufnahme ins Leipziger Konsistorium erfolgte 1684, und ein Jahr später war er auch Assessor am Leipziger Oberhofgericht.[33] Neben den außerordentlichen Fähigkeiten der hier betrachteten Personen muss aber berücksichtigt werden, dass sie meist auch gute Startbedingungen hatten. Häufig stammten sie aus alten Gelehrtenfamilien. Ge-

33 Für die aufgeführten biographischen Daten vgl.: Theodor Muther, »Carpzov, August Benedict«, in: Allgemeine Deutsche Biographie 4 (1876), S. 11; Johann Friedrich Jugler, Johann Friedrich Juglers ... Beyträge zur juristischen Biographie: genauere litterärische und critische Nachrichten von dem Leben und den Schriften verstorbener Rechtsgelehrten auch Staatsmänner, welche sich in Europa berühmt gemacht haben, Band 1, Leipzig 1773. Die Leichenpredigt ist digitalisiert und online einsehbar: http://digital.slub-dresden.de/werkansicht/dlf/32530/1/cache.off. Günther, Johann: Jesus Als ein Universal Monarch, gantz souverainer Herr und rechtmäßiger Beherrscher bey Christlicher [...] Leichen-Bestattung Des Herrn Augusti Benedicti Carpzovii [...] Welcher [...] Den 7. Mertz Anno MDCCVIII. in damahliger Leichen-Predigt [...], Leipzig [1708].

Johann Benedict Carpzov d. J. (1639–1699)
Kupferstich von Martin Bernigeroth
(Herzog August Bibliothek Wolfenbüttel
Signatur: Portr. I 2349 [A 3490])

rade bei der hier erwähnten Familie Carpzov zeigten sich nicht nur umfangreiche innerfamiliäre Beziehungen, sondern auch weit darüber hinausgehende Vernetzungen, die für den Statuserhalt genutzt werden konnten. Alleine für das Konsistorium konnten sich drei Mitglieder aus den Reihen der Familie qualifizieren. Zunächst war es der in Rochlitz geborene und in Colditz aufgewachsene Johann Benedict I. (1607–1657), der am 25. September 1657 ins Konsistorium aufgenommen wurde.[34] Er weist die typische Karriere eines Konsistorialassessors auf: Studium in Wittenberg und Leipzig, 1632 Pfarrer in Meuselwitz, 1637 Diakon an der Thomaskirche, 1640 Lizentiat, später Doktor der Theologie, 1641 außerordentlicher und 1646 ordentlicher Professor der Theologie an der Universität Leipzig und schließlich ab 1647 Archidiakon an der Thomaskirche.[35] In der zweiten Hälfte des 17. und im 18. Jahrhundert wurde die Familie Carpzov eine der einflussreichsten Familien in Leipzig und so verwundert es auch nicht, dass die Söhne des oben Genannten, Johann Benedict II. (1639–1699) und der schon erwähnte August Benedict (1644–1708), 1697 bzw. 1684 ebenfalls Beisitzer des Konsistoriums wurden.

Besonders bei Johann Benedict II. kann man ein umfangreiches Beziehungsgeflecht ausmachen. Nach Studien an den Universitäten Jena und Straßburg sowie einer Bildungsreise, die durch Süddeutschland führte, kehrte er Ende des Jahres 1658 nach

34 StA-L, 20021 Konsistorium Leipzig, Nr. 12, fol. 123r.

35 Fritz Roth, Restlose Auswertungen von Leichenpredigten und Personalschriften für genealogische und kulturhistorische Zwecke, Band 3, Boppard/Rhein 1964, R 2098, S. 71; Julius August Wagenmann, »Carpzov, Johann Benedict«, in: Allgemeine Deutsche Biographie 4 (1876), S. 20 f.

Leipzig zurück und erlangte hier den Grad eines Magisters der Philosophie. Daraufhin begann er ein Studium der Theologie. Seine akademischen Lehrer waren vor allem Johann Hülsemann (1602–1661), Hieronymus Kromayer (1610–1670), Martin Geier (1614–1680) und Johann Adam Schertzer (1628–1683), alle zeitweise Beisitzer des Konsistoriums. Martin Geier, der spätere Oberhofprediger und Kirchenrat in Dresden, war mit der Familie Carpzov auch familiär verbunden, denn er war mit Christine Elisabeth Carpzov (um 1640–1657), einer Schwester Johann Benedicts II. und August Benedicts, verheiratet.[36] Nicht, dass es Johann Benedict II. an der nötigen Qualifikation für eine Berufung ins Konsistorium gefehlt hätte, immerhin erwarb er neben dem Magister der Philosophie 1678 den Doktortitel der Theologie, wurde 1668 als Professor für orientalische Sprachen berufen und war mehrfach Rektor der Leipziger Universität, aber die genannten Beziehungen waren bei der Aufnahme ins Konsistorium sicher nicht hinderlich.[37]

Auch bei den anderen Beisitzern des Konsistoriums finden sich umfangreiche verwandtschaftliche Beziehungen. So folgte beispielsweise dem 1642 als Assessor berufenen Christian Lange einige Jahre nach seinem Tod sein Sohn Samuel Lange nach, dessen Karriere einen ähnlichen Verlauf nahm wie die seines Vaters.

Ein Gesamtüberblick zur Geschichte des Leipziger Konsistoriums muss erst noch geschrieben werden. Es war auch nicht Anliegen dieses Beitrags, die Geschichte der Beisitzer dieses Konsistoriums zu schreiben. Ziel war es vielmehr, die bestehenden prosopographischen Lücken zu verringern. Das wird besonders mit der folgenden Tabelle geschehen. Darüber hinaus wurden die für die Zeit der Verlegung des Konsistoriums nach Leipzig bis zur Mitte des 18. Jahrhunderts für dessen Arbeit gültigen gesetzlichen Bestimmungen zusammengetragen und in Hinblick auf ihre Relevanz für die Besetzung der Assessorenstellen geprüft. Dabei wurde deutlich, dass immer, wenn sich das politische Umfeld änderte, z. B. nach Entstehung und Ende der Sekundogenituren, neue Verordnungen für das Konsistorium und sein Personal folgten.

Die (Neu-)Besetzung der Stellen erfolgte in der Regel nach dem Tod eines Assessors – meist ein unspektakulärer Vorgang. Einige Besonderheiten und Abweichungen von der Regel wurden anhand verschiedener Beispiele aufgezeigt.

Abschließend belegen ausgewählte Personen die typische soziale Herkunft der Assessoren, ihren Bildungsweg, ihre Karriere und ihre politische und berufliche Vernetzung. Hier sollte die weitere Forschung ansetzen. Dazu einige mögliche Frage-

36 Der Schwiegersohn von Martin Geier war Christian Friedrich Börner, der 1731 Beisitzer des Leipziger Konsistoriums wurde. Ein weiterer Beleg für familiäre Verbindungen unter dieser Personengruppe.

37 Fritz Roth, Restlose Auswertungen von Leichenpredigten und Personalschriften für genealogische und kulturhistorische Zwecke, Band 5, R 4161, S. 98 f.; Julius August Wagenmann, »Carpzov, Johann Benedict«, in: Allgemeine Deutsche Biographie 4 (1876), S. 21 f.

stellungen: Welche Unterschiede in Bezug auf die genannten Kriterien finden sich zwischen Beisitzern aus Leipzig und denen anderer Herkunft? Welche Veränderungen gibt es diesbezüglich über die Jahrhunderte? Völlig unbeachtet ist auch noch die Frage nach dem persönlichen Wirken der Assessoren im Konsistorium. Gab es Spezialisierungen? Wie groß war die Arbeitsbelastung durch die Tätigkeit im Konsistorium tatsächlich. Es bleibt somit die Hoffnung zu äußern, dass das Konsistorium Leipzig in den Fokus der Forschung rückt und seine gute Überlieferung im Staatsarchiv Leipzig genutzt wird.

Liste der Beisitzer[38]

Name	Lebensdaten	Beruf / Stand	Amt beim Konsistorium	Quelle
Alberti, Valentin	1635 (Lehna, Schlesien)–1697 (Leipzig)	1661 Assessor an der philosophischen Fakultät, 1663 Professor der Logik und Metaphysik, 1672 außerordentlicher Professor der Theologie, promovierte 1678 zum Doktor der Theologie, mehrmals Rektor der Alma Mater	Assessor, ab 1684	Mpf. 21/ 364[39] ADB[40] Jöcher I, 1784[41]
Baudis, Gottfried Leonhard	1683 (Liegnitz) –1739 (Leipzig)	1706 in Leipzig Magister, 1707 Mitglied am Kollegium »Unser Lieben Frauen«, 1709 an der Universität Jena zum Doktor der Rechte promoviert, 1715 Ratsherr in Leipzig, 1720 Aufseher der Leipziger Ratsbibliothek, Advokat am Oberhofgericht, 1726 Stadtrichter, 1733 Syndikus der Stadt Leipzig, Appellationsrat, 1734 ordentlicher Professor, Domherr des Domkapitels Merseburg, 1735 auch Assessor der juristischen Fakultät, 1736 Rektor der Alma Mater	Assessor, ab 1734	Mpf. 25/ 2189 Jöcher I, 1750 DBE Bd. 1, 1995[42]

38 Die Liste erhebt keinen Anspruch auf Vollzähligkeit sowohl was die Personen als auch was die biografischen Daten angeht. Ergänzungen zu Letzteren sind in der Regel unter den angegebenen Quellen zu finden. Zusätzlich aufgenommen wurden die Konsistorialadvokaten, sofern sie in den genutzten Quellen gefunden wurden. Anmerkungen zur Liste auf nebenstehender Seite.

39 Marburger Personalschriften-Forschungen (Anm. 32), (im Folgenden: Mpf. Band/Nummer).

40 Franz Lau, »Alberti, Valentin«, in: Neue Deutsche Biographie 1 (1953), S. 142. Alle Artikel sind Online abrufbar unter: http://www.deutsche-biographie.de (01.10.2012).

41 Jöcher, Allgemeines Gelehrten-Lexicon (Anm. 2), [Band, Jahr].

42 Deutsche Biographische Enzyklopädie, hrsg. von Walter, [Band, Jahr].

Born, Jacob	1638 (Leipzig) –1709 (Dresden)	Studium in Jena, Straßburg und Leipzig, 1663 in Leipzig promoviert, 1679 Bürgermeister, 1681 Ordinarius der Rechtsfakultät, 1681 Mitglied des Schöppenstuhls, 1692 ordentlicher Assessor des Oberhofgerichts, 1695 wirklicher Geheimer Rat, 1709 Staatsminister	Direktor, ab 1683	Mpf. 37/826 ADB[43]
Börner, Christian Friedrich	1683 (Dresden) –1753 (Leipzig)	1710 außerordentlicher Professor der theologischen Fakultät, 1711 Bibliothekar der Leipziger Pauliner Universitätsbibliothek (–1736), Senior der bayrischen Nation und Kollegiat am großen Fürstenkollegium, 1713 ordentlicher Professor der Theologie, 1723 Senior der theologischen Fakultät, 1735 Stiftsherr des Kollegiatstifts Zeitz, 1741 in Meißen	Assessor, ab 1731	ADB[44]
Burg, Engelbert von der	1646 (Leipzig) –1729 (Leipzig)	Studium in Wittenberg, 1670 Regierungsadvokat in Weißenfels, 1673 in Leipzig promoviert, 1680 Hofrat in Weißenfels, 1685 Hof-, Justiz- und Konsistorialrat in Naumburg, 1693 kursächs. Appellationsrat, 1696 Assessor der juristischen Fakultät, 1697 sachsen-eisenachischer Geheimer Rat vom Hause aus, Rittergutsbesitzer auf Stötteritz	außer-ordentl. Assessor, ab 1708; ordentl. ab 1709	Mpf. 38/12 Jöcher I, 1750
Calemberg, Paul	1562 (Gotha)–1618 (Leipzig)	Jurist, seit 1605 Ratsherr, seit 1615 zweimal regierender Bürgermeister	Direktor	140976663[45]
Carpzov, August Benedict	1644 (Leipzig) –1708 (Leipzig)	1667 Doktor der Rechte, 1669 fünfter Professor an der juristischen Fakultät, 1676 Assessor der juristischen Fakultät, 1679 Syndikus der Universität, 1685 Assessor am Leipziger Oberhofgericht, Domherr des Domkapitels Naumburg, Domherr des Domkapitels Merseburg, Dekan der juristischen Fakultät, 1673 Rektor der Alma Mater	Assessor, ab 1684	Mpf. 25/927 ADB[46]

43 Heinrich Göppert, »Born, Jakob«, in: Allgemeine Deutsche Biographie 3 (1876), S. 163.
44 Brockhaus, »Boerner, Christian Friedrich«, in: Allgemeine Deutsche Biographie 3 (1876), S. 33 f.
45 Diese Nummer bedeutet immer: Personennamendatei der Deutschen Nationalbibliothek (PND) [Nr.]. Abrufbar unter: https://portal.dnb.de/ (01.10.2012).
46 Theodor Muther, »Carpzov, August Benedict«, in: Allgemeine Deutsche Biographie 4 (1876) S. 11.

Carpzov, Johann Benedict I.	1607 (Rochlitz) –1657 (Leipzig)	1618 Studium in Wittenberg, 1627 Magister der Philosophie, 1628 Studium in Leipzig, 1632 Pfarrer in Meuselwitz, 1637 Diakon an der Thomaskirche in Leipzig 1640 Doktor der Theologie, 1641 außerordentlicher, 1646 ordentlicher Professor der Theologie in Leipzig, 1647 Archidiakon an der Thomaskirche in Leipzig, Stiftsherr des Kollegiatstifts Zeitz	Assessor, ab 1657	Mpf. 38/4065 ADB[47]
Carpzov, Johann Benedict II.	1639 (Leipzig) –1699 (Leipzig)	1662 Sonnabendsprediger an der St. Nikolaikirche, 1665 Professor für Ethik, 1668 Lizentiat der Theologie, Professor für orientalische Sprachen, 1674 Archidiakon, 1678 Doktor der Theologie, 1679 Pastor an der St. Thomaskirche in Leipzig, Dekan der Theologischen Fakultät, 1679, 1691 und 1697 Rektor der Alma Mater, 1697 Domherr des Domkapitels Meißen	Assessor, ab 1697	Mpf. 43/645 ADB[48]
Deyling, Salomon	1677 (Weida) –1755 (Leipzig)	1708 Pastor und Superintendent in Pegau, 1710 Doktor der Theologie in Wittenberg, 1716 Generalsuperintendent und Präses des Konsistoriums in Eisleben, 1720 Pfarrer an St. Nikolai in Leipzig, 1721 Superintendent in Leipzig, außerordentlicher Professor an der Universität Leipzig, 1722 ordentlicher Professor, 1723 Stiftsherr des Kollegiatstifts Zeitz, 1745 Domherr des Domkapitels Meißen, Senior der Meißnischen Nation	Assessor	Mpf. 41/110 ADB[49]
Dornfeld, Johann	1643 (Angermünde) –1720 (Leipzig)	1670 Magister an der Universität Leipzig, 1678 Assessor der Phil. Fakultät, 1708 Doktor der Theologie, 1720 Pastor der Kirche St. Nikolai, wie auch Superintendent	Assessor, ab 1710	Mpf. 43/22 Jöcher II, 1750

47 Wagenmann, »Carpzov, Johann Benedict« (Anm. 37), S. 20 f.
48 Wagenmann, »Carpzov, Johann Benedict« (Anm. 37), S. 21 f.
49 Siegfried, »Deyling, Salomo«, in: Allgemeine Deutsche Biographie 5 (1877), S. 108 f.

Finckelthaus, Sigismund	1579 (Leipzig) –1644 (Dresden)	1609 Doktor der Rechte, Professor an der Universität Leipzig, 1615 Rektor, 1636 Ordinarius der Juristenfakultät, seit 1639 auch Bürgermeister, Assessor des Schöppenstuhls, Assessor des Oberhofgerichts, Domherr des Domkapitels Merseburg	Assessor	124750664 Mpf. 38/ 4086 ADB[50]
Geier, Martin	1614 (Leipzig) –1680 (Freiberg)	1628 Studium an der Universität Leipzig, 1631 Universität Straßburg, dann Universität Jena und 1633 Universität Wittenberg, 1633 in Leipzig Magister, 1639 Professor der hebräischen Sprache, 1659 Pfarrer an der Leipziger Thomaskirche, Doktor der Theologie, 1661 Professor der Theologie und Superintendent in Leipzig, Stiftsherr des Kollegiatstifts Zeitz, 1665 Oberhofprediger und Kirchenrat in Dresden	Assessor	116494603 ADB[51]
Gundermann, Christoph	? (Kahla) – nach 1592 (Kahla)	1569 Studium an der Universität Wittenberg, Rektor der Martinsschule in Halberstadt, 1584 Oberhofprediger in Halberstadt, 1590 Pastor der Thomaskirche und Professor der Theologie in Leipzig, 1591 Doktor der Theologie an der Universität Wittenberg, 1591 wegen Kryptocalvinismus verhaftet und seiner Ämter enthoben	Assessor, bis 1590	ADB[52] Jöcher II, 1750
Heinrici, Daniel	1615 (Chemnitz) –1666 (Leipzig)	1633 Universität Wittenberg, wechselte zwischen Leipzig, Wittenberg und Jena, 1641 in Jena Doktor der Theologie, in Dresden am Oberkonsistorium tätig, ab 1642 Professor der Theologie in Leipzig mit kriegsbedingten Unterbrechungen, 1645 Domherr des Domkapitels Meißen, kurfürstlich sächsischer Kammerherr und Domdechant in Meißen, 1651 Rektor, mehrmals Dekan der theologischen Fakultät in Leipzig, Rittergutsbesitzer auf Müglenz	Assessor, ab 1658	Mpf. 25/644

50 Theodor Muther, »Finkelthaus, Sigismund«, in: Allgemeine Deutsche Biographie 7 (1878), S. 20.
51 Löbe, »Geier, Martin«, in: Allgemeine Deutsche Biographie 8 (1878), S. 504 f.
52 Gotthard Lechler, »Gundermann, Christoph«, in: Allgemeine Deutsche Biographie 10 (1879), S. 125 f.

Heyland, Enoch	1581 (Weißen-fels)–1539	Student in Leipzig; Assessor am Oberhofgericht und an der Juristenfakultät zu Leipzig, Professor in Leipzig und Domherr des Domkapitels Merseburg	Advokat	Mpf. 38/4084 Jöcher II, 1750
Hoepner, Johann	1582 (Rosswein) –1645 (Leipzig)	1602 in Leipzig immatrikuliert, Pfarrer und seit 1633 Superintendent in Leipzig, 1605 Magister der Philosophie, 1618 außerordentlicher Professor der Theologie, 1628 Stiftsherr des Kollegiatstifts Merseburg, Pastor zu St. Nikolai und Doktor der Theologie, 1633 Superintendent in Leipzig, Stiftsherr des Hochstifts Meißen, 1642 Senior der theologischen Fakultät, mehrmals Dekan der theologischen Fakultät, 1631 Rektor der Alma Mater	Assessor	11546364 Mpf. 37/52 Jöcher II, 1750
Höpfner, Heinrich	1582 (Leipzig) –1642 (Leipzig)	Studium in Leipzig, Jena, Wittenberg, 1612 Professor der Logik und Philosophie in Leipzig, 1617 Doktor der Theologie, ordentlicher Professor der Theologie, 1623 Stiftsherr des Kollegiatstifts Zeitz, 1638 Domherr des Domkapitels Meißen	Assessor, ab 1638	121610772 ADB[53]
Horn, Immanuel	1652 (Neu-kirchen) –1714 (Leipzig)	1672 Universität Leipzig, 1675 Magister der Philosophie, 1680 Diakon in Oederan, 1685 Diakon und 1708 Pastor an der Thomaskirche in Leipzig, 1708 Doktor der Theologie	Assessor, ab 1708	Mpf. 25/838 Jöcher II, 1750
Hülsemann, Johann	1602 Esens (Ostfriesland) –1661 (Leipzig)	Studium in Rostock, Wittenberg und Marburg, akademische Bildungsreise nach Holland, Frankreich und Oberdeutschland, 1629 als Professor der Theologie in Wittenberg berufen, 1630 Doktor der Theologie, 1646 Professor in Leipzig in Verbindung mit dem Pfarramt zu Sankt Nicolai, 1647 stieg er in der Professur auf und wurde damit verbunden Stiftsherr des Kollegiatstifts Zeitz, 1651 Senior des Domkapitels in Naumburg, 1657 Superintendent, Domherr des Domkapitels Meißen	Assessor, ab 1646	Mpf. 25/371 Mpf. 22/59 ADB[54]

53 Wilhelm Gaß, »Höpfner, Heinrich«, in: Allgemeine Deutsche Biographie 13 (1881), S. 107.
54 Erich Beyreuther, »Hülsemann, Johann«, in: Neue Deutsche Biographie 9 (1972), S. 734.

Ittig, Thomas	1643 (Leipzig) –1710 (Leipzig)	1670 Assessor der philosophischen Fakultät in Leipziger, 1671 Prediger an der Johanneskirche, 1674 Subdiakon und 1675 Diakon an der Thomaskirche, 1697 außerordentlicher, 1698 ordentlicher Professor der theologischen Fakultät, 1699 Pastor und Superintendent in Leipzig, Doktor der Theologie, Domherr des Domkapitels Meißen, 1702 und 1706 Dekan der theologischen Fakultät	Assessor	ADB[55]
Jungermann, Caspar	1531–1606	Professor der Rechte, Vizekanzler der Universität und Hofgerichtsassessor in Leipzig	Assessor	137671342
Kromayer, Hieronymus	1610 (Zeitz) –1670 (Leipzig)	1628 Universität Leipzig, 1632 Magister der Philosophie, 1643 Professor für Geschichte und 1644 für Beredsamkeit, 1645 Lic. theol., 1651 Doktor der Theologie, 1657 Professor, 1658 Stiftsherr des Kollegiatstifts Zeitz, 1661 Domherr des Domkapitels Meißen, mehrfach Dekan, 1653 Rektor	Assessor, ab 1666	Mpf. 25/401 ADB[56]
Lange, Christian	1585 (Altenburg an der Saale) –1657 (Leipzig)	1606 in Leipzig immatrikuliert, 1611 Informator in Knauthain beim Herrn von Dieskau, 1614 Prediger in Meuselwitz, 1618 Pastor in Lucka, 1619 Prediger u. 1621 Diakon an der Nikolaikirche Leipzig, 1628 Archidiakon u. 1633 Pfarrer an der Thomaskirche, 1629 Professor der Theologie in Leipzig, 1630 Doktor der Theologie, 1646 Superintendent, 1649 Domdechant des Hochstifts Meißen	Assessor, ab 1642	120462834
Lange, Samuel	1618 (Meuselwitz) –1667 (Leipzig)	Studium in Leipzig und Wittenberg, 1637 Magister der Philosophie, 1639 Studium an der Universität Helmstedt, 1643 Superintendent in Pegau, 1651 in Leipzig Doktor der Theologie, 1659 Archidiakon der St. Thomaskirche, Pastor der Nikolaikirche, 1663 auch Rektor der Alma Mater, 1665 Superintendent in Leipzig, Dekan der theol. Fakultät, 1666 Stiftsherr des Hochstifts Meißen	Assessor, ab 1665	Mpf. 23/80 Jöcher II, 1750

55 Gotthard Lechler, »Ittig, Thomas«, in: Allgemeine Deutsche Biographie 14 (1881), S. 645 f

56 Günther Wartenberg, »Kromayer, Hieronymus«, in: Neue Deutsche Biographie 13 (1982), S. 74 f.

Lehmann, George	1616 (Belgern bei Torgau) –1699 (Leipzig)	Student in Leipzig, 1652 Prediger in Leipzig, 1655 Pastor und Superintendent in Weißenfels, 1669 in Leipzig Doktor der Theologie, 1670 Pastor an der Nikolaikirche und Superintendent von Leipzig, Professor der Theologie, Stiftsherr des Kollegiatstifts Zeitz und Meißen	Assessor	Mpf. 31/217 Jöcher II, 1750
Lindener, David	1604 (Chemnitz) –1644 (Leipzig)	Student in Straßburg und Leipzig, 1635 Promotion, 1641 Professor beider Rechte, Syndikus der Universität, Assessor des Oberhofgerichts und Assessor der Juristenfakultät	Advokat	Mpf. 38/4087 124921469 Jöcher II, 1750
Lyser, Polycarp	1586 (Wittenberg) –1633 (Leipzig)	Studium in Leipzig, Wittenberg und Tübingen, 1610 in Wittenberg außerordentlicher Professor der Theologie, 1611 Doktor der Theologie, 1613 ordentlicher Professor in Leipzig, 1614 Stiftsherr des Kollegiatstifts Zeitz, 1617 Pastor an der Thomaskirche, 1628 Superintendent in Leipzig, Domherr des Domkapitels Wurzen, mehrmals Dekan der theologischen Fakultät und Rektor der Alma Mater	Assessor, ab 1617	Mpf. 34/77 Jöcher IV, 1813
Moebius, Tobias	1605 (Laucha) –1688 (Leipzig)	Senior der Juristenfakultät an der Universität Leipzig, Advokat am Oberhofgericht in Leipzig	Advokat	Mpf. 34/861 Jöcher III, 1751
Morch, Andreas	1524 (Leipzig) –1594 (Leipzig)	Studium in Leipzig, 1554 Magister, 1560 Doktor, Professor der Rechte in Leipzig, Assessor der Juristenfakultät, 1561 Rektor der Alma Mater	Assessor	135731356 Jöcher III, 1751
Mosbach, Samuel	1584 (Rudolstadt) –1649 (Leipzig)	1593 Universität Leipzig, 1616 Doktor der Rechte, 1635 als Assessor an die juristische Fakultät, 1639 Professor in Leipzig, nach 1646 Rat am Appellationsgericht in Dresden und Domherr des Domkapitels Naumburg, 1635 und 1647 Rektor der Alma Mater	Assessor, ab 1646	129824755 Jöcher III, 1751
Oetwin, Johann	1551–1593	1578 Lehrer in Leipzig; Professor der Rechte	Assessor	132656469

Olearius, Gottfried	1672 (Leipzig) –1715 (Leipzig)	1698 Assessor der philosophischen Fakultät, Professor der Griechischen und Lateinischen Sprachen, 1701/02 Rektor der Alma Mater, 1703 und 1706 Prokanzler der philosophischen Fakultät, 1708 Professor der Theologie, Assessor der theologischen Fakultät, 1708 Doktor der Theologie, 1710 Stiftsherr des Hochstifts Meißen	Assessor, ab 1714	ADB[57]
Packbusch, Christian	1631 (Leipzig) –1681	Senior des Schöppenstuhls und Advokat des Oberhofgerichts in Leipzig	Assessor	Mpf. 25/806 Jöcher III, 1751
Peilick, Johann	1650 (Leipzig) –1704 (Leipzig)	Studierte in Leipzig und Tübingen, in Tübingen Doktor der Rechte, Ratsmitglied und Baumeister in Leipzig	Advokat	Mpf. 25/868 Jöcher III, 1751
Reifschneider, Johannes	1536 (Frankfurt a. M.) –1591 (Leipzig)	1536 Studium in Wittenberg, spätestens 1542 Magister, kurfürstl. Rat, Domdechant in Merseburg, Assessor des Oberhofgerichts	Assessor und Senior	132653648 Jöcher VI, 1818
Reinhart, Elias Sigismund	1625 (Halle a. d. Saale) –1669 (Leipzig)	Student in Wittenberg und Rostock, 1649 Prediger in Berlin; 1665 Pfarrer zu St. Nikolai, 1666 Doktor der Theologie und 1667 Superintendent, 1668 Professor der Theologie in Leipzig	Assessor, ab 1667	120801809 Mpf. 17/753 Jöcher VI, 1819
Schacher, Quirin	1597 (Leipzig) –1670 (Leipzig)	1639 Assessor, 1645 Professor an der juristischen Fakultät der Universität Leipzig, 1640 Assessor am Leipziger Oberhofgericht, 1652 bis 1669 Assessor am Appellationsgericht in Dresden, Domherr des Domkapitels Naumburg 1645 Rektor der Alma Mater	1639 Advokat, Assessor ab 1645 und Senior von 1646 bis 1648	Mpf. 25/709 Jöcher IV, 1751
Schertzer, Johann Adam	1628 (Eger in Böhmen) –1683 (Leipzig)	1648 Studium in Altdorf, später in Jena und Leipzig, erst Studium der Philosophie und der Naturwissenschaften, dann Medizin, zuletzt Theologie, 1666 Doktor der Theologie, 1667 Professor, Domherr des Domkapitels Meißen, mehrmals Dekan der theologischen Fakultät	Assessor, ab 1667	Mpf. 19/252 ADB[58]

57 Gotthard Lechler, »Olearius, Gottfried«, in: Allgemeine Deutsche Biographie 24 (1887), S. 277 f.

58 Julius August Wagenmann, »Schertzer, Johann Adam«, in: Allgemeine Deutsche Biographie 31 (1890), S. 137 f.

Schilter, Zacharias	1541 (Leipzig) –1604 (Leipzig)	1568 Professor der hebräischen Sprache, 1573 Doktor der Theologie, 1572 ordentlicher Professor der theologischen Fakultät, 1573, 1577, 1589, 1603 Rektor der Alma Mater, 1598 Visitator der kurfürstlichen Landesschulen in Meißen, Grimma und Schulpforta und Inspektor der kurfürstlichen Stipendiaten in Leipzig, Stiftsherr des Hochstifts Meißen	Assessor, ab 1581	Mpf. 20/171 ADB[59]
Schlaff, Eberhard	1635 (Aerzen) –1680 (Leipzig)	Doktor beider Rechte	Advokat	Mpf. 31/47
Schmuck, Vincentius	1565 (Schmalkalden) –1628 (Leipzig)	1585 nach Leipzig, 1586 der Theologie, 1591 Konrektor der Nikolaischule, 1592 Adjunkt der philosophischen Fakultät, 1593 Diakon, 1594 Archidiakon, 1604 Pastor an der Nikolaikirche und Professor der Theologie, 1620 Rektor der Universität, siebenmal Dekan seiner Fakultät	Assessor auch Senior	Mpf. 31/427 ADB[60]
Seligmann, Gottlob Friedrich	1654 (Hainewalde) –1707 (Dresden)	1674 Studium an der philosophischen Fakultät der Universität Leipzig, 1676 Magister der freien Künste, Eintritt in das Predigerkollegium, ab 1580 in Rostock, dort Professor für Physik und Metaphysik und 1683 Erzdiakon an der St. Jacobikirche, 1692 in Leipzig Doktor, Erzdiakon an der St. Thomaskirche, 1698 außerordentlicher Professor, 1700 ordentlicher Professor an der theologischen Fakultät, mehrmals Dekan der theol. Fakultät, 1707 Oberhofprediger und Oberkonsistorialrat in Dresden	Assessor	Mpf. 38/313 Jöcher IV, 1751
Teller, Abraham	1609 (Wurzen) –1658 (Leipzig)	1628 Theologiestudium in Leipzig, 1631 Magister, Vorlesungen über orientalische Sprachen, 1637 Rektor der Thomasschule und Diakon an der Thomaskirche, 1645 Archidiakon zu St. Nicolai, 1657 Pastor an der Thomaskirche, 1658 Doktor der Theologie	Assessor, bis 1658	Mpf. 38/4045 ADB[61]

59 Georg Müller, »Schilter, Zacharias«, in: Allgemeine Deutsche Biographie 31 (1890), S. 268 f.
60 l. u., »Schmuck, Vincentius«, in: Allgemeine Deutsche Biographie 32 (1891), S. 62 f.
61 l. u., »Teller, Abraham«, in: Allgemeine Deutsche Biographie 37 (1894), S. 555 f.

Volckmar, Erich	1608 (Zörbig) –1664 (Leipzig)	Aktuar der Juristenfakultät in Leipzig	Protonotar	Mpf. 22/84 120255901
Volckmar, Heinrich	1588 (Leipzig) –1646 (Leipzig)	Assessor des Schöffenstuhls, ältester Advokat des Oberhofgerichts in Leipzig, Ratsherr in Leipzig	Senior und Direktor	Mpf. 31/244 133925056
Weinrich, Georg	1554 (Hirschberg im Riesengebirge) –1617 (Leipzig)	Studierte Theologie, 1586 Subdiakon an der Thomaskirche in Leipzig, 1594 Superintendent und Professor der Theologie, 1599 Doktor der Theologie, Senior der polnischen »Nation«, Stiftsherr des Kollegiatstifts Zeitz, 1604 auch in Meißen, 1600 Rektor der Universität, 1601–1615 mehrmals Dekan der theologischen Fakultät, 1614 Senior der theologischen Fakultät	Assessor, ab 1594	Mpf. 20/104 ADB[62]
Wirth, Michael, d. Ä.	1547 (Löwenberg in Schlesien) –1611 (Leipzig)	1575 Professor der Rechte, 1577 Beisitzer des Appellationsgerichts in Dresden, 1579 Advokat des Oberhofgerichts in Leipzig, 1580 Professor des Kodex, 1581 Kanzler des sächsischen Hofes in Coburg, 1592 Assessor am Oberhofgericht, Stiftsherr des Kollegiatstifts Merseburg, 1601 Ordinarius der Juristenfakultät, mehrmals Rektor der Alma Mater	Direktor, ab 1592	Mpf. 20/176 Jöcher IV, 1751
Wirth, Michael	1571 (Löwenberg in Schlesien) –1618 (Leipzig)	1592 in Leipzig Magister der Philosophie, 1595 in die philosophische Fakultät aufgenommen, 1595 ein Jahr an der Universität Helmstedt, 1598 an der Universität Frankfurt (Oder), 1601 in Leipzig Doktor beider Rechte, Assessor der juristische Fakultät, Domherr des Domkapitels Merseburg und außerordentlicher Professor, 1604 ordentlicher Professor, 1606 wurde er Assessor im kurfürstlich sächsischen Oberhofgericht in Leipzig, 1604 und 1612 Prorektor der Hochschule, 1616 Rektor der Alma Mater, 1617 kurfürstlicher Appellationsrat	Assessor (Direktor?)	Mpf. 19/639 128639105

62 Julius Leopold Pagel, »Weinrich, Georg«, in: Allgemeine Deutsche Biographie 41 (1896), S. 514–516.

»... die ohnehin mehr eingebildeten als reellen Preise der Kunstsachen ...«

Ein Beitrag über die Frühgeschichte des Leipziger Kunsthandels

Karsten Hommel

Die Geschichte des Kunsthandels in Leipzig ist als marginaler Teil der örtlichen Wirtschafts- und insbesondere Handelsgeschichte noch weitgehend unerforscht, obgleich bereits dessen Frühzeit ein bezeichnendes Licht auf die Krisenanfälligkeit des Kommerzes mit der Kunst und die Affinität seiner Protagonisten zur Manipulation des Marktes wirft. Darüber hinaus lässt sich ausgehend von seinen historischen Hauptschauplätzen, dem Auerbachs Hof am Markt und dem benachbarten Breunigkes bzw. Hohmannschen Hof in der Petersstraße, der hohe Vernetzungsgrad der Akteure erkennen. Zudem veranschaulicht das Beispiel des Kunsthandels die Restriktionspolitik der Kramermeister zur Wahrung ihrer Handelsmonopole und zur Ausschaltung innungsfremder Konkurrenz angesichts einer latenten Schattenwirtschaft.

Die Ursprünge des Kunsthandels in Leipzig und der Maler-Kunsthändler Hieronymus Lotter d. J.

Die eigentlichen Ursprünge des Leipziger Kunsthandels liegen im Wanderhandel von Malern, Kupferstechern und Bilderkrämern während der Messen. Sie kamen in erster Linie aus Süddeutschland, den Niederlanden, Italien und Böhmen, wobei die Kaufleute unter ihnen als »Kunstführer« bezeichnet wurden.

Auf der Basis von Geschäftsbeziehungen auswärtiger und einheimischer Maler datiert Kirchhoff den Beginn dieses Handels in Leipzig ins 15. Jahrhundert. Als Beweis führt er Schuldenstreitigkeiten zwischen dem Nürnberger Briefmaler Caspar Ryß und dem aus Wien stammenden, in Leipzig ansässigen Maler Hermann Stein aus dem Jahr 1493 an. Desgleichen verweist er auf eine Auseinandersetzung des Wittenberger Malers Lucas Cranach d. Ä. und seines einstigen Verlagskompagnons Christian Döring mit dem Danziger Buchhändler Jacob Knop im Jahr 1526.[1]

---

1 Albrecht Kirchhoff, Beitrag zur Geschichte des Kunsthandels auf der Leipziger Messe, [Leipzig 1860], S. 9–11, 21, Anm. 14.
Zu Hermann Stein siehe auch Gustav Wustmann, Archivalische Beiträge zur Geschichte der Malerei in Leipzig vom 15. bis zum 17. Jahrhundert, in: Gustav Wustmann, Beiträge zur Geschichte der Malerei in

Ein weiteres Zeugnis für derartige Geschäftsbeziehungen liefert Gustav Wustmann anhand einer von ihm ausgewerteten Korrespondenz zwischen Hieronymus Lotter d.J. und dem Landgrafen Wilhelm IV. von Hessen-Kassel aus dem Jahr 1581.[2] Hieronymus Lotter d.J. war als Sohn des gleichnamigen Renaissancebaumeisters und mehrfachen Leipziger Stadtoberhaupts seit 1577 selbst Ratsherr. Er lebte in Leipzig als Maler, Kunsthändler und Sammler. Ein Taxationsverzeichnis überliefert seinen gesamten Nachlass, einschließlich des Kunstbesitzes an Gemälden, Zeichnungen, Kupferstichen, Büchern, Pretiosen und Kunsthandwerk.[3] Stammten die darin aufgeführten, teilweise noch unvollendeten Gemälde in ihrer Mehrzahl vermutlich von seiner eigenen Hand, so zeugen allein 25 Kupferstiche und die Schriften »Vnderweysung der messung mit dem zirckel vnd richtscheyt« (1525) sowie »Etliche vnderricht zu befestigung der stett, schlosz, und flecken« (1527) Albrecht Dürers von der Qualität seiner Grafiksammlung und Bibliothek.[4]

An Hieronymus Lotter d.J. wandte sich genannter, auch als Astronom und Sammler ausgewiesener Landgraf am 17. März 1581 mit dem Wunsch nach Besorgung von Fürstenbildnissen. Vorrangig begehrte er Porträts von Herrschern, die sich um die Wissenschaften und Künste verdient gemacht hatten, namentlich von dem mit seinem Haus erbverbrüderten Kurfürsten August von Sachsen, den Königen Christian III. und Friedrich II. von Dänemark und Norwegen und dem Herzog Johann Friedrich von Pommern. In Beantwortung dieses Ersuchens erbat Lotter d.J. am 1. April 1581 ein persönliches Reskript des Landgrafen an den Rat und stellte in dessen Folge Kopien nach Fürstenbildnissen aus dem Leipziger Rathaus in Aussicht. Darüber hinaus, versäumte er es nicht – für die Geschäfts- und Bestellpraxis des Kunsthandels aufschlussreich – darauf hinzuweisen: »Da auch E[uer] F[ürstlichen] G[naden] von welschen Fürsten begehrten, müßt ichs vor dem Markt noch wissen, daß ichs mit den Kunstführern, die mir gar zugetan und bekannt sind, bestellen könnt.«[5] Zudem offerierte er einen goldenen Zahnstocher und ein mit Edelsteinen besetztes Halsband aus seinem eigenen Besitz zum Kauf. Sowohl diese Angebote als auch alle weiteren Dienste des von Geldnöten geplagten Kunsthändlers schlug Wilhelm IV. von Hessen-Kassel am 12. April 1581 dankend aus.

Leipzig vom XV. bis zum XVII. Jahrhundert (Beiträge zur Kunstgeschichte II), Leipzig 1879, S. 19–63, hier S. 25 f.

2 Siehe Gustav Wustmann, Hieronymus Lotter der Jünger und die Fürstenbildnisse im Leipziger Rathaus, in: Geschichte der heimlichen Calvinisten (Kryptocalvinisten) in Leipzig 1574 bis 1593 (Neujahrsblätter der Bibliothek und des Archivs der Stadt Leipzig 1), Leipzig 1905, S. 96–112; siehe auch Kirchhoff, Kunsthandel (Anm. 1), S. 3 f., 17–19.

3 »Hieronymi Lotters Fahrnus Taxt.« 13.05. und 07.–09.07.1584, Stadtarchiv Leipzig (im Folgenden: StadtAL), Richterstube Inventar- und Hilfsbuch 1583–1585, Bl. 90–101.

4 Hieronymi Lotters Fahrnus (Anm. 3), Bl. 93, 98.

5 Zit. nach Wustmann, Lotter (Anm. 2), S. 102.

Mit diesem Messe- und Marktgeschäft verband sich als weiterer Zweig des Kunsthandels das Auktionswesen, zunächst bezogen auf Nachlässe, die oft auch Kunstwerke enthielten. Seit dem 17. Jahrhundert kamen Spezialversteigerungen von Büchern sowie auch ganzer Sammlungen nach dem Vorbild der bereits in Holland gängigen Praxis hinzu. Dabei erhielt das höchste Gebot den Zuschlag.[6] Da sich seinerzeit in jeder Privatbibliothek Kupferstiche, Landkarten, Globen, Portefeuilles und dergleichen befanden, war die Versteigerung von Büchernachlässen stets mit der bildkünstlerischer Werke verbunden. So war es der Buchhändler Christian Kirchner, der nach Angabe des Stadtchronisten Johann Jacob Vogel am 12. September 1670 in Leipzig vermutlich die erste Buchversteigerung veranstaltete. Sie galt der Bibliothek des verstorbenen Arztes Dr. Michael Lyser.[7] Ihr folgten, nachgewiesen für die Jahre von 1731 bis 1830, mindestens 1300 Subhastationen von Büchern allein in Leipzig, welche eine Vorstellung von der rasanten Entwicklung und dem Umfang dieses Auktionszweiges im 18. Jahrhundert vermitteln.[8]

Mit dem »Museum Wolffianum« kam in Leipzig zur Ostermesse 1714 die vollständige Raritätensammlung des Arztes Christian Sigismund Wolff in seinem Haus auf dem Neumarkt unter den Auktionshammer. Sie umfasste mit dem Schwerpunkt auf der Entomologie das sammlungstypische Spektrum an Naturalien und Artefakten (Gemälden, Zeichnungen, Druckgrafiken, Münzen, Instrumenten). Zeugnis davon legt der von Wolff selbst verfasste Versteigerungskatalog ab.[9] Genau zwei Jahre später stand die Naturalien-, insbesondere Mineralien- und Fossiliensammlung des Oberschöffenschreibers und Naturforschers Gottlieb Friedrich Mylius zum Verkauf.[10] Wesentliche Bestände beider Kabinette gelangten auf diesem Weg in die bedeutendsten Leipziger Naturalien- und Raritätenkammern ihrer Zeit. Dabei handelt es sich um das »Museum Linckianum« der Apothekerfamilie Linck und das »Museum Richterianum« des Bergrates Johann Christoph Richter d. Ä.[11]

Dazu im Vergleich datiert die erste Buchversteigerung in England auf das Jahr 1676. Hier brachte Sam Baker, Vorgänger von John Sotheby im gemeinsamen Auk-

6 Vgl. Hanns Floerke, Der Niederländische Kunst-Handel im 17. und 18. Jahrhundert, Basel 1901, S. 37; Hans Peter Thurn, Der Kunsthändler. Wandlungen eines Berufes, München 1994 , S. 44; Robert Lacey, Sotheby's. Die Kunst der Auktionen. Eine Erfolgsgeschichte, München 1998, S. 29.

7 Johann JacobVogel, Leipzigisches Geschicht-Buch Oder Annales ..., Leipzig 1714, S. 741.

8 Vgl. Friedhilde Krause, Bernhard Fabian, Waltraut Guth, Handbuch der historischen Buchbestände in Deutschland, Hildesheim 1997, S. 33.

9 [Christian Sigismund Wolff], Museum Wolffinanum ..., Leipzig 1714.

10 Siehe Gottlieb Friedrich Mylius, Museum sive Catalogus rerum Naturalium & Fossilium tam exoticarum quam domesticarum ..., Leipzig 1716.

11 Siehe dazu Harry Beyrich, Das Lincksche Naturalien- und Kunstkabinett aus Leipzig, jetzt in Waldenburg (Sachsen), in: Andreas Grote (Hrsg.), Macrocosmo in Microcosmo. Die Welt in der Stube. Zur Geschichte des Sammelns 1450–1800 (Berliner Schriften zur Museumskunde 10), Opladen 1994, S. 584 f.

tionshaus mit George Leigh, an zehn Abenden die Bibliothek Sir John Stanleys zum Aufruf.[12] Die erste eigentliche Kunst- und Antiquitätenversteigerung durch James Christie fand jedoch erst 90 Jahre später, im Dezember 1766, statt. Sie beinhaltete Möbel, Waffen, Porzellan, Gemälde und Skulpturen aus anonymem Adelsbesitz.[13]

Auch in Frankreich, insbesondere Paris, etablierte sich um die Jahrhundertmitte das Kunstauktionswesen. Ein Beleg dafür ist die Nachlassversteigerung der Zeichnungssammlung Pierre Crozats im Jahr 1741. Weit berühmter wurde der als Schatzmeister zu großem Reichtum gelangte Crozats jedoch durch seine erstrangige Gemäldesammlung, die zu großen Teilen Jahrzehnte später dank der Vermittlung Denis Diderots in den Besitz der Zarin Katharina II. gelangen sollte.[14]

In Holland freilich datiert die Erlaubnis des Haager Magistrats an Carel van der Heyde zur Veranstaltung jährlicher Kunstauktionen bereits auf das Jahr 1642.[15]

Das Kernsortiment der reisenden Kunsthändler bestand in »Sachen so zur Schreiberey-, Mahlerey- und Zeichnungs-Kunst«[16] gehören, worunter sowohl handliche Gemälde, Zeichnungen, Druckgrafiken und Kartografika als auch Künstlerbedarf und diverse Schreibwaren subsummiert wurden. Dass dazu auch Apparaturen, Automaten und Modelle als feste Artefaktenbestandteile einer jeden Kunstkammer gehörten, beweist eine, wenn auch abschlägig beschiedene Petition Jacob Leupolds an König August II. aus dem Jahr 1717. Darin bat er um die Erlaubnis, ein eigenes Geschäft eröffnen und die Titel eines Hofmechanikers und Kunsthändlers führen zu dürfen.[17]

Eine Aufbesserung ihrer Einkünfte suchten die Kunsthändler traditionell durch den Verkauf von Kurz- und Galanteriewaren zu erzielen. Das rief in Leipzig stets die Kramermeister auf den Plan. Jegliches Vergehen gegen ihre hoheitlichen Innungsprivilegien ahndeten sie durch Anzeige beim Rat. Ewiger Stein des Anstoßes war dabei der nichtkonzessionierte Handel mit ausländischen Waren über die Marktfreiheit zu Messzeiten hinaus. Das betraf auch die sogenannten »Nürnberger Waren«, bekannt als »Nürnberger Hand», »Nürnberger Pfenwert« oder »Nürnberger Tand«. Dabei handelte es sich um Kurz- und Haushaltswaren sowie Spielzeuge, vorrangig in qualitätsvoller Metallausführung.[18]

---

12 Lacey, Auktionen (Anm. 6), S. 29–30.

13 Ebd., S. 37.

14 Pierre-Jean Mariette Mariette, Description sommaire des dessins des grands maîtres d'Italie, des Pays Bas et de la France du Cabinet de feu M. Crozat. Avec des reflexions sur la manière de dessiner des principaux peintres, Paris 1741; Pierre Cabanne, Die Geschichte großer Sammler, München 1966, S. 21.

15 Floerke, Kunsthandel (Anm. 6), S. 43.

16 Protokoll von Johann Christian Korn über eine Anhörung von Joseph Schweiger, 13.8.1748, StadtAL, II. Sektion C (F) Nr. 343, Bl. 2.

17 Jacob Leupold an [König August II.], o. D. [Anfang 1717], StadtAL, II. Sektion L (F), Bl. 2.

18 Michael Diefenbacher, Rudolf Endres (Hrsg.), Stadtlexikon Nürnberg, Nürnberg 2000, S. 764 f.

Der Kunst-, Kurz- und Galanteriewarenhändler Cornelius Caymox d. Ä. aus Frankenthal

Das wohl früheste Beispiel für einen derartigen Kunst- und Kurzwarenhändler in Leipzig ist Cornelius Caymox d. Ä.[19] Als Konfessionsemigrant verließ er 1563 Antwerpen, um sich in Nürnberg anzusiedeln und das dortige Bürgerrecht zu erwerben. Zunächst widmete er sich hier dem Buchhandel und vertrieb unter anderem die Kartenwerke seiner niederländischen Landsleute Gerard de Jode und Gerhard Mercator.[20] 1580 zog er nach Frankenthal und unterhielt während der Leipziger Messen gemeinsam mit seinem Sohn Cornelius Caymox d. J. und seinem Handlungsdiener Jacob Martius ein Kurz- und Galanteriewaren- sowie Kunsthandelsgeschäft in Auerbachs Hof; Angebotsschwerpunkt des Letzteren bildeten Kunstwerke ebenfalls vertriebener Landsleute. Seine Tochter Catharina Caymox war verheiratet mit dem Frankenthaler Maler Pieter Schoubroeck, dessen Gemälde der Schwiegervater auf den Messen in Leipzig und Frankfurt am Main feilbot. Von seinem Tod am 19. Oktober 1588 im Haus des Buchdruckers, Buchhändlers und Formschneiders Nicolaus Nehrlich auf dem Neumarkt zeugt das Inventarverzeichnis seines gesamten Leipziger Handlungsnachlasses an Kurz-, Galanterie- und Schreibwaren, ebenso an Büchern, Instrumenten, Gemälden, Aquarellen, Druckgrafiken u. a.[21] Erwähnenswert daraus sind an dieser Stelle Gemälde Hendrik Gysmans und Gillis van Conixloos aus Frankenthal, Aquarellmalereien Hans Bols aus Mechelen, Druckgrafiken Gerard de Jodes, Jan Collaerts, Egidius Sadelers und Stiche nach Passionszyklen Jan van der Straets und Albrecht Dürers.

Nach dem Tod des Vaters führte mit Balthasar Caymox ein weiterer seiner Söhne die Geschäfte von Nürnberg aus weiter. Auf den Leipziger Messen ist er als »Kunstführer« mit wechselnden Geschäftspartnern, darunter sein Onkel Hubrecht Caymox, mit dem er in Nürnberg einen Verlag betrieb, bis zu seinem Tod 1635 nachweisbar. Durch Erbschaft gelangte seine Firma 1637 in den Besitz des Nürnberger Kunst- und Buchhändlers sowie Verlegers Paul Fürst. Dieser war der Ehemann Helena Susanna Schnellings, Tochter des Antwerpener Kunsthändlers Peter Schnelling und En-

19 Siehe Kirchhoff, Kunsthandel (Anm. 1), S. 12–16.
Siehe auch Mathias Papenbrock, Landschaften des Exils. Gillis van Conixloo und die Frankenthaler Maler (Europäische Kulturstudien 12), Köln, Weimar, Wien 2001, S. 38–44.

20 Siehe Peter H. Meurer, Der Nürnberger Verlag Caymox und die Kartographie, in: Quaerendo. A quarterly journal from the Low Countries devoted to manuscripts and printed books 23 (1993) 1, S. 24–43.

21 »Cornelii Caimoxe Inuentarium«, 22.10.1588, StadtAL Richterstube Inventar- und Hilfsbuch 1588–1591, Bl. 69–78. Zum Angebot von C. Caymox an Kurz- und Galanteriewaren siehe auch »Heinrichen Beyers Inuaentarium«, 24.05.1587, StadtAL Richterstube Inventar- und Hilfsbuch 1585–1587, Bl. 135.

keltochter von Balthasar Caymox. Seinen Nachruhm als sogenannter »Bildermann« verdankte Fürst den zahlreichen, von ihm edierten Bilderbögen und Flugschriften.[22]

Die Amsterdamer Kunsthändlerfamilie Schenk

Als deutschstämmiger Kunsthändler, Kupferstecher und Kartenverleger aus Amsterdam ließ sich Peter Schenk (I.) 1700 in Leipzig nieder.[23] Er verkaufte während der Messen ebenso wie andere Holländer in Breunigkes Hof »allerhande Raere Sachen [...], waß in der Welt zubekommen ist«.[24] Dabei lag sein Angebotsschwerpunkt vis-a-vis dem sogenannten Ballhaus von Johann Petzsch jedoch nicht auf überseeischen Raritäten, Schreib- oder Kurzwaren. Schenk (I.) bot vielmehr Kartografika, wie Landkarten, Kartenwerke, Veduten, Architekturansichten und Globen an. Für deren Eigenherstellung und Vertrieb war er als »Königlich Polnischer und Kurfürstlich Sächsischer Kupferstecher« von August dem Starken privilegiert worden.[25] Ein in verschiedenen Variationen überlieferter Kupferstich Schenks (I.) dokumentiert einen Messebesuch des Herrschers in Breunigkes Hof.[26] *(Abb. 1, auch Umschlagbild)*

Entsprechend diesem Privileg bildete das kursächsische Territorium einen Schwerpunkt in Schenks (I.) Verlagsprogramm. Davon zeugen zahlreiche Veröffentlichungen, so die in seiner seit 1702 herausgegebenen Karten- und Vedutensammlung »Hekatompolis« enthaltenen sächsischen Stadtansichten, darunter Dresdens und Leipzigs, sowie die 1704 gedruckte erste »Post-Land-Charte« Sachsens nebst Register nach Entwürfen des Oberpostmeisters Johann Jakob Kees d. Ä.[27]

Nach Schenks Tod im Jahr 1711 führte sein Sohn Peter Schenk (II.) mit Berufung auf die väterlichen Privilegien die Geschäfte in Amsterdam und Leipzig fort und avancierte neben Johann Georg Schreiber zum führenden sächsischen Kartenverleger in der ersten Hälfte des 18. Jahrhunderts. Zeugnishaft dafür ist die kurfürstlich

22 Siehe Kirchhoff, Kunsthandel (Anm. 1), S. 15 f.; Theodor Hampe, Paulus Fürst und sein Kunstverlag (Mitteilungen aus dem Germanischen Nationalmuseum 1914/15), Nürnberg 1915, S. 3–127; dito 1920/21, Nürnberg 1921, S. 137–170.

23 Siehe dazu Peter Wiegand, Schenk, Peter I., in: Sächsische Biografie, hrsg. vom Institut für Sächsische Geschichte und Volkskunde e. V., bearb. von Martina Schattkowsky, online-Ausgabe: http://www.isgv.de/saebi/ (9.7.2012).

24 Siehe Peter Schenk d. Ä. »Breunigkes Hof zur Messezeit«, um 1700, Kupferstich, Stadtgeschichtliches Museum Leipzig, Inv.-Nr.: 1909 c.

25 Siehe dazu Protokoll von Johann Zacharias Krefurth über eine Vorsprache von Peter Schenk (II.), 11.10.1720, StadtAL, II. Sektion S (F) Nr. 1076, Bl. 2.

26 Aktenkundig ist auch ein Besuch des Kronprinzen Friedrich August II. zur Ostermesse 1719 in »Breunigkes Hof« und Johann Petzschs Ballhaus siehe StadtAL, Richterstube Subhastationsakten Rep. II b Nr. 90 VI.

27 Siehe Peter Schenk [I.], Saxonia Electoralis Aphabethica ..., Leipzig 1704.

Abb. 1: Peter Schenk (I.), »Breunigkes Hof«, um 1700 (Stadtgeschichtliches Museum Leipzig)

privilegierte, 1752 erfolgte Veröffentlichung des »Atlas Saxonicus novus«, bekannter als »Schenkscher Atlas«.[28] Dieser basiert auf dem Kartenmaterial des Hofgeografen Adam Friedrich Zürner und seiner Kondukteure, darunter Paul Trenckmann und insbesondere dessen Sohn Johann Paul Trenckmann. Mit Zürner und seinen Mitarbeitern hatte bereits Peter Schenk (I.) zusammengearbeitet, mehr aber sein Sohn Peter Schenk (II.). Exemplarisch dafür ist der ebenfalls posthum erschienene »Geographische Entwurff des Amtes Leipzig«, um 1757.[29] Nach dem Tod Peter Schenks (II.)

28 O. A., Atlas Saxonicus novus ..., Amsterdam, Leipzig 1752.

29 [Adam Friedrich Zürner], Geographischer Entwurff des Amtes Leipzig ..., Amsterdam [um 1757]. Zu Peter Schenk (II.) siehe Peter Wiegand, Peter II., in: Sächsische Biografie, hrsg. vom Institut für Sächsische Geschichte und Volkskunde e. V., bearb. von Martina Schattkowsky, online-Ausgabe: (30.5.2012).

führte sein gleichnamiger Sohn, nunmehr in dritter Generation, die Geschäfte weiter und zeichnet u. a. 1781 für die Neuausgabe des »Schenkschen Atlases« verantwortlich.

Nachdem Breunigkes Hof aus dem Besitz der Eheleute Johann und Anna Petzsch 1726 versteigert worden war, ließ der neue Besitzer Peter Hohmann die alten, sich bis zum Neumarkt erstreckenden Durchgangsgebäude abreißen und den nach ihn benannten »Hohmanns Hof« errichten.[30] Darin ist Ende der vierziger Jahre auch Peter Schenk (II.) nachweisbar, nachdem er vorübergehend in einem Gewölbe im Rothauptschen Hof am Markt seine Geschäfte betrieben hatte. Ebenfalls in diesem Domizil bot 1728 die aus Augsburg stammende »Schroppische Compagnie«, welche auch mit Drucken des Konkurrenten Schenk (II.) handelte, an drei verschiedenen Messeständen zugleich ihre Bilder und Landkarten feil.[31] Aus ihr ging 1742 durch Privileg Friedrichs II. die bis auf den heutigen Tag renommierte Berliner Landkartenhandlung »Simon Schropp & Comp.« hervor.

Als einer der ersten Bilderhändler im neuerbauten Hohmannschen Hof wurde Johann Paul Hoffmann 1730 aktenkundig, bei dem es neben Bildern verschiedene Druckschriften zu beziehen gab.[32] Desgleichen nachweisbar ist der aus Erfurt stammende Kunsthändler Joseph Schweiger. Er wohnte 1748 am Brühl und rühmte sich seiner vom Rat erteilten Konzession für den Bilderhandel. Ungeachtet dessen sah er sich dem Vorwurf des unerlaubten Handels mit Schuhschnallen, (auswärtigen) Bleistiften, Tabaksdosen und anderen Kramwaren, erhoben von den Kramermeistern, ausgesetzt. Unter der Beteuerung, davon nichts verkauft zu haben, gab er zu Protokoll: »[…] er hätte davor gehalten, daß alle Sachen so zur Schreiberey-Mahlerey u. Zeichnungs-Kunst gehörten vor die Bilder-Händler gehöreten. Es führten auch alle Bilderhändler dergleichen.«[33]

Die »Hennewartische Kunsthandlung«

Etwa gleichzeitig wie der Pyrotechniker Giovanni Battista Torre in Paris und London, Gründer der noch heute, als älteste ihrer Art existierenden Londoner Kunsthandlung Colnaghi, agierte in Leipzig Joseph Hennewart. Er stammte aus Prag und ist damit ein Beispiel für die böhmischen Bilderhändler, welche vorwiegend zur Messe ihre Waren feilboten. In Leipzig ansässig geworden, handelte Hennewart in den wirt-

30 Zur Subhastation von »Breunigkes Hof« siehe StadtAL, Richterstube Subhastationsakten Nr. 90 Bd. 9.

31 Siehe u.a. Protokoll von Johann Zacharias Krefurth über eine Vorsprache bei Peter Schenk [II.], 23. und 24.4.1728, StadtAL, II. Sektion S (F) Nr. 1247, Bl. 2.

32 Siehe Hans Beschorner, Das Zeithainer Lager von 1730, in: Neues Archiv für Sächsische Geschichte und Altertumskunde 28 (1907), S. 50–113, hier S. 86 f.

33 Protokoll von Johann Christian Korn über eine Anhörung von Joseph Schweiger, 13.8.1748, StadtAL, II. Sektion C (F) Nr. 343, Bl. 2.

schaftlichen Erholungsjahren nach dem Siebenjährigen Krieg in seinem Gewölbe in Hohmanns Hof mit Gemälden.[34] Da echte Kunstkennerschaft sich erst langsam zu entwickeln begann, bedeutete das üblicher Weise die Zuschreibung nicht signierter Gemälde an berühmte Meister, für deren Werke hohe Preise erzielt werden konnten.[35] Hinzu kam das mit dem Kunsthandel einhergehende Problem der Kopien, Fälschungen und Bildmanipulationen, welche aus heutiger Sicht die meisten historischen Privatsammlungen in Güte und an Wert relativieren und einen Gegenstand moderner Provenienzforschung bilden. Den Kunsthändlern, oft selbst Auftraggeber mit eigens angestellten Kopisten, brachten diese Praktiken einträgliche Gewinne.[36]

Die Affinität Hennewarts für den Gemäldehandel belegt der wohl erste Leipziger Connaisseur, Franz Wilhelm Kreuchauf. Goethe erinnerte sich an ihn als einen »Liebhaber mit geübtem Blick, der, als Freund der ganzen Kunstsozietät, alle Sammlungen für die seinigen ansehen konnte«.[37] In seinem fachlich wegweisenden Verzeichnis der Gemäldesammlung Gottfried Wincklers (II.) aus dem Jahr 1768 bemerkt Kreuchauf: »Manch schönes Gemälde wird uns durch die Hennewartische Kunsthandlung bekannt [...]«.[38] Damit weist dieser Künstler- und Sammlerintimus auf die unmittelbare Verbindung des Prager Kunsthändlers zum seinerzeit exklusivsten Leipziger Sammlerkreis um Winckler und Johann Thomas Richter. Es ist wohl dieser exponierten Stellung Hennewarts zu danken, dass sein Warenvorrat zum Zeitpunkt seines Todes 1775 auf mehr als 20000 Taler taxiert wurde.[39] Die Höhe dieses Wertes wird anschaulich, vergleicht man ihn mit den weiter unten beschriebenen mageren Geschäftsbilanzen der Kunsthändler Johann Baptista Klein und Johann Gottfried Pfarr, ganz zu schweigen vom Schicksal des Antiquars und Kunsthändlers Johann Gottlob Helmert zu Beginn des 19. Jahrhunderts in Dresden und Leipzig. Als der »Deutsche Diogenes« ging er in die Geschichte ein, weil er das Ende seiner Tage verarmt in einem Bücherfass neben seinem Verkaufsstand verbringen musste *(Abb. 2)*.

---

34 Siehe Leipziger Adreß-Post- und Reise-Kalender Auf das Jahr Christi M. DCC. LIV. ..., Leipzig 1754, S. 166. Zur Kunsthandlung Colnaghi siehe Timothy Clayton, From fireworks to old masters. Colnaghi and printselling c. 1760–c. 1880, in: Jeremy Howard, Colnaghi. Established 1760. The History, London 2010, S. 8–11.

35 Vgl. dazu Dirk Boll, Kunst ist käuflich. Freie Sicht auf den Kunstmarkt, Ostfildern ^{2}2011, S. 18; Floerke, Kunsthandel (Anm. 6), S. 77–79.

36 Siehe dazu Floerke, Kunsthandel (Anm. 6), S. 47 f., 72–74.

37 Johann Wolfgang Goethe, Dichtung und Wahrheit, Stuttgart 1998, S. 337.

38 [Franz Wilhelm Kreuchauf], Historische Erklaerungen der Gemaelde, welche Herr Gottfried Winkler in Leipzig gesammlet, Leipzig 1768, S. XII.

39 Gustav Wustmann (Hrsg.), Franz Wilhelm Kreuchaufs Schriften zur Leipziger Kunst 1768–1782, Leipzig 1899, in: Gustav Wustmann (Hrsg.), Drei Leipziger Neudrucke, Leipzig 1902, S. 118 (Anmerkung zu S. 17).

Abb. 2: Christian Gottfried Heinrich Geißler, »Der neue Diogenes« (Johann Gottlob Helmert) als Bücher-Antiquar auf der Leipziger Messe, um 1820 (Stadtgeschichtliches Museum Leipzig)

Es ist überraschend, dass keine Auseinandersetzung der Kramermeister mit dem innungsfremden, auswärtigen Kaufmann Hennewart überliefert ist. Das legt den Schluss nahe, dass er sich konzessioniert auf den Bilderhandel beschränkte.

Die Konflikte Joseph Lenckers und Johann Baptista Kleins mit der Kramerinnung

Ganz anders erging es, wie bereits im Fall Schweiger ersichtlich, den auswärtigen Kunsthändlern, die über die Messen hinaus und in konjunkturschwachen Zeiten ihr Angebot mit Kurz- und Galanteriewaren oder Englischen Manufakturerzeugnissen zu erweitern suchten. Das betraf z. B. Joseph Wagner in Hohmanns Hof, aber auch Anton Schuster und Joseph Lencker in Auerbachs Hof, dem mit zahlreichen Läden angestammten Zentrum des Handels mit Luxusgütern und Galanteriewaren in Leipzig. Die beiden letzteren Bilderhändler hatten sich zudem durch Heirat in der Messestadt situiert, worauf die Kramermeister folgende Klage erhoben: »Und da es bekannt genug ist, daß Lencker und Schuster als die beyden hiesigen Bilder Händler von denen auf denen Meßen und Jahrmärckten noch jetzt herumziehenden Bilder- und Land-

Abb. 3: Johann Salomo Richter, »Der Bilderhändler« (Werbeblatt für die Kunsthandlung von Johann Baptista Klein), 1789/1791 (Stadtgeschichtliches Museum Leipzig)

charten Händlern, die an denen Häußern ihre Landcharten und Bilder aushängen, entstanden sind, von welchen jene beyden durch eine wunderbare Heyrath oder sonst sich allhier verhalten und in denen Höfen und Durchgängen, wo noch dermahlen ihre Buden zu finden sind, sich fortgesetzt haben, in den letzten Krieg aber sich einfallen laßen ihren Handel von Zeit zu Zeit mehr auszubreiten; so erhellet daraus zur Genüge, daß Landcharten und allerhand Bilder-Cram von Anfange nur alleine ihre Sache gewesen. Es kann ihnen also auch zu Folge des gnädigsten Rescripts außer diesen ein mehreres nicht zugestanden werden.«[40] Betreffende Auseinandersetzungen vor dem Rat konnten sich in einem Auf und Ab von Anklage und Verteidigung, Rechtsspruch und Appellation über Generationen hinziehen. Exemplarisch dafür ist Johann Baptista Klein, der 1781 nach Lenckers Weggang aus Leipzig, dessen Geschäftsnachfolge in Auerbachs Hof angetreten hatte. Infolgedessen ersuchte er den Kurfürsten Friedrich August III. am 24. Oktober 1783 um folgende landesherrliche Konzession: »Höchst Dieselben wollen mir die Freyheit mit Landcharten, Kupferstichen, Bildern, zur Mathematic und Architectur gehörigen Büchern, Farben, Farbenkasten, Pinseln, Tusche,

40 Kramermeister an den Rat, 15.8.1767, StadtAL, II. Sektion C (F) Nr. 442, Bl. 34.
Zu Joseph Wagner siehe Protokoll von Johann Christian Korn über eine Befragung von J. Wagner, 11.12.1747, StadtAL, II. Sektion C (F) Nr. 335, Bl. 5.

wohlriechenden Waßern, Pomaden, Spielsachen, Mathematischen, optischen und andern dergleichen Instrumenten, Sieglack, Schreibefedern, Federmeßern, Bleystiften, Zahnstochern, Brillen, Nürnberger Pfefferkuchen, Schreibtafeln, Etuis, und was sonst noch zum Landcharten und Bilderkram gehöret, ungestört Gewerbe und Handel zu treiben, in höchsten Gnaden geruhen.«[41] Allein Kleins katholische Konfession schloss eine Aufnahme unter die Leipziger Kramer generell aus und legitimierte zusätzlich deren Unversöhnlichkeit; so z.B. als Klein 1787 sein Angebot durch Galanterie- und ausländische, insbesondere italienische Waren erweitert hatte *(Abb. 3)*. Daran nahmen die Kramermeister in ihrem »Verzeichnis einiger Stücken, womit der Bilder Händler, Klein seinem Angelöbnis zuwider handelt« unverzüglich Anstoß. Im Einzelnen monierten sie: »Billard Bälle, Reuß-Zeug, Etuis mit Instrumenten, Brief-Taschen, verschiedener Art, Clistir-Röhre[n], ingl. Spritzen, Faltzbeine, Buder-Büschel, Scheren aller Sorten, Bunsch-Zeug, Stock Knopfe aller Art, Laterna Magica, Pfeifen Köpfe, Tabacks Röhren aller Art, Uhren für Kinder, Magnetische Sachen, Nürnberger Pfeffer-Kuchen, Taschen-Spiegel, Nadel Büchsen, Damen und Tricktrack Breter, Billpouquets vieler andern Stücken einstweilen nicht zu gedencken«.[42] Als Reaktion auf derartige Querelen und ausbleibende Gewinne gründete Klein, neben seinem Bilder- und Landkartenhandel, einen Verlag für verschiedenartige Druckerzeugnisse. Darin beschäftigte er in der Phase des forcierten Wachstums der Verlagsbranche am Ende des 18. Jahrhunderts sechs bis acht Kupferstecher und Illuminatoren und wurde damit zu einem Vertreter des Kunsthändler-Verleger-Typs in Leipzig. Aus seinem verlegerischen Vermächtnis seien die zwölf kolorierten Stiche Salomon Richters nach den Bühnenbildern von Carl Benjamin Schwarz zur Erstaufführung von Mozarts »Zauberflöte« 1793 in Leipzig erwähnt.[43]

Trotz seiner kaufmännischen Beharrlichkeit und seines Unternehmergeistes gelang es Klein nicht, sich aus seinen prekären Verhältnissen zu befreien, wovon das Eingeständnis in seiner Appellationsklage gegen die Kramer im Jahr 1791 zeugt: »... und alles dieses kann mich, meine Frau und Kinder für Hunger und Blöse nicht schützen«.[44] Nach seinem Tod führte seine Ehefrau Mariane Klein den Kunsthandel in Auerbachs Hof fort. Auch ihr blieben Argwohn und Anfeindungen der Kramermeister nicht erspart, richtete sie sich doch nach deren Auffassung »in keiner Weise nach denen ihrem Manne gesetzten Handlungs-Grentzen«,[45] was sich konkret auf ihr Angebot an Nürnberger und englischen Kurzwaren bezog. Ungeachtet dessen

41 Johann Baptista Klein an [Friedrich August III.], 24.10.1783, StadtAL, II. Sektion K (F) Nr. 1005, Bl. 7.
42 Kramermeister an den Rat, 28.3.1787, StadtAL, II. Sektion K (F) Nr. 1005, Bl. 16.
43 Siehe Rudolf Angermüller, Zwölf Rollenbilder zur Zauberflöte, in: Mozart, Bilder und Klänge, Ausstellungskatalog Salzburg: Schloß Kleßheim, Salzburg 1991, S. 316, Nr. 286.
44 Johann August Barthels an den Rat, 28.3.1787, StadtAL, II. Sektion K (F) Nr. 1005, Bl. 61.
45 Kramermeister an den Rat, 4.2.1802, StadtAL, II. Sektion K (F) Nr. 1005, Bl. 113.

bedeuteten auch diese Querelen nicht das Ende der Kunsthandlung »J. B. Klein«, fand sich doch in Karl August Kresse ein Geschäftsnachfolger. Ihm wiederum drohte Unheil von ganz anderer Seite, sah er sich doch 1818/19 in einen Rechtsstreit mit dem Buch- und Kunsthändler Ernst Christian Klein, seit 1812 Geschäftsnachfolger von Johann Gottfried Herzog und Inhaber von »Ernst Klein's geographischen Kunst- und Commissions-Comptoir« in der Grimmaischen Gasse, verwickelt. Dabei ging es um das Vorrecht am beiderseitig gebrauchten Firmennamen »Klein«.[46]

Johann Gottfried Pfarr, Adam Friedrich Oeser und die Künstlerfamilie Geyser

Einen anders gewichteten Konflikt mit den Kramermeistern hatte 1795/96 Johann Gottfried Pfarr, der seinen Kunsthandel im Stieglitzischen Hof am Markt betrieb, auszufechten. Die Brisanz dieses Streitfalls besteht in der Beteiligung des hochangesehenen Leipziger Akademiedirektors und Vertreters eines »empfindsamen Klassizismus«, Adam Friedrich Oeser, welcher mit Winckelmann befreundet und Goethes Zeichenlehrer war. Wie Timo John nachwiesen hat, war Oeser selbst als Kunstvermittler aktiv. Bei der Ausübung einer solchen Tätigkeit sah er sich in bester Gesellschaft, denkt man nur an die erwähnten Dienste des Enzyklopädisten Denis Diderot in Paris oder Johann Friedrich Reiffensteins in Rom für die Zarin Katharina II. Zu Oesers, wenn auch bescheidenerer Kundschaft zählten neben Vertretern des Weimarer Musenhofes Anna Amalias angesehene Sammler Leipzigs, so der Apotheker und Erbe des berühmten Linckschen Naturalien- und Raritätenkabinettes, Johann Heinrich Linck d. J. Ihm vermittelte er z. B. einen Marmorkopf des Philosophen Sokrates.[47]

Mit dem Kunsthändler Johann Gottfried Pfarr war Oeser verwandt, denn dieser hatte seine Stiefenkeltochter Friedericke Henriette Geyser geheiratet. Ihn versetzte Oeser 1795 mit der umfangreichen Bestellung von englischen Papieren, Pauspapieren und Kupferdruckpapieren in die einträgliche Position des Papierlieferanten der Leipziger »Zeichnungs-, Mahlerey- und Architektur-Academie«. Einen solchen Verstoß gegen ihre Monopolstellung ließen die Kramermeister nicht ungeahndet und forderten eine beträchtliche Strafzahlung: »Nachdem im 12ten §pho der privilegierten Cramer Ordnung der Handel mit Papier, allen und jeden, wer sie seyn, bey 30 Talern Stra-

46 Siehe dazu StadtAL, II. Sektion K (F) Nr. 1209.

47 Timo John, »Ich lebe unter Kaufleuten«. Der Leipziger Akademiedirektor Adam Friedrich Oeser als Kunstvermittler für den Weimarer Musenhof, in: Antlitz des Schönen. Klassizistische Bildhauerkunst im Umkreis Goethes, Ausstellungskatalog Heidecksburg: Thüringer Landesmuseum, Rudolstadt 2003, S. 33–57, hier S. 39, 54. Zu Oeser als Künstler eines »empfindsamen Klassizismus« siehe Timo John, Adam Friedrich Oeser 1717–1799. Studie über einen Künstler der Empfindsamkeit, Beucha 2001.

fe, verboten, auf alle Fälle aber, außer den Cramer Innungs- Verwandten, niemand im einzeln damit zu handeln, berechtigt ist.«[48] Oeser begründete daraufhin seine Papierbestellung bei Pfarr mit der Tatsache: »[...] da diese Gattungen Papiere bey hiesigen Cramern nicht zu erhalten gewesen, und ein vorzügliches Bedürfniß der Zeichen- und Kupferstecher Kunst ausmachen.«[49] Letztlich kam es zu einem gütlichen Vergleich zwischen den Streitparteien, welcher in der Beschränkung Pfarrs, insbesondere im Handel mit hochwertigen und teuren englischen und Schweizer Papieren bestand.[50]

Trotz der Einkünfte als Papierlieferant ließ sich der Niedergang von Pfarrs Kunsthandlung infolge des kollabierenden Kunstmarktes, verursacht durch die Französische Revolution sowie die Napoleonischen Kriege, nicht aufhalten. Bei einem Warenüberangebot aufgrund von Säkularisation und Adelsenteignung, sinkenden Preisen und Kaufkraftverlust auf dem Kontinent verlagerte sich das Zentrum des europäischen Kunstmarktes von Paris nach London. Davon profitierten englische Händler wie William Buchanan.[51]

Pfarrs Witwe in Leipzig hingegen sah sich gezwungen, die Verluste ihres verstorbenen Mannes in jenen Jahren wie folgt zu bilanzieren: »Meines Ehemannes Kunsthandel, welcher blos in Gemälden, Kupferstichen, Zeichnungen, und einigen unbedeutenden Materialien für Künstler z. B. Bleistiften, Pinseln, buntem Papier und dergl. bestand, war niemals in so lebhaftem Umschwunge, daß die Haußhaltung, der Gewölbezins, und dasjenige, was mein Ehemann zum Einkaufe von Kupferstichen und Gemälden ausgeborgt hatte, davon bezahlt werden konnte. Im Gegentheil wurde alle Jahre viel zugesetzt, indem schon vor dem Kriege von 1806, nachmehr aber nachher, die Handlungsgeschäfte meines Mannes fast ganz einschliefen, und die ohnehin mehr eingebildeten als reellen Preise der Kunstsachen immer mehr, und weit unter dem Einkaufspreiß herabsanken.«[52] Laut einer Taxation des Akademie- und Bürgerschullehrers Karl Heinrich Grünler bestand der Nachlass Pfarrs in 91 deutschen, italienischen, holländischen und französischen Gemälden aus dem 16. bis zum 18. Jahrhundert, im Wert von 800 Reichstalern; in 30 Kupferstichen verschiedener Meister, im Wert von 30 Reichstalern und in 26 Kupferstichportefeuilles, im Wert von 1000 Reichstalern.[53]

48 Kramermeister an den Rat, 30.11.1795, StadtAL, II. Sektion C (F) Nr. 562, Bl. 1.

49 Attestat von Adam Friedrich Oeser, 11.12.1795, StadtAL, II. Sektion C (F) Nr. 562, Bl. 4.

50 Siehe dazu Protokoll von Christian Wilhelm Friedrich, 17.3.1796, StadtAL, II. Sektion C (F) Nr. 562, Bl. 15–16.

51 Siehe William Buchanan, Memoirs of painting with a chronological history of the importation of pictures by the Great Masters into England since the French Revolution, Vol. 1–2, London 1824.

52 Friedericke Henriette Pfarr und Georg Friedrich Funcke an das Vormundschaftsgericht, 29.4.1812, StadtAL, Vormundschaftsstube Rep. IV Nr., 5457, Bl. 4–5.

53 »Verzeichniss von Gemälden nach den Meistern benannt« aus dem Nachlass von Johann Gottfried Pfarr, erstellt von Karl Heinrich Grünler, [April] 1812, StadtAL, Vormundschaftsstube Rep. IV Nr. 5457, Bl. 23–24.

Ein ebenso trauriges Geschäftsschicksal ereilte weit angesehenere deutsche Kunsthändler als Pfarr und das in bedeutend ruinöserer Weise. Beispielhaft dafür seien Johann Friedrich Frauenholz und sein späterer Associé Johann Andreas Börner in Nürnberg genannt, dessen Kunsthandlung Friedrich Justin Bertuch auf der Leipziger Ostermesse 1798 besucht hatte. Aus diesem Anlass beklagte sich Frauenholz schon zu diesem Zeitpunkt »über die Kälte, womit manche seiner geschmackvollsten Werke bis jetzt aufgenommen worden wären«.[54] Wenige Jahre nach dem Tod des Firmengründers 1822 brachen Kunsthandlung und Grafikverlag vollständig unter ihrer Schuldenlast zusammen.[55]

Mit dem Kupferstecher, Maler und Kunsthändler Friedrich Christian Geyser ist ein weiterer Vertreter des Künstler-Kunsthändler-Typus in Leipzig aktenkundig.[56] Als Bruder Friedericke Henriette Pfarrs verweist seine Person zudem auf den hohen Grad der Verwandtschaftsbeziehungen innerhalb des Leipziger Kunstmilieus jener Zeit, war doch sein Vater der Klassikerillustrator, Akademielehrer und Grafiksammler Christian Gottlieb Geyser. Dieser wiederum hatte seine Kunst bei Adam Friedrich Oeser erlernt und in zweiter Ehe dessen Tochter Johanne Juliane Wilhelmine Oeser zur Frau genommen hatte. Aus dieser Ehe war der Kupferstecher und Kunstschriftsteller Gottlieb Wilhelm Geyser, Stiefbruder Friedrich Christian Geysers und Friedericke Henriette Pfarrs, hervorgegangen. Er wiederum heiratete im Jahr 1818 Dorothea Boerner, die Schwester des Malers und späteren Kunsthändlers von Goethe, Carl Gustav Boerner.[57]

Die umfangreiche väterliche Grafiksammlung Christian Gottlieb Geysers mit hunderten Stichen aus allen europäischen Schulen, darunter allein 597 vom befreundeten Daniel Chodowiecki, gelangte am 15. Oktober 1804 in der »Rostischen Kunsthandlung« zum Ausruf. Sie erbrachte einen Gesamterlös von 3176 Talern und 20 Groschen.[58]

54 [Friedrich Justin Bertuch], Der achte May auf der Leipziger Ostermesse 1798, in: Journal des Luxus und der Moden 13 (1798), S. 327–351, hier S. 349.

55 Thurn, Kunsthändler (Anm. 6), S. 99.

56 Siehe dazu Testament von Johann Gottfried Pfarr und Friedericke Henriette Pfarr, 27.10.1809, StadtAL, RiStu Testamente Rep. V Nr. 289, Bl. 6. Zu den frühen Künstler-Kunsthändlern in Holland siehe Floerke, Kunsthandel (Anm. 6), S. 19–20, 79–85, 88–91.

57 Siehe dazu Dieter Gleisberg, »... im Zusammenhang wird jedes Blatt instructiv«. Goethe als Kunstsammler in seinem Verhältnis zu Carl Gustav Boerner, in: Goethe, Boerner und Künstler ihrer Zeit, Ausstellungskatalog Düsseldorf, Düsseldorf 1999, S. 9–49, hier S. 17; ders.: »Das Verzeichniß der Kupfer habe durchgesehen und finde bedeutende Blätter ...«. Goethe und der Kunsthändler Carl Gustav Börner, in: Dieter Gleisberg, Betrachtungen: Beiträge zu Kunst und Künstlern von Goethe bis zur Gegenwart, Altenburg 2011, S. 48–75, hier S. 52.

58 Siehe Beleg von »C. C. H. Rost & Co.«, 12.10.1812, StadtAL, Vormundschaftsstube Rep. IV Nr. 5457, Bl. 60. Zum Nachlass Christian Gottlieb Geysers siehe auch StadtAL, Landstube Nachlassakten G 73; StadtAL, Tit. LXII, G (K) Nr. 31. Zur Versteigerung siehe O. A., Verzeichniss der Kupferstich-Sammlung des verstorbenen C. G. Geyser, Leipzig 1804.

Carl Christian Heinrich Rost und die »Rostische Kunsthandlung«

Der am 20. März 1742 in Dresden geborene Inhaber dieser Kunsthandlung, Carl Christian Heinrich Rost, war der zweifellos bedeutendste Vertreter seines Gewerbes und eine herausragende Figur des Klassizismus in Leipzig. Als Leipziger Bürger und Kramermeister genoss er sowohl obrigkeitlichen Schutz als auch alle Handelsfreiheiten und Innungsprivilegien. Außerdem verstand er es, diese Vergünstigung durch zusätzlich erworbene Privilegien noch zu erweitern.

In Rost vereinigten sich vielfältige Talente und verschiedene Kunsthändlertypen. Erstere waren einerseits kaufmännisch unternehmerischer und andererseits künstlerischer Natur. Davon zeugen seine Aktivitäten als Modewaren-, Kunst-, Musikalien- und Weinhändler, Verleger, Fabrikant und Innenausstatter ebenso wie seine Ambitionen als Literat, Übersetzer, Zeichner, Radierer und Grafiksammler.

An seinen autodidaktischen Zugang zur Kunst erinnert ein anonymer Verfasser (vermutlich Christian Gotthelf oder Christian August Martini) im Versteigerungskatalog der Rostschen Kupferstichsammlung, mit den Worten: »Bey einem stufenweisen Fortschreiten bildete sich sein Kunstgefühl zu einer solchen Festigkeit des Urtheils aus, dass er eine entschiedene Stimme im Publiko der Kunstkenner erhielt.«[59] Vor dem Hintergrund dieser Kennerschaft und seiner als Handlungsreisender erworbenen Weltläufigkeit rühmte Rost seine »genaue Verbindung zu den grössten Künstlern Italiens, Englands, Frankreichs und Deutschlands und [...] ausgebreitete Bekanntschaft mit auswärtigen Gelehrten und Kennern der Kunst«.[60] Dieses Korrespondentennetzwerk bot nach der Übernahme der seit Mitte des Säkulums bestehenden Modewaren- und Kunsthandlung von Johann George Oetterich Retz eine gute Basis für die Gründung der eigenen »Rostischen Kunsthandlung« 1777 in Auerbachs Hof. Im Zeitraum von nur zwei Jahrzehnten sollte sich dieses Geschäft, worin man »fast alles findet, was Kunst und Industrie nur Schönes, Bequemes, und Geschmackvolles in jeder Art für den feinern Luxus des Lebens liefert«,[61] zu einem der führenden seiner Art in Deutschland entwickeln. Das schloss den Handel mit italienischen Waren und Weinen keinesfalls aus.[62]

Zahlreiche Schnittmengen hatte das vielgestaltige Kunstunternehmertum Rosts mit dem Friedrich Justin Bertuchs in Weimar, welcher seine Verlags- und Manufaktu-

---

59 O. A., Kupferstich-Kabinett des verstorbenen Herrn Carl Christian Heinrich Rost zu Leipzig ..., Leipzig 1800, S. VI.

60 [Carl Christian Heinrich Rost], Anzeige aller Kunstwerke der Rostischen Kunsthandlung zu Leipzig. Erste Abteilungen, Leipzig 1786, S. 6 f.

61 [Carl Christian Heinrich Rost]: 1) Anzeige aller Kunstwerke der Rostischen Kunsthandlung zu Leipzig 1786, in: Intelligenz-Blatt des Journals der Moden 4 (1786), S. XXXI.

62 Siehe Johann Adolf Hildt (Hrsg.), Handelszeitung oder wöchentliche Nachrichten von Handel, Manufakturwesen, Künsten und neuen Erfindungen 1 (1784) 1, S. 148.

Abb. 4: Anton Graff, »Bildnis Carl Christian Heinrich Rost«, 1794 (Museum der bildenden Künste Leipzig)

runternehmungen im 1791 geschaffenen »Fürstlich Sächsischen privilegierten Industrie-Comptoir« zusammenfasste.[63] Auch hatte Bertuch 1785 die »Allgemeinen-Literatur-Zeitung« und 1786 das »Journal des Luxus und der Moden« gegründet, mit denen er dem Leipziger Konkurrenten Rost wiederholt ein publizistisches und Anzeigenforum bot.

Rosts geschäftliche Erfolge basierten auf drei Angebotspfeilern, über die er in gedruckten Katalogen und Supplementen regelmäßig informierte, so 1779, 1782, 1786 und 1794. Der zuletzt erschienene Katalog ist insofern von Finesse, als er von Hans Veit Schnorr von Carolsfeld verfasst und mit 54 Konturstichen illustriert wurde.[64] Dabei zeigt die Titelblattvignette eine Allegorie des Klassizismus, genauer gesagt der Erleuchtung durch das Studium von Gipsabgüssen nach antiken Skulpturen (*Abb. 5*).

63 Siehe dazu u. a. Thurn, Kunsthändler (Anm. 6), S. 87–89. Charlotte Schreiter, Antike um jeden Preis. Die Rostische Kunsthandlung in Leipzig und Bertuchs Industrie-Comptoir in Weimar, in: Kathrin Schade, Detlef Rößler, Alfred Schäfer (Hrsg.), Zentren und Wirkungsräume der Antikenrezeption. Zur Bedeutung von Raum und Kommunikation für die neuzeitliche Transformation der griechisch-römischen Antike, Münster 2007, S. 159–164.

64 [Carl Christian Heinrich Rost], Verzeichniss aller Kunstsachen welche bey Carl Christian Heinrich Rost in seiner Handlung in Auerbachs Hofe zu Leipzig um die billigsten Preise zu haben sind, Leipzig 1779; [Carl Christian Heinrich Rost], Sammlung von Statuen, Figuren usw. in der Rostischen Kunsthandlung zu Leipzig, Leipzig 1782; [Carl Christian Heinrich Rost], Anzeige aller Kunstwerke der Rostischen Kunsthandlung zu Leipzig. Erste–Dritte Abteilung, Leipzig 1786; [Carl Christian Heinrich Rost], Abgüsse antiker und moderner Statuen, Figuren, Büsten, Basreliefs über die besten Originale geformt in der Rostischen Kunsthandlung zu Leipzig, Leipzig 1794.

Abb. 5: Titelvignette von Hans Veit Schnorr von Carolsfeld, 1794

Diese Veröffentlichungen bilden erstrangige Quellen zur Geschichte der »Rostischen Kunsthandlung«, zu ihrer exponierten Stellung in Deutschland und damit der Blüte des Leipziger Kunsthandels im letzten Viertel des 18. Jahrhunderts. Mit ihrer Verbreitung erwarb sich diese Kunsthandlung nicht nur einen hohen Bekanntheitsgrad innerhalb der avisierten bürgerlichen und adligen Käuferschichten, sondern auch den Ruf fachlicher Kompetenz.

Rosts Angebot an traditionellen Kunstgegenständen

Den ersten Angebotspfeiler machten traditionelle Kunstgegenstände, wie Gemälde, Zeichnungen, Druckgrafiken, Möbel, Figuren aus Meissner Biskuitporzellan, aber auch wissenschaftliche Instrumente und Apparate aus. Nicht zu vergessen sind die ursprünglich als Italien-Souvenirs zu Ehren gelangten Korkmodelle antiker Bauwerke. Sie stammten vom römischen Architekten und Phelloplastiker Antonio Chichi, dessen Werke in Deutschland exklusiv von Rost vertrieben wurden und im Zuge klassizistischer Antikenrezeption zu begehrten Sammelobjekten avancierten. Auch verwies der Kunsthändler wiederholt auf sein Angebot an Erzeugnissen der Londoner Manufaktur von Josiah Wedgewood und Thomas Bentley, insbesondere auf das bis in die Gegenwart gefertigte Steinzeug »Black Basalt« und die cremefarbene »Queensware«.[65] Zu seinen erlesenen Kunden für Gemmen von »Wedgewood &

65 Rost, Verzeichnis (Anm. 64), S. 5, 26–48; Rost, Anzeige I (Anm. 60), S. 5.

Bentley«, meist in der leicht transparenten »Jasperware« mit weißem Relief auf farbigem Grund, gehörten Friedrich Schiller und seine Ehefrau Charlotte.[66]

Zurückhaltung übte Rost hingegen im Handel mit Gemälden und begründete diese wie folgt: »Eine Gemäldesammlung erfordert ein ansehnliches Capital, und dieses in meiner Handlung dahin zu verwenden, würde wider alle Klugheit und Vorsicht seyn und mich in meinem Pflichten für die Ausbreitung der Kunst zurücksetzen; Daher Liebhaber nie einen ansehnlichen Vorrath bey mir finden werden ...« Dienstbeflissen setzte er jedoch hinzu: »Doch kenne ich vortheilhafte und sichere Canäle, aus welchem ich Liebhabern, die gesonnen sind, sich ein Kabinet anzulegen oder ihre Sammlung zu vermehren, interessante Kunstwerke dieser Art verschaffen kann.«[67]

Die Gebrüder Giugeio und Giacomo Ferrari und die »Rostische Kunstmanufaktur«

Rosts zweitem Angebotspfeiler kam eine herausragende geschäftliche Bedeutung zu, das umso mehr im Zeitalter klassizistischer Antikenverehrung, einhergehend mit der von Johann Joachim Winckelmann neu begründeten Klassischen Archäologie. In Ermangelung antiker Originale aus Italien oder gar Griechenland wurde Gipsabgüssen im späten 18. und im 19. Jahrhundert ein nie zuvor und nie wieder danach erreichtes Maß an Begehrlichkeit zuteil. Das gilt sowohl im öffentlichen Bereich der Forschung und Ausbildung an Universitäten und Kunstakademien als auch im privaten Bereich der Sammlungen. Initiale Bedeutung kam dabei reisenden Gipsformern aus Italien zu.

Vor diesem Hintergrund formulierte Rost seine mit der Geschäftsgründung verfolgten sowohl aufklärerisch erzieherischen als auch kaufmännisch kommerziellen Ziele wie folgt: »Gleich bey der Errichtung meiner Kunsthandlung war eine meiner Hauptabsichten, durch die besten Werke der Bildhauerkunst alter und neuer Meister in guten Gypsabgüssen Künstlern und Kunstliebhabern nützlich zu werden, und die Ausbreitung des guten Geschmacks immer mehr zu befördern, dabey aber auch meinen Vortheil, auf Billigkeit gegründet, so damit zu verbinden, dass daraus die Mittel entstehen mussten, auf meinem angefangenen Wege ohne Unterstützung und nur durch die Empfehlung der Sache selbst immer weiter fortzugehen.«[68] Konkret bestand dieser Geschäftspfeiler also in der Eigenherstellung und dem Vertrieb von Abgüssen in Alabastergips bzw. Gipsmarmor und in einer für den Außenbereich, von

66 Siehe Friedrich Schiller an Georg Joachim Göschen, 14.03.1790, in: Edith und Horst Nahler (Hrsg.) Schillers Werke. Nationalausgabe, Band 26: Briefwechsel. Schillers Briefe. 1.3.1790–17.5.1794, Weimar 1992, S. 9.

67 Rost, Anzeige I (Anm. 60), S. 18 f.

68 Rost, Abgüsse (Anm. 64), S. 4 f.

Rost 1782 selbst erfundenen, witterungsbeständigen Abformmasse. Damit verbunden war die Offerte der wunschgemäßen Imitation diverser Steinsorten, vorzüglich Porphyr, Verde, Giallo Antico und aller Granitarten.[69] Zur Herstellung derartiger Abgüsse von antiken, aber auch zeitgenössischen Figuren, Architekturelementen und Möbeln, in Originalgröße, als Replik, Nachahmung oder Reduktion, hatte Rost 1778 eine Kunstmanufaktur gegründet. Begünstigt durch den Leipziger Rat, welcher ihm einen vorteilhaften Erbpachtvertrag gewährte, wurde dafür eigens ein Gebäude am Halleschen Zwinger errichtet und fortan dort unter der Leitung Rosts produziert.[70] Die ersten Vorlagen stammten von den Gebrüdern Giugeio und Giacomo Ferrari aus Mailand, »welche in Italien richtige und scharfe Formen über einige vorzügliche Originale, unter Aufsicht entscheidender Kenner gemacht hatten«.[71] Als reisende Gipsgießer hatte sie ihr Weg von Mailand über Braunschweig, Kassel, Weimar, bis nach Leipzig und Dessau geführt.[72] Dabei war ihr Unternehmen 1774 von dem Kasseler Professor der Altertümer am Collegium Carolinum und Kurator am Museum Fridericianum, Rudolf Erich Raspe, an Christoph Martin Wieland nach Weimar empfohlen wurden: »Es bestehet in nicht geringern als der Gemeinmachung der besten alten Sculpturen durch richtige Gyps-Abgüße über die Originale selbst geformt.«[73] Der Dichter wiederum rekommandierte die Gebrüder nach Leipzig, an Christian Wilhelm Steinauer, Kaufmann in Auerbachs Hof und späterer Oberkontrolleur in der Porzellanmanufaktur Meißen: »Teuerster Freund, unser Bertuch hat Ihnen die Gebrüder Ferrari schon angekündigt. Sie wollen eine Empfehlung von mir nach Leipzig [...] Das Unternehmen dieser guten Leute verdient alle mögliche Aufmunterung. Hier ist es ihnen so übel nicht ergangen; wiewohl die Herzogin [Anna Amalia], der junge Herzog [Carl August] und meine Wenigkeit ungefähr die einzigen waren, die ihnen zu thun gaben.«[74] Ergänzungswürdig erscheint hier, dass auch Goethe nach seiner Ankunft 1775 in Weimar Abgüsse der Ferraris erwarb und späterhin Kunde der »Rostischen Kunsthandlung« war.[75]

69 Rost Abgüsse (Anm. 64), S. 11.

70 O. A., Neue Ansicht von Leipzig. Für Reisende von einem Reisenden ..., Leipzig, S. 117.

71 [Carl Christian Heinrich Rost], Anzeige aller Kunstwerke der Rostischen Kunsthandlung zu Leipzig. Zweyte Abteilungen, Leipzig 1786, S. 5.

72 Zu den Brüdern Ferrari siehe Gabriele Oswald, Die Anfänge klassizistischer Bildhauerkunst in Deutschland am Beispiel Weimar, in: Hellmut Th. Seemann (Hrsg.), Anna Amalia, Carl August und das Ereignis Weimar, in: Jahrbuch der Klassik Stiftung Weimar 2007 S. 282–291, hier S. 284–287.

73 Siehe Oswald, Bildhauerkunst (Anm. 72), S. 285.

74 Zitiert nach Oswald, Bildhauerkunst (Anm. 75), S. 286.

75 Oswald, Bildhauerkunst (Anm. 72), S. 284; Katharina Krügel, »Ich freue mich auf die Pariser Abgüsse«. Ein Beitrag zur Sammlung antiker Abgüsse in der Herzog Anna Amalia Bibliothek, in: Hellmut Th. Seemann (Hrsg.), Europa in Weimar. Visionen eines Kontinents, (Jahrbuch der Klassik Stiftung Weimar 2008), Weimar 2008, S. 173–186, hier S. 178. Zu Goethe als Kunde der »Rostischen Kunsthandlung« siehe Johannes Grave, Der »ideale Kunstkörper«. Johann Wolfgang Goethe als Sammler von Druckgraphiken und Zeichnungen (Ästhetik um 1800 4) Göttingen 2007, S. 114, Anm. 387.

Steinauer seinerseits empfahl die Brüder an den Fürstenhof von Leopold III. Friedrich Franz von Anhalt-Dessau und an alle seine Bekannten in Leipzig. Das betraf nachweislich Adam Friedrich Oeser, der noch im gleichen Jahr sieben Gipsabgüsse, darunter die Büsten des Laokoon und des Homer Farnese, für die Akademie erwarb,[76] desgleichen Carl Christian Heinrich Rost. Letzterem gelang es nach eigenen Worten, mit den Ferraris »einen käuflichen Accord über den besten Theil ihrer Formen zu treffen«.[77] Eine konkrete Vorstellung davon vermitteln die zahlreichen Abgüsse, die Christian Gottlob Heyne in den Jahren von 1767 bis 1774 für das Archäologische Institut der Georg August Universität Göttingen gekauft hatte ebenso wie die seit 1776 unter Martin Gottlob Klauer für die »Fürstliche Freye Zeichenschule« in Weimar erworbenen Gipse der Ferraris.[78]

Selbst ein wohlwollendes Gutachten von Oeser und von den Leipziger Dichtern Christian August Clodius und Christian Felix Weiße aus dem Jahr 1774 darf nicht darüber hinwegtäuschen, dass die Qualität dieser Abgüsse schon von den Zeitgenossen in Frage gestellt wurde, worauf Charlotte Schreiter hinweist.[79] In diesem Zusammenhang verwahrte sich Rost energisch gegen spätere Vorwürfe, auch die unter seiner Obhut hergestellten Abgüsse seien nach zwei oder drei Abgüssen je Form minderwertig und gleich gewöhnlicher Marktware, »wie Töpferarbeit zu haben«.[80] So beteuerte er 1793: »Ich kann es ohne Ruhmsucht hier anführen, denn das Publikum ist mein Zeuge, dass ich nach den Gebrüdern Ferrari (die besten Former, welche damals aus Italien kamen) seit 16 Jahren der erste war, der die Absicht auszuführen

76 Siehe Alphons Dürr, Adam Friedrich Oeser – ein Beitrag zur Kunstgeschichte des 18. Jahrhunderts, Leipzig 1879, S. 83.

77 Rost, Anzeige II (Anm. 71), S. 5.

78 Für das Archäologische Institut der Georg August Universität Göttingen wurden von den Gebrüdern Ferrari erworben: 1767: »Büste eines Unbekannten«, Inv.-Br.: A 655; 1771: »Büste des Apoll von Belvedere«, Inv.-Nr.: A 348 a; »Büste des Laokoon«, Inv.-Nr.: A 458 a; »Kopf des Unterliegenden aus der Ringergruppe«, Inv.-Nr.: 1357; 1772: »Bildnis eines greisen Dichters«, Inv.-Nr.: A 1098; »Krupezionttretender Satyr«, Inv.-Nr.: A 470; 1774: »Büste des Homer Farnese«, Inv.-Nr.: A 622 ; »Kopf der ›fliehenden Niobide‹«, Inv.-Nr.: A 1346; »Kopf des Hermes«, Inv.-Nr.: 1355; »Büste der ältesten Niobide«, Inv.-Nr.: A 291; »Kopf des ›schrägstehenden Niobiden‹«, Inv.-Nr.: A 1345; »Büste eines Philosophen«, Inv.-Nr.: A 609; o. D.: »Büste eines Mannes«, Inv.-Nr.: A 687. Zu den Abgüssen in Weimar siehe Krügel, Abgüsse (Anm. 75), S. 176–179.

79 Schreiter, Antike (Anm. 63), S. 163, Anm. 19. Zu genanntem Gutachten siehe Petra Rau, Unter diesen Goettern zu wandeln. Kunsthandel, Kunstjournale und Kunstmanufakturen im 18. Jahrhundert, in: Antlitz des Schönen. Klassizistische Bildhauerkunst im Umkreis Goethes, Ausstellungskatalog Heidecksburg: Thüringer Landesmuseum, Rudolstadt 2003, S. 59–89, hier S. 83.

80 O. A., Vierte Fortsetzung der Abhandlung über die Gruppe des Laokoon, in: Museum für Künstler und für Kunstliebhaber 18 (1792), S. 405–406; O. A., o. T. [Kurznachricht], in: Gothaische gelehrte Zeitungen 40 (1793), S. 352.

suchte, dem Kunstpubliko die besten Abgüsse aus den besten Formen über die Original Italiens darzustellen.«[81]

Den weiteren geschäftlichen Erfolg dieser Manufakturunternehmung Rosts stellten auch zwei außerordentliche Privilegien sicher. Dabei handelt es sich um die Erlaubnis von Papst Pius VI. zur Abformung antiker Altertümer aus dem Museo Pio Clementino und das Privileg Friedrich Augusts III. zur Herstellung und zum Vertrieb von Abformungen der Kunstwerke aus der Kurfürstlich Sächsischen Antikensammlung in Dresden. [82] Diese von Winckelmann als »der größte Schatz von Altertümern«[83] in Deutschland gepriesene Sammlung umfasste allein 160 Skulpturen aus dem Besitz der römischen Adelsfamilie Chigi und 34 Werke aus dem des Kardinals Alessandro Albani.

Rosts Auseinandersetzung mit italienischen Gipsabformern

Seine exklusiven Vorrechte verteidigte Rost in energischster Weise, insbesondere gegen die wohlfeile Konkurrenz hausierender italienischer Gipsabformer *(Abb. 6)*. Aktenkundig geworden ist sein Vorgehen gegen Aponti St. George, Pietro Antonio Pinelli, Peter Heinrich und Antonio Fabri. Ihnen galt sein Vorwurf der Raubkopiererei und des nichtkonzessionierten Vertriebs ihrer Marktware über die Messzeiten hinaus.

Im Fall Aponti St. Georges aus Como, der 1781 im Hahnrei Gässchen vor dem Ranstädter Tor seine Fabrikation betrieb, richtete sich Rosts Empörung insbesondere gegen die unerlaubte Abformung der Büsten des sächsischen Kurfürsten Friedrich III. und Christian Fürchtegott Gellerts von Adam Friedrich Oeser. Diese hatte Rost selbst »unter der Aufsicht des Herrn Directors der hiesigen Academie nach den Originalen abgeformt, und die Ausgüße davon nur noch vor kurzen auf Subscription ausgegeben«.[84] Angesichts der gegen ihn erhobenen Vorwürfe zeigte St. George Reue, während sein Ankläger auf dem strikten Verbot von Zweitabgüssen bestand.[85]

Pietro Antonio Pinelli aus Florenz, der 1782 in der Kleinen Pleißenburg vor dem Peterstor wohnte, musste auf Betreiben Rosts vor dem Rat seine Fabrikation und seinen Handel mit Gipsmedaillons, kleinen Gipspüppchen und Büsten rechtferti-

---

81 Carl Christian Heinrich Rost, Antwort auf folgende Stelle über die Gipsabgüsse der Rostischen Kunsthandlung Leipzig, in: Intelligenzblatt der Allgemeinen Literatur-Zeitung 76 (1795), Sp. 606.

82 Neue Ansicht (Anm. 70), S. 117.

83 Johann Joachim Winckelmann, Abhandlung von der Fähigkeit der Empfindung des Schönen in der Kunst und dem Unterrichte in derselben, in: Winckelmanns Werke in einem Band, Weimar 1969, S. 153.

84 C. Ch. H. Rost an den Rat, 31.03.1781, StadtAL, Tit. LXII K, Nr. 7a, Bl. 1–2.

85 Siehe Protokoll von Daniel Gottlob Conrad über eine Erklärung von Aponti St. George vor dem Rat, 14.4.1781, ebd., Bl. 4; Protokoll von Daniel Gottlob Conrad über eine Erklärung von C. Ch. H. Rost vor dem Rat, 21.4.1781, ebd., Bl. 5.

Abb. 6: Johann Friedrich Schröter, »Kooft! Schön Figur kooft!«, um 1805 (Stadtgeschichtliches Museum Leipzig)

gen. Auf die erfolgte Ausweisung aus Leipzig, »weil die Zeit seines Hausierengehens beendigt«,[86] reagierte Pinelli mit einem Schutzgesuch an den Rat der Stadt, um seine Schulden begleichen zu können, die Stadt nicht als Betrüger verlassen zu müssen und nicht mit Frau und Kindern am Bettelstab zu landen.[87]

Im Fall des aus Lucca stammenden Peter Heinrich kaufte Rost 1786 dessen gesamten Figurenvorrat »in Büsten, alten Köpfen, Haut- und Basreliefs u[nd] d[er] g[leichen] nach ächten Zeichnungen und Meistern gefertiget«.[88] Damit forcierte er den Vollzug der von ihm beim Rat erwirkten Ausweisung sowohl Heinrichs als auch Antonio Fabris aus Leipzig. Obendrein gelangte er auf diese Weise wohlfeil in den Besitz des Warenbestandes eines entledigten Konkurrenten.

86 Anmerkung von Daniel Gottlob Conrad, 13.07.1782, StadtAL, Tit. LXII K, Nr. 7a, Bl. 9.
87 Pietro Antonio Pinelli an den Rat, 15.7.1782, StadtAL, Tit. LXII K, Nr. 7a, Bl. 10.
88 Peter Heinrich an den Rat, 11.5.1786, StadtAL, II. Sektion H (F) Nr. 1034, Bl. 1.

Rosts Angebot an Musikinstrumenten und Musikalien

Was den dritten Angebotspfeiler Rosts betraf, so bestand er in Musikalien und Musikinstrumenten aller Art. Unter letzteren befanden sich z. B. die von Adam Beyer in London gefertigten Pianofortes und die seinerzeit berühmten Flöten von Johann George Tromlitz, erster Flötist des »Großen Concertes«, des späteren Gewandhausorchesters. Bemerkenswert ist in diesem Zusammenhang auch die Harmonika nach Plänen Karl Andreas von Meyer zu Knonaus, die Rost seit 1784 auf eigene Rechnung herstellen ließ und mittels gedruckter Anzeigen zu vermarkten suchte.[89]

Die »Rostischen Kunstauktionen«

Während Rost seine Dienste auch als Kommissionär für Kunstwerke anbot und für 1786 die Herausgabe von subskribierten, monatlichen »Kunstnachrichten« mit aktualisierten Verkaufsangeboten seiner eigenen Handlung erwog, hatte er sich bereits seit 1783 mit dem Auktionsgeschäft einen weiteren lukrativen Geschäftszweig erschlossen.[90] In seinem Angebotsverzeichnis von 1786 fasste er die bezüglichen Konditionen in 10 Punkten zusammen. Was den Zeitpunkt dieser jährlichen Versteigerungen von Kupferstichen, Handzeichnungen, Gemälden, Kunstbüchern u. a. betraf, teilte er seiner Kundschaft mit: »1) Wird alle Jahre vom ersten August an, oder den Monat nach der Zahl Woche jeder Michaelis Messe, diese Auction gehalten [...]«. Während die Kunsthandlung die Erarbeitung und Drucklegung der Auktionsverzeichnisse sowie alle entstehenden Auktionskosten übernahm, entfielen auf die Einreicher jeweils 12 Prozent vom erzielten Versteigerungserlös ihrer Objekte.[91]

Der Auktionen veranstaltende Kunsthändler stellt eine seit dem 18. Jahrhundert verbreitete Mischform zwischen Handel und Versteigerung dar. Dirk Boll beschreibt deren Zweck wie folgt: »Ein Kunsthändler versucht, durch den neu geschaffenen Absatzkanal der Auktion mehr Kunden zu erreichen und nutzt umgekehrt die Fremdeinlieferungen der Auktion zur Warenbeschaffung für den eigenen Kunsthandel.«[92] Auch kann er durch Manipulationen in Form von Bieterabsprachen, Scheingefechten oder Scheinauktionen die Preise in die Höhe treiben und damit den Markt zu seinen Gunsten beeinflussen, eine seit der Frühzeit des Auktionswesens bis heute perfek-

89 Siehe O. A., Musikalische Instrumente, in der Rostischen Kunsthandlung zu Leipzig, in: Journal des Luxus und der Moden 1 (1787), S. LI–LIV; [Carl Christian Heinrich Rost], I. Harmonica, in: Journal von und für Deutschland, Juli 1784, S. 1–4.

90 Rost, Anzeige I. (Anm. 60), S. 7 f.

91 Rost, Anzeige I (Anm. 60), S. 106–108.

92 Boll, Kunst (Anm. 35), S. 33.

tionierte Konsumententäuschung. Rost knüpfte bei seinen Versteigerungen an den in etwa 60 seinerzeitigen Londoner Auktionshäusern und in ganz Europa erprobten englischen Modus an. Danach erhielt, wie bereits bei den frühen holländischen Bücherauktionen, das höchste Gebot den Zuschlag.

Seine Auktionen hiesiger, aber auch auswärtiger Kunstsammlungen und Nachlässe, insbesondere von Druckgrafiken und Zeichnungen, boten der vergnügungslustigen Leipziger Bürgergesellschaft am Ausgang des 18. Jahrhunderts willkommene Unterhaltung beim vermeintlich wohlfeilen Erwerb von Kunstwerken. Die anlässlich dieser Ereignisse erschienenen Verzeichnisse haben für die heutige Geschichts- und Provenienzforschung erstrangigen Quellenwert. Aus Rosts Lebzeiten sei als achter Versteigerungskatalog seiner Kunsthandlung exemplarisch das Verzeichnis der berühmten Kupferstichsammlung Michael Hubers im Jahr 1789 genannt.[93] Der als Französischlektor seit 1766 an der hiesigen Universität tätige Philologe, Literaturhistoriker, Übersetzer und Schriftsteller Michael Huber war einer der bedeutendsten Graphiksammler seiner Zeit. Wiederholt arbeitete er mit Rost zusammen, so bei seinem »Handbuch für Kunstliebhaber und Sammler über die vornehmsten Kupferstecher und Werke ...«, welches er auf der Materialgrundlage seiner eigenen Kupferstichsammlung verfasst hatte. Die deutsche Übersetzung des neunbändigen französischen Manuskripts sowie dessen Bearbeitung und Herausgabe besorgte Rost persönlich (Bde. 1–5) und nach seinem Tod sein Geschäftsnachfolger Christian Gotthelf Martini (Bde. 6–9).[94]

Huber war neben Johann Gottlob Stimmel auch Verfasser des fünfbändigen, französischsprachigen Gesamtkataloges der Graphiksammlung des bereits genannten Kaufmanns und Bankiers Gottfried Winckler. Dieser Nachlass wurde in den Jahren 1802 (Deutsche Schule), 1803 (Italienische Schule), 1805 (Niederländische Schule) und 1810 (Englische und Französische Schule) im Auftrag der Wincklerschen Erben von der »Rostischen Kunsthandlung« versteigert.[95]

Die marktmanipulativen Schattenseiten des von Rost in Leipzig professionalisierten Kunstauktionswesens blieben den Zeitgenossen nicht verborgen. So prophezeite ein anonymer Autor 1801 im »Journal des Luxus und der Moden«: »Die Spekulationen mit den Gemälde-Auctionen, welche seit einigen Jahren durch die Rostischen Kupferstichversteigerungen veranlaßt wurden, dürfen ziemlich ihre Endschaft erreichen, da sich so wenig Liebhaber finden. Auch der Kunstgriff, nach welchem mehrere

---

93 Michael Huber/Carl Christian Heinrich Rost, Huberisches Cabinet einer ansehnlichen Kuferstich-Sammlung alter, neuer und seltener Blätter aus allen Schulen ..., Leipzig 1789.

94 Michael Huber, Handbuch für Kunstliebhaber und Sammler über die vornehmsten Kupferstiche und ihre Werke ..., hrsg. von Carl Christian Heinrich Rost, Christian Gotthelf Martini, Bände 1–9, Zürich 1787–1808.

95 Michael Huber, Johann Gottlob Stimmel, Catalogue raisonné du Cabinet d'Estampes de feu M. Winkler ..., Bände 1–5, Leipzig 1801–1810.

angestellte Freunde des Unternehmers sich abwechselnd überbieten, um vielleicht dadurch, weil man die anscheinende Begierde von dem Werthe ableitet, zu locken, scheint zu sehr durch. Auf diese Weise konnten zuweilen Gemälde um enorme Preise weggehn, ohne das einer sie wirklich erstanden hatte.«[96]

Trotz seines Selbstbildes als altruistischer Diener an der Kunst und ihrer Popularisierung haftete Rost lebenslang der Ruf eines Gewinnsüchtlers und Preistreibers an. Daran erinnert 1798 Bertuch mit den Worten: »Man hat ihn einen lohnsüchtigen Commis der Engländer genannt, und allzu große Übertheuerung in seinen Preisen gefunden. [...] Er besaß unstreitig durch vieljährige Uebung einen gewissen merkantilistischen Kunsttakt, und wußte, was und wie viel sein Publikum vertrüge.« Bertuch verweigerte dem verstorbenen Leipziger Kunsthändler nicht die gebührende Anerkennung und resümierte: »Ehre wem Ehre gebührt«. Zur Begründung führte er Rosts Verdienste um die Verbreitung der Dresdener Antiken in Gipsabgüssen, dessen selbstverfasste Angebotsverzeichnisse und regelmäßig abgehaltene Kunstauktionen sowie dessen Einsatz »für einheimische Künstler und Sächsische Industrie in Verzierungskünsten« an.[97]

Und tatsächlich hat Rost zeitgenössische Künstler mit Aufträgen bedacht. Zu nennen wären der Gothaer Hofbildhauer Friedrich Wilhelm Eugen Döll und die Leipziger Friedrich Samuel Schlegel, Adam Friedrich Oeser sowie der als Illustrator des Angebotsverzeichnisses von 1794 bereits erwähnte Hans Veit Schnorr v. Carolsfeld.[98] An seinem Heimatort verband den Kunsthändler Rost darüber hinaus Freundschaft mit Jacob Wilhelm Mechau und Christoph Nathe, bei denen er im fortgeschrittenen Alter Unterricht im Zeichnen von Landschaften und selbstredend im Figurenzeichnen nach Gipsabgüssen nahm.[99]

Rost als Innenausstatter und Literat

Seiner exklusiven Käuferschaft an Fürstenhöfen und im Bürgertum, unter welches er sich als Mitglied der illustren »Gesellschaft Harmonie« zu mischen wusste,[100] fühlte sich Rost auch als Innenausstatter verpflichtet. Davon zeugt der 1786 veröffentlichte Aufsatz über die Einrichtung eines karmesinroten Damastzimmers. Eine solche Räumlichkeit war als Gesellschafts- oder Audienzzimmer Bestandteil der standesge-

96 O. A., Ueber die Leipziger Michael-Messe 1801, in: Journal des Luxus und der Moden 16 (1801), S. 625–628, hier S. 626.

97 Bertuch, Ostermesse (Anm. 54), S. 331.

98 Siehe Rost, Abgüsse (Anm. 64), S. 24, Nr. VII; S. 26, Nr. X; S. 28, Nr, XIV; S. 29, Nr. XVIII; S. 30, Nr. XX; S. 33, Nr. XXXV; S. 43, 45, 57, 58, 64, 65.

99 Siehe Kupferstich-Kabinet Rost (Anm. 59), S. VII–VIIII.

100 Siehe Ernst Kroker, Die Gesellschaft Harmonie in Leipzig 1776 bis 1926, Leipzig 1926, S. 121.

mäßen, klassizistischen Wohnkultur des gehobenen Bürgertums und des Adels jener Zeit. In einer Textanmerkung stellte der Herausgeber weitere vergleichbare Aufsätze seines Autors, so über die Einrichtung eines kleinen Kabinettes und einer Solitüde, in Aussicht.[101]

Kaum weniger Bekanntheit dürften dem auch literarisch ambitionierten Kunsthändler seine Libretti zu den Oratorien »Die Feier der Christen auf Golgatha« und »Die Gesetzgebung auf Sinai« des Gewandhauskapellmeisters Johann Gottfried Schicht verschafft haben. In gleicher Weise dienten die von ihm bearbeitete »Sammlung englischer Schauspiele« und die Übersetzungen englischer Lustspiele seiner Popularität und Selbstbestätigung.[102]

Das Ende der »Rostischen Kunsthandlung« und Ausblick

Nach Rosts frühem Tod, am 25. März 1798 in Leipzig, fielen die Kunsthandlung und Kunstmanufaktur an die Brüder Christian Gotthelf und Christian August Martini, welche beide Unternehmungen unter dem Namen »C. C. H. Rost & Co.« noch bis ins zweite Jahrzehnt des 19. Jahrhunderts fortführten. Über deren geschäftliche Anfangsjahre berichtet das »Journal des Luxus und der Moden« 1803 ausführlich.[103] Was die Manufaktur betraf, so wurden nun verstärkt Baukunstelemente, in teils erheblichen Ausmaßen nachgefragt und geliefert. Zu nennen ist hier das 1806 angefertigte Giebelrelief des Vorderpaulinums nach einem Entwurf von Veit Hans Schnorr v. Carolsfeld.[104]

Entgegen der oben genannten Prophezeiung vom bevorstehenden Ende der »Rostischen Kunstauktionen« bewies dieser Geschäftszweig seine ungebrochene Lebensfähigkeit. Mehr noch fallen in die Zeit nach 1798 die bedeutendsten Nachlassgrafikauktionen dieser Kunsthandlung, darunter die der Sammlung Adam Friedrich Oesers 1800, Rosts eigener Sammlung 1800, der Sammlungen Gottfried Wincklers 1802 bis 1810, Christian Gottlieb Geysers 1804 und Franz Wilhelm Kreuchaufs 1805.[105]

---

101 [Carl Christian Heinrich Rost], Ideen zu einem Cramoisi-Damast-Zimmer, in: Journal des Luxus und der Moden 1 (1787), S. 395–399, hier S. 395.

102 Siehe dazu Friedrich Raßmann, Literarisches Handwörterbuch der verstorbenen Dichter und zur schönen Literatur gehörenden Schriftsteller in Acht Zeitabschnitten, von 1137 bis 1824, Leipzig 1826, S. 322.

103 O. A., Die Rostische Kunsthandlung in Leipzig, in: Journal des Luxus und der Moden 18 (1803), S. 550–553.

104 Siehe Brigit Hartung, Die Bauten der Universität Leipzig vom Dreißigjährigen Krieg bis 1830, in: Michaela Marek, Thomas Topfstedt (Hrsg.), Geschichte der Leipziger Universitätsbauten im urbanen Kontext (Geschichte der Universität Leipzig 1409–2009, Band 5), Leipzig 2009, S. 51–75, hier S. 72.

105 Siehe Kupferstich-Kabinett Rost (Anm. 59); Huber, Stimmel, Cataloque (Anm. 95); O. A., Verzeichniss einer ansehnlichen Kupferstich-Sammlung ..., deren erste Partie aus dem Oeserischen Nachlasse

Mit diesen Versteigerungen betraut war der auch als Buchhändler, Verleger und Antiquar vielbeschäftigte Johann August Gottlob Weigel. Ins Amt des Universitätsproklamators war er seinem Vater Christoph Gottlob Weigel nachgefolgt, welcher in den Jahren von 1778 bis zu seinem Tod 1794 nicht weniger als 99 Nachlässe, davon 42 Bibliotheken von Universitätsangehörigen, subhastiert hatte.[106] Wie der Sohn blieben auch die Enkelsöhne dem Auktionsgeschäft und Kunsthandel als führende Vertreter im 19. Jahrhundert eng verbunden: Theodor Oswald Weigel als Verleger, Antiquar und Auktionator sowie Rudolf Weigel als Kunsthändler und Kunstschriftsteller. Weitere Repräsentanten des Kunsthandels jener neuen Zeit waren in Leipzig Pietro (Antonio Francesco) del Vecchio und dessen Geschäftsnachfolger, insbesondere Otto Süssmilch, ebenso Ernst Christian Klein als Geschäftsnachfolger Johann Gottfried Herzogs, Louis Rocca und die Künstler-Kunsthändler Albert Henry Payne, Antonio Sacchetti sowie – bis heute klangvoll – Carl Gustav Börner, gefolgt von seinem Sohn Paul Erwin Börner. Unter ihrer Ägide wurde aus dem einstigen Bilder- und Landkartenhandel in Gewölben, Buden und Kaufläden im Lauf des Säkulums ein moderner Galerie-, Ausstellungs- und Auktionskunsthandel mit Annoncenpräsenz in den Druckmedien und häufiger Eigenverlagstätigkeit. Mit der Spezialisierung auf Erzeugnisse der Bildenden und Angewandten Künste im heutigen Sinn ging die Etablierung eines neuen Marktsegmentes in Gestalt der Gegenwartskunst einher. Diese Entwicklung fand im Wechselspiel zwischen gegenseitigem Nutzen und Konkurrenz mit den ersten öffentlichen Kunstinstitutionen, namentlich dem Leipziger Kunstverein und dem Städtischen Museum, statt. Ungeachtet erster dazu vorliegender Ergebnisse bleibt der Forschung auch hier noch ein reiches Feld der Betätigung.[107]

---

kommt ..., Leipzig [1800]; Kupferstich-Sammlung Geyser (Anm. 58); O. A., Verzeichniss der Kupferstich-Sammlung des verstorbenen Herrn Franz Wilhelm Kreuchauf ..., Leipzig 1805.

106 Vgl. Krause, Fabian, Gut, Buchbestände (Anm. 8), S. 33.

107 Siehe Karsten Hommel, »Pietro Del Vecchio«. Zur Geschichte einer Leipziger Kunsthandlung 1799–1953, in: Mitteldeutsches Jahrbuch für Kultur und Geschichte 11 (2004), S. 89–112; Dieter Gleisberg, Zum Geleit, in: Von Schongauer bis Beckmann. Zeichnungen und Druckgraphik aus fünfhundert Jahren, Ausstellungskatalog Leipzig: Museum der bildenden Künste, Leipzig 1991, S. 5–10; Gleisberg, Goethe 1999 (Anm. 57); Gleisberg, Goethe 2011 (Anm. 57).

Gottsched und die vertraute deutsche Rednergesellschaft*

Rüdiger Otto

Im Jahr 1755 wurde in den *Göttingischen Gelehrten Anzeigen* eine Rezension des ersten Bandes der Reden der in Leipzig seit 1752 bestehenden Gesellschaft der freyen Künste veröffentlicht. Die Rezension fiel nicht gerade freundlich aus, der Göttinger Rezensent bemängelte die Substanzlosigkeit der Texte und stellte angesichts dieser Veröffentlichung den Sinn derartiger Gesellschaften grundsätzlich in Frage.[1] Dies war nicht nur ein Affront gegen die Gesellschaft der freyen Künste und ihren Gründer und Vorsteher Johann Christoph Gottsched, sondern traf eine Einrichtung, für die die Leipziger Universität bekannt und beispielgebend war. Infolgedessen wollte man die Rezension in Leipzig nicht auf sich beruhen lassen. Gottsched schrieb eine streckenweise sarkastische Replik,[2] in der er auf die Göttinger Frage, »Ob auch die Stiftung gelehrter Gesellschaften, der Gelehrsamkeit und ihrer Aufnahme vortheilhaft« sei, antwortete: »Wir armen, einfältigen Leipziger, haben seit mehr als hundert, ja hundert und funfzig Jahren in dem entsetzlichen Wahne gestanden, daß dieselbe mit Ja zu beantworten sey.«

Zur Illustration führte Gottsched die bekanntesten Gesellschaften auf und nannte zunächst das Montägige und das Donnerstägige Predigerkollegium, die schon seit 1624 bzw. 1640 existierten und in denen sich eine kaum überschaubare Anzahl von Absolventen zwischen Studium und Amtsantritt im Predigen geübt hatte.[3] Gottsched erwähnte

* Häufig verwendete Literatur und Quellen werden abgekürzt zitiert und finden sich ausführlich im Abkürzungsverzeichnis, auf das mit »(Abk.)« verwiesen wird. Sofern aus den im Rahmen der Gesellschaft gehaltenen Reden zitiert wird, werden in den Anmerkungen nur Verfassername, Kurztitel und Erscheinungsjahr angegeben, vollständige bibliographische Angaben sind in dem im vorliegenden Text enthaltenen Verzeichnis der Reden zu finden.

1 »Unser jeziges Jahrhundert ist so fruchtbar in Hervorbringung gelehrter Gesellschaften ... Allein eben diese Vielheit scheinet der Beförderung der Gelehrsamkeit nicht zuträglich zu seyn ... Die Natur ist viel zu träge, als dass sie eine so große Menge echter Gelehrter auf einmahl hervorbringen solte: und weilen doch bey allen solchen Gesellschaften geschrieben werden soll, so kan es nicht fehlen, dass sie zugleich zu vielen mageren und nichts bedeutenden Aufsäzen den ersten Anlaß geben.« Göttingische Anzeigen von gelehrten Sachen 1755, S. 134–136, hier S. 134.

2 Das Neueste aus der anmuthigen Gelehrsamkeit 1755, S. 125–138.

3 Über die Predigergesellschaften vgl. Johann Daniel Schulze, Abriß einer Geschichte der Leipziger Universität im Laufe des achtzehenten Jahrhunderts, Leipzig 1802, S. 177–206; vgl. auch den Überblick von Riccarda Henkel, Sozietätswesen im 18. Jahrhundert, in: Detlef Döring (Hrsg.), Stadt und Universität Leipzig. Beiträge zu einer 600-jährigen wechselvollen Geschichte (Quellen und Forschungen zur Geschichte der Stadt Leipzig 1), Leipzig 2010, S. 185–220. Hier werden neben den genannten zahlreiche weitere Prediger- und andere Gesellschaften vorgestellt.

das Collegium Gellianum und das Collegium Anthologicum, denen neben dem von Gottsched nicht genannten Collegium Conferentium wissenschaftsgeschichtlich eine inspirierende Qualität für namhafte Leipziger Studenten wie Gottfried Wilhelm Leibniz und Samuel Pufendorf zuerkannt wurde,[4] das Collegium Philobiblicum, das in seiner pietistischen Frühphase bildungs- und frömmigkeitsgeschichtliche Wegmarken erzeugt und nach der Reakademisierung ein bemerkenswertes wissenschaftliches Potenzial freigesetzt hat,[5] und die Deutsche Gesellschaft, die unter Gottscheds Seniorat zwischen 1727 und 1738 eine außergewöhnliche Wirksamkeit entfaltete und beispielgebend für zahlreiche gleichnamige Gründungen war, die an verschiedenen Orten Deutschlands ins Leben gerufen wurden.[6] Schließlich erwähnte Gottsched die vertraute Rednergesellschaft: »Wir haben eine vertraute Rednergesellschaft gehabt, darinn schon im vorigen Jahrhunderte, die Thomasii, die Pritii, die Neumeister, die Rivini, und so viele andre sich geübet, und beredte Männer geworden.«[7]

Es gab in Leipzig in diesen Jahrzehnten mehrere Rednergesellschaften, die als Pendant zu den Predigergesellschaften die Rhetorik außerhalb der Kanzel pflegten, wenn auch der größte Teil ihrer Mitglieder eine geistliche Laufbahn einschlug. Dass Gottsched die vertraute Rednergesellschaft in seinen Überblick aufnahm, hebt sie unter den gleichartigen Gesellschaften hervor und ist ein deutliches Indiz für ihr Renommee, denn die von Gottsched aufgeführten Gesellschaften dienten als Markennamen, durch deren bloße Nennung die Rede vom zweifelhaften Wert des Gesellschaftswesens ad absurdum geführt werden sollte. Wenn Detlef Döring diese Gesellschaft als »die bedeutendste Rednergesellschaft in Leipzig« bezeichnet,[8] entspricht das der ihr von Gottsched zugemessenen Geltung. Schon der Leipziger Chronist Christoph Ernst Sicul vermerkte, sie sei »eines derer ansehnlichsten« Kollegien der Stadt.[9] Allerdings stehen die Kenntnisse

---

4 Vgl. Detlef Döring, Samuel Pufendorf und die Leipziger Gelehrtengesellschaften in der Mitte des 17. Jahrhunderts (Sitzungsberichte der Sächsischen Akademie der Wissenschaften zu Leipzig, Philologisch-Historische Klasse 129, 2), Berlin 1989; Detlef Döring, Der junge Leibniz und Leipzig, Berlin 1996, S. 40 f.; Detlef Döring, Samuel Pufendorf als Student in Leipzig, in: Detlef Döring, Samuel Pufendorf in der Welt des 17. Jahrhunderts (Studien zur europäischen Rechtsgeschichte 269), Frankfurt am Main 2012, S. 1–43, vor allem S. 17–20 und 41 f.

5 Detlef Döring, Die Leipziger gelehrten Sozietäten in der 1. Hälfte des 18. Jahrhunderts und das Auftreten Johann Christoph Gottscheds, in: Erich Donnert (Hrsg.), Europa in der Frühen Neuzeit. Festschrift für Günter Mühlpfordt, Band 5: Aufklärung in Europa, Köln, Weimar, Wien 1999, S. 17–42, hier S. 25 f.

6 Vgl. Detlef Döring, Die Geschichte der Deutschen Gesellschaft in Leipzig. Von der Gründung bis in die ersten Jahre des Seniorats Johann Christoph Gottscheds (Frühe Neuzeit 70), Tübingen 2002; Thomas Charles Rauter, The eighteenth-century »Deutsche Gesellschaft«. A literary society of the German middle class, Urbana, Illinois, University, thesis, 1970.

7 Das Neueste aus der anmuthigen Gelehrsamkeit 1755, S. 127. Zu den hier genannten Personen vgl. das unten enthaltene Verzeichnis der Mitglieder der vertrauten Rednergesellschaft.

8 Döring, Die Leipziger gelehrten Sozietäten (Anm. 5), S. 24.

9 Sicul 1 (Abk.), S. 255.

über die Gesellschaft in keinem Verhältnis zu der ihr zuerkannten Bedeutung. Es gab im Gegenteil bereits bei der Bezeichnung der Gesellschaft einen Mangel an Eindeutigkeit, der angesichts der Vielfalt der Leipziger Prediger- und Rednergesellschaften für erhebliche Verwirrung gesorgt hat. Dieser Tatbestand dürfte den hier vorgenommenen Versuch rechtfertigen, auf einige Unstimmigkeiten in den bisherigen Ausführungen über die Gesellschaft aufmerksam zu machen und das Profil der Gesellschaft deutlicher zu markieren. Zuvor sollen einige Bemerkungen über den Stellenwert der Rhetorik im frühneuzeitlichen System der Wissenschaften den Kontext für die darauf folgenden speziellen Ausführungen skizzieren.

Rhetorik als Kunst der Rede hatte sich in theoretischer und praktischer Hinsicht mit den antiken Demokratien entfaltet. Während die Rhetorik im Mittelalter einen Bedeutungsverlust erfuhr, wenn sie auch als Teil der sieben freien Künste Gegenstand der Lehre war, hatte die Rückbesinnung auf die Antike in Renaissance und Humanismus Konsequenzen auch für die Geltung der Rhetorik. »In der Zeit der Renaissance und des Barock – etwa zwischen 1350 und 1700 – beeinflußt, ja beherrscht zuletzt die Rhetorik das gesamte System der Wissenschaften und Künste in Europa.«[10] Rhetorik ist dabei nicht allein Kunst der Rede, die Elemente der Rhetorik werden zu einem Regelwerk der kunstvollen Textherstellung und -erschließung überhaupt. In ihren Bereich fallen Anweisungen zur Kunst des Briefschreibens, Florilegien, Poetiken u. a. m. Gleichwohl bleibt auch der ursprüngliche Sinn der freien Rede gewahrt. Man hat zwar darauf hingewiesen, dass mit dem Untergang der römischen Republik wesentliche Gegenstandsbereiche der rhetorischen Praxis, der parlamentarische politische Diskurs und die Gerichtsrede, entfielen. Dennoch gab es auch unter den veränderten Bedingungen zahlreiche Lebensbereiche, in denen die Kunst der Rede gefordert war. Das leuchtet sofort ein, wenn man an die Predigt denkt. Die Predigt stand seit der Reformation im Zentrum der Wirksamkeit des Pfarrers. Ein Pfarrer musste bis zu 200 einstündige Predigten jährlich halten.[11]

Aber die Redefähigkeit war ebenso in anderen Bereichen gefragt. Für den Hofmeister, insbesondere wenn es galt, vermögende oder adlige Studenten auf ihren akademischen Reisen zu begleiten, für den städtischen Beamten, den Schulmann und den Universitätsprofessor war die rhetorische Befähigung zur Bewältigung der beruflichen Aufgaben elementar, das gilt ebenso für den Beamten bei Hofe, der für berufliche Ob-

10 Karl-Heinz Göttert, Einführung in die Rhetorik. Grundbegriffe – Geschichte – Rezeption (UTB 1599), München ^{2}1994, S. 146.

11 Udo Sträter, Predigt III. Neuzeit, in: Gert Ueding (Hrsg.), Historisches Wörterbuch der Rhetorik, Band 7, Tübingen 2005, Sp. 65–84, hier Sp. 69; zur Predigtdauer vgl. Günther Stiller, Johann Sebastian Bach und das Leipziger gottesdienstliche Leben seiner Zeit, Berlin 1970, S. 110 und Joachim Hahn, Zeitgeschehen im Spiegel der lutherischen Predigt nach dem Dreißigjährigen Krieg. Das Beispiel des kursächsischen Oberhofpredigers Martin Geier (1614–1680) (Herbergen der Christenheit, Sonderband 9), Leipzig 2005, S. 52.

liegenheiten und für die Selbstbehauptung auf dem höfischen Parkett gerüstet sein musste. Die Einübung in sprachliche Fertigkeiten und in die Beredsamkeit war Teil der frühneuzeitlichen gymnasialen Ausbildung, die Schüler übten sich in der Kunst des Argumentierens, im Dialog, in der Deklamation. In der Regel bediente man sich dabei der Gelehrtensprache Latein, doch im Lauf des 17. Jahrhunderts wurde vereinzelt auch schon die deutsche Sprache verwendet.[12] Diese Fähigkeiten waren in den Schulactus, öffentlichen Veranstaltungen vor Mitschülern, Lehrern und Eltern und mitunter auch vor fürstlichen Personen oder Vertretern des Magistrats, unter Beweis zu stellen. Sie dienten nicht nur dem Leistungsnachweis der einzelnen Disputanten, sondern repräsentierten ebensosehr die Qualität der Ausbildungsstätten und waren infolgedessen fester Bestandteil der schulischen Selbstdarstellung.[13] Darüber hinaus standen schon die gymnasialen Redeakte unter dem Zeichen der konfessionellen Polarität. Die Bildungselite musste argumentativ die eigene Konfession behaupten können und der Auseinandersetzung mit dem konfessionellen Gegner gewachsen sein.[14] Auf den Universitäten gehörten die von unterschiedlichen Reglements bestimmten Disputationen zu den Pflichtübungen, die eine Chance zur Profilierung und zur Präsentation vor der akademischen Öffentlichkeit darstellten.

Angesichts der Omnipräsenz der Rhetorik im schulisch-akademischen Milieu und ihrer Bedeutung für unterschiedliche Karriereformen steht es fast zu erwarten, dass sich Gruppierungen bildeten, in denen die Redekultur über die universitären Angebote im engeren Sinne hinaus gepflegt wurde. Allerdings ist die Anzahl an entsprechenden Gesellschaften wider Erwarten überschaubar, und nach gegenwärtigem Erkenntnisstand, der freilich den eingangs zitierten Aussagen Gottscheds über die Leipziger Gesellschaftskultur entspricht, nimmt Leipzig hier eine besondere Position ein: »Die Sozietätslandschaft mit der größten Dichte an P[redigergesellschaften] ist – wie auch bei anderen Sozietätstypen – der mitteldeutsche Raum. Städtisches Zentrum mit der größten Anzahl und Vielfalt an P[redigergesellschaften] ist Leipzig.«[15] Dies dürfte auch auf die Rednergesellschaften zutreffen, deren Gesellschaftsleben dem der Predigergesellschaften in den meisten Punkten entsprach. Sie scheinen allerdings in ihren unterschiedlichen Formationen noch nicht hinreichend wahrgenommen zu werden: Im einschlägigen Ar-

12 Wilfried Barner, Barockrhetorik. Untersuchungen zu ihren geschichtlichen Grundlagen, Tübingen 1970, S. 295 f. Über die Durchsetzung des Deutschen an der Universität und über die Einrichtung von Professuren für deutsche Rhetorik vgl. Klaus Weimar, Geschichte der deutschen Literaturwissenschaft bis zum Ende des 19. Jahrhunderts (UTB 8248), Paderborn 2003, S. 11–54.

13 Barner, Barockrhetorik (Anm. 12), S. 291–302, hier S. 343 f.

14 Vgl. dazu und zum Folgenden Hanspeter Marti, Disputation, in: Gert Ueding (Hrsg.), Historisches Wörterbuch der Rhetorik, Band 2, Tübingen 1994, Sp. 866–880, zum konfessionellen Aspekt besonders 876 f.

15 Björn Hambsch, Predigergesellschaften, in: Gert Ueding (Hrsg.), Historisches Wörterbuch der Rhetorik, Band 7, Tübingen 2005, Sp. 39–45, hier Sp. 39.

tikel des *Historischen Wörterbuchs der Rhetorik* werden die Rednergesellschaften generell als studentische Übungsgesellschaften verstanden.[16] Diese Charakterisierung gilt, wie die folgenden Seiten deutlich machen werden, für etliche Rednergesellschaften. Auf die vertraute Rednergesellschaft trifft sie aber gerade nicht zu. Auch in dieser Perspektive der allgemeinen Geschichte der Rednergesellschaften dürfte demnach die Beschäftigung mit einer ihrer frühesten Verkörperungen von Interesse sein.

Als 1701 das erste Leipziger Adressbuch[17] erschien, wurde auf den ersten Seiten die Universität mit ihren Funktionsträgern vorgestellt, vor den kurfürstlichen und städtischen Institutionen und vor der Geistlichkeit. Seit 1702 wurden im Kontext der universitären Kollegien auch die beiden großen Predigergesellschaften, das Collegium Philobiblicum, das Collegium Anthologicum und die »vertraute Teutsche Redner Gesellschafft« mit ihren Mitgliedern aufgeführt, exakt die Gesellschaften also, die auch in dem eingangs erwähnten Text Gottscheds hervorgehoben wurden. Die Aufnahme in den »exklusiven Personenkreis« der im Adressbuch erfassten Leipziger stellte für die Gesellschaften und ihre Mitglieder einen »Distinktionsgewinn dar«,[18] wodurch auch aus dieser Perspektive noch einmal der besondere Rang der Gesellschaften bestätigt wird. Die Mitgliederverzeichnisse gaben über die jeweils aktuelle personelle Besetzung der Gesellschaft Auskunft,[19] informierten aber nicht über die Aufgaben und Ziele und

---

16 Björn Hambsch, Rednergesellschaften, in: Gert Ueding (Hrsg.), Historisches Wörterbuch der Rhetorik, Band 7, Tübingen 2005, Sp. 1070–1074. Entsprechend werden vom selben Autor Prediger- und Rednergesellschaften dahingehend unterschieden, dass die Predigergesellschaften »einen akademischen Grad« voraussetzen. »Die Rednergesellschaften sind dagegen bereits Studenten zugänglich, der Zugang ist allerdings in der Regel durch die Bindung an das Rhetorikkolleg des Gesellschaftsleiters begrenzt.« Hambsch, Predigergesellschaften (Anm. 15), Sp. 39. Sicul dagegen unterscheidet zwischen den beiden großen Predigerkollegien (also dem Montägigen und Donnerstägigen) und den übrigen Predigerkollegien, die mit jenen »nur den Nahmen gemein« haben. Die kleineren Kollegien entsprechen den außerhalb der öffentlichen Vorlesungen angebotenen universitären Privatkollegien, in denen »Docens und Discentes« zusammenkommen, also ein Lehrer Studenten gegen Honorar unterrichtet, während »in einer ordentlichen Societät die Socii alle einander gleich seynd«. Christoph Ernst Sicul, Neo-Annalium Lipsiensium Prodromus Oder Des mit dem 1715ten Jahre Neu=angehenden Leipziger Jahr=Buchs Erste Probe, Die andere Auflage, Leipzig 1719, S. 206. Dieselbe Unterscheidung trifft für die Rednergesellschaften zu. Die vertraute Rednergesellschaft wäre in diesem Sinne eine ordentliche Sozietät.

17 Vgl. zum Leipziger Adressbuch Thomas Weller, Theatrum Praecedentiae. Zeremonieller Rang und gesellschaftliche Ordnung in der frühneuzeitlichen Stadt Leipzig 1500–1800, Darmstadt 2006, S. 77–80, 119–144, S. 120 bibliographische Angaben zur Literatur über Adressbücher.

18 Weller, Theatrum (Anm. 17), S. 127.

19 Das Leipziger Adressbuch erschien von 1701 bis 1713 unter dem Titel *Das ietztlebende Leipzig*, in der Nachauflage oder 2. Ausgabe des Jahres 1701 mit der Angabe »Zufinden bey Johann Gottfried Renger/ Buchhändler in Halle«, die in den folgenden Jahren nicht mehr enthalten ist. Das von 1713 bis 1717 bei dem Leipziger Verleger Christoph Friedrich Rumpff erscheinende *florirende Leipzig* verdrängte das erste Adressbuch, seit 1720 erschien das *florirende* (seit 1732 *jetzt lebende und jetzt florirende Leipzig*) in größeren Abständen bei dem Leipziger Verleger Johann Theodor Boetius bzw. seiner Tochter. Auch Siculs Leipziger *Jahr=Buch* oder *Jahr=Geschichte* enthielt seit dem ersten Erscheinen im Jahr 1715 Ad-

erst recht nicht über die Genese der Gesellschaften. Dies blieb Christoph Ernst Sicul vorbehalten, der in seinen minutiösen Innenansichten des städtischen und universitären Leipziger Lebens auch die Gesellschaften in ihren historischen und aktuellen Entwicklungen erfasste. Der 2. Band seiner *Leipziger Jahr=Geschichte* enthält die erste und durch den Verlust der Dokumente auch einzige Beschreibung der Gründungsphase, der Gründungsmitglieder und der Zielstellung der 1673 entstandenen vertrauten Rednergesellschaft.[20] Da er die Gesellschaft an dieser Stelle nach ihrem Urheber als »Collegium Oratorium Germanicum Rivinianum, Oder Die Teutsche Redner=Gesellschaft«[21] bezeichnete, konnte der Eindruck entstehen, dass dies der offizielle Name der Sozietät sei.[22] In Anlehnung an Sicul stellte Döring sie in seinem Beitrag über die Leipziger Gesellschaften zur Zeit der Ankunft Johann Christoph Gottscheds in Leipzig als »Teutsche Rednergesellschaft« vor.[23] An anderer Stelle ergänzte er: »Gottsched bezeichnet sie ... als ›Vertraute Rednergesellschaft‹«.[24]

Johann Christoph Gottsched, der im Februar 1724 aus Königsberg kommend in Leipzig eingetroffen war, wurde schon kurz nach seiner Ankunft in die Gesellschaft auf-

ressverzeichnisse. Sicul wurde auch als Verfasser des seit 1701 erscheinenden Adressbuchs bezeichnet; vgl. 200 Jahre Leipziger Adreßbuch, in: Der Leipziger. Illustrierte Wochenschrift 1 (1919), S. 156. Dem wurde widersprochen, es könne dies »höchstens für die 11. und 12. Ausgabe des ›jetztlebenden‹ Leipzig gelten«. Ernst Kroker, Wie alt ist unser Leipziger Adreßbuch? in: Ernst Kroker, Aufsätze zur Stadtgeschichte und Reformationsgeschichte (Aus Leipzigs Vergangenheit 1), Leipzig 1929, S. 135 f. Es gab noch weitere und anders angelegte Adressbücher, die Mitglieder der vertrauten Rednergesellschaft werden jedoch nur in den acht Veröffentlichungen des *ietztlebenden Leipzig* angezeigt, die zwischen 1702 und 1712 erschienen. Dessen letzte Ausgabe von 1713 nennt nur noch den Senior. In den folgenden Jahren werden die universitätsnahen Sozietäten mehr oder minder ausführlich erwähnt, nicht aber die vertraute Rednergesellschaft, deren Existenz erst wieder in den beiden Jahrgängen des *jetzt lebenden und jetzt florirenden Leipzig* (1732, S. 56 und 1736, S. 58) und dann noch ein letztes Mal im *Conspectus oder Kurtze und deutliche Anzeige des ietzt lebenden und florirenden Leipzig* (Leipzig: Christian Ehrenfried Förster, 1747, S. 72) angezeigt wird, Mitgliedernamen werden hier nicht mehr aufgeführt.

20 Sicul 1 (Abk.), S. 255–260. Etwa zur gleichen Zeit, um 1680 bzw. 1683, wurde eine bis in die Gegenwart bestehende Vertraute Gesellschaft gegründet, unter deren Namen sich zumeist Kaufleute zu geselligen Mahlzeiten zusammenfanden, Kunstpflege betrieben und karitativ wirkten; vgl. Der Vertrauten Gesellschaft zu Leipzig Historien-Büchlein, Connewitz 1837; Herbert Helbig, Die Vertrauten 1680–1980. Eine Vereinigung Leipziger Kaufleute. Beiträge zur Sozialfürsorge und zum bürgerlichen Gemeinsinn einer kaufmännischen Führungsschicht, Stuttgart 1980. Eine Verbindung zur vertrauten Rednergesellschaft ist nicht erkennbar.

21 Sicul 1 (Abk.), S. 255.

22 Auch im Nachruf auf den Gründervater Quintus Septimius Florens Rivinus, der 1713 vom Rektor der Leipziger Universität verfasst und von den *Acta eruditorum*, der angesehenen Leipziger Gelehrtenzeitschrift, weiter verbreitet wurde, wird sie nur als eine bis in die Gegenwart fortgeführte Rednergesellschaft bezeichnet: »Insuper Autor extitit mense Junio A. 1673 Societatis Oratoriae a Magistris inceptae & hodie continuatae.« Elogium Quinti Septimii Florentis Rivini, JC., in: Acta eruditorum 1713, S. 234–238, hier S. 235.

23 Döring, Die Leipziger gelehrten Sozietäten (Anm. 5), S. 24.

24 Döring, Die Leipziger gelehrten Sozietäten (Anm. 5), S. 36, Anm. 91.

genommen. 1728 verließ er sie, um ihr ein Jahr später geräuschlos wieder beizutreten.[25] Die aus diesem Anlass gedruckte *Abschieds-Rede, welche in der vertrauten Redner-Gesellschafft zu Leipzig im Jahr 1728 den 20 Aug. gehalten, und den sämmtlichen Mitgliedern derselben nachmahls gewiedmet worden* war, brachte den Gesellschaftsnamen bereits im Titel zur Geltung, und da Gottsched die Rede noch mehrfach an exponierter Stelle veröffentlichte,[26] wurde sie zu dem Text, der dem Namen der vertrauten Rednergesellschaft die vergleichsweise größte Publizität verschaffte. Diese Bezeichnung begegnet allerdings nicht nur bei Gottsched. Die 1728 veröffentlichte Erwiderung auf Gottscheds Abschiedsrede brachte sie ebenfalls aufs Titelblatt,[27] und auch Sicul kannte sie.[28] In einer kurzen Biographie des Gründers, die Friedrich Florens Rivinus einer Sammlung von Texten seines Vaters Quintus Septimius Florens Rivinus 1736 voranstellte, wurde dieser als Urheber einer Rednergesellschaft bezeichnet, die bis in die Gegenwart unter dem Namen »der vertrauten Teutschen Redner Gesellschaft« wirke.[29] Schließlich hieß es in einer Rede von 1740, »dass wir den Namen der vertrauten Redner durch unsere Thaten erlangen würden, wenn es auch den ersten Stiftern der Gesellschaft nicht gefallen hätte, uns durch diese Benennung an eine so nützliche Pflicht zu erinnern«.[30]

Als vertraute Rednergesellschaft wurde die Gesellschaft demnach in den Adressbüchern ebenso wie in Veröffentlichungen der Gesellschaft gebraucht, sodass trotz Siculs abweichender Formulierung kein Zweifel besteht, dass dies der authentische Gesellschaftsname war.

---

25 Sicul, Annalium Lipsiensium ... Sectio XXXIV. Oder Des Leipziger Jahr=Buchs Zu dessen Vierten Band Neunte Fortsetzung. Welche die Vermischten Sachen 1728. ... vollführet, und die Universitäts=Geschichte 1729 anfängt, Leipzig 1730, S. 790.

26 Vgl. das chronologische Verzeichnis der Reden.

27 Ernst Florens Rivinus, Zufällige Gedancken, 1728.

28 Im Zusammenhang der Mitteilungen über das Preisausschreiben, das die Leipziger Deutsche Gesellschaft unter Gottscheds Seniorat 1728 veranstaltete, heißt es: »Es mochte wohl um eben dieselbe Zeit seyn, als eben derselbe M. Gottscheed aus der ebenfalls noch allhier florirenden so genannten vertrauten Deutschen Redner=Gesellschafft, als ein bisheriges werthes Mitglied derselben, ... Abschied nahm« Sicul, Annalium Lipsiensium ... Sectio XXXIV. Oder Des Leipziger Jahr=Buchs Zu dessen Vierten Band Neunte Fortsetzung. Welche die Vermischten Sachen 1728. ... vollführet, und die Universitäts=Geschichte 1729 anfängt, Leipzig 1730, S. 790.

29 »... Mense Junio an. MDCLXXIII. Societatis Oratoriae, quae sub nomine der vertrauten Teutschen Redner Gesellschaft adhuc hodie in maximum orbis literarii emolumentum floret, auctor extitit atque fundator.« Friedrich Florens Rivinus, Lectori Benevolo S.P. D., in: Quintus Septimius Florens Rivinus, Disputationes philosoph. ac iuridicae praesidendo et respondendo ab ipso habitae Nunc ... Instructae A Filio D. Friderico Florente Rivino, Wittenberg 1736, Bl.)(2r–[)()(4v],)(3v f.

30 Schellhafer, Trauerrede, 1740, S. 487. Vgl. ferner das unter den Reden aufgeführte Gedicht mit dem Gesellschaftsnamen aus dem Jahr 1697.

Verwechslungen: Die vertraute Rednergesellschaft, Gottscheds studentische Rednergesellschaften und andere Gesellschaften

Die Unterschiede in der Bezeichnung wären nicht problematisch, wenn über die damit bezeichnete Einrichtung Einigkeit bestünde. Das Gegenteil ist der Fall. Ein entscheidender Grund für diese Entwicklung dürfte in der Anlage der beiden zeitnahen Grundlagenwerke zur Leipziger Universitätsgeschichte des 18. Jahrhunderts zu suchen sein. Siculs umfängliche *Jahr=Geschichte* mit ihren Basisinformationen über viele Leipziger Gesellschaften ist an Unübersichtlichkeit kaum zu überbieten, sodass es nicht verwundert, dass sich ein interessierter Benutzer angesichts dieser ungeordneten Textmassen zu dem Ausruf »Kehrichtfaß« und »Rumpelkammer« hinreißen ließ.[31] Ganz anders Johann Daniel Schulzes Rückblick auf die Leipziger Universität im 18. Jahrhundert, der sich dank seiner Übersichtlichkeit viel eher zum Standard- und Nachschlagewerk empfahl. Schulze ordnet einzelne thematische Komplexe jeweils chronologisch und gibt Überblicke beispielsweise über die wichtigsten universitätsgeschichtlichen Ereignisse, über die Leipziger wissenschaftlichen Zeitschriften und eben auch über die gelehrten Gesellschaften.[32] Dass in diesem Abschnitt jeweils auf Siculs Ausführungen verwiesen wird, verführt zu der Annahme, Schulze biete einen vollständigen Überblick wenigstens über die namhaften der von Sicul erwähnten Gesellschaften. Unter den älteren Rednergesellschaften jedoch registriert er zwar das von Johann Schmidt 1682 errichtete Collegium Oratorium,[33] die vertraute Rednergesellschaft hingegen wird als eigenständige Einrichtung nicht vergegenwärtigt. Was gravierender ist: Indem Schulze die Bezeichnung doch ins Spiel bringt, aber nur in direkter Verbindung mit Johann Christoph Gottsched als

---

31 Die Worte stammen von Gustav Wustmann, der Siculs 4250 Seiten umfassendes Jahrbuch als »eines der verworrensten Machwerke, das man sich denken kann, ein wahres ›Kehrichtfaß und eine Rumpelkammer‹« bezeichnet hat. Gustav Wustmann, Auszüge aus Johann Salomon Riemers Leipzigischem Jahrbuche, 1714–1771, in: Gustav Wustmann, Quellen zur Geschichte Leipzigs, Band 1 (Veröffentlichungen aus dem Archiv und der Bibliothek der Stadt Leipzig 1), Leipzig 1889, S. 195–456, hier S. 199.

32 Schulze, Abriß (Anm. 3), S. 140–176 (Zeitschriften), S. 177–275 (Gesellschaften). In der hinsichtlich der inneren Organisation der Universität sehr informativen Universitätsgeschichte Carl Christian Carus Gretschels wird die vertraute unter den Rednergesellschaften nicht genannt; vgl. Carl Christian Carus Gretschel, Die Universität Leipzig in der Vergangenheit und Gegenwart, Dresden 1830, S. 180.

33 Schulze, Abriß (Anm. 3), S. 267. Das Collegium ist »ein halbes Jahrhundert hindurch in beständigem Flor gewesen«, und es haben »die grösten und berühmtesten Männer unserer Zeit demselben vormahls beygewohnet«. Zedler 35 (1743) (Abk.), Sp. 386. Schmidt gehörte auch der vertrauten Rednergesellschaft an, vgl. die Angaben im Mitgliederverzeichnis. Schon Sicul hatte berichtet: Johann Schmidt »fieng ... Anno 1682 den 1 Nov. ein Collegium Oratorium amicum an, welches bis diese Stunde unverrückt fortgesetzet worden, und also über 37 Jahr unter einem eintzigen Præside floriret hat«. Der wichtigste Unterschied zur vertrauten Deutschen Rednergesellschaft dürfte darin bestanden haben, dass die Reden in Schmidts Rednerkolleg auch in lateinischer Sprache gehalten werden durften; vgl. Christoph Ernst Sicul, Leipziger Jahr=Geschichte 1719. Oder Des bisherigen Leipziger Jahr=Buchs Zu dessen Andern Bande Erste Fortsetzung, Leipzig 1720, S. 50.

einflussreichstem Leipziger Universitätslehrer im zweiten Viertel des 18. Jahrhunderts, legt er eine falsche Fährte. Gottsched habe, erklärt Schulze, von 1727 an Redeübungen gehalten. »Nachher bildete sich, unter Gottsched's VorSitz, die sogenannte vertraute RednerGesellschaft, welche ihre Uebungen wöchentlich zwei Mal anstellte. Unter ihre MitGlieder wurde Niemand aufgenommen, der nicht vorher Gottsched's Vorlesungen über die Theorie der RedeKunst beigewohnt hatte.«[34] Schulze beruft sich für seine Behauptung auf eine Mitteilung in der 2. Auflage von Gottscheds *Redekunst* (1739). Gottscheds Ausführungen an dieser Stelle gelten indes keineswegs der vertrauten Rednergesellschaft, sie beziehen sich vielmehr auf zwei studentische Gesellschaften, die sich als »nachmittägliche« (nachmittägige) und »vormittägliche« (vormittägige) Rednergesellschaft seit 1727 bzw. 1735 unter Gottscheds Ägide allwöchentlich in der Kunst der Beredsamkeit übten.[35]

Schulzes Sicht scheint sich in der literaturgeschichtlichen Forschungsliteratur der folgenden Jahrzehnte des 19. Jahrhunderts eingebürgert zu haben. So kann man beispielsweise in einer literaturgeschichtlichen Studie lesen, Johann Wilhelm Steinauer, Verfasser eines aufsehenerregenden Pasquills,[36] der nach glücklosen Bemühungen um ein Auskommen als Wissenschaftler eine militärische Karriere einschlug, sei »1737 Mitglied von Gottscheds vertrauter Rednergesellschaft« geworden.[37] Tatsächlich gehörte Steinauer den beiden studentischen Gesellschaften an.[38] Gustav Waniek, der Verfasser einer grundlegenden und außerordentlich materialreichen Monographie über Gottsched und seine Zeit, sah sich am Ende des 19. Jahrhunderts zu der Erklärung veranlasst, dass die vertraute Rednergesellschaft »nicht, wie gewöhnlich angenommen wird, eine Schöpfung Gottsched's ist, sondern bereits lange vor 1724 bestanden hat«.[39] Statt sich jedoch um die Aufhellung der Gesellschaftsgeschichte zu bemühen, begnügte sich Waniek mit der Vermutung, die Gesellschaft stehe »offenbar mit dem von Joh. Schmidt i. J. 1682 gegründeteten Collegium oratorium im Zusammenhange«.[40] Diese Vermutung offenbart nur, dass auch Waniek lediglich Schulzes Arbeit und die bei ihm aufgeführte Rednergesellschaft kannte. Schließlich fiel Waniek hinter seine eigene Einsicht in das höhere

34 Schulze, Abriß (Anm. 3), S. 268.

35 Zu den Aussagen Gottscheds vgl. Johann Christoph Gottsched, Ausgewählte Werke, Band 7/3, Berlin, New York 1975, S. 9; zur Entstehung und zur Praxis der Gesellschaften vgl. Döring, Die Leipziger gelehrten Sozietäten (Anm. 5), S. 37–40.

36 Vgl. Gustav Waniek, Gottsched und die deutsche Litteratur seiner Zeit, Leipzig 1897 (Nachdruck: Leipzig 1972), S. 351–354 und Agatha Kobuch, Zensur und Aufklärung in Kursachsen. Ideologische Strömungen und politische Meinungen zur Zeit der sächsisch-polnischen Union (1697–1763) (Schriftenreihe des Staatsarchivs Dresden 12), Weimar 1988, S. 167–172.

37 Berthold Litzmann, Christian Ludwig Liscow in seiner litterarischen Laufbahn, Hamburg, Leipzig 1883, S. 104.

38 Gottsched, Briefwechsel 5 (Abk.), S. 534.

39 Waniek, Gottsched (Anm. 36), S. 23.

40 Waniek, Gottsched (Anm. 36), S. 23.

Alter der Gesellschaft zurück. Im Anschluss an den richtigen Hinweis, dass Gottsched 1728 aus der vertrauten Rednergesellschaft ausgetreten, 1730 aber wieder unter ihren Mitgliedern zu finden sei, traf er die Festellung: »Seither war er ihr Vorsteher; noch 1748 rühmt er ihr nach, sie habe seit zwanzig Jahren dem Vaterlande und der Kirche viel große und geschickte Redner geliefert.«[41] Wieso eine bereits 1682 gegründete Gesellschaft erst seit 1728 »große und geschickte Redner geliefert« hat, wäre zumindest erklärungsbedürftig gewesen. Die rühmenden Worte, auf die Waniek verweist, stehen in Gottscheds Zeitschrift *Neuer Büchersaal*.[42] Sie beziehen sich eindeutig auf die nachmittägliche Rednergesellschaft, die, wie erwähnt, 1727 gegründet worden war und die wie ihr vormittägliches Pendant in der Tat eine ganze Reihe namhafter Prediger und Redner hervorgebracht hatte.[43]

Georg Witkowskis Standardwerk zur Geschichte des literarischen Lebens in Leipzig ist bekanntlich ohne Anmerkungen und Nachweise erschienen, sodass man über die Basis seiner Ausführungen nicht im Bilde ist. Seine Bemerkung über Gottscheds Position in der vertrauten Rednergesellschaft basiert aber offenkundig auf Wanieks Darstellung. Nach der Deutschen Gesellschaft habe, so Witkowski, «ein zweiter angesehener Verein Leipzigs, die ›Vertraute Rednergesellschaft«‹, Gottsched aufgenommen. »Auch hier wirkte seine Gegenwart belebend, und er leitete die Gesellschaft seit 1730 als Vorsteher über ein Vierteljahrhundert.«[44] Während diese Aussage Wanieks Angaben entspricht, ist die weitere Mitteilung, dass die von Gottsched geleiteten studentischen Rednergesellschaften »als Vorschulen für die ›Vertraute‹ dienten«,[45] eine reine Vermutung Witkowskis. Zwar sind einzelne Personen aus den studentischen Gesellschaften nach ihrer Graduierung in die nur Magistern offenstehende[46] vertraute Rednergesellschaft aufge-

41 Waniek, Gottsched (Anm. 36), S. 97.

42 Johann Christoph Gottsched, Neuer Büchersaal der schönen Wissenschaften und freyen Künste 6 (1748), S. 285.

43 Über diese Gesellschaften, den Zeitpunkt ihrer Gründung und ihre Veröffentlichungen hat Gottsched selbst im Vorwort seiner *Ausführlichen Redekunst* seit der 2. Auflage von 1739 kurz berichtet; vgl. Gottsched, Ausgewählte Werke 7/3 (Anm. 35), S. 9 und 10/2, S. 685, Erl. zu S. 412.

44 Georg Witkowski, Geschichte des literarischen Lebens in Leipzig, Leipzig, Berlin 1909 (Nachdruck: München, Leipzig, New Providence, London, Paris 1994), S. 372f. So auch Bertold Grosser, Gottscheds Redeschule. Studien zur Geschichte der deutschen Beredsamkeit der Zeit der Aufklärung, Greifswald, Univ., Philos. Fak., Diss., 1932, S. 22. Im Anschluss an diese Feststellung weist Grosser auf die zwei studentischen Gründungen, also die vor- und nachmittägliche Gesellschaften hin; vgl. seine Analyse dieser studentischen Rednergesellschaften S. 91–163. Die, was die Fakten angeht, unklaren Angaben waren es vermutlich, die einen späteren Autor zu der Aussage veranlassten: »Gottsched war unmittelbar nach seiner Ankunft in Leipzig 1728 als Mitglied in die *Vertraute* (oder *Nachmittägliche*) Rednergesellschaft aufgenommen worden.« Hermann Stauffer, Erfindung und Kritik. Rhetorik im Zeichen der Frühaufklärung bei Gottsched und seinen Zeitgenossen (Europäische Hochschulschriften 1, 1621), Frankfurt am Main, Berlin, Bern, New York, Paris, Wien 1997, S. 153, Anm. 80.

45 Witkowski, Geschichte (Anm. 44), S. 373.

46 Sicul 1 (Abk.), S. 258.

nommen worden, für eine generelle Übernahme fehlt aber jeder Beleg. Die gedruckten Sammlungen der Übungsreden der vor- und nachmittäglichen Rednergesellschaften enthalten jedenfalls keinerlei Hinweis auf eine konstitutive Verbindung ihrer Mitglieder zur vertrauten Rednergesellschaft.[47]

Kurioserweise scheinen schon zur Zeit Gottscheds die Gesellschaften Verwechslungen ausgesetzt gewesen zu sein. So musste Christiana Mariana von Ziegler, Dichterin und erste und einzige Frau in der Deutschen Gesellschaft, den halleschen Professor der deutschen Beredsamkeit Johann Ernst Philippi über den Unterschied zwischen Deutscher Gesellschaft und vertrauter Rednergesellschaft aufklären, nachdem Philippi, der im Übrigen Mitglied beider Gesellschaften war, von Gottsched bereits fünf Jahre zuvor nachdrücklich auf die Unterschiede hingewiesen worden war:[48] »Die deutsche Gesellschaft kommt Mittwochs zusammen und liest ihre Blätter ab; die deutsche Rednergesellschaft kommt Sonnabends zusammen, und sagt ihre Reden auswendig. Das ist ja ein sehr großer Unterschied! Aus unsrer (Gesellschaft) sind Etliche in jener, und aus jener Etliche in unsrer Gesellschaft. Aber dieß hebt den Satz nicht auf, daß es zwey getheilte Gesellschaften sind.«[49] Auch weitere Korrespondenten Gottscheds bringen die Dinge durcheinander.[50] Manch einer scheint davon profitiert zu haben, dass man zumindest auswärts Schwierigkeiten hatte, zwischen den durch namhafte Mitglieder ausgewiesenen Sozietäten und den Übungsgesellschaften zu unterscheiden. Johann Joachim Schwabe als erster Herausgeber der als *Proben der Beredsamkeit* veröffentlichten studentischen Reden sah sich jedenfalls genötigt, ausdrücklich auf den Unterschied zwischen den Studentengesellschaften und der vertrauten Redner- bzw. der Deutschen Gesellschaft hinzuweisen, was er für überflüssig angesehen hätte, »wenn sich nicht einer und der andere von unsern Brüdern durch den Ehrgeiz verleiten laßen und sich auswärts für ein Mitglied von diesen ansehnlichen Gesellschaften ausgegeben hätte, nachdem er etwan mit einer Rede von uns war beehret worden ... Zu jenen Gesellschaften werden allein Männer zugelaßen, welche nicht mehr Schüler, sondern allbereits Meister in der Beredsamkeit, und deutschen Sprache sind: In dieser aber geben sich die Mitglieder für nichts weiter aus, als für Lehrlinge und Anfänger in der Beredsamkeit.«[51]

47 Johann Joachim Schwabe (Hrsg.), Proben der Beredsamkeit, welche in einer Gesellschaft guter Freunde, unter der Aufsicht Sr. Hochedl. Herrn Prof. Gottscheds, sind abgelegt worden, Leipzig 1738; Johann Christoph Löschenkohl (Hrsg.), Sammlung einiger Uebungsreden, welche unter der Aufsicht Sr. Hochedelgeb. des Herrn Profess. Gottscheds, in der vormittägigen Rednergesellschaft sind gehalten worden. Leipzig 1743; [Johann Traugott Hille (Hrsg.),] Neue Proben der Beredsamkeit, welche in einer Gesellschaft guter Freunde, unter der Aufsicht Sr. Hochedl. des Hrn. Prof. Gottscheds, abgelegt worden, Leipzig 1749.

48 Vgl. Gottsched, Briefwechsel 1 (Abk.), Nr. 24.

49 Katherine R. Goodman, »Ich bin die deutsche Redlichkeit«. Letters of Christiane Mariane von Ziegler to Johann Ernst Philippi, in: Daphnis 29 (2000), S. 307–354, hier S. 352, vgl. auch S. 350 f.

50 Vgl. Gottsched, Briefwechsel 2 (Abk.), Nr. 16; 4, Nr. 64 und 125.

51 Schwabe, Proben der Beredsamkeit (Anm. 47), Bl. c 2r.

Auch Abraham Gotthelf Kästner, der große Epigrammatiker und Mathematiker, der bis zu seiner Berufung in die Göttinger Professur für Mathematik und Physik im Jahr 1756 in Leipzig lebte und lehrte, weist in seiner Selbstbiographie auf die Spezifik der vertrauten Rednergesellschaft hin, »deren Absicht nebst einem freundlichen Umgange auf Übungen in der deutschen Beredsamkeit ging. Sie nahmen aber keine Lehrlinge, sondern nur Lehrer auf.« Kästner nennt einige berühmte Mitglieder und fährt fort: »Ich habe das Vergnügen genossen, in ihr zu sein«.[52] Trotz dieser klaren Unterscheidungen gerät auch Rainer Baasners sorgfältige und gründliche Studie über Kästner in puncto Gesellschaftsmitgliedschaft in die alten Gleise, obwohl im selben Zusammenhang Kästners Selbstbiographie und die *Proben der Beredsamkeit* erwähnt werden. Baasner zitiert Kästners Aussage über seine Mitgliedschaft in der vertrauten Rednergesellschaft und konstatiert: »Im Jahre 1736 muß er eingetreten sein in die erwähnte ›Gesellschaft [...]‹, deren Vorsitz Gottsched innehatte. In ihrem Periodikum *Proben der Beredsamkeit* (1738) und seiner Fortsetzung *Neue Proben der Beredsamkeit* (1749)[53] sind einige der von Kästner vorgetragenen rhetorischen Übungsstücke, deren frühestes auf 1736 datiert ist, enthalten.«[54] 1736 war Kästner 17 Jahre alt, die Magisterpromotion als Voraussetzung für den Eintritt in die vertraute Rednergesellschaft absolvierte der außergewöhnlich begabte Student in der Tat schon im Wintersemester 1736/37,[55] dennoch entspricht die Zuordnung nicht den Tatsachen. Man muss konzedieren: Kästner war, worüber die Selbstbiographie nichts berichtet,[56] Mitglied der nachmittäglichen Rednergesellschaft,[57] und seine in dieser Studentengesellschaft gehaltenen Reden wurden – wenn auch »ganz ohne mein Wissen und Willen«[58] – veröffentlicht,[59] während man von Reden Kästners im Rahmen der vertrauten Rednergesellschaft nichts weiß. Gleichwohl hätten Kästners Hinweis auf die Spezifik der vertrauten Rednergesellschaft und Schwabes ausdrückliche

---

52 Rudolf Eckart (Hrsg.), Abraham Gotthelf Kästner's Selbstbiographie und Verzeichnis seiner Schriften, Hannover 1909, S. 11.

53 Die *Proben* sind wie die später von einem anderen Herausgeber veröffentlichten *Neuen Proben* Sammlungen von Reden und keine Periodika.

54 Rainer Baasner, Abraham Gotthelf Kästner, Aufklärer (1719–1800) (Frühe Neuzeit 5), Tübingen 1991, S. 81.

55 In der Matrikel wird das Wintersemester 1736 genannt, der Promotionsakt fand im Februar 1737 statt.

56 Allerdings dürfte sich folgende Mitteilung auf diese Mitgliedschaft beziehen: Er habe, schreibt Kästner, »bei Herrn Professor Gottsched die Übung in der Poesie und in der Beredsamkeit fortgesetzt, die ich schon zuvor nach Besuchung seiner Vorlesungen über die Künste bei ihm getrieben hatte.« Eckart, Kästner's Selbstbiographie (Anm. 52), S. 7.

57 Vgl. Verzeichnis der Mitglieder der nachmittäglichen Rednergesellschaft seit 1727, in: Neue Proben der Beredsamkeit (Anm. 47), Nr. 91.

58 Kästner an den Herausgeber der *Stats- u. Gelehrten Zeitung des Hamburgischen unpartheyischen Correspondenten*, Leipzig 9. Oktober 1748; Wiederabdruck in: Fritz Winter, A. G. Kästner und Gottsched, in: Vierteljahrschrift für Litteraturgeschichte 1 (1888), S. 488–491, hier S. 489 f., Zitat S. 489.

59 Vgl. die bibliographischen Angaben bei Baasner, Kästner (Anm. 54), S. 606, 1738, Nr. 1 und 2; S. 609 f., 1749, Nr. 2–5.

Unterscheidung der beiden Gesellschaftstypen zur Vorsicht mahnen können. Aber da die ältere Spezialliteratur zu den Leipziger Verhältnissen noch nicht einmal eine Problemanzeige hinterlassen hat, bestand offenbar kein Anlass, neben den zusammenpassenden Teilen der Verhältnisse auch die anderslautenden Aussagen zu berücksichtigen.

In Andres Straßbergers Monographie über Gottsched werden die verschiedenen Angaben verknüpft und um eine weitere Nuance bereichert: Dass Gottsched die 1673 gegründete Gesellschaft, in der er 1730 »zum Vorsteher« aufrückte, »stets Vertraute Rednergesellschaft« genannt habe, sei, mutmaßt Straßberger, »möglicherweise eine Verwechslung mit der 1723 gegründeten ›Vertrauten Redner-Gesellschaft‹ des ihm persönlich bekannten und literarisch befehdeten Johann Andreas Fabricius«.[60] Es ist sicherlich ein Wagnis, wenn man unterstellt, dass jemand die Bezeichnung der Gesellschaft, der er angeblich vorsteht, so wenig kennt, dass er sie mit dem Namen der Gesellschaft seines Intimfeindes verwechselt. Aber dieser Erklärungsversuch verweist einmal mehr auf den unzulänglichen Erkenntnisstand, und die auf Felicitas Marwinski zurückgehende Einführung einer weiteren Leipziger vertrauten Rednergesellschaft[61] verkompliziert die Lage zusätzlich und erfordert deshalb im vorliegenden Zusammenhang eine genauere Prüfung. Johann Andreas Fabricius (1696–1769), ein reger oder unruhiger Geist, der später als Universitäts- und Gymnasiallehrer in verschiedenen Orten wirkte, hat sich große Verdienste um die Gründung der Jenaer Teutschen Gesellschaft erworben. Nach Auseinandersetzungen mit der Gesellschaft, die später zu seinem Ausschluss führten, gründete er 1732 in Jena die »Vertraute Redner-Gesellschaft«.[62] »Sie nenneten ihre Gesellschaft eine Vertraute Rednergesellschaft, weil sie Anfangs nur insgeheim sich zu üben meynten, doch liessen sie endlich etwas von ihren Versuchen drucken.«[63] Bevor Fabricius Jena als Wirkungsfeld erkor, konnte er durch Gesellschaftsmitgliedschaften in seinen Studienorten Helmstedt und Leipzig einschlägige Erfahrung sammeln. In Leipzig hielt er Vorlesungen. Hier soll er nach Felicitas Marwinski 1723 »seine erste eigene ›Vertraute Redner-Gesellschaft‹« gegründet haben.[64] Als Beleg für eine Gründung unter diesem Namen führt Marwinski »ein gedrucktes Titelblatt für das Jahr 1723 mit der Aufschrift ›Societas oratoria‹« an, außerdem verweist sie auf die in Fabricius' *Redekunst*

60 Andres Straßberger, Johann Christoph Gottsched und die »philosophische« Predigt. Studien zur aufklärerischen Transformation der protestantischen Homiletik im Spannungsfeld von Theologie, Philosophie, Rhetorik und Politik (Beiträge zur historischen Theologie 151), Tübingen 2010, S. 81 bzw. Anm. 238.

61 Felicitas Marwinski, Johann Andreas Fabricius und die Jenaer gelehrten Gesellschaften des 18. Jahrhunderts, Jena 1989, S. 19.

62 Marwinski, Fabricius (Anm. 61), S. 82–84.

63 Johann Andreas Fabricius, Nachricht von einer vertrauten Redner Gesellschaft in Thüringen, in: Fabricius, Critische Bibliothek, Band 1, Leipzig 1749, S. 188–198, hier S. 198.

64 Marwinski, Fabricius (Anm. 61), S. 19; die Angabe wird aufgenommen z. B. von Holger Zaunstöck, Sozietätslandschaft und Mitgliederstrukturen. Die mitteldeutschen Aufklärungsgesellschaften im 18. Jahrhundert (Hallesche Beiträge zur europäischen Aufklärung 9), Tübingen 1999, S. 280.

gedruckte »Rede bei eröfnung einer rednergeselschaft, 1723. den 19 Junii«.[65] In diesen Belegen ist der Eigenname einer »vertrauten Rednergesellschaft« nirgends verwendet.[66] Externe Zeugnisse für diese Gründung gibt es nach gegenwärtigem Kenntnisstand nicht.[67] Möglicherweise versteht die Autorin, die in einem früheren Text diese Einrichtung zutreffend Fabricius' »erste Redner-Gesellschaft« genannt hatte,[68] die Bezeichung nicht als Eigennamen, sondern als speziellen Ausdruck für eine Gesellschaft, die, wie Fabricius' eben zitierte und auch von Marwinski im Zusammenhang der Jenaer Gesellschaft angeführte[69] Begriffserklärung nahelegt, »insgeheim«, in keinem öffentlichen Raum und damit auch ohne öffentliche Resonanz agierte, sodass also die Bezeichnung der »vertrauten Rednergesellschaft« eine Übertragung des späteren Eigennamens auf den vermeintlichen Typus der 1723 in Leipzig gegründeten Gesellschaft wäre.

Soviel dürfte indes deutlich geworden sein: Man muss nicht mit zwei gleichzeitig existierenden gleichnamigen Leipziger Gesellschaften rechnen, unter denen die Neugründung den Namen einer seit 50 Jahren existierenden Elitegesellschaft usurpierte. Dies ist auch deshalb nicht wahrscheinlich, weil Fabricius selbst, dies betont auch sein Gesellschaftskollege und Gegner Gottsched, Mitglied der vertrauten Rednergesellschaft war.[70] Schließlich ist auf Fabricius' eigenes Zeugnis zu verweisen. In einer späteren

65 Vgl. Marwinski, Fabricius (Anm. 61), S. 19 und S. 103, Anm. 43.

66 Vgl. Johann Andreas Fabricius, Philosophische Redekunst, Leipzig 1739, Band 2 (mit eigenem Titelblatt: Vernünftige Anleitung zur Beredsamkeit. Das andere Buch, von der Uebung und den Exempeln zur Beredsamkeit ... Erster Theil), S. 305–309; auch an anderer Stelle – S. 198 – stellt er die Disposition einer Rede vor, die »bei dem antritte in meiner rednergeselschaft 1723. den 7. Julii zu Leipzig« gehalten wurde. So schon in Johann Andreas Fabricius, Philosophische Oratorie, Das ist: Vernünftige anleitung zur gelehrten und galanten Beredsamkeit, Leipzig 1724, S. 374.

67 In Siculs Jahrbuch wird sie nicht erwähnt, ebensowenig in den Acta Lipsiensium Academica, Oder Leipziger Universitäts=Geschichte, Leipzig 1723–1724. Beide Periodika dokumentieren die Leipziger Universitätsereignisse ihrer Zeit; vgl. Markus Huttner, Geschichte als akademische Disziplin. Historische Studien und historisches Studium an der Universität Leipzig vom 16. bis zum 19. Jahrhundert (Beiträge zur Leipziger Universitäts- und Wissenschaftsgeschichte A 5), aus dem Nachlaß hrsg. von Ulrich von Hehl, Leipzig 2007, S. 181 f.

68 Felicitas Marwinski, Von der »Societas litteraria« zur Lesegesellschaft. Gesellschaftliches Lesen in Thüringen während des 18. und zu Beginn des 19. Jahrhunderts und sein Einfluß auf den Emanzipationsprozeß des Bürgertums, Jena, Friedrich-Schiller-Universität, Gesellschaftswissenschaftliche Fakultät, Dissertation, 1982, Teil 1, S. 28; vgl. auch die dazu gehörige Anm.

69 Marwinski, Fabricius (Anm. 61), S. 82.

70 Er schreibt über Fabricius: »Er war ein Mitglied der bey uns vor mehr als funffzig Jahren gestiffteten und noch itzo blühenden vertrauten Redner=Gesellschafft gewesen.« Johann Christoph Gottsched, Die Vernünftigen Tadlerinnen 2 (1726) (Nachdruck: Hildesheim 1993), S. 84; Fabricius gehörte wie vermutlich die meisten der auf Wissenserwerb, Redepraxis, Kontakte und Selbstdarstellungsmöglichkeiten angewiesenen Studenten und Magister mehreren Gesellschaften an. Im Laufe seines Aufenthalts in Leipzig wurde er seit 1715 »ein mitglied der rednergeselschaft des sel. Herrn D. Schmidts, der Teutschübenden geselschaft, daraus die jetzige berühmte und vortrefliche Teutsche geselschaft geworden ist, der vertrauten Rednergeselschaft und des Montäglichen grossen Prediger collegii, auch des collegii Philo-Biblici.« Fabricius, Philosophische Redekunst (Anm. 66), Bl. [a 8v f.].

Übersicht über Gesellschaftsgründungen erwähnt er »die vertraute Rednergesellschaft in Thüringen, welche ich 1732 errichtet und bis 1740 unterhalten habe«. Einer von ihm veranlassten Leipziger Gründung gleichen Namens wird in diesem Zusammenhang nicht gedacht, wohl aber »der weit älteren vertrauten Rednergesellschaft in Leipzig Riuinianae genannt, die 1673 den 6 Junii von dem berühmten Qvinto Septimio Florente Rivino angefangen worden«.[71]

Bevor auf die Gesellschaft selbst eingegangen wird, ist ein Blick auf die weitere Entwicklung der von Gottsched betreuten Gesellschaften geboten, weil auch hier die Begriffsvarianz zu Missverständnissen führen kann und geführt hat. Gottsched war über Jahre hin Mentor der beiden stark frequentierten studentischen Rednergesellschaften, von denen eine allerdings bereits 1747 ihr Ende fand.[72] Aus ihnen ist im Herbst 1752 quasi übergangslos eine neue Gesellschaft, die Gesellschaft der freyen Künste,[73] entstanden. Sie stand in einer personellen Kontinuität zu den studentischen Rednergesellschaften, da Gottsched die früheren Mitglieder, auch wenn die Verbindung seit ihrem Weggang aus Leipzig abgebrochen war, durch Zusendung eines entsprechenden Bescheids in die neue Gesellschaft aufnahm, wodurch diese stehenden Fußes eine stattliche Zahl von Mitgliedern mit beachtlicher Reputation aufweisen konnte.[74] Wie schon früher begnügte sich Gottsched nicht mit der formalen Existenz der Gesellschaft. Sie sollte durch Publikationen ihr Dasein beglaubigen: So entstanden neben den Veröffentlichungen anlässlich der jährlichen Zusammenkünfte drei Bände mit Aufsätzen, die unter dem Namen der Gesellschaft der freyen Künste erschienen und den Anlass für die eingangs erwähnte Auseinandersetzung mit den *Göttingischen Gelehrten Anzeigen* bildeten.

Wenngleich die Gesellschaft der freyen Künste mit ihrer durch Ämter, regelmäßige Veranstaltungen, Mitgliedschaftsurkunden, publizistische Aktivitäten und mit der Präsenz in den Leipziger Adressbüchern gesicherten festen Struktur die dominante Gott-

---

71 Johann Andreas Fabricius, Abriß einer allgemeinen Historie der Gelehrsamkeit, 3. Band, Leipzig 1754 (Nachdruck: Hildesheim, New York 1978), S. 779; im selben Zusammenhang verweist er erneut auch auf seine Mitgliedschaft in der »unter D. Joh. Schmidt in Leipzig über vierzig Jahr fortgesetzten Rednergesellschaft«.

72 Vgl. Gottsched, Ausgewählte Werke 7/3 (Anm. 35), S. 9, Anm.*.

73 Diese Bezeichnung wird in allen Veröffentlichungen gebraucht. Es verweist aber möglicherweise auf die Kontinuität zu den Rednergesellschaften und bringt zum Ausdruck, dass in den Versammlungen der Gesellschaft ebenfalls Reden gehalten wurden, wenn Johann Friedrich Burscher, der erste Sekretär der Gesellschaft und spätere Leipziger Theologieprofessor, 1763 in seiner Bewerbung um eine außerordentliche Professur erklärt, er habe »zweÿ Jahre lang das Secretariat in der dasigen Gesellschaft deutscher Redner und der freÿen Künste verwaltet«. Burscher an den polnischen König und sächsischen Kurfürsten, Dresden 5. August 1763, Sächsisches Staatsarchiv, Hauptstaatsarchiv Dresden, 10088, Oberkonsistorium, Loc. 1776, Bl. 113 f., 113 v; vgl. auch Bl. 115 r und 119 r.

74 Vgl. Riccarda Henkel, Die Gesellschaft der freyen Künste zu Leipzig. Eine »Gottschedsche« Sozietät als Beispiel des aufklärerischen Wissenschaftsdiskurses, Leipzig, Universität, Fakultät für Geschichte, Kunst- und Orientwissenschaften, Dissertation, 2012, S. 83–85.

sched-Gesellschaft dieser Zeit war,[75] zog sie dennoch nicht alle redegesellschaftlichen Aktivitäten Gottscheds an sich. In Gottscheds eigener Zeitschrift wurde auf die Veranstaltung einer »gottschedschen Rednergesellschaft«[76] hingewiesen, es gab Veröffentlichungen der Reden und Gedichte, die »1762 öffentlich in der Gottschedischen Rednergesellschaft in Leipzig gehalten und gesungen« wurden,[77] die »Gottschedische deutsche Rednergesellschaft« gratulierte 1765 zu Gottscheds zweiter Ehe,[78] und auch in späteren Veröffentlichungen hieß es über eine Leipziger Festveranstaltung, die am 22. März 1763 anlässlich des Hubertusburger Friedens gehalten wurde: »Zur Feyer des Friedens hielt die Deutsche Redner Gesellschaft unter Leitung Gottscheds einen Aktus im großen Fürstencollegio«.[79] In der zeitgenössischen Presse wurde das letztgenannte Ereignis hingegen mit etwas anderen Worten beschrieben: »Den Tag darauf waren in dem philosophischen Auditorio von ein paar Studiosis, auf Veranstaltung des Hrn. Professor Gottschedts, Reden in prosa und ligata und eine teutsche Cantate über den Frieden zu hören«.[80] Offenbar hat Gottsched unabhängig von der Gesellschaft der freyen Künste mit interessierten Studenten weiterhin Redeübungen in einem mehr oder weniger festen Verband gehalten, der bei Bedarf und möglicherweise zur Unterscheidung von ähnlichen Gesellschaften, die von anderen Universitätslehrern angeleitet wurden, unter dem

75 Auch Schulze bezeugt das Renommee der Gesellschaft: »Sie erhielt durch ihres Stifters bekannte Thätigkeit bald einen ausgebreiteten Ruf, indem er eine große Menge in- und ausländischer Gelehrte, und Personen vornehmen Standes ... zu MitGliedern aufnahm.« Infolge seiner Identifizierung von vertrauter Rednergesellschaft und studentischen Gesellschaften sieht Schulze in der Gesellschaft der freyen Künste eine Nachfolgeeinrichtung der vertrauten Rednergesellschaft; vgl. Schulze, Abriß (Anm. 3), S. 268.

76 Das Neueste aus der anmuthigen Gelehrsamkeit 1761, S. 125 und 725.

77 Reden und Gedichte, bey dem höchsterfreulichen Geburtsfeste Sr. Königl. Hoheit, des Durchlauchtigsten Fürsten und Herrn, Herrn Friedrich Christians, Königl. Prinzen von Pohlen, und Churprinzen zu Sachsen ... den 5ten des Herbstmondes 1762 öffentlich in der Gottschedischen Rednergesellschaft in Leipzig gehalten und gesungen, Leipzig 1762.

78 Johann Friedrich Opitz, Ueber die am 1sten August 1765 zu Kamburg vollzogene zwote glückliche Verbindung Sr. Hochedelgebohrnen Magnificenz, Herrn Johann Christoph Gottscheds ... mit der Wohlgebohrnen Mademoiselle Ernestine Susanne Katharine, des ... Johanns Neueneß ... Tochter, legte ... ihre Freude an den Tag die Gottschedische deutsche Rednergesellschaft durch Johann Friedrich Opitzen, Leipzig 1765.

79 Carl Augustin Grenser, Geschichte der Musik in Leipzig, hrsg. von Otto Werner Förster, Leipzig 2005, S. 14.

80 Leipziger Zeitungen, 3. Stück der 13. Woche, 23. März 1763, S. 187. Das Ereignis ist durch eine Teilveröffentlichung dokumentiert: Singgedicht, welches Tages nach dem Hocherfreulichen Friedensfeste den 22. März 1763. früh um 10. Uhr bey einer öffentlichen Rede, Herrn Carl August Janus […] aus Bauzen, die von einer Friedensode Herrn Heinrich Carl Gottlieb Walzens, des jüngern, aus Dresden, beyderseits Mitgl. der Gottschedischen Rednergesellschaft, abgelöset ward, im philosophischen Hörsaale zu Leipzig abgesungen worden. Leipzig [1763]. Der Druck ist eingeheftet in die Chronik Johann Salomon Riemers; vgl. Stadtarchiv Leipzig (im Folgenden: StadtAL), Riemer-Chronik, Band 4, S. 1561i–m. Auf dem Titel ist in kleinerer Schrift vermerkt: »Die Poesie ist von Herrn Prof. Gottscheden, und die Musik von Herrn Hillern.« Gedruckt ist nur das Singgedicht, also Gottscheds Poesie, die Komposition Johann Adam Hillers ist hier ebenso wenig überliefert wie die Rede und die Ode der Studenten.

Namen einer Gottschedschen Rednergesellschaft in Erscheinung trat. Daneben scheint es in der Jahrhundertmitte noch weitere Rednergesellschaften gegeben zu haben, die keine größere Strahlkraft erlangten, aber dennoch, vergleichbar der oben erwähnten von Fabricius unterhaltenen Rednergesellschaft, vorübergehend unter einem versierten Leiter eine verbindlichere Form annahmen. So stößt man beispielsweise in der Biographie des Dichters Christian Nicolaus Naumann (1720–1797) auf die Mitteilung: »Im 1748sten Jahre vereinigte er sich mit etlichen Freunden, unter Kästners Aufsicht, in eine Teutsche Rednergesellschaft zu treten, die er auch bis zu seiner Abreise nach Jena fortsetzte.«[81] Es ist nicht auszuschließen, dass aus anderen biographischen Zusammenhängen die Existenz weiterer Rednergesellschaften dieser Art bekannt wird.[82]

Zur Geschichte und Gestalt der vertrauten Rednergesellschaft

Die Gründung der vertrauten Rednergesellschaft erfolgte, wie erwähnt, am 9. Juni 1673 durch Quintus Septimius Florens Rivinus. Weitere Gründungsmitglieder, die sich als Gesetzgeber der Gesellschaft in das Fiskalbuch eingetragen haben,[83] waren Johann Dornfeld, später Nikolaipfarrer und Superintendent in Leipzig, Johann Schmidt, dessen Name wegen des von ihm gegründeten Collegium Oratorium schon mehrfach genannt wurde,[84] Christian Thomasius, Henrich Hildebrand, der im polnischen Meseritz Pfarrer wurde, Tilemann Andreas Rivinus, später Pfarrer und Professor in Leipzig, und Johann Werner, der aus Breslau kam und seit 1677 eine kirchliche Karriere in seiner Heimatstadt antrat, die ihn in das Amt des Ecclesiasten an der Hauptkirche St. Elisabeth und in eine Professur am Elisabethgymnasium führte. Der Begriff Gesetzgeber macht deutlich, dass man, wie in den Gesellschaften üblich,[85] sich selbst und den künftigen Mitgliedern eine Ordnung auferlegte, in der sich die Intention der Einrichtung widerspiegelte. Sicul konnte in die nicht überlieferten Statuten noch Einblick nehmen. Er stellte allerdings nur einzelne Punkte der Ordnung vor. So ist zu erfahren, dass es einen Senior gab, bei dem die Mitglieder jeden Sonnabend zwischen 16 und 17 Uhr zusammenkamen.[86] Noch Christiana Mariana von Ziegler nennt den Sonnabend in den dreißiger Jahren des 18. Jahrhunderts als Versammlungstag, und Gottscheds Freund Johann Friedrich May beendet einen Brief an den auf Brautfahrt in Danzig befindlichen Gottsched am 2. Ap-

81 Hirsching 6/1 (Abk.), S. 42; so auch Allgemeine Deutsche Biographie 23 (1886), S. 302.

82 Über eine Rednergesellschaft unter der Leitung Johann Friedrich Mays vgl. unten Anm. 151.

83 Sie haben »sich im Fiscal=Buche Sanctores Legum genennet, und eigenhändig eingeschrieben«. Sicul 1 (Abk.), S. 256.

84 Vgl. auch Gottscheds Rede auf Schmidt in: Johann Christoph Gottsched, Ausgewählte Werke 9/1, Berlin, New York 1976, S. 353–362.

85 Vgl. Henkel, Sozietätswesen (Anm. 3), S. 193.

86 Sicul 1 (Abk.), S. 259.

ril 1735 mit den Worten: »Die *Rednergesellschaft* rufft mich zu sich: ich muß eilen.«[87] Der 2. April war ein Sonnabend. Neben den regulären Zusammenkünften wurde alljährlich am 9. Juni, dem Stiftungstag, ein »Haupt-Convent« gehalten.[88]

Ein Verzeichnis der Senioren wird von Sicul nicht mitgeteilt, aber sein Hinweis, dass die Gesellschaft ihre Tätigkeit mehrfach eingestellt habe und fünf Mal wiederbelebt worden sei,[89] berechtigt zur Vermutung, dass die von ihm als Restauratoren der Gesellschaft bezeichneten Personen nach erfolgter Wiederinstallation jeweils das Seniorenamt übernahmen: Johann Jacob Petri 1681, Johann Georg Pritius 1692, Johann Burckhard Mencke 1698 und Johann Gottlieb Hoffmann 1700. Hoffmann trat 1702 eine Pfarrstelle in Taucha an. Das Seniorat übernahm Johann Georg Abicht, der nach seiner Magisterpromotion 1697 Hofmeister in einem Adelshause geworden war[90] und 1702 die ordentliche Professur für Hebräisch an der Leipziger Universität erhalten hatte.[91] Bis 1709 weist das Leipziger Adressverzeichnis ihn als Senior aus, danach wurde die Funktion von Johann Friedrich Schmid (Schmied) wahrgenommen. 1712 sind noch zahlreiche Mitglieder unter dem Senior Schmid aufgeführt, 1713 ist er als Senior unter dem Gesellschaftsnamen allein genannt, was in diesem Jahrgang des Adressbuchs auch bei einigen anderen Gesellschaften zu beobachten ist, sodass damit kein sicheres Indiz für einen vollständigen Mitgliederschwund vorliegt. 1714 starb Schmid, die Gesellschaft wurde in den folgenden Adressbüchern nicht mehr erwähnt, und sie scheint ihre Arbeit auch gänzlich eingestellt zu haben, denn Sicul berichtet, dass die Dokumente der Gesellschaft 1721, als die Weiterführung in Angriff genommen wurde, von Johann Christoph Bierling, bei dem sie »als bey einem Membro dieses Collegii verwahret gewesen, empfangen« werden mussten.[92] Bierling hatte 1715 ein Pfarramt in Luppa angetreten. Er hätte die Gesellschaftsunterlagen nicht mitgeführt, wenn in Leipzig auch nur das Bemühen um das Gesellschaftsleben erkennbar gewesen wäre.

Die Neubelebung 1721 erfolgte durch Johann Abraham Rivinus, einen Sohn des Gründers.[93] Er selbst wurde als Senior verabschiedet, als er 1729 ein Amt in Schwarz-

87 Gottsched, Briefwechsel 3 (Abk.), S. 342.

88 Sicul 1 (Abk.), S. 259.

89 Sicul 1 (Abk.), S. 259.

90 Hein/Junghans (Abk.), S. 159.

91 Von Johannes Colerus, der als Hofmeister die Kinder von Leipziger Ratsmitgliedern unterrichtet hatte und im selben Jahr 1702 seine Stelle als Sonnabendsprediger an der Thomaskirche antrat, heißt es in der Lebensbeschreibung: »Ehre überkam er, als ein wohlgeübtes Membrum des Donnerstäglichen grossen Prediger-Collegii, des Collegii Anthologici, und der vertrauten Redner-Gesellschafft, die er auch letztens, als respective Senior und Subsenior, dirigirete.« Hilscher, Zucht, Ehr und Treu (vgl. die bibliographischen Angaben zu Colerus im Mitgliederverzeichnis), S. 9. Die Adressbücher der Jahre 1702 bis zu seinem Weggang 1706 verzeichnen ihn nur als Mitglied und nicht als (Sub-)Senior.

92 Sicul 1 (Abk.), S. 259.

93 Nach Sicul, der als Zeitzeuge davon berichtet, war es »nebst andern vornehmlich Hr. M. Joh. Abrah. Rivinus«, der sich der Aufgabe »unterzogen, die Statuta zu renoviren und dieses Collegium abermahls in guten Flore zu setzen«. Sicul 1 (Abk.), S. 259 f. Im Lebenslauf seines Bruders und Nachfolgers, der

burg-Rudolstadt antrat. Die Abschiedsrede hielt Andreas Florens Rivinus,[94] der seinerseits als Senior wirkte,[95] bis ihm als dem »bisherigen werthen Senior« sein Nachfolger Johann Friedrich May 1740 zum Antritt der juristischen Professur an der Universität Wittenberg Glückwünsche aussprach.[96] Unter dem Seniorat Mays hat die Gesellschaft erneut und diesmal endgültig ihre Tätigkeit eingestellt.

Zu den Aufnahmebedingungen gehörte von Anfang an die Erlangung des Magistertitels.[97] Damit war sie, worauf schon hingewiesen wurde, eine Art akademischer Elitezirkel, der sich von studentischen Übungsgesellschaften unterschied. Von dieser Regel wurde, was Sicul eigens vermerkt, nur einmal bei einem Adligen abgewichen: Julius Bernhard von Rohr wurde ohne Titel aufgenommen. Dass er gleichwohl über die nötige Befähigung verfügte, zeigt die Anzahl und noch mehr das Gewicht seiner Veröffentlichungen, die noch in jüngerer Zeit nachgedruckt wurden.[98] Allerdings wurden auch in die Montägige und Donnerstägige Predigergesellschaft nur Magister aufgenommen. Ebenso entspricht die Begrenzung der Mitgliederzahl – in der vertrauten Rednergesellschaft sollten nicht mehr als 12 aktive Mitglieder sein[99] – den Gepflogenheiten der Prediger- und anderer Gesellschaften.[100] Nach Siculs Erklärung, er halte die Statuten der vertrauten Rednergesellschaft nicht für mitteilenswert, da sie »nicht viel anders beschaffen [seien], als die bey denen Großen Prediger= und andern dergl. Collegiis«,[101] gab es generell einen hohen Grad an Übereinstimmung.

Unter dieser Voraussetzung sollen einige Regeln der Predigergesellschaften vorgestellt werden, selbst wenn nicht zweifelsfrei entschieden werden kann, dass genau diese der Praxis der vertrauten Rednergesellschaft entsprochen haben: Über Neuaufnahmen entschieden die Mitglieder der Gesellschaft nach fachlichen und moralischen Gesichts-

1721 Magister wurde, heißt es hingegen: »In eben diesem Jahre stellete er die eine geraume Zeit unterbrochene Zusammenkunfft der vertrauten teutschen Redner=Gesellschafft, welche sein Herr Vater mit dem ehemahligen Geheimden=Rath Thomasio und andern guten Freunden errichtet hatte, wiederum her.« Lebens=Lauff, in: Carl Gottlob Hofmann, Der GOtt wohlgefällige Stand eines Rechts=Lehrers und Urthel=Verfassers wurde in einer Dem ... Herrn Andreas Florens Rivinus ... Am XI. Octobr. als Dom. XXI. post Trinitat. MDCCLXI. ... gehaltenen Gedächtniß-Predigt vorgestellet, Wittenberg 1761, S. 31–36, hier S. 33; vgl. auch Hirsching 10/1 (Abk.), S. 25. Sicul ergänzt jedoch, dass man »denen sämtlichen itzigen Sociis den Nahmen derer Restauratorum beygeleget« habe; Sicul 1 (Abk.), S. 260; zu ihnen gehörte Andreas Florens Rivinus.

94 Andreas Florens Rivinus, Abschiedsrede, 1729.

95 Unter den Mitgliedern von 1729 war »Andreas Florens Rivinus, Senior oder, wie er sich nennet, das älteste mitglied«. Sicul 2 (Abk.), S. 957.

96 Johann Friedrich May, Sendschreiben, 1740, S. [1].

97 Sicul 1 (Abk.), S. 258.

98 Vgl. das Veröffentlichungsverzeichnis in Hirsching 10/1 (Abk.), S. 106–108; Rohr erwarb später doch noch den Magistertitel; vgl. unten die Angaben im Mitgliederverzeichnis.

99 Sicul 1 (Abk.), S. 260.

100 Vgl. Henkel, Sozietätswesen (Anm. 3), S. 190 f.

101 Sicul 1 (Abk.), S. 259.

punkten.[102] Zum Antritt und Abgang wurden Beiträge, Access- und Discessgelder erhoben, bei gleicher Gelegenheit musste eine Predigt bzw. Rede gehalten werden, die der Senior zu beantworten hatte. Dass die erwähnten Abschiedsreden von den jeweils nachfolgenden Senioren gehalten wurden, könnte als Indiz für die Geltung dieser Regel in der vertrauten Rednergesellschaft angesehen werden. Da aber Gottsched 1728 nicht vom Senior verabschiedet wurde[103] und nach dem Wiedereintritt seinerseits mindestens eine »Bewillkommnungsrede«[104] gehalten hat, scheint dieses Reglement zumindest nicht streng gehandhabt worden zu sein. Die regulären Reden wurden wöchentlich, je eine pro Woche, gehalten und vom Kollegium im Anschluss kritisch kommentiert. Die Mitglieder waren zur Teilnahme an den Versammlungen verpflichtet, unentschuldigtes Fernbleiben wurde finanziell geahndet, als Entschuldigungsgründe galten nur Krankheit und Reisen. Wer trotz Weggangs von Leipzig die Vorteile genießen, d. h. »Pactist« werden wollte, zahlte ein Quartalsgeld. Sollte er nach Leipzig zurückkehren, gehörte er der Gesellschaft ohne weitere Formalitäten wieder an. Im Übrigen war er, wie die anwesenden Mitglieder, infolge des »Pactum«[105] berechtigt, zu besonderen Anlässen – Berufseinstieg, Promotion, Hochzeit, Tod – mit einem Kasualtext gewürdigt zu werden. Neben dem Amt des Seniors, der den Raum für Zusammenkünfte zur Verfügung stellte[106] und Reden beantwortete, gab es den halbjährlich wechselnden Fiscal, der für den Vortrag der Gesetze sorgte, Strafgelder kassierte, den Briefwechsel unterhielt, das Aktenbuch führte und jeweils die Rechnung ablegte. Der Senior hatte dies zu beaufsichtigen, bei ihm war der Fiscus deponiert.

Das ursprünglich angelegte Akten- oder Protokollbuch der vertrauten Rednergesellschaft hat zur Zeit der Mitgliedschaft Gottscheds noch vorgelegen, wie aus Siculs Verweis auf die handschriftlichen Einträge der Gründungsmitglieder oder Ernst Florens Rivinus' Scherz bei der Verabschiedung Gottscheds hervorgeht, er würde nicht anstehen, die Schrift der Vorfahren zu imitieren und einen Passus einzufügen, der den

102 Zum Folgenden vgl. Sicul, Neo-Annalium Lipsiensium Prodromus (Anm. 16), S. 199–201; Christoph Ernst Sicul, Leipziger Jahr=Geschichte 1719. Oder Des bisherigen Leipziger Jahr=Buchs Zu dessen Andern Bande Erste Fortsetzung, Leipzig 1720, S. 51 f.; Henkel, Sozietätswesen (Anm. 3), S. 191.

103 Vgl. Ernst Florens Rivinus, Zufällige Gedancken, 1728.

104 Vgl. Johann Christoph Gottsched, Bewillkommnungsrede, 1730.

105 Die Mitglieder der vertrauten Rednergesellschaft haben »auch bey Ehren=Wercken ihre gedruckten Gratulationes zu gewarten ... zu welchem Ende das so genannte Pactum unter ihnen ebenfals eingeführet« ist. Sicul 1 (Abk.), S. 259.

106 Vgl. Sicul 1 (Abk.), S. 259. Allerdings wird im Gedicht zum Tod des Theologieprofessors Valentin Alberti erklärt, »daß Er unsre Zunfft so gütig auffgenommen«; auf dem Titel wird er als »Wirth« der Gesellschaft geehrt. Im Gedicht selbst wird seine Bedeutung als schlesischer »Mann der schöne Verse schrieb« und als theologischer »Stern von erster Grösse« gewürdigt. Romanus Teller, Als der Magnificus, 1697. Von einer Mitgliedschaft Albertis hingegen verlautet nichts, auch Sicul führt ihn nicht an. Er wird nur als Gründungsmitglied einer Gesellschaft genannt, die sich zu gegenseitigem Beistand im Pestjahr 1680 verpflichtete, aber nur kurze Zeit bestand; vgl. Der Vertrauten Gesellschaft Historien-Büchlein (Anm. 20), S. 3; Helbig, Die Vertrauten (Anm. 20), S. 9–19.

Austritt aus der Gesellschaft verböte, wenn Gottsched nicht über die Statuten Bescheid wüsste und folglich den Betrug sofort bemerkte.[107] Neben den Statuten waren die Mitglieder verzeichnet, wie Siculs namentliche bzw. summarische Angaben – über 200 Personen[108] – belegen.

Im Zentrum der Gesellschaft stand die rhetorische Praxis; mit den Worten von Rivinus: Der »Endzweck unsers Unternehmens« war »dahin gerichtet, wie wir zu einiger Vollkommenheit in der Redner=Kunst gelangen mögen«.[109] Darauf zielten die Verpflichtungen zum regelmäßigen Vortrag, zur Anwesenheit und zum kritischen Urteil über die Vorträge ab. Im Unterschied zu Johann Schmidts Collegium Oratorium hat die »teutsche Rednergesellschaft« nur deutschsprachige Reden zugelassen. Allerdings gab es Gottsched zufolge keine Regelung über die Art und Weise des Sprachgebrauchs, über Fremdwörter, Sprachspielereien u.a.m. Gottsched hielt jedoch fest, es habe sich in der Gesellschaft von selbst verstanden, reines Deutsch zu pflegen.[110] Wie Gottsched dies ohne Kenntnis der Reden der Vorgängergenerationen (s. u.) behaupten konnte, ist unklar. Gottsched berief sich auf die eigene Erfahrung, auf die Reden also, die er selbst gehört hatte, sodass seine Beschreibung zumindest auf die Gesellschaft während seiner Zugehörigkeit zuzutreffen beanspruchte. Vermutlich entspricht aber die Charakterisierung der rhetorischen Praxis der Gesellschaft vor allem Gottscheds eigenem rhetorischen Konzept. Dies gilt auch für die Behauptung, dass die Reden durch vernünftige Gründe, und eben nicht durch die Macht der Suggestion, überzeugt und bewegt haben. Sie sind, so Gottsched weiter, nicht als Übungen »in leichtsinnigen, scherzhaften und fruchtlosen Materien« vorgetragen worden, sondern »in den wichtigsten philosophischen Wahrheiten, in tiefen Sittenlehren, in nachdenklichen Lehrsätzen, die es werth waren, dass sich gelehrte Männer damit beschäfftigen«.[111]

Das wird auf die zahlreichen Kasual-, Antritts- und Abschiedsreden nicht uneingeschränkt zutreffen, deren Vortrag man nach den geltenden Statuten voraussetzen darf. Anhand der wenigen vorliegenden Reden lässt sich indes feststellen, dass selbst die Kasualreden keine reinen Pflichtübungen und folglich keine bloße Repetition rhetorischer Versatzstücke gewesen sein müssen. So sind beispielsweise die Ansprachen anlässlich des Todes von Justus Gottfried Rabener (1732) und Johann Richey (1738) zwar vor der Gesellschaft vorgetragen worden, aber die Verstorbenen waren keine Mitglieder.[112] Die

107 Ernst Florens Rivinus, Zufällige Gedancken, 1728, Bl. [8r].

108 Sicul 1 (Abk.), S. 256.

109 Ernst Florens Rivinus, Zufällige Gedancken, 1728, Bl. 4v.

110 Johann Christoph Gottsched, Abschieds-Rede, 1728 = Gottsched, Ausgewählte Werke, Band 9/2, S. 519–533.

111 Gottsched, Abschieds-Rede, 1728 = Gottsched, Ausgewählte Werke 9/2, S. 530.

112 »Unsere Gesetze haben davor gesorgt, daß der Ruhm unserer Mitglieder nach ihrem Tode nicht mit ihnen verlöschen, sondern uns nochmals zu einem beständigen Andenken möge vorgestellet werden. Die Gewohnheit aber hat es eingeführet, daß man auch die Klagen über den Verlust anderer werthen

Redner gedenken der Verstorbenen aus persönlicher Betroffenheit und lassen die Gesellschaft daran teilhaben, weil sie die Bekanntschaft mit den Verstorbenen und ebenso das Mitgefühl für sie als Leidtragende unter den Anwesenden voraussetzen.

Gottscheds Rede zur Eheschließung von Christian Clodius wiederum ist nicht nur, wie vielleicht der Anlass vermuten lassen könnte, eine persönliche Reverenz gegenüber Clodius, dem Gottsched einst die Mitgliedschaft in der Gesellschaft verdankte.[113] Wie ihr Titel schon nahelegt, gibt sie mit ihrem Plädoyer für Lebenserfahrung und Sachkenntnis als unerlässliche Voraussetzung eines Redners und mit der Zurückweisung eines schulmäßig erlernten Formelwerks Aufschluss über Gottscheds Konzeption der Rhetorik. Auch andere seiner Reden behandeln Themen, die das Zentrum von Gottscheds Ideenwelt ausmachen und zu den Leitmotiven der Aufklärungsbewegung überhaupt zählen. Das gilt für die Funktion des Theaters für das Gemeinwesen,[114] für die leidenschaftliche Zurückweisung religiöser Intoleranz[115] und nicht weniger für das Problem der Theodizee, das Gottsched sein Leben lang im Geiste von Gottfried Wilhelm Leibniz als Verteidiger Gottes behandelte.[116] Gottsched widmete dem Theodizeethema mehrere Reden vor der vertrauten Rednergesellschaft.[117] Seine Argumentation zielte darauf ab, das Übergewicht des Guten über die negativen Momente in jedem menschlichen Leben und in der Welt überhaupt unter Beweis zu stellen. Ausdrücklich wollte er sich mit seinen Beiträgen von einem leider nicht namentlich genannten Vorredner unterscheiden, der das Elend und die Nichtigkeit des menschlichen Lebens beklagt hatte.[118] Das spricht dafür, dass in der Gesellschaft die rhetorische Praxis nicht nur um ihrer selbst willen gepflegt wurde. Man kann diesen Bescheid und weitere Anknüpfungen an vorangegangene Reden wie auch das Bemühen um die Schärfung der Argumentation aufgrund der »Erinnerungen« der Gesellschaftsmitglieder[119] vielmehr als Indizien für eine angeregte

Freunde in den Schoß dieser vertrauten Gesellschaft zu seiner eigenen Beruhigung ausschütten darf.« Johann Friedrich May, Gedächtniß=Rede, 1732, S. 6.

113 Gottsched berichtet, er sei in der Deutschen Gesellschaft, die ihn im Frühjahr 1724 aufgenommen hatte, auf Clodius getroffen, durch den ihm »noch zu einer andern Gesellschaft der Weg gewiesen wurde. Dieses war nun eben diese vertraute Rednergesellschaft, wo man sich im Absehen auf die deutsche Beredsamkeit eben die Mühe gab, als dort im Absehen auf die Dichtkunst geschahe: Indem man sich mit zusammengesetzten Kräften bemühete, in derselben zu einem höhern Grade der Vollkommenheit zu gelangen. ... Weil mich nun der Eintritt in diese Gesellschaft niemals gereuet hat, eure Hochedlen aber diejenige Mittelsperson gewesen sind, die mir darzu die erste Anleitung gegeben«, sei er Clodius dankbar. Johann Christoph Gottsched, An M. Christian Clodius, 1733, S. 236 f.

114 Johann Christoph Gottsched, Die Schauspiele, 1724–1729.

115 Johann Christoph Gottsched, Von dem verderblichen Religionseifer, 1725.

116 Vgl. Rüdiger Otto, Gottscheds Leibniz, in: Friedrich Beiderbeck, Stephan Waldhoff (Hrsg.), Pluralität der Perspektiven und Einheit der Wahrheit im Werk von G. W. Leibniz: Beiträge zu seinem philosophischen, theologischen und politischen Denken, Berlin 2011, S. 191–263.

117 Vgl. die drei Reden »Zur Vertheidigung Gottes« aus dem Jahr 1730.

118 Johann Christoph Gottsched, Zur Vertheidigung, 1730 = Gottsched, Ausgewählte Werke 9/2, S. 417.

119 Gottsched, Zur Vertheidigung, 1730 = Gottsched, Ausgewählte Werke 9/2, S. 427.

Debattenkultur ansehen, die für wichtige zeitgenössische Themen offen war.[120] Welche Bedeutung Gottsched seinen Reden beigemessen hat, kommt nicht zuletzt in den mehrfachen Veröffentlichungen zum Ausdruck.[121]

Ob die Reden der Mitglieder aufbewahrt wurden oder aufbewahrt werden sollten, lässt sich nicht eindeutig bestimmen. Nach Siculs Angaben waren die Mitglieder verpflichtet, »alle Orationes in ihren Librum solennem oder dazu insonderheit habendes Buch bey Strafe sauber einzuschreiben«.[122] Da aber schon Johann Abraham Birnbaum in seiner Gedenkrede auf Christian Thomasius den Verlust der Ansprachen bedauerte und wünschte, »dass die Vorfahren unserer Gesellschafft ... so sorgfältig gewesen wären, uns ihre gelehrten Blätter aufzubehalten«,[123] standen ihm Aufzeichnungen aus der Frühzeit der Gesellschaft offenkundig nicht mehr zur Verfügung. Rivinus wiederum erklärte bei der Verabschiedung Gottscheds, er könne nur solche Beispiele der rhetorischen Befähigung Gottscheds anführen, die ihm aus eigenem Erleben – er war seit 1725 Mitglied der Gesellschaft – bekannt seien, während er von den früheren Vorträgen Gottscheds »voritzo nichts anders weiß, als was mir in beyläuffiger Durchlesung unserer Bücher ist vorgekommen«.[124] Offenkundig gab es für diesen Zeitraum eine Dokumentation der Reden. Dem entspricht Gottscheds bei gleicher Gelegenheit an die Gesellschaft ergehende Aufforderung, »die Sammlung ihrer eigenen Reden ans Licht« zu stellen.[125]

Vermutlich wurde mit der gezielten Sammlung der Texte erst nach der letzten Reanimation der Gesellschaft, also nach 1721, begonnen. Ob die anderen Mitglieder ebenso wie Gottsched an einer Veröffentlichung interessiert waren, ist fraglich. Man kann aber die Veröffentlichung von Reden der vertrauten Rednergesellschaft in den Publikationsmedien der Deutschen Gesellschaft[126] und ebenso Gottscheds, Birnbaums und später auch Schellhafers Integration ihrer Reden in eigene Textsammlungen[127] als Indiz dafür

120 Gottsched stellte die Gesellschaftspraxis allerdings auch in einem anderen Licht dar: »Es ist in dieser Gesellschaft bloß auf die Uebung abgesehen, und es steht frey, zu reden, wovon man will. Die sämmtlichen Mitglieder geben dem Redner allemal ihre Erinnerungen.« Gottsched, Redekunst 1736 (Abk.), S. 529 (=629). Demnach ging es primär um rhetorische Praxis. Die freie Themenwahl führte aber immerhin dazu, dass es Mitgliedern wie Gottsched möglich war, ihre Leitthemen im Rahmen der Gesellschaft vorzutragen und eben dadurch inhaltliche Debatten auszulösen.

121 Vgl. die Angaben im Verzeichnis der Reden.

122 Sicul 1 (Abk.), S. 259.

123 Johann Abraham Birnbaum, Den Hohen Geist, 1729, S. 17.

124 Ernst Florens Rivinus, Zufällige Gedancken, 1728, Bl. [7r].

125 Johann Christoph Gottsched, Abschieds-Rede, 1728 = Gottsched, Ausgewählte Werke, Band 9/2, S. 530 f.

126 Vgl. die unter den Jahren 1724, 1726 und 1733 bibliographierten Reden Gottscheds bzw. die Rede Mays im Jahr 1731.

127 Birnbaums Reden wurden in den Leipziger gelehrten Zeitungen, deutlicher als in seinen Sammlungen selbst, als Texte vorgestellt, die in der vertrauten Rednergesellschaft gehalten wurden. »Der Herr Autor hat eine geraume Zeit her auf der Leipziger hohen Schule über die Redekunst mit vielem Beyfalle

ansehen, dass der Gedanke an eine Veröffentlichung unter dem Namen der vertrauten Rednergesellschaft nachgerade aufgegeben wurde. In welcher Form die Reden in den »Librum solennem« eingetragen wurden, lässt sich wegen des Fehlens der Dokumente ebenfalls nicht eindeutig bestimmen. Die Reden sind »auswendig« vorgetragen worden.[128] Der Begriff suggeriert, dass der Text vor dem Vortrag schriftlich fixiert und möglicherweise schon im Gesellschaftsbuch eingetragen war. In der Erwiderung auf Gottscheds Abschiedsrede bezieht sich Rivinus jedoch mehrfach auf Gottscheds Ausführungen und auf die Reaktion der Hörer,[129] sodass der Eindruck einer spontanen Ansprache vermittelt wird. Zumindest in diesem Fall präsentiert sich der gedruckte Text eher als eine Art Protokoll oder Gedächtnisprotokoll, das die Redesituation authentisch erfasst.

Wenngleich die Redepraxis als entscheidendes Merkmal der Gesellschaft anzusehen ist, verdient doch der andere und unterscheidende Bestandteil des Gesellschaftsnamens, also die Bezeichnung »vertraut«, ebenso Aufmerksamkeit. Noch in den letzten Jahren des Bestehens erklärte Henrich Gottlieb Schellhafer vor seinen versammelten Kollegen, »einen Vorzug aber, den unsere Versammlungen vor vielen andern Zusammenkünften haben, kann ich unmöglich verschweigen. Unsere Gesetze veranlassen uns nicht nur eine vertraute Freundschaft zu schliessen, sondern es wird auch dieses so vollkommen von Ihnen allerseits beobachtet, dass wir den Namen der vertrauten Redner durch unsere Thaten erlangen würden, wenn es auch den ersten Stiftern der Gesellschaft nicht gefallen hätte, uns durch diese Benennung an eine so nützliche Pflicht zu erinnern.«[130] Dieser Gesichtspunkt einer besonderen Verbindung unter den Mitgliedern klingt in verschiedenen Perspektiven in den Reden immer wieder an. Rivinus hebt ihn bei der Verabschiedung Gottscheds hervor und tröstet sich, dass auch Gottscheds Austritt diese besondere Qualität nicht rückgängig machen kann: »Das Band der Vertraulichkeit hat

gelesen«. Es bestehe infolgedessen eine Nachfrage nach seinen Ansprachen. »Er dient daher der Welt mit gegenwärtiger Sammlung von Deutschen Reden, die er zum Theil in der Vertrauten Deutschen Rednergesellschaft gehalten hat, in welcher er nach dem Herrn Senior das älteste Mitglied ist.« Neue Zeitungen von gelehrten Sachen 1735, S. 603. Birnbaum ist nicht als Redner, sondern als Verteidiger Johann Sebastian Bachs in Erinnerung geblieben; vgl. zuletzt Michael Maul, Johann Adolph Scheibes Bach-Kritik. Hintergründe und Schauplätze einer musikalischen Kontroverse, in: Bach-Jahrbuch 96 (2010), S. 153–198.

128 »... die deutsche Rednergesellschaft ... sagt ihre Reden auswendig«. Goodman, Letters (Anm. 49), S. 352.

129 Er geht beispielsweise auf die »Freudigkeit des Geistes« ein, die bei Gottscheds Vortrag zu bemerken war, erwähnt »die ungemeine Lobes=Erhebung, mit welcher Sie die sämmtlichen Mitglieder beehret haben«, bedenkt Gottscheds Erklärung, dass die Gesellschaft ihr Ansehen nicht aus den Verdiensten ihres Gründers und ihrer arrivierten ehemaligen Mitglieder, sondern aus der Aufrechterhaltung der Qualität beziehen sollte, oder bezieht sich auf die Minen der Hörer, die »in dem ich dieses rede, sich meistentheils wiederum verwandeln«. Ernst Florens Rivinus, Zufällige Gedancken, 1728, Bl. 2r, 3v, 4r und 7v.

130 Henrich Gottlieb Schellhafer, Trauerrede, 1740, S. 487.

unsere Gemüther einmahl verknüpfet«.[131] Gottscheds Ausführungen bei gleicher Gelegenheit bestätigen diese Sicht.[132] In der Begrüßungsrede für ein neues Mitglied widmete Gottsched dem Begriff eine eigene Erörterung und erklärte, Vertraulichkeit beruhe auf Freundschaft, die ihrerseits nicht ohne Tugend und Weisheitsliebe bestehen könne.[133] Nach Gottscheds Urteil stimmte in der vertrauten Rednergesellschaft »die Sache mit ihrer Benennung völlig überein«.[134]

Inwieweit diese Beschreibungen den Verhältnissen tatsächlich entsprochen haben, lässt sich ohne ausreichende Zeugnisse aus dem Innenleben der Gesellschaft nicht überprüfen. Johann Andreas Fabricius zumindest hat sich gegen die Vereinnahmung verwahrt und auf die Differenzen hingewiesen, die zwischen ihm und Gottsched bestanden und nach Fabricius durch Gottscheds Dominanzanspruch verursacht waren.[135] Gleichwohl artikulieren diese Erklärungen den Anspruch und das Selbstverständnis der Gesellschaft, wobei die Selbstzuschreibungen eine eigene Prägekraft entwickelt haben dürften. In ähnlicher Weise dienten die historischen Vergewisserungen der Ausbildung einer besonderen Gruppenidentität. Schon die Gründer haben für eine gruppenspezifische Erinnerungskultur gesorgt, als sie festlegten, »dass bey dem alle Jahre den 9 Junii als an dieses Collegii Stifftungs-Tage anzustellenden Haupt-Convent, insonderheit derer ersten Stiffter inter bonis Doemonis pocula (wie es in den ersten Legibus heißt/) rühmlich gedacht werden muß«.[136] Da mit Christian Thomasius tatsächlich eine Berühmtheit ersten Grades zu den Stiftern zählte, dürfte diese Aufforderung leicht zu befolgen gewesen sein. Gottscheds Bericht über Thomasius' noch nach Jahrzehnten lebendige Erinnerung und innere Anteilnahme an der Gesellschaft[137] war ebenso ein Akt der Identitätsvergewisserung, wie Birnbaums Rede auf »Den Hohen Geist des erblaßten Thomasius ... In der Leipziger vertrauten Deutschen Redner=Gesellschaft« die Gesellschaftszugehörigkeit der Symbolfigur der Aufklärung herausstellte. Birnbaum betonte zwar, dass »die Gesetze unserer Gesellschafft, etwas zum wohlverdienten Ruhm des weltberühmten Thomasius zu sagen anbefehlen«,[138] und erweckt damit den Anschein einer Routinehandlung, aber es fällt schon auf, dass, soweit bekannt, unter den ehemali-

131 Ernst Florens Rivinus, Zufällige Gedancken, 1728, Bl. [8v].

132 Gottsched, Abschieds-Rede, 1728 = Gottsched, Ausgewählte Werke 9/2, S. 532f.

133 Gottsched, Bewillkommnungsrede, 1730 = Gottsched, Ausgewählte Werke 9/2, S. 502f.

134 Gottsched, Bewillkommnungsrede, 1730 = Gottsched, Ausgewählte Werke 9/2, S. 507.

135 Über die Auseinandersetzung Gottsched-Fabricius vgl. Döring, Die Geschichte der Deutschen Gesellschaft (Anm. 6), S. 206–210; Marwinski, Fabricius (Anm. 61), S. 20.

136 Sicul 1 (Abk.), S. 259.

137 »Ich weis, wie begierig der Herr geheime Rath Thomasius in Halle, nach dieser Rednergesellschaft fragte, als ich vor einiger Zeit die Ehre hatte, ihm selber aufzuwarten. Wie lieb und angenehm war es ihm, als er vernahm, daß dieselbe noch itzo im Flore wäre! Wie groß war sein Vergnügen, als er sich der vorigen Zeiten erinnerte, da er noch selbst ein Mitglied derselben gewesen!« Gottsched, Abschieds-Rede, 1728 = Gottsched, Ausgewählte Werke, Band 9/2, S. 531.

138 Birnbaum, Den Hohen Geist, 1729, S. 5.

gen Mitgliedern nur Thomasius und Johann Burkhard Mencke, auch er eine Lichtgestalt der Gelehrtenrepublik, mit Gedenkreden bedacht worden sind. Thomasius' Ruhm bedurfte keiner Bekräftigung. Die Leipziger Gesellschaft jedoch konnte nach innen und nach außen mit seiner Zugehörigkeit ihren besonderen Status bekräftigen. Auf andere Weise kann auch die auffällige Häufung der Mitglieder aus der Familie Rivinus, mehrere davon Söhne des Gründers, als Indiz für die innere Struktur der Gesellschaft gelten.

Eine genauere Untersuchung würde vermutlich weitere familiäre Verbindungen innerhalb der Gesellschaft ausmachen können. So war das Gesellschaftsmitglied Gottfried Lange, der spätere Leipziger Bürgermeister und Widmungsempfänger von Gottscheds für die deutsche Theatergeschichte bahnbrechendem *Sterbenden Cato*,[139] seit 1702 mit einer Nichte von Christian Thomasius verheiratet.[140] Interessant oder aufschlussreich wären diese Beobachtungen allerdings vor allem dann, wenn sich erweisen ließe, dass mit der Vertrautheit und dem aus der Mitgliedschaft erwachsenen Zusammengehörigkeitsgefühl ein verlässliches Netzwerk mit Auswirkungen auf die Karriere und das öffentliche Ansehen der Mitglieder entstanden wäre. Leider fehlen dafür die nötigen Zeugnisse. Ein Beispiel kann immerhin zeigen, dass es entsprechende Erwartungen gegeben hat. Als Heinrich Cornelius Hecker, der seit Jahrzehnten als Sekretär, Beichtvater und Pfarrer mit dem Feldmarschall Friedrich Heinrich von Seckendorff in enger Verbindung stand, öffentlich als Verfasser einer mangelhaften Biographie Seckendorffs bezeichnet oder vielmehr diffamiert wurde, fragte sein Freund Christian Clodius, der inzwischen Rektor am Zwickauer Gymnasium war und mit ihm auf eine gemeinsame Zeit in der vertrauten Rednergesellschaft (wie auch der Deutschen Gesellschaft) zurückblicken konnte, ob die vertraute Rednergesellschaft diese Verunglimpfung hinnehmen wolle.[141] Hecker und Clodius hatten zu diesem Zeitpunkt Leipzig seit über einem Jahrzehnt verlassen. Clodius aber setzte offenbar voraus, dass die Gesellschaften für das öffentliche Ansehen ihrer (ehemaligen) Mitglieder Sorge tragen würden und unterstellte damit eine lebenslange Solidargemeinschaft der Gesellschaftsangehörigen.

139 Johann Christoph Gottsched, Ausgewählte Werke, Band 2, Berlin, New York 1970, S. 192–197. Vgl. Ulrich Siegele, Absolutismus und Aufklärung in Kursachsen. Johann Christoph Gottsched und der Leipziger Bürgermeister Gottfried Lange (1672–1748), in: Kurt Nowak, Ludwig Stockinger (Hrsg.), Gottsched-Tag. Wissenschaftliche Veranstaltung zum 300. Geburtstag von Johann Christoph Gottsched am 17. Februar 2000 in der Alten Handelsbörse in Leipzig, Stuttgart, Leipzig 2002, S. 9–14.

140 Vgl. Jürgen Arndt, Hofpfalzgrafen=Register, Band 2, Neustadt 1971, S. 72.

141 Heinrich Cornelius Hecker an Gottsched, Meuselwitz 3. Oktober 1741; zum Kontext vgl. die Erläuterungen in Gottsched, Briefwechsel 7 (Abk.), Nr. 211.

Das Ende der vertrauten Rednergesellschaft

Wenn es allerdings ein derart außergewöhnliches Gesellschaftsklima gegeben hat, stellt sich um so eher die Frage nach den Gründen für Gottscheds (zeitweiligen) Abschied aus der Gesellschaft. Schon Gottscheds Umgebung hat diese Frage beschäftigt, und Sicul suchte die Erklärung in der gleichen inhaltlichen Ausrichtung von Deutscher Gesellschaft und vertrauter Rednergesellschaft: »Es scheinet daraus, dass beyderley Genossenschafften, deren eine wie die andere die Reinlichkeit der Sprache und Deutschen Red=Art zum Zwecke hat, einander nichts nachgeben wollen; gleichwohl mag doch Herrn M. Gottscheeden die so genannte Deutsche ... Gesellschafft noch mehr als die vertraute Deutsche Redner=Gesellschafft angelegen seyn weil er aus dieser auszutreten und mit jener es allein zu halten beliebet«.[142] Ähnliche Vermutungen hatte schon Rivinus angestellt und zusätzlich befürchtet, dass Gottsched »nicht den Nutzen bey uns gefunden habe, so Er sich ehedem vermuthet«.[143] Aber im Anschluß an Gottscheds Laudatio auf die Gesellschaft erklärte er diese Vermutungen für gegenstandslos: »Doch dieses alles sind Vorstellungen, welche ohne Verletzung einer wahrhaften Freundschafft ohnmöglich können geglaubet werden; und deren ich mich fast schäme, dass ich auch nur derselben habe Erwehnung gethan.«[144] Gottsched selbst drückte nur sein Bedauern aus, dass »mancherley dringende Umstände« ihn am Verbleib hinderten.[145] Ein nachvollziehbarer Grund ist das nicht. Es könnte allerdings sein, dass Sicul und Rivinus das Richtige getroffen haben, und Rivinus mit seinem übertriebenen Widerruf nur die Tür für eine Rückkehr Gottscheds offenhalten wollte. Möglicherweise konnten andere Mitglieder, unter ihnen Gottscheds enger Freund Johann Friedrich May, damit argumentieren, dass auch sie mit der Doppelzugehörigkeit leben müssen.[146] Gottsched jedenfalls ist wieder eingetreten und hat sich, wie seine Reden seit 1729 belegen, aktiv am Gesellschaftsleben beteiligt. Das sachliche Problem einer weithin identischen Ausrichtung allerdings blieb, und so verwundert es kaum, dass zu einem Zeitpunkt, als die Aktivi-

---

142 Christoph Ernst Sicul, Annalium Lipsiensium ... Sectio XXXIV. Oder Des Leipziger Jahr=Buchs Zu dessen Vierten Band Neunte Fortsetzung. Welche die Vermischten Sachen 1728. ... vollführet, und die Universitäts=Geschichte 1729 anfängt, Leipzig 1730, S. 790.

143 Ernst Florens Rivinus, Zufällige Gedancken, 1728, Bl. 3r.

144 Ebd.

145 Gottsched, Abschieds-Rede, 1728 = Gottsched, Ausgewählte Werke 9/2, S. 532. In einem autobiographischen Rückblick schrieb Gottsched später: »Meine zunehmenden Geschäffte, und akademischen Lesestunden erlaubeten mirs damals nicht länger, diesen Redeübungen beyzuwohnen.« Johann Christoph Gottsched, Fortgesetzte Nachricht von des Verfassers eignen Schriften, bis zum 1745sten Jahre, in: Johann Christoph Gottsched, Ausgewählte Werke, Band 5/2, Berlin, New York 1983, S. 3–66, hier S. 23.

146 So Gottscheds eigene Argumentation: »Allein nach ein paar Jahren ließ ich mich durch verschiedene Glieder derselben, die sämmtlich meine Freunde waren, bereden, nochmals wieder in dieselbe zu treten.« Gottsched, Fortgesetzte Nachricht (Anm. 145), S. 23.

täten der Deutschen Gesellschaft deutlich nachließen,[147] auch die vertraute Rednergesellschaft erlahmte. Offensichtlich fehlte es an interessiertem oder fähigem Nachwuchs. Es wäre zu klären, ob es außer dem Mangel an impulsgebenden und –aufnehmenden Individuen Gesichtspunkte sozialer und wissenschaftsgeschichtlicher Natur gegeben hat, die diese Entwicklung begünstigten. Immerhin, die Deutsche Gesellschaft bestand weiter,[148] die vertraute Rednergesellschaft aber verschwand. Im Gegensatz zum Gründungsdatum läßt sich das Ende ihrer Existenz nicht exakt angeben. Aus dem eingangs zitierten Worten Gottscheds, »Wir haben eine vertraute Rednergesellschaft gehabt«, kann man entnehmen, dass die Gesellschaft zu diesem Zeitpunkt, 1755, nicht mehr bestand. Soviel bis jetzt bekannt ist, stammen die letzten veröffentlichten Reden von 1740. In diesem Jahr hielt Johann Friedrich May als Senior anläßlich der 300-Jahrfeier der Erfindung des Buchdrucks, die nicht nur in Leipzig mit großem Aufwand begangen wurde und zahlreiche Veröffentlichungen hervorbrachte, eine Rede, die an exponierter Stelle, im Sammelband, der die Leipziger Festveranstaltungen dokumentierte, abgedruckt war.[149] Nach dem Zeugnis Abraham Gotthelf Kästners ist die Gesellschaft »unter ihrem letzten Ältesten, dem sel. Professor May, eingegangen«.[150] Johann Friedrich May hinwiederum war nicht nur der Senior der vertrauten Rednergesellschaft, sondern stand auch der Deutschen Gesellschaft als Senior vor.[151] Offenbar konnte May, der überdies 1741 eine außerordentliche und 1742 eine ordentliche Professor mit allen ihren Verpflichtungen übernommen hatte, nicht genügend Elan aufbringen, um sich und andere zur sinnvollen Fortsetzung der Gesellschaftstätigkeit zu inspirieren. Es gibt noch ein weiteres Zeugnis, durch das sich möglicherweise der Zeitpunkt des geräuschlosen Verschwindens noch etwas präziser fassen läßt. Johann Augustin Köselitz, später Pfarrer und Superintendent in Zerbst und einer der aktivsten Mitarbeiter der später in Bern-

147 Johann Lorenz Mosheim, der in Helmstedt wirkende Theologieprofessor und Präsident der Leipziger Deutschen Gesellschaft, schrieb im Mai 1740 an Gottsched, der 1738 seine Mitgliedschaft in der Deutschen Gesellschaft aufgekündigt hatte, »Von der deutschen Gesellschaft habe ich wohl in dreÿ viertel Jahren kein Wort gehöret, wo sie noch lebet, muß sie sehr unpäslich seÿn.« Mosheim an Gottsched, Helmstedt 3. Mai 1740, in: Gottsched, Briefwechsel 6 (Abk.), S. 536, Z. 4 f.

148 Wenn auch die Publikationstätigkeit nachließ, wurden weiterhin Mitglieder aufgenommen; vgl. Schulze, Abriß (Anm. 3), S. 243–245. Als Deutsche Gesellschaft hat sie bis 1827, mit wechselnden Namen bis 1945 existiert; vgl. Detlef Döring, Johann Christoph Gottsched und die Deutsche Gesellschaft zu Leipzig, in: Nowak, Stockinger, Gottsched-Tag (Anm. 139), S. 111–130.

149 Johann Friedrich May, Rede zur Vertheidigung der Buchdruckerkunst, 1740.

150 Eckart, Kästner's Selbstbiographie (Anm. 52), S. 11.

151 Der Sammelband zum Buchdruckerjubiläum enthält auch ein Gedicht mit der Unterschrift »Die deutsche Gesellschaft in Leipzig durch ihren Senior, Joh. Friedrich May«. May unterhielt darüber hinaus ebenfalls eine studentische Rednergesellschaft, wie der folgende Titel zeigt: Johann Gottlieb Ulbrich, Sendschreiben an Seine Hochedlen, Herrn M. Joh. Friedrich May, der deutschen Gesellschaft in Leipzig Senior, bey Antretung des Ihm allergnädigst anvertrauten Amtes eines auf hiesiger hohen Schule öffentlichen außerordentlichen Lehrers der Weltweisheit, abgelassen im Namen der unter Seiner Hochedlen in der deutschen Beredsamkeit sich übenden Gesellschaft, Leipzig 1741.

burg gegründeten Deutschen Gesellschaft,[152] bat Gottsched 1753 um die Aufnahme in die Gesellschaft der freyen Künste und fragte zugleich, ob die »Glieder der ehemahligen deutschen Rednergesellschafft, von welcher ich zuletzt ein Jahr Senior zu seÿn die Ehre gehabt habe«, in die Gesellschaft aufgenommen wurden.[153] Wie schon erwähnt, hat Gottsched die ehemaligen Mitglieder der unter seiner Leitung stehenden vor- und nachmittäglichen Rednergesellschaft in großer Anzahl in die Gesellschaft der freyen Künste überführt.[154] Gottscheds eigene Erklärung dafür lautete, dass man »die vormaligen Mitglieder der deutschen Rednergesellschaft« von der Gesellschaftsgründung benachrichtigt und »diesen, größtentheils ansehnlichen und berühmten Männern, zugleich die Würde der Ehrenglieder dieser neuen Gesellschaft« angetragen habe.[155] Im gleichen Zusammenhang erwähnte er »die deutsche Rednergesellschaft, welche sich unter meiner Aufsicht, seit dem 1727sten Jahre, ... in der Beredsamkeit geübet«.[156] Als »deutsche Rednergesellschaft« wird in diesem Zusammenhang demnach die nachmittägliche Rednergesellschaft bezeichnet. Das ist insofern nachvollziehbar, als zu diesem Zeitpunkt die Unterscheidung von der vormittäglichen Gesellschaft unnötig geworden war. Sie bestand seit 1747 nicht mehr.[157] Es ist jedenfalls deutlich, dass sich Gottsched auf die studentische Rednergesellschaft(en) bezieht, zumal, von Ausnahmen abgesehen,[158] in der Gesellschaft der freyen Künste keine Mitglieder der vertrauten Rednergesellschaft vertreten waren. Köselitz gehörte der nachmittäglichen Rednergesellschaft an, wahrscheinlich bezieht er sich auch auf diese Gesellschaft. Es ist jedoch bislang nicht bekannt – und dies ist das einzige Gegenargument –, dass es dort das Amt des Seniors gegeben hätte. Er könnte also Gottscheds gedruckten Hinweis auf die Übernahme der Mitglieder der deutschen Rednergesellschaft mißverstanden und auf die vertraute deutsche Rednergesellschaft bezogen haben. Sollte er aber deren Senior gewesen sein, so hätte er die Position frühestens im Februar 1746 mit dem Erwerb des Magistertitels erlangen können. 1747 hat Köselitz Leipzig verlassen. Diese Umstände würden erklären, warum er nur ein Jahr Senior gewesen ist. Es wäre auch symptomatisch für einen

152 Vgl. Andreas Erb, »... zur Verbesserung und Wiederherstellung der deutschen Sprache und des guten Geschmacks in unserm Anhalt etwas beitragen ...«. Die Fürstlich Anhaltinische Deutsche Gesellschaft in Bernburg, in: Mitteilungen des Vereins für Anhaltische Landeskunde 18 (2009), S. 132–158, hier S. 150.

153 Johann Augustin Köselitz an Gottsched, Zerbst 26. August 1753, Universitätsbibliothek Leipzig, Ms 0342, Bd. XVIII, Bl. 427.

154 Vgl. Henkel, Die Gesellschaft der freyen Künste (Anm. 74), S. 83–85.

155 Johann Christoph Gottsched, Zu der feyerlichen Begehung des hohen Friedrichstages, Welche nächsten 5ten des Märzmonaths 1753. ... die Gesellschaft der freyen Künste veranstaltet hat, Werden alle Gönner ... eingeladen, Leipzig 1753, S. 12.

156 Gottsched, Zu der feyerlichen Begehung (Anm. 155), S. 10.

157 Henkel, Die Gesellschaft der freyen Künste (Anm. 74), S. 81.

158 Johann August Ernesti, Carl Günther Ludovici und Adam Bernhard Pantke; vgl. das im vorliegenden Beitrag enthaltene Verzeichnis der Mitglieder der vertrauten Rednergesellschaft mit dem der Gesellschaft der freyen Künste bei Henkel, Die Gesellschaft der freyen Künste (Anm. 74), S. 347–444.

akuten Personalmangel, dass ein frisch gekürtes Mitglied zum Senior berufen wurde. Dass schließlich Köselitz so sicher von der »ehemaligen» Gesellschaft spricht, wäre zumindest ein Indiz dafür, dass sie bei seinem Weggang keine Zukunftsaussichten mehr hatte. Vielleicht war der Senior Köselitz selbst derjenige, der die Akten der vertrauten Rednergesellschaft für immer geschlossen hat.[159]

Verzeichnis der Mitglieder der vertrauten Rednergesellschaft

Das folgende Mitgliederverzeichnis beruht auf den Angaben der Leipziger Adressbücher von 1702 bis 1712 und vor allem auf den Mitteilungen Siculs. Dieser verzeichnet die Gründungsmitglieder, weist darauf hin, dass es bis 1722 über 200 Mitglieder gegeben habe, nennt davon aber nur die ihm bedeutsam erscheinenden Namen. Darüber hinaus führt er die gegenwärtigen Mitglieder der Jahre 1722 und 1729 an. Für das vorliegende Verzeichnis konnten 121 Mitglieder namhaft gemacht werden, Siculs Beschränkung auf bedeutende Personen dürfte vor allem Mitglieder der ersten dreißig Jahre der Gesellschaft dem Vergessen überantwortet haben. Die Mitglieder werden in alphabetischer Reihenfolge aufgelistet. Nach dem Namen folgt der Herkunftsort, der in der Leipziger Matrikel[160], aber häufig auch in den Adressmitteilungen und bei Sicul genannt wird. In Klammern werden, soweit zu ermitteln, die Lebensdaten und anhand der Matrikel das Immatrikulationsjahr und das Jahr, in dem der Magistertitel erworben wurde, angegeben. Da die Promotion zum Magister Voraussetzung für den Eintritt war, lässt sich anhand dieses Datums der frühestmögliche Zeitpunkt der Gesellschaftszugehörigkeit bestimmen. Dass bei den Immatrikulationen des 17. Jahrhunderts häufig zwei Daten angegeben werden, liegt daran, dass vor allem die Söhne Leipziger Akademiker schon im Kindesalter in die Matrikel eingetragen wurden. Das zweite Datum bezeichnet den tatsächlichen Studienbeginn. Wenn in der gedruckten Literatur über einzelne Personen abweichende Angaben über den Studienbeginn in Leipzig zu finden sind, wird dies nicht eigens vermerkt, es gilt der Matrikeleintrag. Es folgen knappe Angaben zum Werdegang der Mitglieder. Bei den Personen im kirchlichen Dienst werden zwar Ortswechsel, nicht aber die einzelnen Stationen vom Subdiakonat bis zur Pfarrstelle innerhalb eines Ortes angegeben. Als Einheitsbegriff wird für diesen Personenkreis in der Regel die Bezeichnung Geistlicher verwendet. Nur der Eintritt in eine Superinten-

159 Es sei daran erinnert, dass 1747 die vertraute Rednergesellschaft zum letzten Mal in einem Leipziger Adressbuch erwähnt wurde; vgl. Anm. 19.

160 Georg Erler, Die jüngere Matrikel der Universität Leipzig 1559–1809, Band 2: Die Immatrikulationen vom Wintersemester 1634 bis zum Sommersemester 1709, Leipzig 1909 (Nachdruck: Nendeln 1976); Band 3: Die Immatrikulationen vom Wintersemester 1709 bis zum Sommersemester 1809, Leipzig 1909 (Nachdruck: Nendeln 1976).

denten-, Hofprediger- oder andere gehobene Stellung wird eigens vermerkt. Danach erfolgt in Klammern der Hinweis auf den Text, an dem die Mitgliedschaft (erstmals) nachgewiesen ist. Der darauffolgende Literaturhinweis beschränkt sich auf einschlägige Nachschlagewerke und dient nur der ersten Orientierung. Wenn Personen auf diesem Wege nicht identifiziert werden konnten, wird, soweit vorhanden, speziellere Literatur angegeben. Schließlich verweist die Angabe »Kroker Nr.« auf Ernst Krokers Mitgliederverzeichnis der Deutschen Gesellschaft und bezeichnet diejenigen Angehörigen der vertrauten Rednergesellschaft, die auch dieser Gesellschaft angehörten. Weitere (Parallel-)Mitgliedschaften, wie sie nicht nur für Gottsched[161] oder Fabricius[162] nachweisbar sind, werden nicht angegeben.

Abicht, Johann Georg aus Königssee (1672–1740, Imm. 1692, Mag. 1697), 1702 ordentlicher Professor der hebräischen Sprache in Leipzig, 1717 Rektor und Geistlicher in Danzig, 1730 Professor der Theologie in Wittenberg (Adressbuch 1702 und Sicul 1, S. 258; Zedler, Supplemente 1, Sp. 164–171, Pfarrerbuch Kirchenprovinz 1, S. 55)

Albrecht, Johann Christoph aus Altenburg (Lebensdaten nicht ermittelt, Imm. 1704, Mag. 1705)[163], über seinen weiteren Lebensweg konnte nichts eruiert werden (Adressbuch 1707, S. 32)

Avenarius, Johann aus Zipsendorf (1653–1713, Imm. 1659/1675, Imm. in Wittenberg 1673, Mag. in Wittenberg 1675), 1686 Geistlicher in Zeitz, 1697 Superintendent in Plauen (Sicul 1, S. 257; Zedler 2, Sp. 2133; Pfarrerbuch Kirchenprovinz 1, S. 163 f.)

Bauer, Johann Christoph aus Mölbis (†1712, Imm. 1698/1703, Mag. 1706), kursächsischer Feldprediger (Adressbuch 1707, S. 32; Donnerstägiges Predigerkolleg, S. 62, Nr. CCCCXXII)

Bierling, Johann Christoph aus Altenburg (1688–1758, Imm. 1703/1708, Mag. 1709), 1715 Geistlicher in Luppa (Adressbuch 1712, S. 34; Sicul 1, S. 259; Grünberg, S. 59; Neue sächsische Kirchengalerie. Die Parochie Luppa, Leipzig 1905, Sp. 70–72)

Birckhan (Birckhahn), Johann Georg aus Plauen (†1732, Imm. 1696/1697, Mag. 1699), 1707 Rektor in Plauen (Vogtland) (Adressbuch 1702; Zedler, Supplement 3, Sp. 1287; Friedrich Palm, Geschichte der lateinischen Schule und des Gymnasiums

161 Döring, Die Leipziger gelehrten Sozietäten (Anm. 5), S. 34–42.

162 Vgl. oben Anm. 70.

163 Vor seiner Immatrikulation in Leipzig hat Albrecht in Jena studiert, er wurde in die Jenaer Matrikel am 9.8.1702 als Joh. Chphs. Alberti, im Depositionsbuch hingegen am selben Tag unter dem Namen Albrecht eingetragen; vgl. Reinhold Jauernig, Marga Steiger, Die Matrikel der Universität Jena, Band 2: 1652–1723, Weimar 1977, S. 6. Einen Überblick über den akademischen Lebenslauf Albrechts erhält man in den lateinischen Versen, die anlässlich seiner Magisterpromotion von Johann Heinrich Ernesti verfasst wurden; vgl. Universitätsarchiv Leipzig (im Folgenden: UAL), B 97, Nr. 82. Ich danke Frau Petra Hesse (Leipzig) für den Hinweis auf diese und die entsprechenden Biographien Gottfried Bobelentz' und Johann Gottlieb Ittigs.

zu Plauen, in: Jahresbericht über das Gymnasium und die mit demselben verbundene Realschule zu Plauen auf das Schuljahr 1854–1855, Plauen 1855, S. 1–28, 12–14)

Birnbaum, Johann Abraham aus Leipzig (1702–1748, Imm. 1718, Mag. 1721), 1721 Dozent für Rhetorik an der Leipziger Universität (Sicul 1, S. 260; Sicul 2, S. 957; Werner Neumann; Hans-Joachim Schulze [Bearb.], Bach-Dokumente, Band 1: Schriftstücke von der Hand Johann Sebastian Bachs, Kassel u. a. 1963, Nr. 50)

Bobelentz, Gottfried aus Sonnenburg (Lebensdaten nicht ermittelt, Imm. 1696/1692, Mag. 1702)[164], über seinen weiteren Lebensweg konnte nichts eruiert werden (Adressbuch 1703)

Bosseck, Johann aus Gautzsch (1668–1720, Imm. 1674/1686, Mag. 1690), 1695 Geistlicher in Schweinitz, 1701 Superintendent in Herzberg, 1712 Superintendent in Oschatz (Sicul 1, S. 258; Grünberg, S. 76)

Broyer (Breuer), Samuel Heinrich aus Taucha (1682–1754, Imm. 1701, Mag. 1708), 1716 Geistlicher in Wahren bei Leipzig (Adressbuch 1712, S. 33; Grünberg, S. 87)

Clodius, Christian aus Neustadt (1694–1778, Imm. 1716, Mag. 1720), 1732 Lehrer und Direktor in Annaberg, 1740 Gymnasialdirektor in Zwickau (Gottsched, Dass man die wahre Beredsamkeit nur in männlichen Jahren recht fassen und ausüben könne; In einem Schreiben An M. Christian Clodius, Der Schulen zu St. Annaberg Rectorn, bey seiner Eheverbindung, Im Namen der vertrauten Redner Gesellschaft, in: Der Deutschen Gesellschaft in Leipzig Eigene Schriften und Übersetzungen in gebundener und ungebundener Schreibart, Der Andere Theil, Leipzig 1734, S. 236–247, 237; Gottsched, Briefwechsel 5, S. 492; Kroker Nr. 122)

Colerus (Köhler), Johannes aus Crimmitschau (1672–1724, Imm. 1686/1692, Mag. 1697), 1702 Sonnabendsprediger an der Thomaskirche in Leipzig, 1706 Superintendent in Glauchau (Adressbuch 1702; Grünberg, S. 450[165]; Christian Friedrich Hilscher, Zucht, Ehr und Treu: Drey schöne Dinge, In der Nach denen Gesetzen der wohl-löblichen Societät Christlicher Liebe und Wissenschaften, aufgesetzten Lebens-Beschreibung Eines Wohlangesehenen Mit-Gliedes, Des weyland ... M. Johannis Coleri, ... Welcher daselbst am 22. Junii A. C. 1724 seelig entschlaffen, Dresden o. J.)

---

164 Er ist als Gottfried Boblentz zum 12. August 1696 in der Frankfurter Matrikel eingetragen; vgl. Ernst Friedlaender (Hrsg.), Aeltere Universitäts-Matrikel. I: Universität Frankfurt a. O., 2. Band: 1649–1811, Leipzig 1888, S. 237. Andernorts wird er als »M. Gottfried Bobolentz« bezeichnet; vgl. Donnerstägiges Predigerkolleg (Abk.), S. 58, Nr. CCCLXXII. Einen Überblick über den akademischen Lebenslauf Bobelentz' erhält man in den lateinischen Versen, die anlässlich seiner Magisterpromotion von Johann Schmid verfasst wurden; vgl. UAL, B 96, Nr. 82.

165 Bei Grünberg wird er als Johann Tobias Köhler aus Ronneburg aufgeführt; tatsächlich ist Colerus in Ronneburg geboren, die Familie zog 1680 nach Crimmitschau (vgl. Hilscher, S. 5 f.), infolgedessen wird in der Matrikel und im entsprechenden Verzeichnis des Adressbuches Crimmitschau als Herkunftsort genannt.

CRELL, CHRISTOPH LUDWIG aus Leipzig (1703–1758, Imm. 1717, Mag. 1721), 1724 Doktor beider Rechte, 1725 ordentlicher Professor der Poesie in Wittenberg, später juristische Professuren in Wittenberg (Sicul 1, S. 260; Allgemeine Deutsche Biographie 4 [1876], S. 586)

CRELL, HEINRICH CHRISTIAN aus Leipzig (1700–1736, Imm. 1716, Mag. 1720), 1729 Rektor der evangelischen Schule in Frankfurt an der Oder (Sicul 1, S. 260; Allgemeine Deutsche Biographie 4 [1876], S. 588)

CRELL, LUDWIG CHRISTIAN aus Neustadt an der Heide (1671–1733, Imm. 1689/90, Mag. 1693), 1696 Konrektor, 1699 Rektor der Nikolaischule, 1708 Professor der Philosophie in Leipzig (Sicul 1, S. 258; Allgemeine Deutsche Biographie 4 [1876], S. 588)

DORNFELD, JOHANN aus Angermünde (1643–1720, Imm. 1667, Mag. 1670), 1674 Geistlicher in Leipzig und Lehrer an der Nikolaischule, 1710 Superintendent in Leipzig (Sicul 1, S. 255 f.; Grünberg, S. 131)

EINICKE (EINICK, EINIGKE), JOHANN CHRISTIAN aus Korbussen (1674–1709, Imm. 1690/1695, Mag. 1700), 1707 Konrektor in Eisenberg, 1709 Rektor in Zeitz (Adressbuch 1702, Johann David Gschwend, Eisenbergische Stadt- und Land-Chronika, Eisenberg 1758, S. 333)

ENGELSCHALL, CARL GOTTFRIED aus Oelsnitz im Vogtland (1675–1738, Imm. 1686/1693, Mag. 1696), 1698 Geistlicher in Embskirchen, 1701 in Reichenbach im Vogtland, 1707 Hofprediger in Dresden (Sicul 1, S. 258; Allgemeine Deutsche Biographie 6 [1877], S. 143)

ERDMANN, JOHANN CHRISTOPH aus Wurzen (1682–1747, Imm. 1693/1701, Mag. 1705), 1713 Geistlicher in Vatterode, 1719 in Seeburg, 1722 in Eisleben (Adressbuch 1707, S. 32; Pfarrerbuch Kirchenprovinz 2, S. 469)

ERNESTI, JOHANN AUGUST aus Tennstädt (1707–1781, Imm. 1729, Mag. 1730), 1731 Konrektor, 1734–1758 Rektor der Thomasschule, 1756 Professor der Beredsamkeit, 1759 Professor der Theologie in Leipzig (Sicul 2, S. 957; Hein/Junghans, S. 188)

ERNESTI, JOHANN HEINRICH aus Königsfeld (1652–1729, Imm. 1661/1670, Mag. 1674), 1684 Rektor der Thomasschule, 1691 auch Professor der Poesie in Leipzig (Sicul 1, S. 256; Werner Neumann, Hans-Joachim Schulze [Bearb.], Bach-Dokumente, Band 1: Schriftstücke von der Hand Johann Sebastian Bachs, Kassel u. a. 1963, Nr. 163)

FABRICIUS, JOHANN ANDREAS aus Dodendorf bei Magdeburg (1696–1769, Imm. 1715, Mag. 1717), 1734 Adjunkt der philosophischen Fakultät in Jena, 1740 Rektor der Katharinenschule in Braunschweig, 1746 Professor am Collegium Carolinum in Braunschweig, 1753 Rektor in Nordhausen (Johann Andreas Fabricius, Philosophische Redekunst, Leipzig 1739, Bl. b r; Allgemeine Deutsche Biographie 6 [1877], S. 509; Kroker Nr. 210)

FEHMEL, AMAND GOTTHOLD aus Leubnitz (1688–1721, Imm. 1694/1706, Mag. 1709), 1712 Direktor der Ritterakademie in Brandenburg, 1716 Direktor des Gymnasiums und Generalsuperintendent in Hildburghausen (Adressbuch 1712, S. 33; Sicul 1, S. 258; Zedler 9, Sp. 416)

Francke, August Hermann aus Lübeck (1663–1727, Imm. 1683, Mag. 1685), 1692 Geistlicher in Glaucha bei Halle, 1692 Professor für orientalische Sprachen, 1698 Professor der Theologie in Halle, Gründer der Franckeschen Stiftungen (Sicul 1, S. 257, Neue Deutsche Biographie 5 [1971], S. 322–325)

Frauendorff, Johann Christoph aus Naumburg (um 1663–1740, Imm. 1683, Mag. 1685), 1697 Stiftsrat in Wurzen, zwischen 1704 und 1718 mehrfach Bürgermeister in Naumburg, Amtmann in Torgau (Sicul 1, S. 257; Todesanzeige in: Alte und Neue Curiosa Saxonica Dezember 1740, Erste Hälfte, Dresden 1740, S. 362: er starb am 14. Oktober im Alter von 77 Jahren in Dresden)

Freiesleben, Christian Heinrich aus Glaucha (1696–1741, Imm. 1713, Mag. 1722), 1716 juristische Praxis in Altenburg, 1721 fürstlicher Regierungsadvokat in Altenburg, 1722 Vorlesungstätigkeit in Leipzig, 1728 Regierungs- und Konsistorialadvokat in Gera, 1730 ordentlicher Professor der Rechte in Altdorf (Hecker, Dem Hoch=Edlen, Vesten und Hochgelahrten Herrn M. Christian Heinrich Freiesleben, s. Reden 1722;[166] Georg Freiesleben, Zur Familiengeschichte des Geschlechts Freiesleben bezw. Freisleben. 8. Heft. Augsburg 1936, S. 28–32)

Fridrici (Friderici, Friederici, Friedrich), Conrad Julius aus Elsterwerda (1683–1741, Imm. 1704, Mag. 1708), 1721 Pfarrer in Mockritz (Adressbuch 1709, S. 31; Grünberg, S. 205)

Götze, Daniel aus Stollberg (1689–1704, Imm. 1697/1706, Mag. 1709), 1717 Geistlicher in Nieska, 1720 in Saxdorf (Adressbuch 1712, S. 33; Grünberg, S. 253)

Götze (Götz), Georg Heinrich aus Leipzig (1667–1728, Imm. 1673/1683, Mag. 1687), 1690 Geistlicher in Chemnitz, 1694 in Dresden, 1697 Superintendent in Annaberg, 1702 in Lübeck (Sicul 1, S. 257; Grünberg, S. 253)

Gottsched, Johann Christoph aus Juditten (1700–1766, 1714 Imm. in Königsberg, 1724 in Leipzig, Mag. 1723), 1730 außerordentlicher Professor der Poesie, 1734 ordentlicher Professor der Philosophie in Leipzig (Sicul 2, S. 957; Neue Deutsche Biographie 6 [1971], S. 686 f.)

Gottwald, Christian Jeremias aus Breslau († 1731, Imm. 1727, Mag. 1729), Student (Sicul 2, S. 957; Gottsched, Briefwechsel 2, S. 80; Kroker Nr. 240)

---

166 Die Verse auf Freieslebens juristische Doktorwürde sind im Namen der vertrauten Redner-Gesellschaft vorgetragen; vom Ereignis heißt es im Gedicht: »Da ... alle Freunde sich dabey vergnügt bezeigen,/ So schickt sichs freylich nicht, wenn wir, als Redner, schweigen.« Die Indizien schon sprechen für Freieslebens Mitgliedschaft in der Gesellschaft. Bestätigt wird sie durch Gottscheds Rede anlässlich der Hochzeit Freieslebens mit Johanna Maria Baseler († 1730); vgl. die Anmerkung zu Johann Christoph Gottsched, Auf die Freyesleben= und Baßlerische Hochzeit, 1726.

GRÄFE, FRIEDRICH RUDOLPH aus Weltewitz (1686–1759, Imm. 1696/1705, Mag. 1709), 1724 Geistlicher in Cotta (Adressbuch 1712, S. 33; Grünberg, S. 257)

GÜNTHER, JOHANN aus Greiffenberg (1660–1714, Imm. 1678, Mag. 1681), 1687 Geistlicher in Leipzig, 1688 Assessor der philosophischen Fakultät (Sicul 1, S. 257; Grünberg, S. 280)

GÜNTHER, JOHANN CHRISTIAN aus Schönheide (1683–1761, Imm. 1700/1702, Mag. 1708), 1710 Hofmeister der Kinder des Leipziger Kaufmanns Caspar Bose, 1716 Geistlicher in Carlsfeld, 1716 in Rötha (Adressbuch 1709, S. 32; Erdmann Hannibal Albrecht, Johann Friedrich Köhler, Sächsische evangelisch-luther'sche Kirchen- und Predigergeschichte von ihrem Ursprunge an bis auf gegenwärtige Zeiten, Band 1, Fortsetzung 2, Leipzig 1802, S. 984 f.; Grünberg, S. 281)

HÄNTZSCHEL, JOHANN GOTTFRIED aus Zittau (1707–1748, Imm. 1729, Mag. 1733), 1733 Pfarrer in Zittau (Sicul 2, S. 957; Grünberg, 299; Kroker Nr. 239)

HAMMERMÜLLER, HEINRICH CHRISTOPH aus Leipzig (1656–1706, Imm. 1662/1671, Mag. 1673), Amtmann in Georgenthal, 1695 Amtmann in Altenburg (Sicul 1, S. 256; Leipzig, Kirchliches Archiv, Taufbuch St. Nicolai, 1644–1661, Bl. 357v, Nr. 61; Gerhild Döhler, Kurzes Lebensbild des Amtmanns Heinrich Christoph Hammermüller [gest. 1706], in: Altenburger Geschichts- und Hauskalender für den Kreis Altenburger Land N. F. 13 [2004], S. 110–113)

HARDT, JOHANN GOTTLIEB aus Loburg (1658–1713, Imm. 1678, Mag. 1680), 1697 Professor der Logik und der Metaphysik in Leipzig (Sicul 1, S. 257; Zedler 12, Sp. 541)

HECKER, HEINRICH CORNELIUS aus Hamburg (1699–1743, Imm. 1719, Mag. 1721), 1724 Privatsekretär und Reiseprediger Friedrich Heinrich von Seckendorffs, 1726 Diakon, 1728 Pfarrer in Meuselwitz (Sicul 1, S. 260; Gottsched, Briefwechsel 7; Kroker Nr. 164)

HEINRICI (HENRICI), JOHANN ULRICH aus Kalbe/Milde (1678–1712, Imm. 1699, Mag. 1704), 1705 Reise durch Deutschland, Holland und England mit dem Schleizer Superintendenten und ehemaligen Mitglied der vertrauten Rednergesellschaft Johann Georg Pritius (s. u.), 1711 außerordentlicher Professor der Philosophie in Halle (Adressbuch 1705, S. 34; Walther Ludwig, Beispiele interkonfessioneller Toleranz im 16.–18. Jahrhundert. Zwei humanistische Stammbücher und die christlichen Konfessionen. Hildesheim u. a. 2010, S. 101–262)

HEYDENREICH (HEIDENREICH), JOHANN DAVID aus Frankenhausen (1683–1723, Imm. 1700, Mag. 1702), 1717 Geistlicher in Steinthaleben (Adressbuch 1703; Ortrun und Ernst von Einsiedel unter Mitarbeit von Christa Klingbeil, Stefan Michel und Annelise Zapf, Thüringer Pfarrerbuch, Band 5: Fürstentum Schwarzburg-Rudolstadt, Leipzig 2010, S. 131, Nr. 420)

HILDEBRAND, HENRICH (HEINRICH HILLEBRAND) aus Rydzyna/Polen (um 1649–1725, Imm. 1669, Mag. 1672), 1678 Geistlicher in Zaborowa, 1684 in Meseritz (Sicul 1,

S. 256; Zweyte Fortsetzung der Nachricht von den evangelischen Kirchen in Pohlen, in: Fortgesezte nüzliche Anmerkungen über allerhand Materien aus der Theologie, Kirchen= und Gelehrten=Historie 2/19 [1745], S. 587–604, 596; Paul Becker, Geschichte der Stadt Meseritz, Meseritz 1930, S. 262, Nr. 10)

HOFFMANN, JOHANN GOTTLIEB aus Coswig (1674–1743, Imm. 1690, Mag. 1693), 1702 Geistlicher in Taucha (Adressbuch 1702 und Sicul 1, S. 259; Grünberg, S. 362)

HÜBNER, JOHANN aus Türchau bei Zittau (1668–1731, Imm. 1688, Mag. 1691), 1694 Rektor in Merseburg, 1711 Rektor in Hamburg (Sicul 1, S. 258; Allgemeine Deutsche Biographie 13 [1881], S. 267–269)

ILLING, DANIEL aus Oberwiesenthal (1676–1754, Imm. 1691/1698, Mag. 1702), 1708 Geistlicher in Zwönitz, 1711 in Grünstädtel (Adressbuch 1703; Grünberg, S. 386)

ITTIG, JOHANN GOTTLIEB aus Leipzig (*1688, Imm. 1703, Mag. 1708),[167] über seinen weiteren Lebensweg konnte nichts Sicheres eruiert werden; möglicherweise ist er identisch mit dem gleichnamigen ostfriesischen Pagenhofmeister, der zwischen 1733 und 1744 als Kasualdichter nachweisbar ist[168] (Adressbuch 1709, S. 31; Leipzig, Kirchliches Archiv, Taufbuch St. Thomas, 1678–1691, Bl. 205v)

JENICHEN, GOTTLOB AUGUST aus Leipzig (1709–1759, Imm. 1726, Mag. 1730), 1730 Advokat und Dozent in Leipzig, 1747 Professor der Rechtswissenschaft in Gießen (Sicul 2, S. 957; Allgemeine Deutsche Biographie 13 [1881], S. 767 f.)

JENICHEN (JÄHNICHEN), GOTTLOB FRIEDRICH aus Leipzig (1680–1735, Imm. 1687/1695, Mag. 1699), 1712 Professor der Moralphilosophie und Politik in Leipzig (Sicul 1, S. 258; Jakob Christoph Beck, Johann August Buxdorf, Supplement zu dem Baselischen allgemeinen Historischen Lexico, 2. Teil, Basel 1744, S. 193)

JÜNGER, KARL CHRISTOPH aus Meißen (1687–1755, Imm. 1707, Mag. 1709), 1719 Geistlicher in Altenberg, 1729 in Mutzschen, 1734 in Dresden (Adressbuch 1712, S. 33; Grünberg, S. 402)

167 Einen Überblick über den akademischen Lebenslauf Ittigs erhält man in den lateinischen Versen, die anlässlich seiner Magisterpromotion von Johann Heinrich Ernesti verfasst wurden; vgl. UAL, B 99, Nr. 36.

168 Anton Kappelhoff, Die Musikpflege am ostfriesischen Hof, in: Jahrbuch der Gesellschaft für bildende Kunst und vaterländische Altertümer zu Emden 24 (1936), S. 87–118, hier S. 111 und 115. Die Kenntnisse über seine Person beschränken sich auf die Funktionsbezeichnung auf den Titelblättern seiner Poesien; vgl. Werner Heise, Dienerbuch. Hof- und Staatsbedienstete in Ostfriesland bis 1744, Band 3: H–I, Typoskript, Aurich, Ostfriesische Landschaft – Landschaftsbibliothek; Gretje Schreiber (Bearb.), Ostfriesische Beamtenschaft. Die Amtsträger der landesherrlichen, landständischen und städtischen Verwaltungen der Grafschaft bzw. des Fürstentums Ostfriesland von 1464 bis 1744, Teil 3 (Ostfriesische Familienkunde 17), Aurich 2007, S. 1309. Herrn Hanke Immega (Aurich) danke ich für Kopien und bibliographische Hinweise. Dass der Pagenhofmeister Ittig unter den Personen ist, die der Leipziger Dichterin Christiana Mariana von Ziegler zur Poetenkrönung gratulieren, spricht zumindest für seine Verbindung nach Leipzig; vgl. Jacob Friedrich Lamprecht (Hrsg.), Sammlung der Schriften und Gedichte welche auf die Poetische Krönung der ... Christianen Marianen von Ziegler, gebohrnen Romanus, verfertiget worden, Leipzig 1734, S. 62.

Kästner, Abraham Gotthelf (1719–1800, Imm. 1731, Mag. 1737), 1746 außerordentlicher Professor der Mathematik in Leipzig, 1756 ordentlicher Professor der Mathematik in Göttingen (Rudolf Eckart [Hrsg.], Abraham Gotthelf Kästner's Selbstbiographie und Verzeichnis seiner Schriften, Hannover 1909, S. 11; Neue Deutsche Biographie 10 [1974], S. 734–736; Kroker Nr. 302)

Kellner, Christoph Leonhard aus Zehren (Lebensdaten unbekannt, Imm. 1682/1693, 1689 Imm. und 1699 Mag. in Wittenberg), Hofmeister in sächsischen Adelshäusern, 1710 Bewerbung um Predigerstelle in Sachsen (Adressbuch 1702; Nilüfer Krüger, Supellex epistolica Uffenbachii et Wolfiorum. Katalog der Uffenbach-Wolfschen Briefsammlung, Hamburg 1978, S. 479)

Kettner, Friedrich Ernst aus Leipzig (1671–1722, Imm. 1675/1688, Mag. 1690), 1697 Superintendent in Eckartsberga, 1701 Pfarrer und Hofprediger, 1703 Superintendent in Quedlinburg (Sicul 1, S. 258; Pfarrerbuch Kirchenprovinz 4, S. 518)

Keyselitz (Keuslitz), Gottlieb aus Leipzig (1698–1762, Imm. 1716, Mag. 1721), 1726 Geistlicher in Leipzig, 1733 Rektor in Sorau (Sicul 1, S. 260; Grünberg, S. 417; Lebensdaten nach Rolf Lieberwirth, Biographisches Register zum Hauptarchiv der Franckeschen Stiftungen zu Halle [Saale], Stuttgart 2000, S. 102)

Köhler, Johann Christian aus Zittau (1671–1714, Imm. 1693, Mag. 1699), 1703 Geistlicher in Waltersdorf (Adressbuch 1702; Pfarrerbuch Kirchenprovinz 5, S. 62)

Krause, Johann Heinrich aus Marklissa (1674–1730, Imm. 1694, Mag. 1698), 1707 Geistlicher in Elsterberg, 1710 in Marklissa (Adressbuch 1702; Grünberg, S. 467)

Krumbholtz, Christian aus Dresden Neustadt (1663–1725, Imm. 1681, Mag. 1685), 1686 Geistlicher in Leipzig, 1686 in Preßburg, 1696 in Dresden, 1700 in Hamburg, 1708 Amtsentsetzung, 1711 Haft in Hameln (Sicul 1, S. 257; Wilhelm Jensen, Die hamburgische Kirche und ihre Geistlichen seit der Reformation, Hamburg 1958, S. 49 f.)

Lange, Gottfried aus Schwerta/Oberlausitz (1672–1748, Imm. 1689, Mag. 1692), 1699 Hofmeister, 1710 Mitglied des Leipziger Rates, 1714 Assessor im Oberhofgericht, mehrfach Leipziger Bürgermeister (Sicul 1, S. 258; Kühling/Mundus, Nr. 103)

Leonhardi, Johann Christian aus Chemnitz (1684–1728, Imm. 1706, Mag. 1709), Privatdozent in Leipzig, Hofmeister, Konsistorialassessor und Syndicus in Merseburg (Adressbuch 1712, S. 34; Heinrich Wilhelm Rotermund, Fortsetzung und Ergänzungen zu Christian Gottlieb Jöchers allgemeinem Gelehrten=Lexico, 3. Band, Delmenhorst 1810, Sp. 1636; Christian Friedrich Illgen, Historia Collegii Philobiblici Lipsiensis, Pars 2, S. 29, Nr. 116)

Liebenwald, Johann Jakob aus Landeshut (1683–1740, Imm. 1703, Mag. 1705), 1708 Geistlicher in Neudorf, 1710 in Landeshut (Adressbuch 1707, S. 32; Siegismund Justus Ehrhardt, Presbyterologie des Evangelischen Schlesiens, 4. Teil, Liegnitz 1789, S. 507)

Ludwig, Albert (Albrecht) Christian aus Altenburg (1667–1733, Imm. 1682, Mag. 1687), 1690 Geistlicher in Auligk, 1692 Superintendent in Frauenprießnitz, 1697

Geistlicher in Zeitz, 1713 Oberhofprediger in Gotha (Sicul 1, S. 257; Bernhard Möller, Thüringer Pfarrerbuch, Band 1: Herzogtum Gotha, Neustadt 1995, S. 448 f.)

LUDWIG (LUDOVICI), CARL GÜNTHER aus Leipzig (1707–1778, Imm. 1724, Mag. 1728), 1731 Assessor der philosophischen Fakultät, 1733 ordentlicher Professor der Philosophie in Leipzig, 1739 Übernahme der Redaktion des Zedlerschen Lexikons ab Band 19 (Sicul 2, S. 957; Gottsched, Briefwechsel 5, S. 512, Kroker Nr. 250)

LUDWIG (LUDOVICI), CHRISTIAN aus Landeshut (1663–1732, Imm. 1683, Mag. 1687), 1697 Konrektor der Thomasschule, 1699 außerordentlicher Professor für orientalischen Sprachen und Talmud, 1700 ordentlicher Professor der Philosophie (Sicul 1, S. 257; Hein/Junghans, S. 238)

LUDWIG (LUDOVICI), GOTTFRIED aus Baruth/Oberlausitz (1670–1724, Imm. 1690, Mag. 1692), 1696 Rektor in Schleusingen, 1713 Rektor in Coburg (Sicul 1, S. 258; Allgemeine Deutsche Biographie 19 [1884], S. 396)

MARGGRAFF (MARGGRAFE), MICHAEL LEBEGOTT aus Blosswitz (1680–1741, Imm. 1691/1700, Mag. 1708), Lehrer am evangelischen Gymnasium in Augsburg, Gelegenheitsdichter (Adressbuch 1709, S. 31; Paul von Stetten, Kunst-, Gewerb- und Handwerks-Geschichte der Reichs-Stadt Augsburg, Augsburg 1779, S. 544)

MARTH, PAUL CHRISTOPH aus Mansfeld (1647–1683, Imm. 1675, Mag. 1672 in Wittenberg, 1675 in Leipzig), 1675 Geistlicher in Leipzig, 1680 Superintendent in Sondershausen (Sicul 1, S. 256; Bernhard Möller, Thüringer Pfarrerbuch, Band 2: Fürstentum Schwarzburg-Sondershausen, Neustadt an der Aisch 1997, S. 269)

MAY, JOHANN FRIEDRICH aus Türchau (1697–1762, Imm. 1718, Mag. 1722), Hofmeister, 1741 außerordentlicher, 1742 ordentlicher Professor der Philosophie in Leipzig (Sicul 2, S. 957; Gottsched, Briefwechsel 1, S. 505 f.)

MENCKE, JOHANN BURKHARD aus Leipzig (1674–1732, Imm. 1675/1691, Mag. 1694), 1699 Professor der Geschichte in Leipzig, Dichter, 1707 Herausgeber der *Acta eruditorum* (Sicul 1, S. 258; Neue Deutsche Biographie 17 [1994], S. 34 f.)

MENDE (MENTE, MINTE), ULRICH aus Hamburg (1658–1713, Imm. 1676, Mag. 1680), 1690 Geistlicher in Stade, 1697 in Bremen (Sicul 1, S. 257; Hans Bruhn, Die Kandidaten der hamburgischen Kirche von 1654 bis 1825, Hamburg 1963, Nr. 212)

MERBITZ (MÖRBITZ), JOHANN GOTTHELF aus Dresden (1682–1735, Imm. 1694/1700, Mag. 1702), 1711 Geistlicher in Zwönitz, 1717 in Gröbern, 1728 in Waldheim (Adressbuch 1705, S. 34; Grünberg, S. 608)

MÖNCH, JOHANN SIEGMUND (SIGISMUND) aus Pirna (1661–1732, Imm. 1683, Mag. 1687), 1688 Reiseprediger des Herzogs von Sachsen-Weißenfels, 1690 Geistlicher in Dohna, 1691 Oberhofprediger und Superintendent in Heldrungen, 1696 Oberhofprediger in Eisenach (Sicul 1, S. 257; Pfarrerbuch Kirchenprovinz 6, S. 141)

Mörlin (Moerlinus), Johann Gottfried aus Baalsdorf (1696–1775, Imm. 1713, Mag. 1717), 1730 Gymnasialdirektor in Altenburg[169] (Sicul 1, S. 260; Gero von Wilcke, Die Familie des Thomasius [Cranach-Nachkommen], in: Archiv für Sippenforschung 53 [1987], S. 45–64, 49)

Müller, Georg Samuel aus Culmitzsch (†1744, Imm. unbekannt,[170] Mag. 1709), 1712 Substitut, 1723 Geistlicher in Culmitzsch (Adressbuch 1712, S. 33; Karl Gottlob Dietmann, Die gesamte der ungeänderten Augsp. Confeßion zugethane Priesterschaft in dem Churfürstenthum Sachsen, 1. Teil, 3. Band, Dresden, Leipzig [1754], S. 1263)

Müller, Jakob Friedrich aus Syrau (1653–1702, Imm. 1658/1669, Mag. 1673), 1686 Archidiakon, 1698 Geistlicher in Reichenbach (Sicul 1, S. 256; Grünberg, S. 620)

Neumeister, Erdmann aus Uechteritz (1671–1756, Imm. 1691, Mag. 1694), Dichter, 1697 Geistlicher in Bibra, 1704 Hofprediger in Weißenfels, 1706 Superintendent in Sorau, 1715 Pfarrer in Hamburg (Sicul 1, S. 258; Neue Deutsche Biographie 19 [1999], S. 170 f.)

Oheim, Johann Adam aus Gefell (um 1684–1750, Imm. 1703, Mag. 1708), 1713 Geistlicher in Königerode, 1716 in Helfta (Adressbuch 1709, S. 31; Pfarrerbuch Kirchenprovinz 6, S. 370)

Oheim, Johann Salomo aus Crossen (*1685, Imm. 1701, Mag. 1706), 1704 Studium in Jena, 1716 Studium in Wittenberg (Adressbuch 1707, S. 32, Fritz Juntke, Album Academiae Vitebergensis. Jüngere Reihe Teil 3: 1710–1812, Halle 1966, S. 333; Reinhold Jauernig; Marga Steiger: Die Matrikel der Universität Jena, Band 2: 1652–1723, Weimar 1977, S. 569; Pfarrerbuch Kirchenprovinz 6, S. 370)

Pantke, Adam Bernhard aus Klein-Kniegnitz (1709–1774, Imm. 1727, Mag. 1730), 1732 Pfarrer in Klein-Kniegnitz (Sicul 2, S. 957; Gottsched, Briefwechsel 1, S. 510; Kroker Nr. 218)[171]

Petri (Peter), Ernst aus Leipzig[172] (1678–um 1648, Imm. 1693/1695, Mag. 1699), 1702 Rektor in Rathenow (Adressbuch 1702; Leipzig, Kirchliches Archiv, Taufbuch

169 Im Zeitraum 1711 und 1713 wurden zwei Personen namens Johann Gottfried Mörlin immatrikuliert, einer aus Baalsdorf, der andere aus Hartha. Nach Sicul war der Baalsdorfer Mitglied der Gesellschaft, nach Wilcke wurde er Direktor in Altenburg. Die Angabe, dass der Altenburger Rektor in Hartha geboren sei (Julius und Ernst Löbe, Geschichte der Kirchen und Schulen des Herzogthums Sachsen-Altenburg, Band 1, Altenburg 1886, S. 147), ist demzufolge unzutreffend. Der aus Hartha gebürtige J. G. Mörlin (1695–1762, Imm. 1711, Mag. 1717) wurde 1722 Pfarrer in Skassa; vgl. Grünberg (Abk.), S. 609.

170 Vgl. Erler, Jüngere Matrikel, Band 2 (Anm. 160), S. 300.

171 Vgl. auch Anm. 193.

172 Über Petris Eintrag in das Stammbuch des Gesellschaftsmitglieds Johann Ulrich Heinrici vgl. Walther Ludwig, Beispiele interkonfessioneller Toleranz im 16.–18. Jahrhundert. Zwei humanistische Stammbücher und die christlichen Konfessionen (Noctes Neolatinae 14), Hildesheim, Zürich, New York 2010, S. 110, Nr. 102 und S. 148 f.

S. Nicolai, 1677–1684, S. 74, Nr. 67; Samuel Christoph Wagner, Denkwürdigkeiten der Churmärkischen Stadt Rathenow, Berlin 1803, S. 167[173])

PETRI (PETER), JOHANN JACOB aus Zittau (1658–1682, Imm. 1669/1674, Mag. 1675), Sonnabendsprediger in Zittau (Sicul 1, S. 259; Oskar Friedrich, Album des Gymnasiums zu Zittau, Zittau 1886, S. 30)

PFAFFREUTER (PFAFFENREUTHER), CHRISTIAN ERDMANN aus Nemmersdorf (1678–1712, Imm. 1699, Mag. 1701), 1706 Konrektor, 1707 Professor und Rektor am Gymnasium poeticum in Regensburg (Adressbuch 1705, S. 34; Verhandlungen des historischen Vereines von Oberpfalz und Regensburg 36 [1882], S. 34)

PHILIPPI, JOHANN ERNST aus Dresden (um 1700–1757/1758, Imm. 1720, Mag. 1723), 1731 Professor der Beredsamkeit in Halle, seit 1734 unstetes Leben, Anzeichen von Verwirrung (Gottsched, Briefwechsel 1, S. 67; Gottsched, Briefwechsel 1, S. 511)

PIPPING, HEINRICH aus Leipzig (1660–1722, Imm. 1681, Mag. 1687), 1693 Geistlicher in Leipzig, 1708 Oberhofprediger in Dresden (Sicul 1, S. 257; Grünberg, S. 689)

PLAZ (PLATZ), ABRAHAM CHRISTOPH aus Leipzig (1658–1728, Imm. 1662/1672, Mag. 1675), 1683 Ratsmitglied, 1687 Stadtrichter, mehrfach Leipziger Bürgermeister (Sicul 1, S. 256 f.; Kühling/Mundus, Nr. 98)

PRITIUS, JOHANN GEORG aus Leipzig (1662–1732, Imm. 1675, Mag. 1685), 1690 Geistlicher in Leipzig, 1698 Pfarrer und Professor der Theologie am Gymnasium in Zerbst, 1701 Superintendent in Schleiz, 1708 Pfarrer und Professor der Theologie in Greifswald, Senior des Ministeriums in Frankfurt am Main (Sicul 1, S. 257; Zedler 29, Sp. 555–557)[174]

REDEL, CARL ANDREAS aus Halle (1664–1730, Imm. 1684, Mag. 1687), 1692 Superintendent in Pegau, 1707 in Delitzsch, 1712 Generalsuperintendent in Altenburg (Sicul 1, S. 258; Grünberg, S. 719)

RIVINUS, ANDREAS FLORENS aus Leipzig, Sohn des Gründers (1701–1761, Imm. 1717, Mag. 1721), 1724 Hofmeister, 1725–1726 Studien in Utrecht und Leiden, 1727 juristische Vorlesungen in Leipzig, 1731 Oberhofgerichtsdvokat in Leipzig, 1740 Profes-

---

173 In dem hier mitgeteilten Verzeichnis der Rektoren werden nur die Familiennamen angeführt, 1702 Petri, 1749 Weise (das ist Friedrich Weise [1694–1773], 1724 ordentlicher Professor der Metaphysik in Helmstedt, im selben Jahr suspendiert; vgl. Sabine Ahrens, Die Lehrkräfte der Universität Helmstedt [Veröffentlichungen der Kreismuseen Helmstedt 7], Helmstedt 2004, S. 245 f.). Petri dürfte demnach 1748 oder 1749 gestorben sein, sofern er nicht aus anderen Gründen entlassen oder in den Ruhestand versetzt wurde, denn nach der Beschreibung Johann Christoph Schinmeyers, der 1737 Superintendent in Rathenow wurde, hatte Petris pädagogische Unfähigkeit die Schule in einen desolaten Zustand gebracht; vgl. Hermann Waterstraat, Johann Christoph Schinmeyer. Ein Lebensbild aus der Zeit des Pietismus, Gotha 1897, S. 40. Dass aber der Leipziger Magister Ernst Petri mit dem Rektor in Rathenow identisch war, wird durch einen Eintrag im Mitgliederverzeichnis der Donnerstägigen Predigergesellschaft bestätigt: »M. Ernestus Petri, von Leipzig, ward Rector zu Ratenau.« Donnerstägiges Predigerkolleg (Abk.), S. 56, Nr. CCCXXXIII.

174 Vgl. auch oben den Eintrag zu Heinrici (Henrici), Johann Ulrich.

sor der Rechtswissenschaft in Wittenberg (Sicul 1, S. 260; Sicul 2, S. 957; Hirsching 10/1, S. 25 f.)

RIVINUS, AUGUST FLORENS aus Leipzig (1707–1771, Imm. 1723, Mag. 1725), Oberhofgerichtsadvokat in Leipzig, 1741 Canonicus in Wurzen (Sicul 2, S. 957; Hohlfeld, S. 70)

RIVINUS, ERNST FLORENS aus Leipzig, Sohn des Gründers (*1705, Imm. 1723, Mag. 1725) (Sicul 2, S. 957; Hohlfeld, S. 70)[175]

RIVINUS, GOTTLOB aus Leipzig (1690–1751[?],[176] Imm. 1691, Wittenberg 1711[177]), Advokat in Leipzig (Sicul 2, S. 957)

---

175 Ernst Florens Rivinus wird nur in einem der im Deutschen Biographischen Index erfassten Personallexika erwähnt. Dort erfolgt ein Hinweis auf Geburtsdatum, Studienzeit, Magisterabschluß, schließlich heißt es mit Berufung auf die *Hamburgischen Beyträge zur Aufnahme der Gelehrten Historie und der Wissenschaften* des Jahres 1742, er sei »1742 Professor Philosophiä extraordinarius« geworden. Otto Günther (Hrsg.), Fortsetzung und Ergänzungen zu Christian Gottlieb Jöchers allgemeinem Gelehrten-Lexiko, Band 7, Leipzig 1897 (Nachdruck: Hildesheim 1961), S. 102. Tatsächlich wurde 1742 ein Leipziger philosophisches Extraordinariat an Samuel Florens († 1781; vgl. Frankenhäusisches Intelligenz=Blat, 33. Stück, 20. August 1781, Sp. 528), nicht aber an Ernst Florens Rivinus vergeben; vgl. UAL, B 014, S. 477 und StA D, 10088, Oberkonsistorium Loc. 1774 »Acta Die Professions=Ersetzungen beÿ der Philosophischen Facultæt zu Leipzig betr:, Band 3: Anno 1732–49«, Bl. 174. Ernst Florens wurde 1726 Mitglied der Donnerstägigen Predigergesellschaft; vgl. Donnerstägiges Predigerkolleg (Abk.), S. 75, Nr. DCXI; 1735 absolvierte er seine Pro-loco-Disputation, durch die er die Lehrberechtigung erwarb: Dissertatio Philologico-Moralis Qua Τεκνοθυσιαν Judaeorum A Crudelitatis Crimine Non Vindicandam. ... Exponit Pro Loco In Facultate Philosophica Lipsiensi Obtinendo ... M. Ernestus Florens Rivinus, Leipzig 1735. Aus einer Akte des Universitätsarchivs geht hervor, dass er keine Anstellung gefunden und vom Erbe gelebt hat und mittlerweile hochverschuldet war; UAL, Rep. II/XI 108 »Acta, die wider den Fortgang des, bei dem Amte Schkeuditz wider Herrn M. Ernst Florentem Rivinum formirten Concurs. eingewendete Protestation und Appell. betr., 1739–1748«.

176 Nach Hohlfeld (Abk.), S. 69 heißt der am 3. März 1690 getaufte Sohn von Tilemann Andreas Rivinus »Gottlieb«. Tatsächlich steht im Taufbuch der Thomaskirche eindeutig Gottlob; vgl. Kirchliches Archiv Leipzig (im Folgenden: KAL), Taufbuch St. Thomas, 1678–1691, Bl. 281r. In den Leipziger Leichenbüchern wird Gottlob Rivinus nicht aufgeführt, wohl aber eine »led. Manns Pers. 62. Jahr, H. D. Johann Gottlob Rivinus, Jur. Pract.«, der am 3. November 1751 verstorben ist; vgl. StadtAL, Leichenbücher der Leichenschreiberei Nr. 27: 1751–1759, Bl. 30. Da in den Adressbüchern unter den promovierten Juristen kein Johann Gottlob Rivinus aufgeführt ist und das Alter, sofern man »im 62. Jahr« liest, auf Gottlob Rivinus zutrifft, könnte tatsächlich Gottlob Rivinus gemeint sein; vgl. aber Anm. 177.

177 Der Name Gottlob Rivinus, von Sicul erst 1729 unter den Mitgliedern aufgeführt, ist nur im zweiten Band der Leipziger Matrikel mit dem Immatrikulationsjahr 1691 verzeichnet, allerdings nicht als Magister; vgl. Erler, Jüngere Matrikel, Band 2 (Anm. 160), S. 362. In der Wittenberger Matrikel ist für den 12. September 1711 der Leipziger Gottlob Rivinus eingetragen, der schon am 5. Oktober 1711 zum Lizentiaten der Rechte promoviert wurde; vgl. Fritz Juntke, Album Academiae Vitenbergensis, Jüngere Reihe, Teil 3 (1710–1812), Halle 1966, S. 381. In den Leipziger Adressbüchern ist Gottlob Rivinus unter den »übrigen Doctores Juris, so auf andern Universitäten promoviret, sich aber allhier und anderwärts in ansehnlichen Collegiis ... als Juris Practici sehen lassen« verzeichnet, als Promotionsvermerk steht »W[ittenberg] 1711«; Das jetzt lebende und jetzt florirenden Leipzig. Leipzig 1732, S. 38 (Zitat), 42 (Eintrag); Ausgabe 1736, S. 45. 1752 wird Gottlob Rivinus zum letzten Mal im Leipziger Adressbuch aufgeführt, die Ausgabe 1753 erhält seinen Namen nicht mehr; vgl. Leipziger Adreß= Post= und Reise=Calender 1752, S. 41. Möglicherweise ist er schon 1751 gestorben und der Name nur versehentlich im Jahr 1752 aufgeführt; vgl. Anm. 176.

RIVINUS, JOHANN ABRAHAM aus Leipzig, Sohn des Gründers (1700–1757, Imm. 1717, Mag. 1721), 1729 Fürstlich Schwarzburgischer Kammerkommissionsrat und Amtmann in Frankenhausen (Sicul 1, S. 260; Hohlfeld, S. 70 und 265)

RIVINUS, QUINTUS SEPTIMIUS FLORENS aus Leipzig, Gründer der Gesellschaft (1651–1713, Imm. 1652/1667, Mag. 1670), Appellationsrat, Assessor des Oberhofgerichts und des Schöppenstuhls, 1712 Leipziger Bürgermeister (Sicul 1, S. 255; Kühling/Mundus, Nr. 101)

RIVINUS, TILEMANN ANDREAS aus Leipzig (1654–1692, Imm. 1655/1673, Mag. 1673), 1680 Geistlicher, 1689 Professor der Hebräischen Sprache in Leipzig (Sicul 1, S. 256; Grünberg, S. 750)

ROHR, JULIUS BERNHARD VON aus Elsterwerda (1688–1742, Imm. 1705, Mag. 1712[178]), 1714 Beisitzer der Merseburger Stiftsregierung, 1726 Regierungsrat in der Niederlausitz, 1727 Domherr in Merseburg (Sicul 1, S. 258; Gottsched, Briefwechsel 5, S. 525)

ROTH (ROTTH), CHRISTIAN AUGUST aus Halle (1685–1752, Imm. 1693/1702, Mag. 1706), 1709 Geistlicher in Halle (Adressbuch 1709, S. 31, Pfarrerbuch Kirchenprovinz 7, S. 264 f. und 280 f.)

SANDEN, BERNHARD VON aus Königsberg (1666–1721, Imm. 1686, Mag. 1687), 1695 außerordentlicher, 1696 ordentlicher Professor der Theologie in Königsberg (Sicul 1, S. 257; Altpreußische Biographie 2 [1963], S. 588)

SCHELLHAFER (SCHELHAFER, SCHELLHAFFER), HEINRICH GOTTLIEB aus Leipzig (1707–1757, Imm. 1726, Mag. 1728), 1729 Dozent in Leipzig, 1742 Professor der Moral am Gymnasium in Hamburg (Schellhafers Mitgliedschaft ist durch seine Reden dokumentiert; Deutsches Literatur-Lexikon. Biographisch-bibliographisches Handbuch 14 [1992], Sp. 395; Kroker Nr. 254)

SCHMIDT, CHRISTIAN aus Breslau (1651–1705, Imm. 1670, Mag. 1673), 1681 Geistlicher in Breslau, 1697 auch Professor am Gymnasium St. Elisabeth in Breslau (Sicul 1, S. 256; Sigismund Justus Ehrhardt, Presbyterologie des Evangelischen Schlesiens, 1. Teil, Liegnitz 1780, S. 388 f.)

SCHMIDT (SCHMID), JOHANN aus Breslau (1649–1731, Imm. 1669, Mag. 1670), 1685 Professor der Eloquenz, 1699 Doktor der Theologie, 1700 außerordentlicher Professor der Theologie in Leipzig (Sicul 1, S. 256; Hein/Junghans, S. 262 f.)

---

178 Nach Sicul wurde Rohr als einziger Nicht-Magister in die Gesellschaft aufgenommen, vgl. Sicul 1 (Abk.), S. 258. In der Matrikel ist unter seinem Namen ebenfalls kein Vermerk über eine Promotion zum Magister enthalten; vgl. Erler, Jüngere Matrikel, Band 2 (Anm. 160), S. 364. An anderer Stelle heißt es über seinen zweiten Aufenthalt in Leipzig, er »vertheidigte 1712 auf dem philosophischen Katheder nach vorher ausgestandener Magister=Prüfung als Präses eine Dissertation«. Hirsching 10/1 (Abk.), S. 105. Seine Aufnahme in die Gesellschaft wird während seiner Studienzeit erfolgt sein.

SCHMIDT (SCHMIEDT), JOHANN FRIEDRICH aus Zittau († Leipzig Mai 1714, Imm. 1698, Mag. 1700), nach dem Mitgliederverzeichnis des Donnerstägigen Predigerkollegs starb er »auf der Academie«, d. h. er verblieb in Leipzig (Adressbuch 1702; Donnerstägiges Predigerkolleg, S. 57, Nr. CCCLV)

SCHMIDT (SCHMIEDT), JOHANN LUDWIG aus Schleusingen (1676–1738, Imm. 1698, Mag. 1699), 1702 Geistlicher, 1708 Superintendent in Suhl (Adressbuch 1702; Pfarrerbuch Kirchenprovinz 7, S. 533)

SCHUBERDT (SCHUBART), JOHANN BALTHASAR aus Guben (1675–1739, Imm. 1698, Mag. 1701), 1703 Rektor in Bernau, 1704 Geistlicher in Crossen/Elster, 1728 in Zeitz (Adressbuch 1702; Pfarrerbuch Kirchenprovinz 8, S. 69)

SCHÜTZ, FRIEDRICH WILHELM aus Leipzig (1677–1739, Imm. 1680/1693, Mag. 1696), 1698 mit Johann Burkhard Mencke Reise in die Niederlande und nach England, 1699 Geistlicher in Leipzig (Zedler 35, Sp. 1387–1391, 1388; Grünberg, S. 855)

SCHUMANN, JOHANN CHRISTOPH aus Zwickau (1681–1738, Imm. 1701, Mag. 1703), 1711 Pfarrer in Grünberg (Adressbuch 1707, S. 32; Grünberg, S. 851)

SCHUSTER, (JOHANN) GEORG aus Kamenz (*1680, Imm. 1700, Mag. 1702), 1713 Katechet an der Peterskirche in Leipzig, 1715 Amtsniederlegung wegen Melancholie und sexuellem Begehren, geistige Verwirrung, Einlieferung in das Zuchthaus Waldheim (Adressbuch 1703; Grünberg, S. 854; Adam Bernd, Eigene Lebens-Beschreibung, München 1973, S. 319–321; Erdmann Hannibal Albrecht, Sächsische evangelisch-luther'sche Kirchen- und Predigergeschichte von ihrem Ursprunge an bis auf gegenwärtige Zeiten, Band 1, Fortsetzung 1, Leipzig 1800, S. 451–456[179])

SCHWERTNER, JOHANN DAVID aus Leipzig (1658–1711, Imm. 1662/1677, Mag. 1680), 1686 Geistlicher in Torgau, 1693 Superintendent in Pirna (Sicul 1, S. 257; Grünberg, S. 862)

SELIGMANN (SEELIGMANN), GOTTLOB FRIEDRICH aus Hainewalde bei Zittau (1654–1707, Imm. 1674, Mag. 1676), 1680 Professor der Physik und Metaphysik in Rostock, 1683 Geistlicher in Rostock, 1686 in Leipzig, 1698 außerordentlicher, 1700 ordentlicher Professor der Theologie in Leipzig, 1707 Oberhofprediger in Dresden (Sicul 1, S. 257; Hein/Junghans, S. 267 f.)

SITTIG, JOHANN CONRAD aus Worms (1664–1714, Imm. 1669/1681, Mag. 1684), 1689 Superintendent in Pegau, 1692 (Ober-)Hofprediger und Superintendent in Delitzsch, 1701 Hofprediger und Stiftssuperintendent in Merseburg (Sicul 1, S. 257; Pfarrerbuch Kirchenprovinz 8, S. 274)

STRAUSS, JOHANN SAMUEL aus Freiberg (1686–1731, Imm. 1704, Mag. 1708), 1712 Geistlicher in Merseburg (Adressbuch 1709, S. 32; Pfarrerbuch Kirchenprovinz 8, S. 445)

179 Albrecht schreibt, dass er »von diesem M. Schuster weiter keine Nachrichten habe auffinden können« (S. 451); er übernimmt den Schuster gewidmeten Abschnitt aus Bernds Lebensbeschreibung.

STÜBNER, FRIEDRICH WILHELM aus Bayreuth (1710–1736, Imm. 1727, Mag. 1729), 1733 Assessor der philosophischen Fakultät in Leipzig (Hirsching 13/2, S. 190–193, zur Mitgliedschaft in der vertrauten Rednergesellschaft S. 190;[180] Kroker Nr. 266)

TEUTSCHER, JOHANN MICHAEL aus Leipzig (1699–1763, Imm. 1710/1718, Mag. 1721), Kreisamtmann zu Penig (Sicul 1, S. 260; Friedrich Theodor Richter, Jahrbüchlein zur Geschichte Leipzigs und Kalender zu den Gedenktagen seiner merkwürdigsten Einwohner, Leipzig 1863, S. V)

TELLER, ROMANUS aus Freiberg (1671–1721, Imm. 1679/1688, Mag. 1693), 1698 Geistlicher in Weimar, 1702 in Leipzig (Sicul 1, S. 258; Grünberg, S. 928)

TELLER, ROMANUS aus Leipzig (1703–1750, Imm. 1709, Mag. 1721), 1723 Geistlicher in Leipzig, 1728 außerordentlicher, 1740 ordentlicher Professor der Theologie in Leipzig (Sicul 1, S. 260; Sicul 2, S. 957; Hein/Junghans, S. 272 f.)

THIEME, CLEMENS aus Zeitz (1667–1732, Imm. 1684, Mag. 1687), 1690 kurprinzlicher Reiseprediger, 1692 Geistlicher in Wurzen, 1695 Superintendent in Colditz (Sicul 1, S. 257; Grünberg, S. 935)[181]

THOMASIUS, CHRISTIAN aus Leipzig (1655–1728, Imm. 1655/1669, Mag. 1672), 1680 Dozent der Rechtswissenschaften in Leipzig, 1691 Professor der Rechtswissenschaften in Halle, 1710 Direktor der Universität Halle (Sicul 1, S. 256; Allgemeine Deutsche Biographie 38 [1894], S. 93–102)

TREUER, GOTTLIEB SAMUEL aus Jacobsdorf (1683–1743, Imm. 1700, Mag. 1702), 1707 Lehrer an der Ritterakademie in Wolfenbüttel, 1714 Professor der Moral und Politik in Helmstedt, 1734 Professor der Philosophie in Göttingen (Adressbuch 1703 und Sicul 1, S. 258; Allgemeine Deutsche Biographie 38 [1894], S. 582–583; Sabine Ahrens, Die Lehrkräfte der Universität Helmstedt, Helmstedt 2004, S. 236 f.)

UHSE, ERDMANN aus Guben (1677–1730, Imm. 1696, Mag. 1698), 1711 Gymnasialdirektor in Merseburg, Verfasser des häufig aufgelegten Rhetoriklehrbuchs *Wohl-informirter Redner* (Adressbuch 1702; Killy Literaturlexikon, 2. Aufl. 11 [2011], S. 663 f.)

VINHOLD, GEORG ANDREAS aus Roßwein (1666–1739, Imm. 1687/88, Mag. 1690), 1699 Rektor in Zwickau (Sicul 1, S. 258; Christian Gottlob Immanuel Lorenz, Grimmenser-Album, Grimma 1850, S. 174; Albert Fraustadt, Grimmenser-Stammbuch 1900, Meißen 1900, Nr. 2681)

---

180 Vgl. auch Friedrich Wilhelm Stübner, Gedächtniß=Rede, 1732.

181 Im Eintrag zur Person wird Thieme eine Superintendentenstelle in Wurzen zugeschrieben, in Grünbergs Verzeichnis der Parochien hingegen ist er richtig als Superintendent in Colditz registriert; vgl. Reinhold Grünberg, Sächsisches Pfarrerbuch. Die Parochien und Pfarrer der Ev.-luth. Landeskirche Sachsens (1539–1939), 1. Teil, Freiberg 1939/40, S. 94 (Colditz) und 694 (Wurzen); vgl. auch Allgemeine Deutsche Biographie 37 (1894), S. 759 f.

WELSCH, CHRISTIAN LUDWIG aus Leipzig (1669–1719, Imm. 1670/1685, Mag. 1690), 1700 Assessor der medizinischen Fakultät in Leipzig (Sicul 1, S. 258; Allgemeine Deutsche Biographie 41 [1896], S. 680 f.)

WERNER, GOTTLOB AUGUST aus Leipzig (1705–1776, Imm. 1718/1723, Mag. 1727), 1738 Geistlicher in Mülsen (Günther Leistner, Magister Gottlob August Werner. Eine bedeutende Persönlichkeit im Mülsengrund, Mülsen 2006, S. 6: Mitgliedschaft in der vertrauten deutschen Rednergesellschaft)

WERNER, JOHANN aus Breslau (1650–1720, Imm. 1670, Mag. 1673), 1677 Geistlicher in Breslau, 1705 auch Professor am Gymnasium St. Elisabeth in Breslau (Sicul 1, S. 256; Sigismund Justus Ehrhardt, Presbyterologie des Evangelischen Schlesiens, 1. Teil, Liegnitz 1780, S. 389)

WOOG (WOGIUS), MORITZ KARL CHRISTIAN aus Dahme (1684–1762, Imm. 1702, Mag. 1705), 1707 Privatdozent in Leipzig, 1709 Geistlicher in Großböhla, 1713 in Cavertitz, 1717 in Oschatz, 1720 in Dresden, 1746 Stadtprediger in Dresden (Adressbuch 1707, S. 32; Allgemeine Deutsche Biographie 44 [1898], S. 209; Grünberg, S. 1040)

ZIPPEL, CHRISTOPH aus Langenau (1679–1747, Imm. 1700, Mag. 1704), 1708 Konrektor, 1712 Professor und Rektor in Regensburg (Adressbuch 1705, S. 34; Verhandlungen des historischen Vereines von Oberpfalz und Regensburg 36 [1882], S. 34; Kroker Nr. 32)

Chronologisches Verzeichnis der Reden[182]

Wenn die Gesetze der vertrauten Rednergesellschaft eine Antritts- und Abschiedsrede für alle Mitglieder vorsahen, die überdies von einer Begrüßungs- und Verabschiedungsrede beantwortet wurden, wenn darüber hinaus seitens der Gesellschaft zu einschneidenden Lebensereignissen der Mitglieder Ansprachen zu halten waren, wenn schließlich die regulären Reden allwöchentlich, wenn auch mit Unterbrechungen, über ca. 70 Jahre gehalten wurden, so dürfte die Anzahl der gehaltenen Reden in die Tausende gehen. Wie viele davon gedruckt wurden oder überliefert sind, ist nicht bekannt. Die hier aufgeführten Reden konnten identifiziert werden, weil sie den Namen der Rednergesellschaft im Titel enthalten oder weil die Durchsicht der Reden bei den bekannten Mitgliedern einen Hinweis auf die Gesellschaft enthalten. Angesichts der eher spärlichen Überlieferung wurden auch Reden angeführt, die durch eine Erwähnung, aber nicht

182 Bei den ersten beiden Titeln handelt es sich um Kasualgedichte im Namen der Gesellschaft, die hier wegen des frühen Belegs für den Namen der vertrauten Rednergesellschaft mit aufgenommen sind. Weitere Gedichte im Namen der Gesellschaft konnten bislang nicht ermittelt werden. Sicul erklärt die Zusendung eines Prosatextes anstelle eines auch möglichen Gedichtes anläßlich einer Eheschließung damit, dass »diese Societät nur solches zu ihrem Object, und mit der Poesie eigentlich nichts zu thun hat«. Sicul 2 (Abk.), S. 955.

durch Druck bekannt sind. Möglicherweise könnte eine umfassende systematische Suche in den Veröffentlichungen aller Mitglieder noch weitere Reden zu Tage fördern.[183] Hier geht es darum, exemplarisch die Aktivitäten der Gesellschaft und auch das Gewicht der Veröffentlichungen zu dokumentieren. Auch die Angabe von Nachdrucken – dies betrifft vor allem Gottscheds Texte – dient dem Nachweis der Bedeutung, die den Texten zugemessen wurden. Im Falle Gottscheds schien darüber hinaus auch der Verweis auf den Druck in der modernen Ausgabe der *Ausgewählten Werke* Gottscheds angemessen. Wo die Gründe für die Aufnahme eines Textes oder für dessen Datierung nicht aus dem Titel selbst hervorgehen, werden sie in Anmerkungen zu den jeweiligen Titeln aufgeführt.

1697

Romanus Teller, Als der Magnificus ... Herr Valentinus Alberti, Der H. Schrifft weitberühmter Doct. und Prof. Publ. in Leipzig ... Zu seiner Ruhe=Stätte begleitet wurde/ War der 19. Septembr. 1697. Wolte gegen den hochselig Verstorbenen/ Als Seinen bißhero hochgeneigten Wirth und grossen Beförderer/ die letzte Schuldigkeit abstatten Die vertraute Teutsche Redner=Gesellschafft, Leipzig 1697.

1722

Heinrich Cornelius Hecker, Dem Hoch=Edlen, Vesten und Hochgelahrten Herrn M. Christian Heinrich Freiesleben, Solte zu seiner Den XIX. Octobris An. MDCCXXII. In Erfurth erlangten Doctor-Würde, Im Nahmen Der vertrauten Redner=Gesellschafft gratuliren M. Heinrich Cornelius Hecker, Leipzig 1722.

1724

Gottsched, An Hrn D. Christ. Ludwig Crellen, Als selbiger im Jahr 1724. den 23 Nov. die höchste Würde in der Rechtsgelehrsamkeit erhielte, Im Namen der vertrauten Rednergesellschaft, in: Der Deutschen Gesellschaft in Leipzig Eigene Schriften und Uebersetzungen in gebundener und ungebundener Schreibart. Zweyte vermehrte Auflage, Leipzig 1742, S. 359–367.

---

183 Am Ende einer Kurzbiographie des ehemaligen Seniors Andreas Florens Rivinus, die detailliert auch sein Kleinschrifttum aufführt, heißt es beispielsweise: »Uebrigens hat er auch sehr viel wohlabgefaste Sendschreiben an einige Mitglieder der vertrauten Rednergesellschaft, welche er ... im Jahr 1721 wieder hergestellet, bey freudigen und betrübten Gelegenheiten abgelassen, und zum Druck befördert.« Christoph Weidlich, Zuverläßige Nachrichten von denen jetztlebenden Rechtsgelehrten, 2. Teil, Halle 1758, S. 305. Titel dieser Sendschreiben wurden aber nicht mitgeteilt, und sie konnten auch bibliographisch nicht nachgewiesen werden.

1724–1729[184]

Gottsched, Sokrates, ein unüberwindlicher Weltweiser, in: Gottsched, Redekunst 1736, S. 545 (=645)–554 (=654); Gottsched, Redekunst 1739, S. 643–651; Gottsched, Reden, S. 542–552; Gottsched, Ausgewählte Werke 9/2, S. 474–482.

Gottsched, Cato ist nicht als ein unüberwindlicher Weiser gestorben, in: Gottsched, Redekunst 1736, S. 554 (=654)–563 (=663); Gottsched, Redekunst 1739, S. 652–659; Gottsched, Reden, S. 553–563; Gottsched, Ausgewählte Werke 9/2, S. 483–491.

Gottsched, Die Schauspiele und besonders die Tragödien sind aus einer wohlbestellten Republik nicht zu verbannen, in: Gottsched, Redekunst 1736, S. 563 (=663)–572 (=672); Gottsched, Redekunst 1739, S. 660–668; Gottsched, Reden, S. 564–574; Gottsched, Ausgewählte Werke 9/2, S. 492–500.

Gottsched, Rede wieder die so genannte Homiletik, in: Gottsched, Redekunst 1736, S. 572 (=672)–582 (=682); Gottsched, Ausgewählte Werke 7/3, S. 131–138.

1725

Gottsched, Von dem verderblichen Religionseifer, und der heilsamen Duldung aller christl. Religionen,[185] in: Gottsched, Redekunst 1736, S. 529 (=629)–537 (=637); Gottsched, Reden, S. 521–531; Gottsched, Ausgewählte Werke 9/2, S. 456–464.

1726

Gottsched, Auf die Freyesleben= und Baßlerische Hochzeit im Jahr 1726,[186] in: Der Deutschen Gesellschaft in Leipzig Eigene Schriften und Uebersetzungen in gebundener und ungebundener Schreibart. Zweyte vermehrte Auflage, Leipzig 1742, S. 349–357.

184 Soweit sie nicht datiert sind oder die Datierung nicht anderweitig erschlossen werden konnte, werden hier Reden Gottscheds aufgeführt, weil er den ersten Druck der Reden mit der Bemerkung einführt: »Soll ich nun zu diesem Hauptstücke Exempel geben: So werde ich einen Theil derjenigen Uebungsreden hersetzen, die ich in der hiesigen vertrauten Rednergesellschaft, seit 1724. bis 1729. als Magister gehalten habe.« Gottsched, Redekunst 1736 (Abk.), S. 529 (=629). In der zweiten Auflage der Redekunst von 1739 (Abk.) wird die Rede »Von dem verderblichen Religionseifer« und die »Rede wieder die so genannte Homiletik« zugunsten der »Bewillkommnungsrede« und »Daß ein Redner ein ehrlicher Mann seyn muß« weggelassen. Auch die »Abschiedsrede« ist erst in der zweiten Auflage gedruckt. Gottsched begründete die Veränderungen: »Ich habe aber bey dieser andern Auflage ein Paar von den vorigen Reden weggelassen, damit ich von der oben versprochenen Materie, daß ein Redner ein rechtschaffener und tugendhafter Mann seyn müsse, ein Paar neue beyfügen könnte.« Gottsched, Redekunst 1739 (Abk.), S. 634.

185 Angabe des Jahres nach Gottsched, Reden (Abk.), S. 521.

186 Als Anhaltspunkt für die Aufnahme unter die Reden der vertrauten Rednergesellschaft dient Gottscheds Bemerkung: »Wir genießen bis auf diese Stunde die Ehre, dieselben unter die werthesten Mitglieder unserer vertrauten Gesellschaft zu zählen, welche sich die Uebungen der wahren Beredsamkeit angelegen seyn lässet.« S. 355.

Gottsched, Ein Jurist muß ein Philosoph seyn,[187] in: Gottsched, Redekunst 1736, S. 537 (=637)–545 (=645); Gottsched, Redekunst 1739, S. 635–642, Gottsched, Reden, S. 532–541; Gottsched, Ausgewählte Werke 9/2, S. 465–473.

1727

Gottlob August Werner, Von einem mit Nutzen gereisten Gelehrten, an Dr. Abraham Rivinus.[188]

1728

Gottsched, Abschieds-Rede, welche in der vertrauten Redner-Gesellschafft zu Leipzig im Jahr 1728 den 20 Aug. gehalten, und den sämmtlichen Mitgliedern derselben nachmahls gewiedmet worden, Leipzig 1728; Gottsched, Redekunst 1739, S. 612–626; Gottsched, Reden, S. 595–611; Gottsched, Ausgewählte Werke 9/2, S. 519–533.

Ernst Florens Rivinus, Zufällige Gedancken mit welchen im Nahmen der Vertrauten Deutschen Redner=Gesellschafft auf eines werthen Mitglieds Herrn M. Joh. Chr. Gottscheds, ... wohlausgearbeitete Abschieds=Rede antwortete, Leipzig 1728.

1729

Johann Abraham Birnbaum, Die Angenehmen Vortheile einer vernünfftigen Einsamkeit, stellte in der Leipziger vertrauten Deutschen Redner-Gesellschafft in einer Rede vor, Ein Mitglied derselben, M. Johann Abraham Birnbaum, Leipzig 1729.

Johann Abraham Birnbaum, Den Hohen Geist des erblaßten Thomasius bewunderte In der Leipziger vertrauten Deutschen Redner=Gesellschaft M. Johann Abraham Birnbaum, Leipzig 1729; Johann Heinrich Stuß (Hrsg.), Sammlung Auserlesener Reden, Welche Als Kern=Proben und galante Exempel der Teutschen Beredsamkeit Den Liebhabern zum Vergnügen und der Jugend zur Nachahmung vorgeleget werden, Zweyte und vermehrte Auflage, Leipzig und Nordhausen 1730, S. 894–908; Birnbaum, Reden 1, S. 24–53.

Johann Friedrich May, Rede von der Möglichkeit beständig vergnügt zu seyn, in: Lucius Annäus Seneca von der Göttlichen Vorsorge oder warum es rechtschaffnen Leuten übel gehe? Aus dem Lateinischen übersetzt. Nebst einer Rede Von der Möglichkeit beständig vergnügt zu seyn, in der vertrauten Deutschen Redner=Gesellschafft gehalten, Leipzig 1729, S. 29–52.[189]

187 Angabe des Datums nach Gottsched, Reden (Abk.), S. 532

188 Ein Druck konnte nicht nachgewiesen werden; Angabe nach Günther Leistner, Magister Gottlob August Werner. Eine bedeutende Persönlichkeit im Mülsengrund, Mülsen 2006, S. 6. Die Angabe entspricht einem Hinweis Siculs, der auch das Entstehungsjahr nennt: »Auf eben diesen nunmehrigen Rath und Amtmann, D. Joh. Abraham Rivinum, hatte man an. 1727 als er auf Reisen gewesen und in der Rückkehr die Doctor–Würde zu Frankfurth erhalten, eine geschickte Epistel zu lesen, darinn der Verfertiger im Nahmen der Gesellschaft den Nutzen so ein Gelehrter von Reisen habe, ausgeführet.« Sicul 2 (Abk.), S. 956.

189 Ohne Datum, die Einordnung erfolgt nach dem Jahr der Veröffentlichung.

Andreas Florens Rivinus, Abschiedsrede für den bisherigen Senior Johann Abraham Rivinus.[190]

1729–1730

Romanus Teller, Die Vortheile Einer vernünfftigen Reise, Und, dass dieselben weit grösser bey einem Rechts=Gelehrten, als bey einem GOttes=Gelehrten seynd, Stellte bey Gelegenheit der glücklichen Wiederkunfft Herrn D. Adrian Stegers, Vornehmen des Raths in Leipzig, in der vertrauten Deutschen Redner=Gesellschafft vor Romanus Teller, der Heil. Schrifft Baccalaur. und Sonnabends=Prediger bey der Thomas=Kirche, Leipzig.[191]

1730

Johann Abraham Birnbaum, Die vereinigte Macht der Liebe und Beredtsamkeit, in: Birnbaum, Reden 1, S. 163–172.[192]

Johann August Ernesti, Lob=Rede Auf den Hoch=Ehrwürdigen und Hoch=Gelahrten Herrn George Nitsch/ Vormahls Ober=Aufseher der Kirchen und Schulen in dem Fürstenthum Gotha, des geistlichen Gerichts zu Gotha Beysitzer, und Ober=Pfarrer daselbst, Welcher Am 20. des Winter=Monaths 1729. zu Gotha seelig verstorben, Und Am 25. desselben beerdiget worden, In Der vertrauten deutschen Redner=Gesellschaft zu Leipzig Am 25. gedachten Monaths 1730. gehalten, Leipzig 1731; Johann Heinrich Stuß (Hrsg.), Sammlung Auserlesener Reden, Welche Als Kern=Proben und galante Exempel der Teutschen Beredsamkeit Den Liebhabern zum Vergnügen und der Jugend zur Nachahmung vorgeleget werden, 2. Teil, Leipzig und Nordhausen 1735, S. 248–272.

---

190 Ein Druck konnte nicht nachgewiesen werden; Sicul schreibt: »der bisherige Senior D. Abraham Florens Rivinus [gemeint ist Johann Abraham, dessen Namen Sicul sonst richtig angibt] wurde Fürstl. Schwartzburg-Rudolstädtischer Rat und Amtmann in Franckenhausen«. Aus diesem Anlaß und zu dessen Hochzeit mit Elisabeth Viktoria Struve hat Andreas Florens Rivinus im Namen der Gesellschaft eine deutsche Epistel angefertigt; Sicul 2 (Abk.), S. 955. Die Eheschließung fand 28. Juni 1729 in Frankenhausen statt; vgl. Hohlfeld (Abk.), S. 265.

191 Das Erscheinungsjahr ist nicht angegeben und läßt sich auch aus dem Text nicht ermitteln, so dass für die Bestimmung die Angaben zur Tätigkeit der Personen auf dem Titelblatt dienen müssen. Teller wurde 1723 theologischer Baccalaureat, von 1727 bis zu seiner Berufung nach Merseburg im Juli 1730 war er Sonnabendsprediger an der Thomaskirche; vgl. Hein/Junghans (Abk.), S. 272. Adrian Steger (1707–1765) war seit 1727 Doktor der Jurisprudenz, am 29. August 1729 wurde er Ratsherr; vgl. Arndt, Hofpfalzgrafen=Register 2 (Anm. 140), S. 107 f., Nr. 246. Als Entstehungsdatum kommt der Zeitraum von Stegers Aufnahme in den Rat bis zu Tellers Weggang in Frage. Über Stegers Reise konnte nichts ermittelt werden.

192 Angabe des Inhaltsverzeichnisses: »verfertigt im nahmen der vertrauten teutschen redner-gesellschaft in Leipzig«. Die Rede wurde anlässlich der Hochzeit des Gesellschaftsmitglieds Johann Gottfried Mörlin mit Eleonore Friederike Thomae verfasst. Die Hochzeit fand im November 1730 in Altenburg statt; vgl. Gero von Wilcke, Die Familie des Thomasius (Cranach-Nachkommen), in: Archiv für Sippenforschung 53 (1987), S. 45–64, 49.

Gottsched, Bewillkommnungsrede eines neuen Mitgliedes in der vertrauten Rednergesellschaft, [1730][193], in: Gottsched, Redekunst 1739, S. 669–675; Gottsched, Reden, S. 575–583; Gottsched, Ausgewählte Werke 9/2, S. 501–508.

Gottsched, Dass ein Redner ein ehrlicher Mann seyn muß,[194] in: Gottsched, Redekunst 1739, S. 676–684; Gottsched, Reden, S. 584–594; Gottsched, Ausgewählte Werke 9/2, S. 509–518.

Gottsched, Zur Vertheidigung Gottes und des menschlichen Geschlechts im 1730sten Jahre in der vertrauten Rednergesellschaft zu Leipzig gehalten, in: Bayle, S. 720–722; Gottsched, Reden, S. 475–488; Beausobre, S. 353–375; Gottsched, Ausgewählte Werke 9/2, S. 414–426.

Gottsched, Zweite Rede Zur Vertheidigung Gottes und des menschlichen Geschlechts, in: Bayle, S. 722–725; Gottsched, Reden, S. 489–502; Beausobre, S. 376–400; Gottsched, Ausgewählte Werke 9/2, S. 427–439.

Gottsched, Dritte Rede Zur Vertheidigung Gottes und des menschlichen Geschlechts; Dass selbiges nicht so lasterhaft sey, als man glaubet, in: Bayle, S. 725–727; Gottsched, Reden, S. 503–520; Beausobre, S. 401–431; Gottsched, Ausgewählte Werke 9/2, S. 440–455.

Gottlob August Jenichen, Rede Von denen Wohlthaten gegen den Evangelischen Glauben und Glaubens=Genossen Sr. itztregierenden Kön. Maj. in Pohlen und Churfl. Durchl. zu Sachsen Sowohl Als Dero Glorwürdigsten Vorfahren des Churfl. Hauses Sachsen In der Vertrauten Teutschen Redner=Gesellschaft den 23. Decembr. 1730. abgeleget, Leipzig.

1731

Johann Abraham Birnbaum, Ein Rechts=Gelehrter vom innerlichen Nachdruck, in: Birnbaum, Reden 1, S. 54–70.[195]

---

193 Die Datierung ergibt sich aus Gottsched Bemerkung innerhalb der Ansprache, er habe die Rednergesellschaft »sechs Jahre her in der Nähe gesehen«. Gottsched, Bewillkommnungsrede, 1730 = Gottsched, Ausgewählte Werke 9/2, S. 502, Z. 21 f. Gottsched war im Frühjahr 1724 aufgenommen worden. Sicul erwähnt 2 Personen, die 1730 Magister wurden und folglich auch erst in diesem Jahr Mitglied werden konnten, Adam Bernhard Pantke und Gottlob August Jenichen. Pantke hat im Herbst 1730 sein Studium in Helmstedt fortgesetzt und von dort aus in einem Brief an Gottsched auf die Verabschiedung aus der vertrauten Rednergesellschaft Bezug genommen; vgl. Gottsched, Briefwechsel 1 (Abk.), S. 461, Z. 15–18. Möglicherweise war Pantke die Person, die Gottsched im Frühjahr bewillkommnete.

194 Die Datierung – 1730 – beruht auf Gottscheds Hinweis auf seine kurz zuvor gehaltene Rede, in der er den Redner als »gelehrten Mann« bezeichnet hat, »der seine Zuhörer von allem, was er will, überreden kann«. Gottsched, Dass ein Redner ein ehrlicher Mann seyn muß, 1730 = Gottsched, Ausgewählte Werke 9/2, S. 510, Z. 15–20. Dies verweist auf einen Passus der zuvor aufgeführten Bewillkommnungsrede von 1730; vgl. Gottsched, Ausgewählte Werke 9/2, S. 504, Z. 15–31.

195 Nach dem Inhaltsverzeichnis wurde die Rede in der vertrauten Rednergesellschaft gehalten, Datumsangaben fehlen. Es handelt sich um die Gedächtnisrede auf den Leipziger Oberhofgerichtsadvokat Friedrich Heinrich Graff (*1688). Graff, »ein mit uns sehr genau verbundener Freund« (S. 56), starb am 30. November 1731. Er war mit Johanna Dorothea Rivinus (1693–1780), einer Tochter des Gesellschaftsgründers Quintus Septimius Florens Rivinus, verheiratet; vgl. Hans-Joachim Rothe, Zur Ge-

Johann Friedrich May, Bey der Jenich= und Bahrmannischen Eheverbindung, Im Namen der vertrauten Redner=Gesellschaft, in: Der Deutschen Gesellschaft in Leipzig Eigene Schriften und Übersetzungen in gebundener und ungebundener Schreibart. Der Andere Theil. Leipzig 1734, S. 353–360.[196]

1732

Johann Abraham Birnbaum, Die gröste Gelassenheit bey dem grösten Verlust/ als ein unbetrügliches Kennzeichen ächter Großmuth, in: Birnbaum, Reden 1, S. 92–105.[197]

Johann Friedrich May, Gedächtniß=Rede Dem Wohlseeligen Herrn M. Justus Gottfried Rabenern, in der vertrauten Redner=Gesellschaft gehalten, in: Wohlverdientes Denkmal weyland Herrn M. Justus G. Rabeners, zum Ruhme seiner Verdienste aufgerichtet von Innenbenannten, Leipzig 1732, S. 2–24.

Friedrich Wilhelm Stübner, Gedächtniß=Rede, Welche Dem Hochseeligen Herrn, ... Johann Burchard Mencken ... in der vertrauten Redner=Gesellschaft zu Leipzig, den 19. des Brachmonats im Jahr 1732. bey einer feyerlichen Versammlung gehalten worden, in: Salomon Deyling, Ein in Gott ruhiges und befriedigtes Hertz wurde in einer dem weyland ... Herrn D. Johann Burchardt Mencken ... in der Pauliner=Kirche ... gehaltenen Gedächtniß=Predigt vorgestellet, Leipzig 1732, S. 125–140; Johann Heinrich Stuß (Hrsg.), Sammlung Auserlesener Reden, Welche Als Kern=Proben und galante Exempel der Teutschen Beredsamkeit Den Liebhabern zum Vergnügen und der Jugend zur Nachahmung vorgeleget werden, 2. Teil, Leipzig und Nordhausen 1735, S. 282–302.

1733

Gottsched, Dass man die wahre Beredsamkeit nur in männlichen Jahren recht fassen und ausüben könne; In einem Schreiben An M. Christian Clodius, Der Schulen zu St. Annaberg Rectorn, bey seiner Eheverbindung, Im Namen der vertrauten Redner Gesellschaft, in: Der Deutschen Gesellschaft in Leipzig Eigene Schriften und Über-

---

schichte der Leipziger Kaufmanns- und Juristenfamilie Graff im 17. und 18. Jahrhundert (1. Fortsetzung), in: Familie und Geschichte. Hefte für Familiengeschichtsforschung im sächsisch-thüringischen Raum 1 (1992), S. 73–81, hier S. 77 f.

196 Die Rede wurde anlässlich der Eheschließung von Gottlob August Jenichen mit »Jungfer Christianen Reginen, Herrn Johann Jacob Bahrmanns, Bürgers und Tracteurs alhier, ehel. jüngste Tochter« am 7. Juni 1731 gehalten. KAL, Trau-Buch zu S. Nicolai, Band 11: 1719–1731, S. 589.

197 Die Rede wurde anlässlich des Todes von Elisabeth Viktoria Rivinus, geb. Struve, der Ehefrau von Johann Abraham Rivinus gehalten, die am 10. September 1732 als »Sechswöchnerin« im Alter von 31 Jahren gestorben war; Thüringisches Staatsarchiv Rudolstadt, Kirchenbücher RU 26, S. 498, 8. Eintrag. Die Angabe verdanke ich Herrn Dr. Uwe Grandke (Rudolstadt). Birnbaum sagt zu den Anwesenden: »Ich bin gewiß versichert, daß Sie, hochzuehrende Herren, vor dem ... Wittwer, ... als einen erneuerer dieser unserer vertrauten versammlung; zum theil als ihren geliebtesten bruder und freund ... hochachtung hegen.« S. 95. Damit ist die vertraute Rednergesellschaft als Adressat eindeutig bezeichnet.

setzungen in gebundener und ungebundener Schreibart. Der Andere Theil, Leipzig 1734, S. 236–247.[198]

Heinrich Gottlieb Schellhafer, Rede, bey dem Absterben Ihro Königl. Majestät in Polen und Churfürstl. Durchl. zu Sachsen, Friedrich Augusts, gehalten in der vertrauten deutschen Rednergesellschaft zu Leipzig im März 1733, in: Schellhafer, Gedichte nebst einigen seiner Reden, Hamburg 1749, S. 439–459.

1735

Johann Abraham Birnbaum, Der vertheidigte Sardanapal, in: Birnbaum, Reden 1, S. 1–24.[199]

1736

Johann Abraham Birnbaum, Das überflüßige und abgeschmackte Ceremoniel in Complimenten, in: Birnbaum, Teutscher Reden Anderer Theil. Leipzig, Langensalza 1736, S. 59–76.[200]

1737

Johann Abraham Birnbaum, Das Lob der Jagd, in der vertrauten Teutschen Redner=Gesellschafft in Leipzig abgehandelt, Leipzig [1737].[201]

1738

Heinrich Gottlieb Schellhafer, Ehrengedächtniß Des Hochedlen ... Herrn Johann Richey I. U. L. ... aufgerichtet von einigen des Richeyischen Nahmens ergebenen Verehrern und Dienern in Leipzig, Leipzig 1738, S. 3–20; Schellhafer, Trauerrede zum Andenken des ... Herrn Johann Richey, I. V. L. der freyen Reichsstadt Hamburg Legations=Syndici zu Wien, gehalten in der vertrauten deutschen Rednergesellschaft

---

198 Gottsched erinnert in der Rede an seine Aufnahme in die Gesellschaft, »was nunmehro fast vor neun Jahren geschehen ist«. Johann Christoph Gottsched, An M. Christian Clodius, 1733, S. 236. Da Gottsched im Frühjahr 1724 Mitglied wurde, könnte die Rede Anfang 1733 gehalten worden sein.

199 Nach dem Inhaltsverzeichnis wurde die Rede in der vertrauten Rednergesellschaft gehalten. Ein Entstehungsdatum ist nicht bekannt, 1735 ist das Jahr der Veröffentlichung.

200 1736 veröffentlichte Birnbaum den zweiten Teil seiner *Teutschen Reden*, in dem zehn undatierte Reden enthalten sind. Während im Inhaltsverzeichnis des ersten Teils der Anlass der Reden genannt wird und infolgedessen auch festgehalten ist, welche Reden vor der vertrauten Rednergesellschaft gehalten wurden, gibt es im zweiten Teil keinen derartigen Vermerk. Alle zehn Reden beginnen mit der Anrede »Hochgeehrteste Herren«, aber nur in einer Rede kommt unzweifelhaft der Ort des Vortrags zur Sprache, wenn Birnbaum auf die »vertraute teutsche Redner=Gesellschaft« als Adressat ausdrücklich Bezug nimmt (S. 60). Da eine ausdrückliche Unterscheidung des Bezugsrahmens im Gegensatz zum ersten Band fehlt, zielen vermutlich alle Reden auf dieselben Hörer. Da dies aber nicht zweifelsfrei festzustellen ist, soll hier bloß die eine genannte Rede aufgeführt werden. Ein Entstehungsdatum ist nicht bekannt, 1736 ist das Jahr der Veröffentlichung.

201 Das Titelblatt enthält kein Datum, während die Widmung an Carl Gottlob von Leubnitz auf den 30. Juni 1737 datiert ist.

zu Leipzig, den 15 März 1738, in: Schellhafer, Gedichte nebst einigen seiner Reden, Hamburg 1749, S. 460–485.

1740

Johann Friedrich May, Sendschreiben von der Selbstverläugnung eines Redners, an ... Herrn Andreas Rivinus, Beyder Rechte Hochgewürdigten Doctor, Bey dem feyerlichen Antritte der Ihm ... aufgetragenen Profeßion der Institutionen, auf der berühmten Universität Wittenberg. Im Nahmen der vertrauten Rednergesellschaft in Leipzig abgefasset von derselben ietzigem Seniore Johann Friedrich Mayen, M. A., Leipzig den 20. Junii 1740.

Johann Friedrich May, Rede zur Vertheidigung der Buchdruckerkunst, in der vertrauten deutschen Rednergesellschaft in Leipzig gehalten von Derselben Senior, M. Johann Friedrich Mayen, in: Gepriesenes Andencken von Erfindung der Buchdruckerey wie solches in Leipzig beym Schluß des dritten Jahrhunderts von den gesammten Buchdruckern daselbst gefeyert worden, Leipzig 1740, S. 121–137.

Henrich Gottlieb Schellhafer, Trauerrede bey dem frühzeitigen Hintritte des ... Hn. Friedrich Matthäus Reimbolds, A. M. welcher den 29 Sept. 1740 in Gott selig verschied, gehalten in der vertrauten deutschen Rednergesellschaft in Leipzig, in: Schellhafer, Gedichte nebst einigen seiner Reden, Hamburg 1749, S. S. 486–504.

Abgekürzt zitierte Literatur

Adressbuch = Das ietztlebende Leipzig [1701–1713].

Bayle = Pierre Bayle, Historisches und Critisches Wörterbuch nach der neuesten Auflage von 1740 ins Deutsche übersetzt; Mit ... einigen Zugaben versehen von Johann Christoph Gottscheden, 4. Teil, Leipzig 1744 (Nachdruck: Hildesheim 1997).

Beausobre = [Louis de Beausobre], Gedanken über die Glückseligkeit, oder Philosophische Betrachtungen über das Gute und Böse des menschlichen Lebens. Aus dem Französischen übersetzet [von Luise Adelgunde Victorie Gottsched], mit Anmerkungen und einem Anhange dreyer Reden versehen, Berlin 1758, S. 351–431: Anhang Dreyer Reden, zur Vertheidigung Gottes und des menschlichen Geschlechtes.

Birnbaum, Reden 1 = Johann Abraham Birnbaum, Teutscher Reden Erster Theil, Leipzig und Langensalza 1735.

Donnerstägiges Predigerkolleg = Verzeichniß dererjenigen so von 1640 bis 1740 Mitglieder der großen donnerstägigen Prediger=Gesellschafft gewest, in: Christian Gottlieb Jöcher, Danck=Predigt ... zum Andencken der vor hundert Jahren geschehenen Stifftung des Donnerstägigen Großen Prediger=Collegii zu Leipzig Im Jahre MDCXL den 20 October in der academischen Kirche daselbst gehalten, Leipzig 1740.

Gottsched, Ausgewählte Werke = Johann Christoph Gottsched, Ausgewählte Werke, hrsg. von Joachim Birke, Phillip M. Mitchell, Band 1–12, Berlin 1968–1995.

Gottsched, Briefwechsel 1–7 = Johann Christoph Gottsched, Briefwechsel unter Einschluß des Briefwechsels von Luise Adelgunde Victorie Gottsched (Johann Christoph Gottscheds Briefwechsel. Historisch-kritische Ausgabe. Im Auftrag der Sächsischen Akademie der Wissenschaften zu Leipzig hrsg. von Detlef Döring, Manfred Rudersdorf), Band 1–7, Berlin, New York 2007–2013, hrsg. von Detlef Döring, Franziska Menzel, Rüdiger Otto, Michael Schlott.

Gottsched, Reden = Johann Christoph Gottsched, Gesammlete Reden in Dreyen Abtheilungen, nochmals von ihm selbst übersehen und verbessert. Leipzig 1749.

Gottsched, Redekunst 1736 = Johann Christoph Gottsched, Ausführliche Redekunst, Leipzig 1736.

Gottsched, Redekunst 1739 = Johann Christoph Gottsched, Ausführliche Redekunst. Die zweyte Auflage, Leipzig 1739.

Grünberg = Reinhold Grünberg, Sächsisches Pfarrerbuch. Die Parochien und Pfarrer der ev.-luth. Landeskirche Sachsens (1536–1939), 2. Teil, 1. und 2. Abteilung, Freiberg 1940.

Hein/Junghans = Markus Hein, Helmar Junghans (Hrsg.), Die Professoren und Dozenten der Theologischen Fakultät der Universität Leipzig von 1409 bis 2009 (Beiträge zur Leipziger Universitäts- und Wissenschaftsgeschichte A 8), Leipzig 2009.

Hirsching = Friedrich Karl Gottlieb Hirsching, Historisch=litterarisches Handbuch berühmter und denkwürdiger Personen, welche in dem 18. Jahrhundert gestorben sind, Band 1–17, Leipzig 1794–1815.

Hohlfeld = Johannes Hohlfeld, Leipziger Geschlechter, Band 2, Leipzig 1937.

Kroker = Ernst Kroker, Gottscheds Austritt aus der Deutschen Gesellschaft, in: Mittheilungen der Deutschen Gesellschaft zur Erforschung Vaterländischer Sprache und Alterthümer in Leipzig 9 (1902), S. 1–57, 42–57: Anhang. Mitgliederverzeichnis von 1697–1741.

Kühling/Mundus = Karin Kühling, Doris Mundus, Leipzigs regierende Bürgermeister vom 13. Jahrhundert bis zur Gegenwart, Beucha 2000.

Pfarrerbuch Kirchenprovinz = Pfarrerbuch der Kirchenprovinz Sachsen, Band 1–10, Leipzig 2003–2009.

Sicul 1 = Christoph Ernst Sicul, Leipziger Jahr=Geschichte 1721. Oder Des bisherigen Leipziger Jahr=Buchs Zu dessen Andern Bande Dritte Fortsetzung, Leipzig 1722.

Sicul 2 = Christoph Ernst Sicul, Annalium Lipsiensium ... Sectio XXXVI. Oder Des Leipziger Jahr=Buchs Zu dessen Vierten Band Eilffte Fortsetzung. Welche die rückständigen Vermischten Sachen 1729 ... gewähret, Leipzig 1731.

Zedler = Grosses vollständiges Universal Lexicon aller Wissenschaften und Künste, welche bißhero durch menschlichen Verstand und Witz erfunden und verbessert worden, 64 Bände, Halle, Leipzig 1732–1754 (Nachdruck: Graz 1993–1999 u. ö., http://www.zedler-lexikon.de/)

Das Kanalprojekt von Riesa nach Leipzig im Kontext der Leipziger Kanalfrage Mitte des 19. bis Mitte des 20. Jahrhunderts

Gerald Kolditz

Vorbemerkungen

Über eine Kanalanbindung Leipzigs wurde und wird seit 150 Jahren auf der Basis verschiedener Projekte, Ideen und konkreter Planungen diskutiert und zum Teil heftig gestritten. Viel Kraft, Zeit sowie öffentliche und private Gelder sind bis heute in Werbung, Planung, Vorbereitungsarbeiten und den Bau von Teilabschnitten investiert worden, ohne dass bisher auch nur eine der geplanten Kanalanbindungen Leipzigs an die Elbe verwirklicht wurde. In den Jahren vom Ende des 19. Jahrhunderts bis in den Ersten Weltkrieg hinein und dann wieder seit den 1920er-Jahren stand die Leipziger Kanalfrage im Blickpunkt des öffentlichen Interesses, weil es nicht nur um profitable Transporte von Massengütern, sondern auch um die preisgünstigere Einfuhr von Nahrungs- und Verbrauchsgütern für die Bevölkerung der Messemetropole ging. Immer wieder wurden Vorschläge gemacht und neue Konzepte erarbeitet, Fördervereine und Gesellschaften gegründet, Initiativen ergriffen und Vorstöße in Sachsen und über Ländergrenzen hinweg unternommen, um Leipzig einen schiffbaren Zugang zu den großen Wasserstraßen Deutschlands zu verschaffen.

Während über das bekannteste und einzige heute noch verfolgte Projekt, den Elster-Saale-Kanal in Fortsetzung bzw. Anbindung an den Karl-Heine-Kanal, schon häufiger publiziert wurde,[1] sind die anderen Projekte weitgehend in Vergessenheit geraten oder zu einer Fußnote der Geschichte geworden. Mit der Planung eines Großschifffahrtskanals von Riesa nach Leipzig soll eines dieser Projekte hier näher vorgestellt werden. Mit dem über 65 km langen Kanal Riesa – Leipzig war eine direkte Verbindung Leipzigs zur Elbe geplant, die ausschließlich, und das ist ihr Alleinstellungsmerkmal, über sächsisches Staatsgebiet führen sollte. Dies erschien trotz der hohen Kosten zeitweise umso aussichtsreicher, als man dabei nicht auf das Wohlwollen und die Unterstützung des benachbarten Königreichs Preußen angewiesen war, während alle anderen Kanaltrassen zu einem erheblichen Teil über dessen Gebiet geführt hätten. Bei diesen Projekten machte Preußen über Jahre seinen notwendigen Beitrag von Bedingungen abhängig,

1 Als jüngste größere Publikation sei hier Dirk Becker, Der Südflügel des Mittellandkanals. Per Schiff von Magdeburg über Merseburg nach Leipzig , Halle/S. 2008, genannt und zudem auf die historische und städtebauliche Studie Leipzig und seine Schiffskanäle von Wolfram Sturm, Leipzig 1998, verwiesen.

die vonseiten Sachsens kaum akzeptabel waren. Die bis heute nachwirkende Tragik der gesamten Leipziger Kanalfrage ist diesem Umstand ebenso geschuldet wie den von verschiedenen wirtschaftlichen und regionalen Interessengruppen mit Vehemenz verfolgten unterschiedlichen Kanalführungen nach Leipzig aus östlicher (Riesa, Oschatz, Wurzen), nordöstlicher (Torgau, Eilenburg) sowie nördlicher (Dessau, Aken, Köthen) oder westlicher (Merseburg) Richtung. Nach jahrelangen Aktivitäten in den Vorkriegsjahren, die zeitweise von kontroversen öffentlichen Kampagnen und Protestbewegungen begleitet waren, standen die Chancen für eine Realisierung dieser Kanalbauten als äußerst kosten- und personalintensive Großprojekte nach Ausbruch des Ersten Weltkrieges und den folgenden Krisen- und Inflationsjahren zunächst noch schlechter.

Da sich über einen langen Zeitraum verschiedene staatliche und städtische Behörden, Vertretungskörperschaften, wirtschaftliche Interessenvertretungen, Vereine und Einzelpersonen in Sachsen und Preußen, mit der Leipziger Kanalfrage beschäftigt haben, sind die zeitgenössischen Quellen, soweit sie erhalten sind, weit gestreut. Für die vorliegende Darstellung sind in erster Linie die Archivalien im Stadtarchiv Leipzig (Stadtverordneten- und Ratsakten), im Hauptstaatsarchiv Dresden (vor allem Sächsisches Innenministerium) und im Staatsarchiv Leipzig genutzt worden. In Letzterem lagen zu der Thematik in mehreren Archivbeständen einschlägige Akten vor, da sich hier sowohl die Überlieferung der Stadt Wurzen bis 1945 als auch die der Gewerbe- und Wirtschaftskammer Leipzig sowie ergänzend Vereinsakten im Polizeipräsidium Leipzig befinden. Damit ließen sich die Ereignisse und Entwicklungen zur Leipziger Kanalfrage weitgehend vollständig rekonstruieren, zumal den Akten oft Broschüren und Drucksachen, Projektunterlagen mit Kartenmaterial und zahlreiche Zeitungsausschnitte beilagen. Teilweise waren damit Totalverluste von Archivkörpern, z. B. der Handelskammer Leipzig oder der relevanten Vereinsarchive, relativ gut zu kompensieren. Einige Aufsätze aus zeitgenössischer Fachliteratur sowie die früheste und bereits 1913 im Druck erschienene Dissertation zum Thema »Der Leipzig-Saale-Kanal« von Paul Ritter (siehe Anm. 72) konnten zudem Lücken im Archivgut überbrücken. Wollte man das Thema in seiner ganzen Breite und Vielschichtigkeit umfassend bearbeiten, müssten neben weiteren Archivalien der Stadt Leipzig noch die Akten des Sächsischen Finanzministeriums sowie die Landtagsakten im Sächsischen Hauptstaatsarchiv Dresden ausgewertet werden; ebenso wie die entsprechende Ministerial- und Bezirksregierungsüberlieferung Preußens in Berlin bzw. Merseburg sowie die städtischen Akten in Torgau, Dessau, Halle, Eilenburg, Delitzsch, Oschatz und Riesa. Dies hätte den Umfang eines Aufsatzes in einem Jahrbuch weit überschritten und wäre sicher ein lohnenswertes Dissertationsthema. Selbst bei der Beschränkung auf eines der weniger bekannten Kanalprojekte waren jedoch nach Meinung des Autors Ausgangslage und Vorgeschichte sowie der Kontext zu den anderen Kanalplanungen zum Verständnis für den Leser dieses Beitrags unverzichtbar.

Kanalprojekte bis Ende des 19. Jahrhunderts

Im Zuge der enormen wirtschaftlichen Entwicklung im letzten Drittel des 19. Jahrhunderts erfuhr die Schaffung einer modernen Verkehrsinfrastruktur nicht nur im neu gegründeten Deutschen Kaiserreich wachsende Bedeutung. Neben dem Ausbau des Straßen- und Schienennetzes stand die Errichtung leistungsfähiger Binnenschifffahrtswege im Blickpunkt des Interesses von Handel und Gewerbe. Kaum ein anderes europäisches Land verfügte über so viele schiffbare Wasserläufe wie das Deutsche Reich. Aus wirtschaftlichen Kreisen wurde schon seit Mitte des 19. Jahrhunderts immer wieder gefordert, die großen und mittleren Flüsse nicht nur an die Eisenbahn anzuschließen, sondern sie untereinander durch ein Kanalsystem zu verbinden. Zu diesem Zweck gründete sich 1868 in Berlin ein Zentralverein für die Hebung der deutschen Fluss- und Kanalschifffahrt. Nach der Reichsgründung von 1871 erfolgte ein gewaltiger neuer Schub in der wirtschaftlichen Entwicklung (Gründerzeit), der mit einem staatlich finanzierten oder geförderten Ausbau der Verkehrswege einschließlich der Post- und Telegraphenverbindungen einherging. Zahlreiche Projekte für große und mittlere schiffbare Kanäle wurden geplant, und einige Kanalbauten schon bald begonnen. Bis Ende des 19. Jahrhunderts konnten der Oder-Spree-Kanal (1891), 1895 der Nord-Ostsee-Kanal (bis 1948 »Kaiser-Wilhelm-Kanal« genannt), der Dortmund-Ems-Kanal (1899) und schließlich 1900 der Elbe-Trave-Kanal ihrer Bestimmung übergeben werden.[2] Zwischen 1895 und 1914 wurde das Netz der Binnenkanäle im Deutschen Reich von knapp 2 500 km auf rund 15 000 km Länge ausgebaut. Im gleichen Zeitraum erhöhte sich die Tonnage der Binnenschiffe auf diesen Kanälen von durchschnittlich 80 auf 250 Tonnen, und neue Projekte sahen Kanalbauten für Flussschiffe mit Tragfähigkeiten von 400 bis 600 Tonnen Ladung vor.

Im letzen Drittel des 19. Jahrhunderts waren auch im mitteldeutschen Raum weitere Kanalpläne herangereift. Insbesondere im Großraum Leipzig sollte der bereits 1858 begonnene Elster-Saale-Kanal (später »Karl-Heine-Kanal«) vollendet und eine schiffbare Verbindung über die Saale zur Elbe hergestellt werden. Die Projektierung eines Kanals von der Saale nach Leipzig ging bereits auf Pläne der Kurfürsten von Sachsen Ende des 18. Jahrhunderts zurück, wobei die Arbeiten damals durch die napoleonischen Kriege nicht über Anfänge an Saale und Unstrut hinauskamen. Erst der Leipziger Industriepionier Dr. Karl Heine (1819–1888) griff Mitte der 1850er-Jahre diese Ideen wieder auf und begann in Plagwitz mit ersten Kanalbauarbeiten in Richtung Saale. Die Arbeiten korrespondierten mit dem enormen Bedarf an Aufschüttungsmaterial, das für die neuen Straßenanlagen, Wohn- und Fabrikbauten im

---

2 Vgl. Artikel und Übersicht zum Stichwort »Kanäle«, in: Meyers Konversationslexikon, Band 10, 6. Auflage, Berlin und Wien 1905, S. 536–544.

Leipziger Westen benötigt wurden. Dabei verband Karl Heine die von ihm profitabel mitinitiierte Baulandgewinnung (Leipziger Westend-Baugesellschaft) geschickt mit dem notwendigen Aushub bei den Kanalarbeiten. Kurzzeitig ließ er in diesem Zusammenhang sogar eine Damen- und Herrenschwimmanstalt errichten.[3] Jedoch überstiegen ohne finanzielle Unterstützung der öffentlichen Hand die enormen Baukosten für ein derartiges Kanalprojekt bald die Möglichkeiten Heines und auch die des im März 1874 gegründeten Canal-Vereins in Plagwitz-Lindenau (später Elster-Saale-Kanal-Verein). Außerdem bevorzugte die Handelskammer zu Leipzig schon seit Beginn der 1870er-Jahre eine direkte Kanalanbindung Leipzigs an die Elbe und gab die Projektbearbeitung für einen Kanal in Richtung Dessau (Wallwitzhafen) in Auftrag.[4] Im Januar 1874 stellte der Leipziger Ingenieur R. Herder in einer Broschüre die Kanalführungen Richtung Dessau und Richtung Merseburg ausführlich gegenüber. Spätestens seit 1874 beschäftigte sich auch der Rat der Stadt Leipzig intensiver mit der Frage einer künstlichen Wasserstraße als Verbindung zwischen Elster und Saale. Im Zusammenhang mit einer Verordnung der Kreisdirektion Leipzig vom 29. Juni 1874 sollten Vorarbeiten für eine Kanalverbindung zwischen Elster und Pleiße sowie eine Kanalisierung des Elsterfloßgrabens unter der Regie des Canal-Vereins in Plagwitz-Lindenau begonnen werden.[5] Ein Teil der Kosten in Höhe von 3000 Talern für die Vorbereitungsarbeiten wurde bereits im Januar 1874 von König Albert bewilligt.[6] Weitere damit verbundenen Summen mussten der Kanalverein und die Stadt Leipzig tragen, da die Königlich Preußische Regierung in Merseburg 1877 dem Leipziger Stadtrat mitteilte, dass nach Entscheidung des Preußischen Ministeriums für Handel, Gewerbe und öffentliche Arbeiten eine finanzielle Beteiligung an den Vorarbeiten abgelehnt worden sei.[7] Das ausgearbeitete Vorprojekt wurde 1887 dennoch der Regierung in Merseburg zur Kenntnis gebracht.

Nachdem am 26. Januar 1888 eine genaue Projektbeschreibung mit Kostenplan und Kartenmaterial an das sächsische Innenministerium geschickt wurde, richtete der Canal-Verein in Plagwitz-Lindenau am 6. Februar 1888 ein Gesuch an die II. Kammer des Sächsischen Landtages mit der Bitte »um Erbauung des Elster-Saale-Kanals auf Staatskosten«.[8] Um das Projekt auch in der Leipziger Öffentlichkeit bekannt und at-

3 Vgl. Karl-Heine-Kanal. Leipzigs langer Weg zum Meer; Lindenauer Geschichte(n), Heft 2, hrsg. vom Lindenauer Stadtteilverein e.V., Leipzig 2008, S. 10.

4 Paul Götz, Die drei Kanalprojekte, in: Leipzig und seine Bauten, hrsg. von der Vereinigung Leipziger Architekten und Ingenieure, Leipzig 1892, S. 712–715.

5 Stadtarchiv Leipzig (künftig StadtAL), Kapitelakten, Kap. 23, Nr. 22, Bd. 1 (Kanalverbindung Leipzigs mit der Saale betr.; 1874 bis 1893).

6 Sächsisches Staatsarchiv, Hauptstaatsarchiv Dresden (künftig HStA-D), 10736 Ministerium des Innern, Nr. 3297.

7 StadtAL, Kap. 23, Nr. 22, Bd. 1.

8 Ebd.

Die Leipziger
Westend-Baugesellschaft
beehrt sich, für
Dienstag, 13. Mai, Nachmittags 4 Uhr
zur
Wiedereröffnung der Dampfschifffahrt
auf der Elster und dem Dr. Heine-Canal
ergebenst einzuladen.
Diese Karte dient als Fahrkarte!
Programm umstehend.

Wiedereröffnung der Dampfschifffahrt auf der Elster und dem Karl-Heine-Kanal 1890 (HStA-D, 10736 Ministerium des Innern, Nr. 3298)

traktiv zu machen, wurde von der Leipziger Westend-Baugesellschaft ab 13. Mai 1890 die Dampfschifffahrt auf der Elster und dem »Dr. Heine-Canal« wiedereröffnet.[9] Nach den ersten Vorstößen beim sächsischen Parlament und der Staatsregierung begann der Ingenieur und Regierungsbaumeister Karl Goetz (1856–1945), Sohn des berühmten »Turnvaters« und Leipziger Arztes Ferdinand Goetz, ab 1891 im Auftrag des Sächsischen Finanzministeriums mit einer detaillierten Überarbeitung des Projektes für die Verbindung der Elster mit der Saale bei Kreypau.[10] Nachdem sich das Sächsische Finanzministerium aus Kostengründen für diese Variante ausgesprochen hatte, wurden auch diese Projektunterlagen der Preußischen Regierung zur Prüfung übergeben, da der längere Teil der Kanalstrecke nach Kreypau an der Saale über preußisches Gebiet führte. Am 22. Januar 1894 folgte auf dieser Grundlage ein erneuter Antrag bei der II. Kammer des Sächsischen Landtages.[11]

Zwei andere Projekte sahen damals eine direkte Elbanbindung Leipzigs mit einem rund 80 km langen Kanal über Halle und Köthen nach Aken und einen 65 km langen Kanal über Delitzsch und die bereits erwähnte Verbindung über Bitterfeld nach Dessau (Wallwitzhafen) vor und blieben weiter im Gespräch.[12] Vor allem die Leipziger Handelskammer machte sich zum Befürworter alternativer Kanalprojekte und ließ 1891 durch den Oberbaudirektor Franzius aus Bremen ein Gutachten über

9 HStA-D, 10736 Ministerium des Innern, Nr. 3298

10 Paul Götz, S. 712–714; Paul Götz veröffentlichte seine Ergebnisse in einer 1893 vom Elster-Saale-Kanal-Verein herausgegebenen 60-seitigen Broschüre, die auch mehrere Karten und Pläne enthielt.

11 StadtAL, Kap. 23, Nr. 22, Bd. 1.

12 Paul Götz, S. 714–715.

die Wasserverbindung der Stadt Leipzig anfertigen.[13] Im Jahr darauf gab die Handelskammer zudem eine Broschüre »Zur Leipziger Canal-Frage« heraus, die auf den vergleichenden Studien des Ingenieurbüros Havestadt & Contag in Berlin-Wilmersdorf zu den verschiedenen Kanalprojekten beruhte.[14] Ebenfalls 1892 veröffentlichte der Direktor des Statistischen Amtes der Stadt Leipzig Dr. Ernst Hasse (1846–1908) in der Druckschrift »Der neueste Stand der Leipziger Kanalfrage« seine Ansichten und Vorstellungen zu den vorliegenden Kanalprojekten und kam zu dem Schluss, dass bei einer veranschlagten Frachtmenge von jährlich 1,5 Millionen Tonnen eine genügend große Ersparnis gegenüber dem Bahntransport zu erwarten sei, mit der sich ein 30 Millionen Mark teurer Großschifffahrtskanal in wenigen Jahren amortisieren würde.[15] Im Juni 1895 fand in Leipzig im Beisein des Kreishauptmanns Georg Otto von Ehrenstein eine Zusammenkunft leitender Vertreter des Stadtrates, der Gewerbekammer und der Handelskammer statt, um über Möglichkeiten einer Finanzierung des Elster-Saale-Kanals zu beraten. Die Stadt wollte sich an den mit rund 13 Millionen Mark veranschlagten Baukosten mit drei Millionen Mark (ohne Rückforderung) direkt beteiligen.[16] Die verbleibenden zehn Millionen Mark sollten durch Zeichnung von Aktien und Beteiligung des Landes aufgebracht werden.

Bedingt durch eine zyklische Wirtschaftskrise um 1900 war die Umsetzung weiterer Kanalprojekte in Deutschland jedoch vorübergehend ins Stocken geraten. Zudem hatten sich in Preußen einflussreiche Gegner von Großschifffahrtskanälen organisiert, obwohl die preisgünstigere Beförderung durch Lastkähne auf dem Wasserwege längst nachgewiesen war. Als Gegenargument wurde vorgebracht, dass Transporte durch die Bahn schneller und weniger witterungsabhängig seien und zudem die Verlegung von Gleisen deutlich geringere Kosten als aufwändige Kanalbauten verursachten. Insbesondere konservative preußische Großagrarier und selbst viele deutsche Bundesstaaten sahen im weiteren Ausbau der Binnenschifffahrtswege eine unliebsame Konkurrenz zu den inzwischen weitgehend verstaatlichten Eisenbahnen. Davon ließen sich die Protagonisten der Wasserwege aber nicht entmutigen und versuchten die Öffentlichkeit für ihre Kanalpläne zu mobilisieren. Schließlich stand die Vollendung solch großer Projekte wie des Mittellandkanals als bedeutendste west-östliche Verbindung mit Anschluss an die niederländischen und belgischen Wasserwege auf dem Spiel. Die »Kanalfrage« spielte auch im Leipziger Verkehrsverein in den Jahren um 1900 eine wichtige Rolle. Hier setzte sich erneut der nationalliberale Reichstagsabgeordnete und Leipziger Professor für Statistik Dr. Ernst Hasse für die Schaffung eines leistungsfähigen mitteldeutschen Kanalsystems unter Einbindung Leipzigs ein.

---

13 StadtAL, Stadtverordnetenakten, C Nr. 10, Bd. 1.

14 Ebd.

15 HStA-D, 10736 Ministerium des Innern, Nr. 3299.

16 StadtAL, Kap. 23, Nr. 22, Bd. 2 (1894 bis 1897).

Deckblatt der Broschüre
»Die Leipziger Kanalfrage«
(StA-L, 20629 Stadt Wurzen, Nr. 3629)

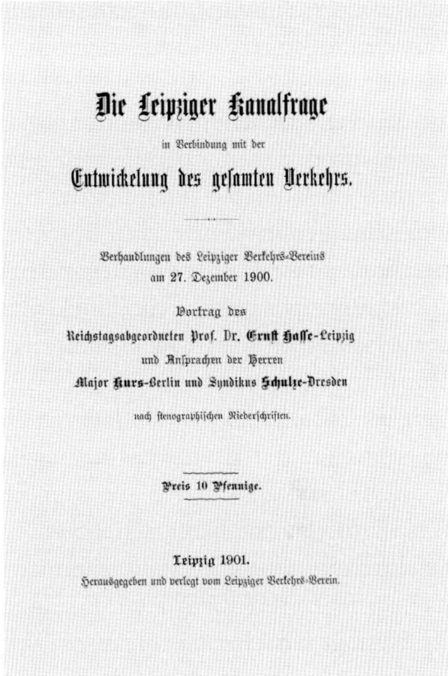

Die Leipziger Kanalfrage

in Verbindung mit der

Entwickelung des gesamten Verkehrs.

Verhandlungen des Leipziger Verkehrs-Vereins
am 27. Dezember 1900.

Vortrag des
Reichstagsabgeordneten Prof. Dr. **Ernst Hasse**-Leipzig
und Ansprachen der Herren
Major **Kurs**-Berlin und Syndikus **Schulze**-Dresden

nach stenographischen Niederschriften.

Preis 10 Pfennige.

Leipzig 1901.
Herausgegeben und verlegt vom Leipziger Verkehrs-Verein.

Besonders der Ausbau der Elbe mit der Anlage neuer Häfen und Staustufen, Flussregulierungen und Fahrrinnenvertiefungen führte zwischen 1872 und 1898 zu einer Verdreifachung des Frachtverkehrs ab Bad Schandau.[17] Um 1900 wurden auf der Oberelbe schon 2,5 Millionen Tonnen Güter transportiert, und von diesem wichtigen Wasserverkehrsweg wollte Leipzig als aufstrebende Handels- und Industriemetropole nun stärker als bisher profitieren. Ökologische Aspekte spielten damals kaum eine Rolle und waren im gesellschaftlichen Bewusstsein angesichts einer ausschließlichen Fixierung auf wirtschaftliche Entwicklung und Gewinnmaximierung nicht präsent. Hasse, der unter anderem eine komplette Kanalisierung der Elbe in Sachsen auf 121 km Länge vorschlug, forderte zwar unbedingt die Errichtung eines Großschifffahrtskanals zur Anbindung von Leipzig, favorisierte aber zunächst keines der vier bislang diskutierten Kanalprojekte.[18]

Bereits seit einigen Jahren wurden die verschiedenen Varianten, zu denen auch eine direkte Verbindung von der Elbe bei Riesa gehörte, zum Teil kontrovers in Ver-

17 Ernst Hasse, Die Leipziger Kanalfrage in Verbindung mit der Entwicklung des gesamten Verkehrs (Abdruck eines Vortrages vor dem Leipziger Verkehrsverein am 27. Dezember 1900), S. 13, in: Sächsisches Staatsarchiv, Staatsarchiv Leipzig (künftig StA-L), 20629 Stadt Wurzen, Nr. 3629 (Aktentitel: Großschifffahrtscanal Riesa–Leipzig betr.).

18 Ebd., S. 13–19.

waltungen, politischen und wirtschaftlichen Vereinen sowie Gremien von Handel und Gewerbe erörtert. Zu dieser Zeit waren aus finanziellen und bautechnischen Gründen die Kanaltrassen von Leipzig nach Aken und nach Wallwitzhafen schon ins Abseits ernsthafter Erwägungen geraten. Die Pläne für den Bau einer künstlichen Wasserstraße von der Saale über Leipzig und Eilenburg nach Torgau sowie von Riesa über Oschatz und Wurzen nach Leipzig beschäftigten aber noch lange Jahre die Gemüter. Die Leipziger Stadtverwaltung sowie starke wirtschaftliche Interessengruppen wie der Verband Sächsischer Industrieller und die Gewerbekammer Leipzig sahen darin eine auf Dauer preiswertere Möglichkeit zur Steigerung des Rohstoff- und Warentransportes in der gesamten Region Nordsachsen und darüber hinaus.

Das Kanalprojekt Riesa – Leipzig

Am 11. März 1898 hatte sich der Südvorstädtische Verein Leipzig mit einem Gesuch an das Sächsische Finanzministerium gewandt und um Unterstützung für ein neues Kanalprojekt von Riesa nach Leipzig gebeten.[19] Das Finanzministerium beauftragte die Königlich Sächsische Staatseisenbahnverwaltung daraufhin, mit einem Gutachten insbesondere die Frage zu klären, ob die volkswirtschaftlichen Vorteile einer solchen Kanalverbindung die damit verbundenen hohen Baukosten und die für die Staatseisenbahnen entstehenden Verluste aufwiegen würden. Die Generaldirektion der Sächsischen Staatseisenbahnen teilte nach Erstellung des Gutachtens dem Finanzministerium am 7. September 1898 ihre Ablehnung dieses Kanalprojektes mit und gab aus wirtschaftlichen Gründen dem Elster-Saale-Kanal den Vorzug.[20]

Zuvor hatte der Rat der Stadt Leipzig jedoch die preußischen Bauräte Havestadt und Contag bereits mit der Ausarbeitung von Plänen und Kostenanschlägen für eine schiffbare Verkehrsanbindung der Stadt an die Elbe bei Riesa beauftragt. Der Kanal sollte dabei ausschließlich über sächsisches Territorium führen und die Möglichkeiten einer Verbindung mit dem Westen der Stadt Leipzig sowie mit einem künftig zu erbauenden Elster-Saale-Kanal einschließen. Im Juni 1899 legte das Projektierungsbüro Havestadt & Contag einen detaillierten Entwurf mit Kostenüberschlag für einen »Großschifffahrtskanal Riesa–Leipzig« vor, dessen Extrakt auf 16 Seiten und einer faltbaren Kartenbeilage bei Giesecke & Devrient in Leipzig im Druck erschien.[21] Das Berliner Ingenieurbüro war auf derartige Verkehrsprojekte spezialisiert und hatte schon 1892 im Auftrag der Stadt eine Studie für den Kanalbau für Schiffe bis 600 Tonnen Tragfähigkeit von Torgau über Eilenburg nach Leipzig aus-

19 HStA-D, 10736 Ministerium des Innern, Nr. 13549.
20 Ebd.
21 StA-L, 20629 Stadt Wurzen, Nr. 3629 (aus dem dieser Akte beigefügten gedruckten Projektauszug).

Deckblatt des Kanalprojekts Riesa–Leipzig von 1899 (StA-L, 20629 Stadt Wurzen, Nr. 3629)

Großschifffahrtskanal

Riesa-Leipzig

nach dem Entwurfe der königlichen Bauräthe

Havestadt und Contag.

gearbeitet. In seiner projektierten Länge von über 67 Kilometern lag das Kanalprojekt Riesa–Leipzig zwischen den bisherigen Projekten Leipzig–Torgau (55 km) und Leipzig–Aken (80 km) und entsprach etwa der Strecke Leipzig–Wallwitzhafen bei Dessau mit 65 km. In ihrer Entwurfsplanung wiesen Havestadt & Contag anhand statistischen Materials nach, dass auf dem Kanal künftig fast die doppelte Tonnage zu niedrigeren Transportpreisen von und nach Leipzig zu befördern wäre, als es die Eisenbahn damals zu leisten vermochte. Auf sämtlichen Leipziger Bahnhöfen betrug der Warenein- und -ausgang im Jahr 1897 immerhin schon 2,55 Millionen Tonnen Güter.[22] Zu dieser Zeit berechnete die Eisenbahn Frachtkosten von durchschnittlich 4,4 Pfennig je Transportkilometer bei 100 kg Waren, während bei gleicher Menge nur rund 2,8 Pfennig je Kanalkilometer per Schiffspassage anfallen sollten. Diese Rechnung wäre jedoch nur bei maximaler Auslastung des Kanals und ohne wetterbedingte oder sonstige Störungen aufgegangen. Allerdings hätte zuvor die für damalige Verhältnisse gewaltige Summe von rund 38 Millionen Mark allein für Grunderwerb und Baukosten des geplanten 68,7 km langen Kanals aufgebracht werden müssen. Dazu wurden noch neun Millionen Mark für die Hafenanlage in Leipzig einschließlich der erforderlichen Hochbauten und maschinellen Einrichtungen veranschlagt. Als größter Einzelposten schlugen mit 17,5 Millionen Mark die Erd- und Böschungsarbeiten

22 Ebd.

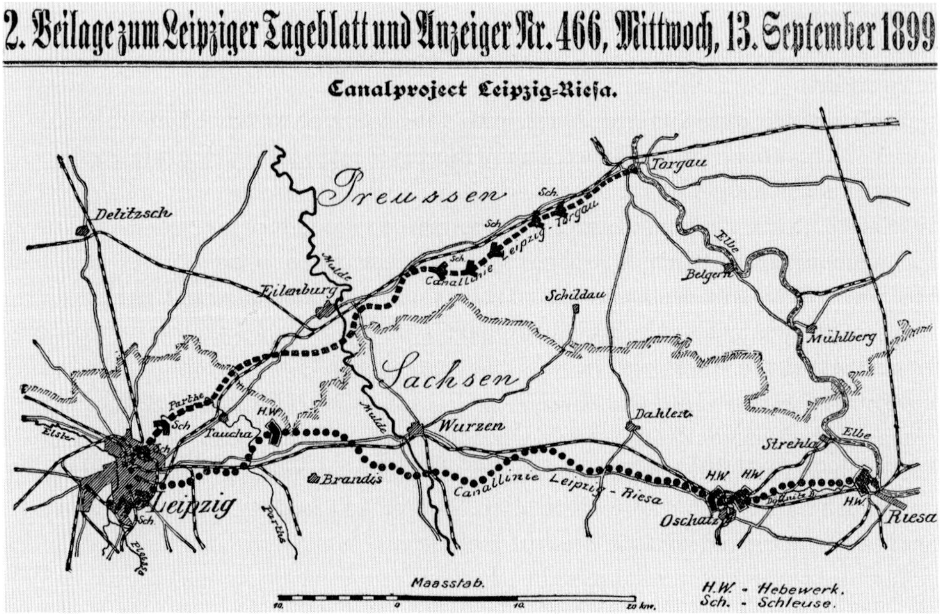

Kartenskizze der geplanten Kanaltrassen Leipzig–Riesa und Leipzig–Torgau im Leipziger Tageblatt und Anzeiger vom 13. September 1899 (StA-L, 20629 Stadt Wurzen, Nr. 3629)

zu Buche, während für fünf Hebewerke sowie mehrere Unter- und Überführungen weitere reichlich 14 Millionen Mark geplant waren.[23] Insgesamt hätte zwischen Riesa und Leipzig ein Gefälle von 46 Metern ausgeglichen werden müssen, wozu senkrechte Hebewerke mit bis zu 20 Metern Hubhöhe nach dem System Hoppe bei Gröba, Zschöllau, Oschatz, zwischen Panitzsch und Cunnersdorf sowie vor der Hafeneinfahrt Leipzig geplant waren. Die Konstruktion der Hebewerke war jeweils mit Trögen von 67 Metern Länge, 9,5 Meter Breite und einer Wassertiefe von 2,5 Metern verbunden und damit für Schiffe von 600 Tonnen Tragfähigkeit ausgelegt. Der Kanal war auf eine durchschnittliche Wassertiefe von 2 Metern und eine Breite von 26 Metern bei 18 Metern Sohlbreite konzipiert, damit zwei bis zu 600 Tonnen schwere Lastkähne aneinander vorbeifahren konnten. Im Streckenverlauf des Kanals waren Dammschüttungen von bis zu 14 Metern Höhe und Geländeeinschnitte von bis zu neun Metern Tiefe bis zur Kanalsohle vorgesehen. Auch an künstliche Wasserspeisung des Kanals mittels Pumpwerken bei Niedrigwasser sowie an Absperrschieber und Abflussvorrichtungen bei Hochwasser war gedacht worden.

23 Wie Anm. 9 (Kostenplan).

Beginnen sollte der Kanal bei Riesa-Gröba in der Mündung des Döllnitzbachs und dabei streckenweise das Bachtal nutzen, danach an den Orten Pochra, Borna, Schönnewitz, Mannschatz, nördlich an Oschatz vorbeiführen, wobei hier vor und nach dem geplanten Hafen jeweils ein Hebewerk nötig würde. Seinen weiteren Verlauf hätte der Kanal über Calbitz, Luppa, durch den Wermsdorfer Forst, über Kühren und Burkhartshain südlich von Dehnitz bis ins Tal der Mulde genommen. Der Hafen Wurzen wäre etwa 3,5 km südlich der Stadt angelegt und an die Bahnstrecke Wurzen–Grimma angeschlossen worden. Der Kanal sollte über diese Bahnlinie und anschließend mit einem 414 Meter langen Aquädukt über die Mulde geführt werden. Kurz vor dem Muldenübergang war eine wesentliche Verbreiterung des Kanals vorgesehen, die Raum für vier nebeneinander liegende Schiffe geboten hätte und bei Bedarf zu einem Liegehafen erweitert werden konnte. Nach der Muldenquerung in einer Höhe von 14 Metern verlief die Trassenplanung durch den Vorderen Planitzwald und die Zauche, überquerte die Leipzig-Dresdner Eisenbahn kurz vor Machern und bei Kilometer 55 die Parthe südlich von Panitzsch, wozu ein 12 Meter ausgleichendes Hebewerk notwendig gewesen wäre. Zwischen Panitzsch und Borsdorf hätte die künstliche Wasserstraße rund drei Kilometer durch die Parthenaue geführt, wobei der kleine Fluss verlegt und viermal gekreuzt werden sollte. Über Borsdorfer, Althener und Engelsdorfer Flur wäre der Kanal zwischen Mölkau und Zweinaundorf verlaufen, bevor er im Süden von Leipzig zwischen Connewitz und Stötteritz in einer größeren Hafenanlage vorerst enden sollte (heutiges Gelände der Alten Messe und der Deutschen Nationalbibliothek). Optional wurde von den Projektanten eine Verbindung vom Leipziger Hafen bis zur Pleiße und weiter bis zum Elster-Saale-Kanal vorgeschlagen, wobei allerdings zwei weitere Hebewerke erforderlich geworden wären. Der Hafen selbst sollte aus einem Mittelbassin, zwei größeren und einem kleineren Hafenbecken sowie einem Vorhafen zum Löschen und Lagern von Kohlen mit nutzbaren Kailängen von insgesamt 3 830 Metern bestehen. Als Grundausstattung des Leipziger Hafens enthielt die Kostenkalkulation ein Maschinenhaus, ein Warenhaus, ein Verwaltungsgebäude, einen Silospeicher, einen offenen Schuppen und zwei Portalkräne.

Man rechnete mit jährlich 270 Betriebstagen der Schifffahrt auf dem Kanal und einer maximalen Beförderung von über 4,5 Millionen Tonnen Gütern. Dabei gingen die Projektanten unter Berücksichtigung der Leistungsfähigkeit der Hebewerke von täglich 14 Betriebsstunden und ausschließlich 600-Tonnenschiffen aus. Die Verwaltungs-, Unterhaltungs- und Betriebskosten des Kanals (ohne Hafenbewirtschaftung) wurden mit durchschnittlich 330 000 Mark im Jahr veranschlagt.[24] Darin war auch die künstliche Wasserzuführung mittels Pumpen enthalten, um die berechnete Wasserverdunstung und Versickerung auszugleichen. Insgesamt sollten die Einsparungen

24 Ebd.

durch die preisgünstigeren Transporte von Schütt- und Stückgütern auf dem Wasserwege, insbesondere von Sandsteinen aus dem Elbtal und der dringend benötigten preisgünstigeren Steinkohle aus Böhmen, mit dem Kanalbetrieb nach den Planungen groß genug sein, um die zunächst aufzubringenden Baukosten und laufenden Unterhaltskosten bald zu amortisieren.

Der Kampf um die Umsetzung der Kanalprojekte

An der Umsetzung des Kanalprojektes Riesa–Leipzig waren hauptsächlich die beiden potenziellen »Hafenstädte« Oschatz und Wurzen sowie bestimmte Kreise aus Leipziger Industrie und Handel interessiert, erhofften sie sich davon doch für die heimische Wirtschaft und für ihre Städte einen beträchtlichen Aufschwung bzw. Bedeutungsgewinn. So traten in der Folgezeit besonders die Bürgermeister der größeren Ortschaften an der geplanten Kanaltrasse wie Oschatz, Wurzen und Brandis in einen regen Austausch untereinander und mit der Stadtverwaltung Leipzig, um die Ausführung des Projektes zu befördern.[25] Nachdem am 13. Juni 1899 ein ausführlicher Bericht über das Kanalprojekt im Leipziger Tageblatt und Anzeiger erschienen war, beschloss der Stadtrat von Wurzen wenige Tage später, sich mit einer Anfrage an die Stadt Leipzig zu wenden, warum bei dem vorliegenden Projekt für einen Großschifffahrtskanal von Riesa nach Leipzig die Stadt Wurzen bei der Trassenführung nicht genügend berücksichtigt wurde. Der Wurzener Rat wollte vor allem erreichen, dass der Kanal näher als geplant an seiner Stadt liegen sollte. Der Leipziger Oberbürgermeister Dr. Georgi teilte dem Stadtrat Wurzen am 3. Juli 1899 mit, dass nicht die Stadt Leipzig für die Trassenführung, sondern das Ingenieurbüro Havestadt & Contag verantwortlich sei. Dieses habe offensichtlich aus bautechnischen Gründen den Verlauf so projektiert, dass der Kanal 3,5 km südlich an Wurzen vorbeiführen sollte. Wurzen forderte daraufhin einige der angebotenen gedruckten Erläuterungsberichte zum Kanalprojekt von der Stadtverwaltung Leipzig an, die allen Stadträten bis Oktober 1899 zur Kenntnis gegeben wurden. Ende Oktober fragte der Stadtrat von Wurzen bei den Projektanten Havestadt und Contag nach den Gründen für die relativ weit von Wurzen entfernte Kanaltrasse an und erhielten Mitte November 1899 die Mitteilung, dass diese wegen der »schwierigen örtlichen Verhältnisse des Überganges über das Muldenthal« als wirtschaftlichste Trassenführung gewählt wurde. Es sei jedoch nicht ausgeschlossen, dass bei der Feinplanung im Zuge der Projektrealisierung noch eine für Wurzen günstigere Linienführung gefunden werden oder ein Stichkanal unmittelbar

25 Ebd., die Akte des Stadtrates zu Wurzen umfasst die gesamte Entwicklung des Kanalprojektes Leipzig–Riesa zwischen 1899 und 1913.

an die Stadt herangeführt werden könne. Außerdem wurde der Stadtrat Wurzen vom Central-Verein für Hebung der deutschen Fluss- und Kanalschiffahrt in Berlin zu einer Präsentation des Projektes Großschifffahrtskanal Riesa–Leipzig durch Baurat Contag im Reichstagshaus am 8. Dezember 1899 eingeladen.[26] Danach »schweigen« die Wurzener Ratsakten für einige Monate.

Der Leipziger Oberbürgermeister Georgi hatte die Projektunterlagen am 4. Juni 1899 an die Stadtverordneten geschickt. Diese befassten sich erstmals am 14. Juni kurz damit, trafen aber zunächst keine Entscheidungen in der Sache.[27] Einige Stadtverordnete fuhren jedoch zur öffentlichen Projektvorstellung durch Havestadt & Contag am 8. Dezember 1899 nach Berlin. Im gleichen Monat hatten sich bereits zahlreiche Leipziger Unternehmer mit der Bitte an die Stadtverordneten gewandt, das Kanalprojekt Riesa–Leipzig besonders dann zu fördern, wenn damit eine schnelle Anbindung der Industriegebiete im Leipziger Westen zu erwarten sei. Ansonsten sollte aber lieber der Elster-Saale-Kanal unterstützt werden, da dieser aus Kostengründen mehr Aussicht auf Realisierung hätte.[28] Der Stadtrat teilte den Leipziger Stadtverordneten am 19. Dezember 1899 ergänzend mit, dass dieses Projekt (Riesa–Leipzig) bei seiner Bedeutung für ganz Sachsen »erst noch eingehender Prüfung und Erörterung« bedürfe, und sie (die Stadtverwaltung) zwischenzeitlich die Machbarkeit einer Anbindung an die Industriegebiete im Westen Leipzigs (Plagwitz und Lindenau) prüfen wolle.[29] Im Februar 1900 betonte auch der Leipziger Verkehrsverein sein großes Interesse an der Umsetzung einer Kanalanbindung und wandte sich mit einer Eingabe »zur Herstellung einer leistungsfähigen Wasserstraße nach Leipzig« an die Stadtverordneten.[30]

Im August 1900 stand das Kanalprojekt Riesa–Leipzig bei der öffentlichen Plenarsitzung der Gewerbekammer zu Leipzig auf der Tagesordnung. Hier wurde von dem Berichterstatter zunächst bedauert, dass wegen der Haltung der preußischen und sächsischen Regierung der Bau des Elster-Saale-Kanals nach Kreypau seit 1897 aussichtslos geworden sei und daher von der Stadt Leipzig alternativ andere Projekte mit einer direkten Anbindung Leipzigs an die Elbe ausschließlich auf sächsischem Staatsgebiet angestrebt würden. Diese Pläne wurden trotz höherer Kosten zwar von der Gewerbekammer und dem Verkehrsverein Leipzig unterstützt, aber von der Handelskammer zu Leipzig wegen des damit verbundenen größeren finanziellen Aufwandes und längerer Wege abgelehnt. Deshalb fanden parallel stets Planungen und Verhandlungen zu den anderen Kanalprojekten statt. Im Frühjahr 1900 hatte sich der Landrat von Merseburg Graf Clairon d' Haussonville wegen des damit verbundenen Hoch-

26 Ebd.
27 StadtAL, Stadtverordnetenakten, C Nr. 10, Bd. 1.
28 Ebd.
29 Ebd.
30 Ebd.

wasserschutzes und der Regulierung der Luppe schriftlich an den Leipziger Oberbürgermeister gewandt.[31] Man traf sich am 6. April 1900 im Leipziger Rathaus zu einem Gespräch, an dem auch der Stadtbaurat Franze teilnahm. Dabei ging es unter anderem um das aktuell vorgelegte Kanalprojekt Riesa–Leipzig, dessen Baukosten jedoch als zu hoch für eine Realisierung angesehen wurden. Der preußische Landrat stellte aber eine Konsultation mit dem zuständigen preußischen Minister in Aussicht und nahm im August 1900 zunächst wegen der Aufwendungen für die Vorarbeiten von 10 000 Mark für den Elster-Saale-Kanal Rücksprache mit dem Projektanten Baurat Max Contag.[32] An den Kosten beteiligten sich neben der Handelskammer Leipzig und Interessenorganisationen die Städte Leipzig mit 3 000 M, Halle mit 2 000 M und Schkeuditz mit 1 000 M sowie die Handelskammer Leipzig mit 1 000 M.[33]

Zwischenzeitlich hatte der Rat der Stadt Leipzig seine Prüfungen zur Anbindung des geplanten Kanals Riesa–Leipzig an das Industriegebiet in Plagwitz und Lindenau abgeschlossen und teilte den Stadtverordneten am 13. September 1901 sein Fazit mit. Wegen der hohen Kosten der Kanalverbindung vom geplanten Hafen nach Plagwitz, unter anderem durch zahlreiche Brückenbauten, würde sich das Projekt Riesa–Leipzig auf 62 Millionen Mark verteuern und hätte damit »kaum Aussicht auf wirkliche Ausführung«.[34] Im Jahre 1902 wurde von Havestadt & Contag eine Studie für einen Luppe-Kanal als Alternativprojekt zum Elster-Saale-Kanal vorgelegt, wobei damit eine aufwändige Melioration der Elsteraue verbunden gewesen wäre, die dieses Kanalprojekt auf mindestens 27 Millionen Mark verteuert hätte.[35] Schließlich befasste sich auch der Verband Sächsischer Industrieller, dessen Syndikus damals Gustav Stresemann war, auf seiner Mitgliederversammlung am 4. März 1903 in Leipzig mit der Kanalfrage im Königreich Sachsen. Nach ausführlicher Erörterung beschloss dessen Hauptversammlung die aktive Unterstützung des Elster-Saale-Kanals unter der Prämisse, dass Preußen einen entsprechenden Kostenanteil übernimmt; anderenfalls sollte ein von Preußen unabhängiger Großschifffahrtskanal von Riesa nach Leipzig den Vorzug erhalten.[36] Im September 1903 bekundete die Handelskammer zu Chemnitz ihr Interesse an einem Ausbau des sächsischen Wasserstraßennetzes (namentlich des Kanalprojektes Riesa–Leipzig) und wandte sich in der Hoffnung auf eine Kanalanbindung (Stichkanal) ihrer Region einschließlich des Erzgebirges an die sächsische Regierung.[37] Damit waren zwar weitere einflussreiche Gremien zum Befürworter des Kanalprojektes geworden, aber zunächst sollte wieder wertvolle Zeit

31 StadtAL, Kap. 23, Nr. 22, Bd. 3.
32 Ebd.
33 Ebd.
34 Ebd.
35 Ebd.
36 StA-L, 20629 Stadt Wurzen, Nr. 3629.
37 Ebd.

vergehen, ehe konkrete Schritte in Richtung Bauausführung folgten. So schrieb der Vorstand des Elster-Saale-Kanal-Vereins im Dezember 1903 sichtlich frustiert an den Rat der Stadt Leipzig, »... wohl selten hat ein so tief in alle Erwerbszweige einschneidendes Projekt so viel Zeit zu seiner Verwirklichung in Anspruch genommen, als die Herstellung einer Wasserstraße von Leipzig nach der Elbe.«[38] Und weiter heißt es in dem Brief, dass nun die »goldene Zeit in Sachsen« ohne Geldsegen für Kanäle, aber mit Millioneninvestitionen für den Eisenbahnneubau verstrichen sei.[39] Dennoch ließen sich die Kanalbefürworter in Sachsen nicht entmutigen und hielten die Kanalfrage am »Köcheln«. So veranstaltete der Verkehrs-Verein Leipzig gemeinsam mit zehn weiteren Vereinen am 22. April 1904 eine gut besuchte öffentliche Versammlung im großen Saal des Leipziger Centraltheaters zur »Besprechung der Leipziger Kanal-Angelegenheiten, insbesondere des Projektes Leipzig-Creypau«. Als Referenten sprachen Regierungsbaumeister Prof. Richard Toepel und der Handelskammer-Sekretär Dr. Gotthard Rossbach.[40]

Im April 1906 wurde vom Verband Sächsischer Verkehrsvereine das Kanalprojekt Riesa–Leipzig auf seiner Jahresversammlung eingehend behandelt, worüber die sächsische Regionalpresse ausführlich berichtete. Hier wurde in einer Resolution der baldige Ausbau des sächsischen Wasserstraßennetzes gefordert und beschlossen, die Sächsische Staatsregierung um eine zeitnahe Prüfung aller »erörterten Kanalprojekte nach ihrer technischen Ausführbarkeit und wirtschaftlichen Rentabilität« zu ersuchen.[41] Außerdem richtete Carl Reißmann als Vorsitzender des Elster-Saale-Kanal-Vereins am 30. November 1906 einen dringlichen Appell an die Leipziger Stadtverwaltung, sich doch endlich für eines der Kanalprojekte stark zu machen. Dieses Schreiben war von zahlreichen namhaften Unternehmern wie Mädler, Blüthner, Rudolf Sack und Schimmel aus Miltitz sowie von Vereinen und dem Stadtrat von Markranstädt unterzeichnet.[42] Inzwischen waren durch die projektierten Bahnhofsbauten und die Erweiterung des Schienennetzes in Leipzig jedoch schwere technische Bedenken gegen einen Großschifffahrtskanal und den Bau von Hafenanlagen vorgebracht worden. Vom Verein Leipziger Steuerzahler wurde mehrfach bemängelt, dass die geplanten Transportvolumen, die zur Begründung der Kanalprojekte dienten, um ein Mehrfaches zu hoch angesetzt seien und somit die Gefahr der Verschwendung von Steuergeldern für unrentable Großprojekte nahe liegen würde.[43]

38 Ebd.
39 Ebd.
40 StadtAL, Stadtverordnetenakten, K Nr. 16, Bd. 1.
41 Leipziger Neueste Nachrichten Nr. 111 vom 23. April 1906.
42 StadtAL, Kap. 23, Nr. 22, Bd. 3.
43 Ebd.

Im Februar 1907 ging beim Rat der Stadt Leipzig und den Stadtverordneten eine Eingabe der Handelskammer zu Leipzig ein, in der im Kontext mit der Historie der bislang diskutierten sieben verschiedenen Kanalprojekte für Leipzig erklärt wurde, dass nur noch der Bau des Elster-Saale-Kanals von Leipzig nach Kreypau eine reale Aussicht auf Verwirklichung habe.[44] Diese Variante sei mit 24 km Länge und geschätzten Baukosten von 11,9 Millionen Mark das kürzeste und preiswerteste Vorhaben, würde zudem von zahlreichen Großhandels- und Industriefirmen unterstützt und seit Jahren vom Leipziger Verkehrsverein gefordert. Selbst der noch denkbare Bau des Luppe-Saale-Kanals wäre durch die dort notwendige Hochwasserabführung mehr als doppelt so teuer. Die anderen Kanalprojekte seien noch kostspieliger oder von der preußischen Regierung abgelehnt worden. Eindringlich wurden Stadtverordnete und Rat ersucht, möglichst rasch konkrete Schritte zum Baubeginn des Elster-Saale-Kanals einzuleiten, da anderenfalls die Gefahr bestünde, dass bedeutende Handels- und Industriezweige ihre Betriebe aus Leipzig in besser angebundene Orte verlegten. Bereits jetzt sei Leipzig wegen der fehlenden Wasserstraßenanbindung und damit verbundenen höheren Transportkosten bei einer ganzen Reihe wichtiger Nahrungs- und Genussmittel eine der teuersten Städte Deutschlands. Insbesondere bei Schüttgütern, Baumaterialien und Rohprodukten wie Eisen, Wolle und Baumwolle wäre der Schiffstransport eine effektive Alternative zur Eisenbahn.[45] In der wenig später erfolgten Reaktion der Gewerbekammer in den Leipziger Neuesten Nachrichten verteidigte diese nach wie vor die rein sächsische Trasse von Riesa nach Leipzig und stellte klar, dass die dafür irrtümlich verbreiteten Kosten von 70 bis 100 Millionen Mark für dieses Projekt tatsächlich nur auf 47 Millionen zu veranschlagen seien. Der Bau und Betrieb des Elster-Saale-Kanals wäre außerdem nur rentabel, wenn gleichzeitig die Saale bis zu ihrer Mündung in die Elbe auf einer Länge von über 100 km für den Verkehr größerer Frachtschiffe ausgebaut und entsprechende Schleusen errichtet würden. Dazu hätte sich die preußische Staatsverwaltung bislang nicht bekannt. Für den Fall jedoch, dass die sächsische Regierung dem Kanalprojekt Riesa–Leipzig ihre Zustimmung verweigern sollte, würde die Gewerbekammer zu Leipzig letztlich auch das Elster-Saale-Kanalprojekt unterstützen.[46]

Im gesamten ersten Halbjahr 1907 schlugen die Wellen um die Leipziger Kanalfrage hoch und beschäftigten in starkem Maße die Öffentlichkeit.[47] Befürwor-

---

44 StA-L, 20031 Polizeipräsidium Leipzig, PP-V Nr. 3891 (Diese Akte beinhaltet fast ausschließlich Zeitungsausschnitte und Drucksachen aus dem Zeitraum 1907 bis 1917).

45 Der Rat der Stadt Leipzig rückte ab 1907 endgültig vom Luppe-Kanal ab und konzentrierte sich fortan auf die Realisierung des Elster-Saale-Kanals; vgl. dazu: StadtAL, Kap. 23, Nr. 22, Bd. 3.

46 StA-L, 20031 Polizeipräsidium Leipzig, PP-V Nr. 3891.

47 Dies spiegelte sich nicht nur in den Werbe- und Streitschriften der Unterstützungsvereine und in der regionalen Presse wider, sondern war auch Inhalt eines zusammenfassenden Beitrages im »Leipziger Kalender« von 1908 in der Rubrik »Kurze Leipziger Jahres-Chronik« von Johann Jakob Vogel d.J.,

Oeffentliche

Volksversammlung!

Protest gegen den Elster-Saale-Kanal.

Dienstag, den 30. April,

abends ½ 8 Uhr

findet im Saale des „Amtshofes“ eine Volksversammlung statt, um Stellung zu nehmen zu der für unsere Stadt besonders wichtigen

Kanalfrage.

Generalsekretär Ragoczy-Berlin wird einen Vortrag halten über:

Die volkswirtschaftliche Bedeutung der Kanalfrage.

Das Korreferat übernimmt Redakteur Dyck.

Darnach freie Aussprache.

Alle Interessenten an dem Kanalprojekt Riesa-Leipzig — und das sind in Oschatz und Umgegend alle Erwerbsstände — laden wir hierzu ein und hoffen auf ein zahlreiches Erscheinen.

Evangelischer Arbeiterverein gez. Hähnel

Gewerbeverein gez. Schöpe

Kaufmännischer Verein gez. Seifert

Liberaler Verein gez. Dyck

Städtischer Verein gez. Wittig

Aufruf zur Protestversammlung am 30. April 1907 gegen den Elster-Saale-Kanal im Oschatzer Tageblatt und Anzeiger (StA-L, 20201 Gewerbekammer Leipzig, Nr. 1388)

ter und Gegner des Elster-Saale-Kanals führten mit Denkschriften, Resolutionen, Zeitungsartikeln, öffentlichen Versammlungen und Protestresolutionen eine regelrechte Kanalpropaganda. So organisierte der Gewerbeverein Oschatz gemeinsam mit dem örtlichen Kaufmännischen Verein, dem Evangelischen Arbeiterverein und dem Liberalen Verein am 30. April 1907 im Saal des »Amtshofes« eine öffentliche Volksversammlung als »Protest gegen den Elster-Saale-Kanal« und zur Kanalfrage, an der 150 bis 200 Bürger teilnahmen.[48] Der Generalsekretär Ragoczy des Vereins für Kanal- und Flußschiffahrt aus Berlin hielt den Hauptvortrag zum Thema »Die volkswirtschaftliche Bedeutung der Kanalfrage«. Dabei betonte er, dass nicht die Baukosten die entscheidende Rolle spielen würden, sondern die Unterstützung des Staates und die Kosten für den Aufkauf von Grundstücken wichtige Faktoren für die Realisierung von Kanalprojekten seien. Nach seinen Erfahrungen würde die preußische Regierung allen Plänen Widerstand entgegensetzen, die Kanalbauten über ihr Territorium betreffen. Zudem wäre die Rentabilität des Güterverkehrs per Eisenbahn besser gegeben als beim Elster-Saale-Kanal. Somit würden sich alle Projekte außer

S. 269–270 (Kanalfrage). Die darin zum Schluss geäußerte Zuversicht, dass nun in absehbarer Zeit die endgültige Entscheidung über einen schiffbaren Wasserweg für Leipzig fallen würde, sollte sich jedoch noch lange nicht erfüllen.

48 StA-L, 20201 Gewerbekammer Leipzig, Nr. 1388 (Leipziger Kanalangelegenheit betr.).

Riesa–Leipzig trotz der hier deutlich höheren Baukosten nicht verwirklichen lassen. Jetzt käme es darauf an, mit vereinten Kräften und Unterstützung der Dresdner und Chemnitzer Handelskammern die sächsische Regierung für dieses Kanalprojekt zu gewinnen. Nach Auseinandersetzungen mit anwesenden Vertretern aus Leipzig verabschiedete die Oschatzer Volksversammlung am gleichen Abend eine Resolution für das Kanalprojekt Riesa–Leipzig und protestierte gegen die beabsichtigte Übernahme einer Zinsgarantie der Stadt Leipzig für den Elster-Saale-Kanal. Stadtrat und Stadtverordnetenkollegium zu Oschatz wurden eindringlich um Unterstützung des Projektes gebeten.[49] Von der Stadt Wurzen war eine Förderung des Kanalprojektes Riesa–Leipzig zunächst nicht mehr zu erwarten, denn knapp zwei Wochen zuvor hatte deren Stadtrat am 17. April 1907 beschlossen, wegen der zu großen Entfernung des für Wurzen anzulegenden Hafens und der daher nicht genügenden Berücksichtigung der Interessen der Stadt, »... von irgendwelchen Schritten zur Förderung des Projektes vorläufig abzusehen«.[50] Damit erfuhren die schon 1899 geäußerten Vorbehalte der Stadt Wurzen gegen den Trassenverlauf des projektierten Kanals ihre Auferstehung.

Die Favorisierung des Elster-Saale-Kanals

Als die Leipziger Stadtverordneten am 26. Juni 1907 der vom Rat der Stadt erstellten Vorlage zur Übernahme einer jährlichen Zinsgarantie von 300 000 Mark für 15 Jahre für die privat zu finanzierende Kanalanleihe (durch Obligationen) zustimmten, schien sich die Leipziger Kanalfrage deutlicher als bisher zugunsten des Elster-Saale-Kanals zu entwickeln.[51] Dies war zwar mit einer Reihe von Bedingungen verknüpft, minimierte aber das wirtschaftliche Risiko eines solchen Großprojektes nicht unbeträchtlich. In der Öffentlichkeit wurde es als positives Votum der Stadt Leipzig für diese Kanaltrasse verstanden, die ja bei allen Projekten wegen ihrer wirtschaftlichen Bedeutung Ziel- und Ausgangspunkt einer schiffbaren Kanalanbindung war. Zu den Bedingungen für die Zinsgarantie durch die Stadt Leipzig, mit der eine 3,5-prozentige Verzinsung des Anlagekapitals garantiert werden sollte, gehörten die Baufinanzierung durch eine private Kapitalgesellschaft, die kostenlose Überlassung des Karl-Heine-Kanals zur Einbeziehung in das Kanalprojekt durch die Westend-Baugesellschaft sowie die spätere Abführung von 50 Prozent eines zu erwartenden Betriebsgewinns an die Stadt bis zur Höhe der Zinsgarantiesumme.[52] Vorausgegangen waren den Beschlüssen von

49 Ebd.
50 StA-L, 20629 Stadt Wurzen, Nr. 3629.
51 Ebd.
52 Vgl. Protokoll (Drucksache) der öffentlichen Verhandlung der Stadtverordneten (von Leipzig) am 26. Juni 1907, S. 428–435, in: StA-L, 20201 Gewerbekammer Leipzig, Nr. 1388 (hier Bl. 73–77).

Leipziger Stadtrat und Stadtverordneten zwischen Februar und Mai 1907 mehrere Anträge und Resolutionen von einflussreichen Befürwortern des Elster-Saale-Kanals wie dem Leipziger Verkehrsverein, dem Verein Leipziger Handelsvertreter, der Leipziger Handelskammer und dem Bezirksverein West-Leipzig an die städtischen Gremien, in denen nochmals auf die wirtschaftlichen Vorteile und die Notwendigkeit einer Kanalanbindung Leipzigs hingewiesen wurde.[53]

Zur Finanzierung des Kanalprojektes gründete sich am 26. September 1907 ein Komitee zur Vorbereitung einer Leipziger Kanal-Aktien-Gesellschaft unter dem Vorsitz des Leipziger Handelskammerpräsidenten und Geheimen Kommerzienrates Gustav Zweiniger, der außerdem Abgeordneter der I. Kammer des Sächsischen Landtages war. Dem Komitee gehörten mit Baurat Contag vom projektierenden Ingenieurbüro, dem Geheimen Kommerzienrat Julius Favreau als Direktor der Allgemeinen Deutschen Creditanstalt, dem Landtagsabgeordneten Franz Gontard, dem Direktor der Leipziger Baumwollspinnerei Hertle, den Fabrikbesitzern Friedrich Sack und Carl Reißmann, dem Vorsitzenden der Leipziger Westend-Baugesellschaft Heinrich Schomburgk und dem Direktor der Filiale der Deutschen Bank in Leipzig Regierungsrat Schönfeld weitere einflussreiche Vertreter aus Politik, Wirtschaft und Finanzwelt an.[54] Das Komitee wandte sich am 15. April 1908 mit einem Rundschreiben an vermögende Leipziger Industrielle und einflussreiche Persönlichkeiten. Darin wurde um Zusicherung der Beteiligung an einer noch zu gründenden Leipziger-Kanal-Aktiengesellschaft und um Vorzeichnung einer individuell anzugebenden Zahl an Aktien zu je 1 000 Mark gebeten.[55] Mit dieser schriftlich fixierten, jedoch rechtlich nicht verbindlichen Vorabfrage wollten die Initiatoren sondieren, ob und in welchem Umfang das benötigte private Kapital für den Kanalbau zusammenkommen würde. Unter den potenziellen Aktionären befanden sich solche bekannten Leipziger Unternehmer bzw. Firmen wie Karl Krause, Julius Blüthner, Meier & Weichelt, Rudolf Sack, die Leipziger Baumwollspinnerei, die Kammgarnspinnerei Stöhr und die Schokoladenfabrik Felsche. Auch Bankhäuser wie die Allgemeine Deutsche Creditanstalt und die Filiale der Deutschen Bank sowie Gesellschaften wie die Westend-Baugesellschaft, die Grundstücksgesellschaft zu Leipzig und der Konsum-Verein Leipzig-Plagwitz stellten zum Teil fünfstellige Aktienzeichnungen in Aussicht.[56] Die Firma Karl Krause führte mit 50 Stück bzw. 50 000 Mark die Liste der Aktienbestellungen an, Blüthner und Meier & Weichelt folgten mit 20 000 bzw. 15 000 Mark. Selbst das Ingenieurbüro Havestadt & Contag in Berlin-Wilmersdorf, welches unter anderem den Kanal Riesa–Leipzig projektiert hatte, wurde vom Vorbereitungskomitee ange-

53 Ebd., Bl. 82–84.
54 StA-L, 20031 Polizeipräsidium Leipzig, PP-V Nr. 3891 (die Leipziger Kanalgesellschaft betreffend).
55 StA-L, 20205 Wirtschaftskammer Leipzig, Nr. 63.
56 Ebd.

schrieben und erklärte sich zur Zeichnung einer Aktie zu 1 000 Mark bereit.[57] Letztlich blieb die Zahl der voraussichtlichen Aktionäre und deren finanzielles Engagement für den Elster-Saale-Kanal aber mit rund einer halben Million Mark weit hinter den Erwartungen zurück, sodass durch private Aktionäre nur ein Bruchteil der auf 18 Millionen Mark veranschlagten Baukosten zu realisieren gewesen wäre. Man hatte auf wenigstens drei Millionen Mark als Grundstock gehofft und wollte die restlichen 13 bis 15 Millionen Mark durch Ausgabe von Schuldverschreibungen (Obligationen) aufbringen. Im Ergebnis hatten sich zunächst von den 6 000 eingetragenen Leipziger Firmen lediglich 35 finanziell für das Kanalprojekt engagiert. Damit wurde klar, dass ohne größeres finanzielles Engagement der öffentlichen Hand die Kanalanbindung Leipzigs an Saale und Elbe in weite Ferne gerückt zu sein schien. Zudem kam das Leipziger Tiefbauamt in einer ausführlichen Wirtschaftlichkeitsuntersuchung zu den Kanalprojekten Ende 1908 zu dem Ergebnis, dass die aktuellen Güterumschläge auf den Leipziger Bahnhöfen inzwischen bei sechs Millionen Tonnen jährlich lagen und selbst in Dresden mengenmäßig mehr als drei mal so viel per Bahn wie auf der Elbe transportiert werde.[58] Außerdem führten aktuelle Braunkohlenfunde in der Elster-Luppe-Aue erneut zu Zweifeln an der geplanten Trassenführung des Elster-Saale-Kanals. Schließlich verzögerte sich eine Entscheidung in der Kanalfrage nicht zuletzt wegen der unterschiedlichen Haltung Preußens und Sachsens in der Frage der Schifffahrtsabgaben auf der Elbe. Die preußische Regierung machte nicht nur die Absicherung der Finanzierung des Elster-Saale-Kanals von sächsischer Seite, sondern auch das Einlenken Sachsens bei den streitigen Schifffahrtsabgaben zur Bedingung für die notwendigen Vorarbeiten auf seinem Gebiet. Erst danach wollte sich Preußen bereit erklären, die mit acht Millionen Mark veranschlagte Regulierung der Saale bis zur Elbmündung und die Vergrößerung der Schleusen zu beginnen.[59]

Dennoch ergriff die Leipziger Kanalgesellschaft m.b.H., an deren Spitze der frühere Leipziger Stadtrat Leo Friedrich Ludwig-Wolf (1839–1913) als Geschäftsführer sowie ein achtköpfiger Aufsichtsrat standen, im Januar 1910 mit einer ausführlich begründeten Petition zur Unterstützung des Baus des Elster-Saale-Kanals an die II. Kammer der Sächsischen Ständeversammlung erneut die Initiative.[60] Nach mehrjähriger Prüfung habe sich nur dieses Projekt überhaupt als finanzierbar erwiesen und sei für den Industrie- und Handelsplatz Leipzig inzwischen zu einer Lebensfrage geworden. Ausführlich wurden den Abgeordneten die Vorzüge dieses Kanalprojektes an Hand neuester Erkenntnisse und Zahlen zu Aufwand und Nutzen dargelegt und um Fürsprache bei der Staatsregierung gebeten. Die zuvor um Unterstützung ersuchte

57 Ebd.
58 StadtAL, Kap. 23, Nr. 22, Bd. 4.
59 Ebd.
60 StA-L, 20201 Gewerbekammer Leipzig, Nr. 1388.

Gewerbekammer Leipzig befürwortete Ende April 1910 diesen Antrag einstimmig.[61] Aber auch dieser Versuch, über den Landtag das Kanalprojekt mit staatlicher Unterstützung endlich zu beginnen, führte nicht zum Erfolg, da das Sächsische Innenministerium für diese kürzeste Kanalverbindung nun Gesamtkosten von 70 bis 100 Millionen Mark (mit Folgekosten) veranschlagte.[62] In diesem Zusammenhang wurden erneut Fragen wie der Hochwasserschutz und ob die Schiffe 600 oder 400 Tonnen Tragfähigkeit haben sollten, kontrovers diskutiert. Die damit verbundenen Alternativplanungen zur Höhe und Breite der Deiche, zur Kanaltiefe und zur Vergrößerung von Schleusen hatten Auswirkungen in Millionenhöhe und erschwerten zusätzlich konkrete Schritte in Richtung Baubeginn. Zwar hatten sich inzwischen auch in Merseburg mit der Preußischen Elster-Saale-Kanalgesellschaft die Unterstützer organisiert, aber es dauerte noch bis Ende 1910, ehe Sachsen und Preußen ihre Differenzen über den Entwurf des Reichsgesetzes über den Ausbau der deutschen Wasserstraßen und die Erhebung von Schifffahrtsabgaben mit einem Kompromiss beilegten. Preußen sagte den Ausbau der oberen Saale für Schiffe bis zu 400 Tonnen zu (Sachsen strebte 600 Tonnen-Schiffe an), und Sachsen gab dafür seine Blockade bei der Erhebung von Schifffahrtsabgaben im sogenannten Elbverband auf und sicherte deren Erhebung im Einvernehmen mit Österreich zu.[63] Schließlich konnte das o. g. Reichsgesetz am 24. Dezember 1911 erlassen werden und trat 1912 in Kraft.[64] Trotzdem begannen danach keine Bauarbeiten am Elster-Saale-Kanal, weil die Finanzierung nach wie vor ungeklärt war und immer noch Bedenken von der sächsischen Wasserbaudirektion und dem Innenministerium gegen die geplanten Hochwasserdeiche in der Saale-Niederung bestanden.[65]

Neuer Wein in alten Schläuchen – das Kanalprojekt Leipzig–Eilenburg–Torgau und die Folgen

Zwischenzeitlich waren andere Entwicklungen in Gang gekommen, die ein Alternativprojekt mit einer Kanalanbindung an die Elbe über Eilenburg nach Torgau und weiter bis nach Berlin verfolgten. Am 17. Dezember 1912 hatte sich auf Initiative des Eilenburger Bürgermeisters Dr. Alfred Belian in Leipzig ein Verein zur Erbauung des Kanals Leipzig–Eilenburg–Torgau gegründet, der sich auf seiner ersten Hauptver-

61 Ebd.
62 Ebd. (vgl. dort ab Bl. 86 in Drucksache an die II. Kammer vom 15.01.1910; Anlage vom 09.02.1907, Seite 1).
63 HStA-D, 10736 Ministerium des Innern, Nr. 20334.
64 Reichsgesetzblatt Nr. 72 vom 24.12.1911, S. 1137–1149.
65 HStA-D, 10736 Ministerium des Innern, Nr. 20334.

sammlung am 18. Februar 1913 in Kanalverein Berlin-Leipzig e.V. umbenannte und eine Satzung verabschiedete. Dem Vorstand gehörten neben dem Eilenburger Bürgermeister Dr. Belian als Vorsitzender weitere Bürgermeister aus Taucha, Luckenwalde und Torgau sowie Fabrik- und Gutsbesitzer aus verschiedenen Orten, ein Architekt und ein Schriftsteller aus Leipzig an.[66] Der neu gegründete Verein griff ein bereits 1892 von dem Rittergutsbesitzer Adolph Gontard (1834–1909) aus Leipzig-Mockau angeregtes Kanal-Projekt wieder auf und gab dazu eine aktualisierte Vorstudie bei der in dieser Sache erfahrenen und offensichtlich einzig geeigneten Firma Havestadt & Contag in Auftrag. Danach betrug die Gesamtlänge dieser Kanalverbindung bis Berlin 133 km und war mit 64 Millionen Mark Bau- und jährlich einer Millionen Mark Verwaltungskosten veranschlagt worden.[67] Zwar hatte das Sächsische Innenministerium Gontard bereits im Dezember 1903 mitgeteilt, dass nach Rückfrage beim Preußischen Ministerium der Auswärtigen Angelegenheiten seitens der preußischen Staatsverwaltung kein Interesse an diesem Kanalprojekt bestünde und sich daher Sachsen auch nicht beteiligen könne,[68] aber die Kanalbefürworter dieser Trassenführung gingen nun von veränderten wirtschaftlichen Entwicklungen in Verbindung mit einer modifizierten Schifffahrts-Abgabengesetzgebung und neu erteilter Eisenbahnkonzessionen für Sachsen aus.[69] Die Finanzierung sollte mit Unterstützung entsprechender Befürworter und privater Kapitalgeber aus Sachsen und Preußen erfolgen. Endziel war eine weitergehende Verbindung über Potsdam und Berlin bis nach Stettin mit Zugang zur Ostsee sowie eine Anbindung an Hamburg, Dresden und Böhmen. Dabei beteuerte der Vereinsvorsitzende Dr. Belian, dass dieses Projekt keineswegs als Konkurrenzunternehmen des Elster-Saale-Kanals anzusehen sei, sondern unabhängig davon seine Berechtigung habe.[70]

Allerdings stieß dieses Vorhaben, das mit einigem Wirbel in der Öffentlichkeit verbreitet wurde, abermals auf den Protest der Stadtverwaltungen von Riesa, Oschatz und Wurzen. Veranlasst durch ein Rundschreiben ihres Amtskollegen Dr. Lohse aus Brandis, trafen sich die Bürgermeister dieser Städte am 22. Mai 1913 zu einer Beratung im Rathaus von Oschatz. Dabei vereinbarte man, zunächst die Meinung des Rates zu Leipzig einzuholen, da ohne dessen Zustimmung kaum Aussicht auf Erfolg für das Kanalprojekt Leipzig–Riesa bestehen würde. Der Wurzener Bürgermeister Dr. Seetzen nahm jedoch erst Anfang 1914 mit dem Leipziger Oberbürgermeister Dr. Dittrich Rücksprache, in deren Ergebnis die Stadt Leipzig weder an dem Kanalprojekt Riesa–Leipzig noch an dem von Leipzig über Torgau nach Berlin Interes-

66 StA-L, 20201 Gewerbekammer Leipzig, Nr. 1388.
67 StA-L, 20028 Amtshauptmannschaft Leipzig, Nr. 4005.
68 Ebd.
69 StA-L, 20201 Gewerbekammer Leipzig, Nr. 1388.
70 StA-L, 20626 Stadt Taucha, Nr. 2043.

Kartenskizze (Auszug) mit geplanter Kanaltrasse Leipzig–Eilenburg–Torgau sowie Anbindung an die Wasserstraßen nach Berlin (StA-L, 20201 Gewerbekammer Leipzig, Nr. 1388)

se signalisierte.[71] Dies markierte nach fast 15 Jahren Diskussion offensichtlich das endgültige »Aus« für den projektierten Großschifffahrtskanal Leipzig–Riesa. Zu dieser Einschätzung kam auch Paul Ritter (Eisenbahnobersekretär aus Halle/Saale), der sich in seiner Abschlussarbeit im Rahmen eines Externenstudiums der Staatswissenschaften an der Universität Halle insbesondere mit der Bedeutung, Rentabilität und Finanzierung des Elster-Saale-Kanals befasst hatte.[72] Sein Fazit lautete, dass das ausschließlich auf sächsischem Gebiet verlaufende Kanalprojekt Leipzig–Riesa in Sachsen zwar viele Anhänger gefunden habe, es aber insbesondere nicht den Eisenbahninteressen Sachsens entsprach und zudem wegen der damit verbundenen hohen Baukosten aufgegeben wurde.[73]

Ganz anders sah es für das Projekt des Elster-Saale-Kanals aus, für den sich nach wie vor zahlreiche Firmen und Gemeinden um Leipzig sowie aus dem weiter entfernt

---

71 StA-L, 20629 Stadt Wurzen, Nr. 3629.

72 Paul Ritter: Der Leipzig-Saale-Kanal. Seine wirtschaftliche Bedeutung für Leipzig und das übrige Mitteldeutschland, seine Rentabilität und Finanzierung, (Die Lösung der Leipziger Kanalfrage), Halle 1913. Die 130 Seiten umfassende Broschüre wurde in einer Auflage von 1 500 Exemplaren vom Verlag Gebauer-Schwetzschke in der eigenen Verlagsdruckerei hergestellt.

73 Ebd., S. 6.

liegenden Regionen aussprachen. So votierten 1912 auch die Stadtverwaltungen von Bernburg, Aue, Zwenkau, Meuselwitz, Gößnitz, Schneeberg, Meerane und Zeitz sowie die Zwickauer Kaufmannschaft, die Handelskammer des Herzogtums Sachsen-Altenburg und der Landwirtschaftliche Kreisverein im Vogtland für den schnellstmöglichen Bau einer Kanalverbindung von Leipzig zur Saale und Elbe und wandten sich an verschiedene Stellen.[74] Die im April 1913 erschienene Publikation von Paul Ritter wurde auf seinen Antrag hin von zahlreichen Gremien und Kanalvereinen mit beträchtlichen Druckzuschüssen gefördert. Als Gegenleistung erhielten der Rat zu Leipzig, die Leipziger Kanalgesellschaft und die Handelskammer hunderte Freiexemplare, die sie zum Zwecke der Kanalpropaganda und Information einflussreicher Stellen verwendeten.[75] Außerdem wurde ein Teil der Auflage der Leipziger Westend-Baugesellschaft zur Werbung auf der vom Mai bis Oktober 1913 in Leipzig stattfindenden Internationalen Baufach-Ausstellung zur Verfügung gestellt.[76] Ein weiteres positives Signal ging im April 1914 von der Leipziger Stadtverwaltung aus, als diese der Leipziger Kanalgesellschaft m.b.H. antragsgemäß über 8 100 Mark als Aufwandsentschädigung für in Vorleistung erbrachte Kosten von Begehungen, Gutachten und Teilprojektierungen für den Elster-Saale-Kanal erstattete.[77]

Nach Ausbruch des Ersten Weltkrieges bestanden für solche Großprojekte noch weniger Erfolgsaussichten als in Friedenszeiten. Dennoch wandte sich die Leipziger Kanalgesellschaft nach Abstimmung mit dem preußischen Elster-Saale-Kanalverein am 17. November 1914 abermals an das sächsische Innenministerium und ersuchte dieses dringlich, trotz des »... unserem Deutschen Vaterland so freventlich an den Hals geworfenen Krieg ...« den Bau nun in Angriff zu nehmen. Das Kanalprojekt einschließlich Hochwasserschutz an der Saale sei inzwischen baureif, der Kanal hätte durch kriegswichtige Transporte zusätzliche Berechtigung, und außerdem könnten Kriegsgefangene als billige Arbeitskräfte beim Kanalbau eingesetzt werden.[78] Im Januar 1915 behandelte die Handelskammer zu Leipzig die Kanalfrage erneut und schlug vor, für die aufwändigen Bauarbeiten »Notstandsarbeiter« einzusetzen.[79] Am 30. März 1915 richtete sich die Leipziger Kanalgesellschaft mit einer weiteren Eingabe an das sächsische Innenministerium und an das Finanzministerium. Tenor war diesmal die Weiterführung des unvollendeten Mittellandkanals von Hannover zur Elbe mit Anschluss an den projektierten Elster-Saale-Kanal.[80] Als sich aus diesen Aktio-

74 Ebd., 106–120.
75 StadtAL, Kap. 23, Nr. 22, Bd. 4.
76 Paul Ritter, ... Vorbemerkungen des Autors vor dem Inhaltsverzeichnis (ohne Seitenangabe).
77 StadtAL, Kap. 23, Nr. 22, Bd. 4.
78 Ebd.
79 Ebd. (Dabei handelte es sich offensichtlich um männliche Arbeitslose im nicht wehrfähigen Alter bzw. Wehruntaugliche, die ihre Arbeit in Folge kriegsbedingter Betriebsstilllegungen verloren hatten.)
80 Ebd.

nen keine konkreten Schritte zur Umsetzung der Kanalprojekte ergaben, wandte sich die Leipziger Kanalgesellschaft im Februar 1918 nochmals mit einer Petition an die II. Kammer der Ständeversammlung in Dresden. Der Landtag wurde erneut mit dem Verweis auf dringenden Bedarf für kriegswichtige Transporte gebeten, sich bei der sächsischen Staatsregierung für eine baldige Ausführung der Kanalanbindung Leipzigs an den Wasserweg der Saale einzusetzen.[81] Bei der angespannten wirtschaftlichen und militärischen Lage im fünften Kriegsjahr blieb ein Engagement der sächsischen Regierung in dieser Sache völlig illusionär. Doch rissen die Initiativen zum Bau einer Kanalanbindung Leipzigs auch in den Nachkriegsjahren nicht ab, konzentrierten sich nun aber ausschließlich auf die kürzeste und offensichtlich kostengünstigste Verbindung zur Saale.

Die Leipziger Kanalfrage zwischen den Weltkriegen

Als wichtiger Schritt zum praktischen Beginn der Bauarbeiten am Elster-Saale-Kanal wurde infolge der Ende November 1920 geschlossenen Vereinbarungen zwischen dem Reich und den Ländern Preußen, Sachsen, Anhalt und Braunschweig zur Vollendung des Mittellandkanals noch im gleichen Jahr ein Kanalbauamt in Leipzig gegründet.[82] Dieses arbeitete bereits 1921 auf der Basis der vorliegenden Unterlagen ein aktualisiertes eigenes Kanalprojekt für den Elster-Saale-Kanal aus, welches als Grundlage für eine Denkschrift des Elster-Saale-Kanalvereins vom 11. Februar 1922 diente.[83] Aufgrund der politischen und finanziellen Krisen (Hochinflation 1923) kam es jedoch in den Folgejahren nicht zum Baubeginn am Elster-Saale-Kanal, und 1924 wurde das Leipziger Kanalbauamt wieder aufgelöst. In dem zusammenfassenden Staatsvertrag der beteiligten Länder zum Ausbau des Mittellandkanals vom 26. Juli 1926 wurde festgeschrieben, dass der Elster-Saale-Kanal als »Südflügel des Mittellandkanals« parallel zu den Kanalarbeiten zwischen Braunschweig und Magdeburg begonnen werden sollte. Dafür waren zunächst insgesamt 40 Millionen Reichsmark (RM) für den Gesamtkomplex Mittelandkanal im Reichshaushaltsplan von 1927 eingestellt worden. Zwar wurde nun auch das Leipziger Kanalbauamt wieder reaktiviert, aber noch im laufenden Jahr 1927 strich die Reichsregierung die Summe auf 24,5 Millionen RM zusammen, bevor sie die Mittel für 1928 gleich auf 20 Millionen RM reduzierte. Zudem zog man andere Kanalbauarbeiten an Rhein und Oder vor, sodass sich

81 Ebd.

82 Vgl. zusammenfassender Bericht von Dr. Apitzsch zur Leipziger Kanalfrage in der Neuen Leipziger Zeitung vom 26. Juli 1933 (Wiedergabe in: Leipzig wird Braun. Das Jahr 1933 in Zeitungsberichten und Fotografien, Hrsg. von Mark Lehmstedt, Leipzig 2008, S. 173–176).

83 Vgl. Dirk Becker (Anm. 1), S. 72.

die Umsetzung der Kanalprojekte in Mitteldeutschland weiter verzögerte.[84] Mehrfache Verhandlungen, Protestkundgebungen und Resolutionen sowie Besuche von Regierungsdelegationen und Reichstagsabgeordneten vor Ort führten 1928 und 1929 zu keinen Fortschritten, wozu nicht zuletzt die instabilen Regierungsverhältnisse mit häufig wechselnden Kabinetten und Fachministern beitrugen. So fing man in Leipzig und Sachsen immer wieder von vorn an, die Entscheidungsträger in Berlin von der Dringlichkeit dieser Wasserstraßen zu überzeugen. Angesichts der Zuspitzung der Staats- und Wirtschaftskrise seit den späten 1920er-Jahren verweigerte nun der Reichsrat den von Sachsen neuerlich eingebrachten Plänen seine Zustimmung.[85] Der gemeinsame Vorstoß des Leipziger Oberbürgermeisters Dr. Goerdeler mit seinem Hallenser Amtskollegen Dr. Rive im Februar 1933 beim neu ernannten Reichsverkehrsminister von Eltz-Rübenach fand bei diesem zwar ein positives Echo, aber er konnte keinerlei Mittelzusagen zur Finanzierung des Großprojektes erteilen.

Erst nach Inkrafttreten des Reichsgesetzes zur Verminderung der Arbeitslosigkeit vom Juni 1933 konnten auch Kanalbauarbeiten als Arbeitsbeschaffungsmaßnahmen durchgeführt werden. Noch Ende Juni 1933 erfolgte eine Zusammenkunft sämtlicher beteiligter Reichsbehörden mit Bevollmächtigten der Regierungen von Preußen und Sachsen sowie des Leipziger Stadtrates im Reichsverkehrsministerium, bei dem Einvernehmen über den zügigen Beginn der Bauarbeiten am Elster-Saale-Kanal erzielt wurde.[86] Der Kanal sollte nun für Transportschiffe bis zu 1000 Tonnen Tragfähigkeit und Gesamtkosten von rund 31 Millionen RM gebaut werden, wovon allein 4 Millionen auf die Erdarbeiten entfielen. Um die elf Meter Höhenunterschied zwischen der Weißen Elster bei Leipzig und der Saale bei Kreypau zu überwinden, machte sich der Bau einer großen Doppelschleuse mit Schleusentreppen bei Wüsteneutzsch erforderlich. Außerdem waren 12 Straßenbrücken, eine Eisenbahnbrücke, zwei Straßenunterführungen und zwei Sperrtore vorgesehen. Ab Sommer 1933 bis in die ersten Kriegsjahre schritten die Bauarbeiten am Elster-Saale-Kanal mit mehrfachen Unterbrechungen zwar auf insgesamt 12 km über Günthersdorf hinaus voran, blieben aber letztlich aus Finanz-, Material- und Arbeitskräftemangel unvollendet. Bis 1936 zählte die Baustelle mit bis zu 2000 Arbeitskräften (Arbeitsbeschaffungsmaßnahmen und Reichsarbeitsdienst) zu den größten ihrer Art im Deutschen Reich. Ab 1934 wurde hier sogar im Dreischichtbetrieb gearbeitet, bevor man ab 1937 das Baupersonal zugunsten der Fertigstellung des für den Transport von Rüstungsgütern wichtigeren Mittellandkanals zunehmend verringerte. Verzögerungen und Unterbrechungen am Kanalbau waren die Folge, die nur teilweise durch den stärkeren Einsatz von technischem Großgerät kompensiert werden

84 Ebd.
85 Ebd.
86 Ebd.

Delegation von Leipziger Messegästen auf der neu erbauten Miltitzer Brücke über den Elster-Saale-Kanal im Frühjahr 1936 (StA-L, 20202 Leipziger Messeamt [I], F 9394)

konnten.[87] Wegen der nicht mehr vorgesehenen Anbindung des Lindenauer Hafens und damit des Elster-Saale-Kanals an den Karl-Heine-Kanal kam es 1938 zu ernsten Zerwürfnissen zwischen dem 1933 zum dritten Mal gegründeten Staatlichen Kanalbauamt Leipzig[88] und dem Elster-Saale-Kanalverein. Baurat Karl Götz als langjähriger Vorsitzender dieses Vereins beklagte in gedruckten Rundschreiben an die Vereinsmitglieder und einem offenen Brief, dass er entgegen früheren Beteuerungen seitens der Leipziger Stadtverwaltung und Bitten um Gespräche nicht oder zu spät in die Planungen einbezogen werde und auch andere »berufene Interessenten« wie die Industrie- und Handelskammer Leipzig nicht an den Detailplanungen mitwirken durften.[89] Er bemängelte, dass insbesondere durch die unglückliche Ausrichtung und Anlage der Hafenanlagen in Lindenau (vordergründig den Interessen der Reichsbahn entgegenkommend) eine spätere Anbindung an den Karl-Heine-Kanal unmöglich gemacht würde und zudem

87 Vgl. Dirk Becker (Anm. 1), S. 75 ff.

88 Bei dem Kanalbauamt Leipzig handelte es sich um eine Landesbehörde im Geschäftsbereich des Sächsischen Ministeriums für Wirtschaft und Arbeit. Von 1927 bis 1942 leitete Prof. Dr.-Ing. Gustav Gerstenberger das Kanalbauamt, das 1942 in Wasserstraßen-Neubauamt Leipzig umbenannt wurde. In den späten 1930er-Jahren wurde von der Stadt Leipzig außerdem ein Hafenamt eingerichtet, welches aus der Hafenbauabteilung im Leipziger Tiefbauamt hervorging (Quelle: Leipziger Adressbücher bis 1943).

89 StA-L, 20927 Leipziger Baumwollspinnerei, Nr. 210.

durch den Verzicht auf die Einbeziehung von Experten schon jetzt unnötige Kosten in Millionenhöhe verursacht worden seien.[90] Der Bau des Hafens in Lindenau war allein Aufgabe der Stadt Leipzig, die zur Leitung und Planung dieser Arbeiten ein Hafenamt einrichtete. Die Zuständigkeit der Reichswasserstraßenverwaltung endete an den Stadtgrenzen, und ein 70 m breiter Damm trennte den Kanalbeginn von den Hafenanlagen. Die letzten Ausbauarbeiten am Lindenauer Hafen wurden ohne Anbindung an den Karl-Heine-Kanal und den bereits fertig gestellten Abschnitt des Elster-Saale-Kanals im Frühjahr 1943 kriegsbedingt eingestellt. Von den erforderlichen 19 km Kanalstrecke waren bis dahin 11,35 km fertig gestellt und mit Wasser gefüllt und weitere 5,5 km waren bereits ausgeschachtet worden.

Ausblick und Fazit

Zunächst planten nach entsprechenden Anträgen der SED-Fraktionen in den Landtagen, die von den Blockparteien unterstützt wurden, die Landesregierungen von Sachsen und Sachsen-Anhalt ab 1947 die Fertigstellung des Elster-Saale-Kanals und stellten 1948 für dessen Vollendung und den Ausbau der Saale zweistellige Millionenbeträge in ihren Haushaltsplänen ein.[91] Außerdem schlug der damalige Leipziger Oberbürgermeister Dr. Erich Zeigner (1886–1949) im August 1948 in einer 14-seitigen Denkschrift an die Deutsche Wirtschaftskommission in Berlin vor, die Vollendung des Elster-Saale-Kanals in den Zweijahrplan für die Sowjetische Besatzungszone aufzunehmen und nannte dabei den konkreten Finanzbedarf.[92] Zu einer Umsetzung dieser Vorhaben kam es jedoch bei den massiven Problemen und vordringlichen Aufgaben in den Nachkriegsjahren nicht. Statt dessen wurden die noch vor dem Krieg errichteten Sperrtore, Schleusen- und Brückenanlagen nach 1950 teilweise demontiert, dienten als Reparationsleistung (Straßenbrücke vor Kreypau) oder fanden beim Ausbau des Oder-Havel-Kanals Verwendung. Zwischenzeitliche Überlegungen in den 1960er-Jahren zur Wiederaufnahme der Bauarbeiten am Elster-Saale-Kanal kamen nicht über Prognosen und Beratungen hinaus.[93] Im Zuge der Planung des Aus-

90 Ebd.

91 Vgl. Dirk Becker (Anm. 1), S. 152.

92 Vgl. Wolfram Sturm (Anm. 1), S. 38–39.

93 StA-L, 20237, Bezirkstag und Rat des Bezirkes Leipzig, Nr. 25945; hier sind im Zuge der Beratungen und Untersuchungen zum Generalverkehrsplan Erwägungen zum Ausbau des Elster-Saale-Kanals, des Hafens Leipzig-Lindenau und der Kanalisierung der oberen Saale aus dem Jahr 1967 überliefert. Dabei wurden auf einer Beratung mit verschiedenen Institutionen des Verkehrswesens die veränderten wirtschaftlichen Bedingungen, die Bedeutung der Kanalverbindung, aber auch die Einwände der Reichsbahndirektion Halle deutlich. Schließlich sollte eine Arbeitsgruppe zur Feststellung der technischen und volkswirtschaftlichen Dimensionen gebildet und danach durch Ministerratsbeschluss eine Entscheidung getroffen werden.

baus der Binnenschifffahrtswege in der DDR wurden 1983 unter Regie des Rates des Bezirkes Leipzig erneut Überlegungen und Berechnungen zur Fertigstellung des Elster-Saale-Kanals als Anbindung an die Saale-Wasserstraße vorgenommen, wobei man auf eine entsprechende Studie von 1981 zurückgriff. Als kostengünstigere Alternative sollten jedoch zunächst die Hafenanlagen von Halle/Trotha und von Torgau ausgebaut werden. Gleichzeitig wurden aber auch die »Freihaltung der Flächen« und die Gestaltung der Kreuzungsbauwerke »für eine spätere Fertigstellung des Elster-Saale-Kanals« festgelegt.[94]

In den letzten Jahren entbrannte zwischen Befürwortern und Gegnern einer Vollendung dieses Kanalprojektes als Wassertransportweg ein Streit um die Frage, ob die Renaturierung der Flüsse Vorrang vor wirtschaftlichen Interessen habe. Zudem sollten die Kosten für die fehlenden acht Kanalkilometer zur Saale bis zu 100 Millionen Euro betragen, was von den Kanalbefürwortern jedoch bestritten wird. Allerdings entstanden daneben im gleichen Zeitraum vielfältige Initiativen, diese Kanalverbindung wenigstens für Sportboote doch noch herzustellen oder als Minimalvariante zunächst den Lindenauer Hafen mit dem Karl-Heine-Kanal zu verbinden. Hierfür engagierten sich neben der Stadtverwaltung vor allem der 2007 gegründete Elster-Saale-Förderverein und der Verein-Wasser-Stadt Leipzig. Selbst diese vergleichsweise bescheidenen Vorhaben erwiesen sich bis heute als äußerst langwierig und wegen der Finanzierung bis vor kurzem noch als äußerst ungewiss. Erst im September 2012 gab es endlich durch die feste Zusage einer finanziellen Unterstützung durch das sächsische Innenministerium »grünes Licht« für die seit Jahrzehnten angestrebte Anbindung des Karl-Heine-Kanals an den Lindenauer Hafen.[95] Selbst dieser 665 Meter lange und nur für Sportboote ausgelegte Kanalbau wird mit neun Millionen Euro veranschlagt und soll bis 2015 seiner Bestimmung übergeben werden.[96] Als nächster Schritt wäre die Fertigstellung der fehlenden Anbindung des Saale-Elster-Kanals zwischen Günthersdorf und Kreypau denkbar, wie eine von Sachsen und Sachsen-Anhalt gemeinsam in Auftrag gegebene 90 000 Euro teure Machbarkeitsstudie Ende 2011 ergab. Zudem hatte sich der Bundestag im Zusammenhang mit einer Petition zum Weiterbau des Kanals bekannt und dessen Umsetzung im Rahmen des bereits

94 StA-L, 20244 Büro für Verkehrsplanung des Bezirkes Leipzig, Nr. 382.

95 Baurat Paul Götz schrieb in seinem Aufruf »Über die Notwendigkeit der Schiffahrtsverbindung zwischen dem Elster-Saale-Kanal und dem Karl-Heine-Kanal« vom 14. März 1938 unter anderem: »Obwohl man den Karl-Heine-Kanal nicht im Interesse des Wassersportes anschließen würde, ... wäre es doch direkt unnatürlich, wenn man verhinderte, dass Sportboote, Motorboote und Transportschiffe für die Leipziger Bevölkerung zu nahen und fernen Ausflügen von den Leipziger Gewässern zum Elster-Saale-Kanal verkehren könnten, um damit auf das Gesamtgebiet der schönen deutschen Flüsse gelangen zu können.« Vgl. StA-L, 20927 Leipziger Baumwollspinnerei, Nr. 210.

96 Leipziger Volkszeitung vom 13. September 2012, S. 11 »Anpaddeln für den Kanaldurchstich«.

beschlossenen Wassertourismus-Konzepts befürwortet.[97] Aber selbst Zweckoptimisten wie der Leipziger Oberbürgermeister Jung sind angesichts der dafür erforderlichen hohen zweistelligen Millionenbeträge eher vorsichtig und gehen von einem Projekt für die nächsten Jahrzehnte aus.

Rechnet man Karl Heines bescheidene Anfänge eines Kanals als Geburtsstunde einer schiffbaren Verbindung von Leipzig zur Saale und Elbe, sind seitdem über 150 Jahre vergangen. Es waren 150 Jahre, in denen mal mit mehr, mal mit weniger Intensität und Nachdruck, aber stets beharrlich und mit großem Engagement und nicht nur von Leipziger Unternehmern, Bürgern, Vereinen und Interessenvertretungen, Stadt- und Landesbehörden, sondern weit darüber hinaus, um eine solche wirtschaftlich sinnvoll erscheinende Anbindung an das mitteldeutsche Wasserstraßennetz gekämpft wurde. Nach hoffnungsvollen Signalen und Teilerfolgen gab es durch Krisen und Kriege, aber auch durch Konkurrenzprojekte und Interessenkonflikte zwischen Sachsen und Preußen sowie mit anderen Verkehrsmitteln wie der Eisenbahn immer wieder Rückschläge, die letztlich zur Aufgabe der eigentlichen Zweckbestimmung solcher Wasserstraßen – dem preiswerten Transport von Massengütern – führten. Diese Transporte werden im mitteldeutschen Raum weitgehend durch den Schienen- und Straßenverkehr erbracht, wobei neben den hohen Investitionskosten der Zeitfaktor gegenüber dem zwar preiswerteren und umweltfreundlicheren, aber langsameren und weniger flexiblen Schiffsverkehr den Ausschlag gegeben haben dürfte. Wenn die Kanalpläne unserer Vorväter heute in anderen Dimensionen wieder aufgegriffen werden, geht es nicht mehr um Transporte für die Wirtschaft, sondern um den Ausbau von Tourismus, Sport- und Freizeitmöglichkeiten im Rahmen einer zunehmend popularisierten »Spaßgesellschaft«.

97 Leipziger Volkszeitung vom 2. Januar 2012, S. 10 »Signal für Kanal steht auf Grün« und vom 6. Januar 2012, S. 15 »Bundestag stimmt für Kanal-Weiterbau«.

Leipzig – Stadt der Schulreformen am Ende des 20. Jahrhunderts[1]

Andreas Pehnke

Zum basispädagogischen Aufbruch seit dem Herbst 1989

Jedes Suchen nach pädagogischen Alternativen ist mit Elementen der Kritik am Bestehenden verbunden. Reform- und Alternativschulkonzepte wurden stets dort thematisiert, wo gesellschaftliche oder auch individuelle Bedürfnisse durch die Regelschule nicht ausreichend befriedigt werden. Die in der historischen Entwicklungsperiode der Reformpädagogik[2] am Ende des 19. und zu Beginn des 20. Jahrhunderts engagiert eingeklagten Erneuerungsbestrebungen zielten zunehmend nicht mehr nur auf eine Verbesserung des öffentlichen Schulwesens, sondern stellen zum Beispiel mit den Landerziehungsheimen, Montessori-, Waldorf- oder Jenaplanschulen einen Neuansatz als kritische Alternative zur Regelschule dar. Der reformpädagogische Blick auf Schule und Schulpolitik ist immer schon vor allem durch Schulkritik bestimmt wor-

1 Nachdem ich in meinem Beitrag des Bandes »Schule in Leipzig. Aspekte einer achthundertjährigen Geschichte« eine Initiatorrolle Leipzigs bei der Rezeption von Reformpädagogik am Anfang des 20. Jahrhunderts nachgewiesen hatte (Andreas Pehnke, Das Institut für experimentelle Pädagogik und Psychologie als wissenschaftlicher Pate für die Versuchsklassenprojekte und Versuchsschulinitiativen des Leipziger Lehrervereins, in: Detlef Döring, Jonas Flöter (Hrsg.), Schule in Leipzig. Aspekte einer achthundertjährigen Geschichte (Quellen und Forschungen zur Geschichte der Stadt Leipzig 2), Leipzig 2011, S. 219–244), wollte ich auf der öffentlichen Buchpräsentation über die neuerliche Initiatorrolle Leipzigs für die Schaffung eines Schulvielfaltangebots am Ende des 20. Jahrhunderts referieren. Hier nun lege ich die schriftliche Fassung meines Redebeitrags vor.

2 In Deutschland findet sich die Bezeichnung Reformpädagogik erst in dem von Herman Nohl und Ludwig Pallat herausgegebenen Handbuch der Pädagogik in fünf Bänden (Langensalza 1933). Zuvor wurden entsprechende Reformintentionen zumeist unter dem Sammelbegriff Arbeitsschulbewegung artikuliert. International werden solche Ansätze beispielsweise als éducation nouvelle, progressive or radical éducation oder nuova educazione bezeichnet. – Was landläufig mit Reformpädagogik in Verbindung gebracht wurde, das altersgerechte Unterrichten oder das entwicklungsgemäße Erziehen einer sog. Pädagogik vom Kinde aus, wurde keineswegs von Reformpädagogen an der Wende vom 19. zum 20. Jahrhundert erfunden, sondern zunächst nur reaktiviert, es stieß allerdings nunmehr als Reaktion auf die mit der Industrialisierung einsetzende gesellschaftliche Modernisierung weltweit auf ein verstärktes öffentliches Interesse und es kamen dann im Laufe einer vielfältigen Auseinandersetzung auch neue und originelle Ideen zum Tragen. Entsprechende Kontinuitätslinien von reformpädagogischen Motiven reichen zurück bis ins Barockzeitalter – vor allem mit dem Werk des tschechischen Reformers Johann Amos Comenius (1592–1670), zu den philanthropischen Modellschulen der Aufklärungspädagogik, die 1773 im Dorf Reckahn, 1774 in Dessau und 1784 im thüringischen Schnepfental gegründet worden waren, sowie zu den Schulreformen im gesamten 19. Jahrhundert.

den. Kritik kann vielfältig sein. Sie kann radikal sein und vernichten wollen, sie kann konstruktiv sein und pragmatisch bleiben, und sie kann Effizienz zum Ziel haben. Diese Vielschichtigkeit wird bekanntlich innerhalb des reformpädagogischen Konglomerats in allen Facetten abgedeckt. Immer aber werden durch Kritik Erstarrungen verhindert. Wenn durch Schulkritik Schulerstarrung abgewehrt wird, hat sie auch die Potenz, Dynamik zu bewirken. Die Entwicklung von Schule und Pädagogik, Kulturentwicklung überhaupt, lebt von kritischen Impulsen. Kritik ist aber ohne Freiheit zur Kritik nicht möglich, aber auch nicht ohne Mut und Willen zur Kritik. Die Freiheit ermöglicht mehr Kritik, aber sie erzieht die Anpasser nicht zu Kritikern.

Die DDR-Schule war ebenso reformunfähig wie ihr politisches System. Es handelt sich um ein starres, in sich ruhendes, sich selber festigendes und stützendes System, das sich als absolut verstand, das sich abgrenzte von anderen und sich abschottete gegenüber anderen. Ein solches System ist ein geschlossenes System, eine solche Kultur ist eine geschlossene Kultur. Die Dynamik einer offenen Kultur zeigt sich dagegen in Ermessensfreiräumen. In Widersprüchen, im Streit, auch in der Heftigkeit des Meinungsstreites, im Zusammenspiel von Konsens und Dissens, von Spruch und Widerspruch, von Position und Opposition.

Diese Atmosphäre wurde seit dem historischen 9. Oktober 1989, dem Tag der ersten großen Montagsdemonstration in Leipzig, auch in der vielschichtigen basispädagogischen Bewegung erstritten. Es boten sich zunehmend Möglichkeiten zur grundlegenden Kritik und Reform, was man zuvor in der staatlichen Bildungspolitik und institutionalisierten Pädagogik der DDR nicht gewöhnt war. Es folgten Wochen und Monate von bewundernswerten basispädagogischen Aktivitäten, die, wie ich meine, an das lebhafte reformpädagogische Engagement für ein kindgemäßes Unterrichten und ein entwicklungsgerechtes Erziehen am Beginn des 20. Jahrhunderts erinnerten. In fast allen Städten bildeten sich zu Beginn der 1990er-Jahre Initiativen für Konzepte der klassischen Reformpädagogiken wie Montessori-, Waldorf-, Jenaplan- oder Freinetschulen, für reformpädagogisch arbeitende staatliche Modellschulen wie das Chemnitzer Schulmodell oder die Leipziger Nachbarschaftsschule, für integrierte oder kooperative Gesamtschulen oder aber für unterschiedliche Formen und Modelle von Kursunterricht und vieles andere mehr. Stellvertretend sei hier Elke Urban zitiert, mit der sich die beeindruckenden Aktivitäten der Leipziger Initiative Freie Pädagogik verbinden:

> »Ich sehe mich noch mit meinem Pappschild auf der Montagsdemo: ›Wir wollen freie Schulen!‹ Die Umstehenden bestaunten dies ungläubig. Keiner konnte sich vorstellen, dass nicht nur der Staat, sondern Bürger selbst Schulen gründen und unterhalten könnten. Seit fast sechzig Jahren war dies im Osten Deutschlands verboten. Mit riesigen Foren im Frühjahr 1990 versuchten wir, die Gründer der Initiative Freie Pädagogik, zusammen mit mehr als fünftausend an Bildungserneu-

erung Interessierten aus allen Teilen Deutschlands herauszufinden, wie man gute Schulen machte. – Endlich waren wir frei von staatlicher Bevormundung, frei von Ideologisierung durch eine Regierungspartei. Dabei lernten wir von den Erfahrungen mit dem Missbrauch des Schulmonopols durch den DDR-Staat einerseits und von den reformbewegten Ratgebern aus Westdeutschland andererseits drei Dinge: 1. Gute Schule braucht Gestaltungsfreiheit, 2. Gute Schule braucht eine geistige Mitte und 3. Gute Schule braucht eine Lehrer-Schüler-Elterngemeinschaft, die sich freiwillig und mit Engagement und innerer Bereitschaft dieser geistigen Mitte stellt.«[3].

Dieser Leipziger Gründerbewegung gelang es in der sog. Wendezeit mit großen Bildungsforen in der Leipziger Universität, allerdings ohne deren Hilfe und Beteiligung, fünftausend an Schulerneuerung Interessierte zur Unterzeichnung der folgenden *Leipziger Erklärung* vom April 1990 zu bewegen:

»1. Jeder Mensch hat das Recht auf Entfaltung seiner Persönlichkeit. Jeder Mensch hat das Recht auf Bildung.

2. Im Interesse der Kinder haben die Eltern das Recht auf freie Wahl der Schule. 3. Der Staat muss eine Vielfalt von Schulen in staatlicher, kommunaler und freier Trägerschaft gewährleisten. Wir fordern Schulchancengleichheit – rechtlich und finanziell.

4. Jede Schule erhält das Recht auf demokratische Selbstverwaltung und auf Verwirklichung eigener pädagogischer Konzepte. Sie gestaltet Unterricht, Erziehung und Schulbetrieb in eigener Verantwortung. Lehrer und Erzieher brauchen mehr pädagogische Freiheit. Die Schulen müssen ihr Konzept offenlegen, damit die Eltern begründet wählen können.

5. Eine neu zu schaffende öffentliche und unabhängige Schulaufsicht überwacht Chancengleichheit, Mindeststandard und Gleichwertigkeit (nicht Gleichartigkeit) der vielfältigen Bildungsgänge, -einrichtungen und -abschlüsse.

6. Auch in der Lehrerbildung müssen Freiheit und Vielfalt rechtlich und finanziell gewährleistet werden.

7. Die gegenwärtige Situation ermöglicht und erfordert den Aufbau eines zweiten Bildungsweges für Lehrer.« (ebd.)

Vor dem Hintergrund eines durchgreifend reglementierten Erziehungs- und Bildungssystems und dem Missbrauch des Schulmonopols durch den DDR-Staat war dieser starke Aufbruchswille nur zu verständlich. Mit konstruktiver Unterstützung namhafter Er-

---

3 Zitiert nach Andreas Pehnke, Sächsische Reformpädagogik. Traditionen und Perspektiven, Leipzig 1998, S. 253.

ziehungswissenschaftler und Schuljuristen aus den alten Bundesländern gelang es dann allmählich, den Reformwillen in Reformfähigkeit umzusetzen. Auch die Neubesetzung verschiedener Schlüsselstellen in den Schulämtern durch Initiatoren der basispädagogischen Reformierungsdiskussion des Herbstes 1989 förderte ein aufgeschlossenes Miteinander von Schulplanern, Schulverwaltung, Aufsichtsbehörde und Schulkonferenzen. So hatte die basispädagogische Bewegung in dem nur fünf Monate währenden freien Aktionsraum vom Oktober 1989 bis zu den März-Wahlen 1990 und noch in der Zeit der schulpolitischen Unsicherheiten, der administrativen Zurückhaltung und des weitestgehend rechtsfreien Raumes bis etwa Ende 1990 (bis die ersten Entwürfe der Landesschulgesetze vorlagen) folgende Änderungen an der pädagogischen Basis realisieren können: Neben der Abschaffung der *Ideologiefächer* und der Herabsetzung der Wertigkeit des Russischunterrichts wurden der Fremdsprachenunterricht und fakultative Kurse erweitert angeboten; Abschaffung der Ziffernnoten für die Schulanfänger sowie generell der Kopfnoten auf den Zeugnissen für Fleiß, Mitarbeit, Ordnung, Betragen, Gesamtverhalten;[4] Veränderungen der Stundentafel, des Fächerkanons und der Bildungsinhalte in Verantwortung der einzelnen Schule, mitunter sogar des einzelnen Lehrers; deutliche Erweiterung kooperativer, schülerorientierter Unterrichtsanteile; pädagogische Profilbildungen; demokratische Selbstverwaltungsformen an den Schulen – auch Basiswahlen der Schulleiter und deren Stellvertreter (wie es sie bereits an den reformpädagogischen Versuchsschulen während der Weimarer Republik in Sachsen gab); und nicht zuletzt Eröffnung von Freien Schulen und staatlichen Schulmodellen bzw. die Gründung von weiteren Reform- und Alternativschulen. Schließlich muss auch der erstrittene schulfreie Samstag in diesem Zusammenhang erwähnt werden.

Insgesamt führten diese und viele andere Bemühungen zu einer Vielzahl von interessanten Ideen und Praktiken in der pädagogischen Reformierungsdiskussion, die selbst für die überaus reformbedürftige westdeutsche Schullandschaft einen Gewinn bringen konnten. Diese experimentierfreudige Phase in den Schulreformbemühungen des basispädagogischen Aufbruchs fand ein jähes Ende, als die neuen Bundesländer und ihre Verwaltungen etabliert wurden und sich die Politiker und Parteien der Schulreformdiskussion bemächtigten. Die Wortführer für eine moderne und für viele Ideen offene Pädagogik erlebten und konnten es doch nicht verhindern, dass aus den Impulsen der pädagogischen Bewegung des Herbstes 1989 keine gesamtdeutsche Bildungsreform hervorgegangen ist, nicht einmal eine dauerhafte Belebung der Diskussion darüber.[5] Rasch sahen sich viele begeisterte Reformer durch Einschränkungen

4 Besagte Kopfnoten wurden allerdings auf Druck der Wirtschaft – keineswegs aus begründeten pädagogischen oder psychologischen Motiven – rasch wieder in Sachsen und sodann auch in anderen neuen Bundesländern eingeführt.

5 Vgl. ausführlich: Pehnke, Trotz bisher vertaner Chancen für eine Reform des Bildungswesens im Ost-West-Dialog neue Reformschritte ableiten, in: Andreas Pehnke, Hermann Röhrs (Hrsg.), Die Reform

der Bewegungsfreiräume behindert. Bürokratische Vorschriften frustrieren die basispädagogische Bewegung. Diejenigen Verfechter für Reform- und Alternativschulen, die nicht aufgegeben haben, setzen sich weiterhin für Schulgesetzbestimmungen ein, die schöpferische Möglichkeiten fördern, statt sie zu beschneiden. In den ostdeutschen Landesregierungen ist jedoch die Aufgeschlossenheit für alternative Schulträgerschaften oder Schulformen der zumeist importierten Bildungspolitiker noch von zu viel Unkenntnis des hiesigen Handlungsbedarfs einerseits und der Angst vor sog. Wildwuchs andererseits eingeschränkt geblieben.

Institutionell vollzogen die neuen Bundesländer mit dem Übergang vom zentralistischen Einheitsschulsystem zu einem föderativ gegliederten Schulsystem zu Beginn der 1990er-Jahre eine schulpolitische Kurskorrektur. Im Vergleich zu den alten Bundesländern fanden sich mit Blick auf deren Haupt- und Realschulen nun Modifikationen mit unterschiedlichen Bezeichnungen wie die *Mittelschule* in Sachsen oder die *Regelschule* in Thüringen. Nachfolgend soll dieses staatliche Schulangebot nicht weiter auf Innovationsmöglichkeiten oder -grenzen untersucht werden, sondern lediglich die Reform- und Alternativschulen, die in Leipzig initiiert wurden, um ein beispielgebendes Schulvielfaltangebot zu etablieren, auf ihre Impulsgeberfunktion für das Regelschulwesen in den Mittelpunkt gerückt werden:

Elke Urban, deren ganzer Einsatz der gesellschaftlichen Anerkennung der Reform- und Alternativschulen gilt, betonte 1991 als Geschäftsführerin der *Initiative Freie Schule in Ostdeutschland:*

> »Das verfassungsgemäß garantierte Recht auf Bildung ist nun mal nicht einheitlich zu beantworten. Gerade dafür haben ehemalige DDR-Bürger eine besondere Sensibilität entwickelt. Modellschulen in staatlicher und freier Trägerschaft könnten ein vertrauenerweckendes, sichtbares Kennzeichen für neugewonnene freiheitlich-demokratische Grundordnung sein. Eltern fordern dies mit Vehemenz, wenn sie nicht momentan mit existentiellen Sorgen zu sehr belastet sind. Diese Modellschulen wollen keine Exoten sein, die lediglich für Festreden einiger Politiker Bedeutung haben. Wir brauchen sie dringend als Impulsgeber für das gesamte Schulwesen, das sich in gesundem Wettbewerb um Erneuerung bemüht.«[6]

Schulen in freier Trägerschaft, aber auch staatlich geförderte Schulversuche, Versuchsschulen oder Modellschulen[7] nehmen Freiheitsrechte zur Gestaltung von Erziehung

---

des Bildungswesens im Ost-West-Dialog. Geschichte, Aufgaben, Probleme, Frankfurt am Main, Berlin, Bern, Bruxelles, New York, Oxford, Wien ²1998, S. 11–36.

6 Zitiert nach Pehnke, Sächsische Reformpädagogik (Anm. 3), S. 254.

7 Vgl. zur begrifflichen Unterscheidung dieser Schulvarianten, Wolfgang Klafki (im Interview), Wem nützt eine solche Versuchsschule? Laborschulpädagogik und das Regelschulwesen, in: Susanne Thurn, Klaus-Jürgen Tillmann (Hrsg.), Unsere Schule ist ein Haus des Lernens. Das Beispiel Laborschule Bielefeld, Reinbek bei Hamburg 1997, S. 316–330.

und Bildung in Anspruch. Die Notwendigkeit dafür ergibt sich aus der Tatsache, dass Erziehung und Bildung in erster Linie in der persönlichen Begegnung von Lehrenden und Lernenden wirken. Ein jeder sollte dabei seine besonderen Anlagen und Fähigkeiten einbringen können. Weil das aber nur in sehr beschränktem Maße planbar ist, verbietet es sich, Formen, Methoden und Inhalte von Unterricht und Erziehung unter dem Gesichtspunkt bürokratischer Erfassbarkeit oder besser Kontrolle bis in die letzte Unterrichtsstunde verbindlich festzusetzen. Freiheit, Selbstbestimmbarkeit, Verantwortlichkeit müssen auch für die Lernenden als Möglichkeit und Bedingung, als Orientierung für das Handeln von Anfang an die Erziehung positionieren, denn: Freiheit ist als Prozess rückgekoppelt an Möglichkeiten, sich selbst zu bestimmen, und zwar im Kontext von sozialen Situationen und im Aufbau von Bindungen und Verantwortung.

Neben der historisch gewachsenen Funktion, das öffentliche Schulwesen zu bereichern und durch besondere Formen des Unterrichts und der Erziehung zu fördern, besteht die aktuelle Aufgabe der Freien Schulen sowie z. T. in abgeschwächter Form auch aller anderen reformorientierten Schulmodelle der staatlichen Schullandschaft in der »Wahrnehmung von Bildungsaufgaben, für die ein öffentliches Interesse anerkannt ist, die der Staat aber nicht ausreichend oder gar nicht berücksichtigt, weil er dies nicht kann oder will«.[8] Beispiele der erfolgreichen Wahrnehmung öffentlicher Bildungsaufgaben wären etwa die Differenzierungsmöglichkeiten der integrierten Gesamtschulen; die nahezu optimale Verbindung von allgemeiner und beruflicher Bildung an zahlreichen Privatschulen bis hin zum Erwerb einer Doppelqualifikation und nicht zuletzt die wohl zu den anspruchsvollsten pädagogischen Herausforderungen zählende Integrative Erziehung bis hin zur Inklusionspädagogik.[9]

Des Weiteren liefern die Reform- und Alternativschulen der Regelschule Impulse und Problemlösungsansätze zu folgenden aktuellen pädagogischen Aufgaben: zur Notwendigkeit, zusammen mit der Vermittlung von Sachkompetenz die Herausbildung einer ethisch sozialverantwortlichen Haltung zu fördern; zur Entwicklung eines neuen Ganztagsschulkonzepts als Alternative zur Halbtagsschule, in dem der ganze Tag der Kinder rhythmisch gegliedert ist und Schule als Lebensraum geplant und gestaltet wird, in dem gemischte Altersgruppen miteinander leben und das Lernen und der Unterricht einen neuen Ort finden. Neben den didaktischen und methodischen Alternativen aus der Tradition der historischen Reformpädagogik (Comenius, Salzmann, Montessori, Decroly, Petersen, Tagore; Freinet u. a.) und diesbezüglichen Innovationen aus der jüngsten Generation der Reformpädagogen (z. B. zum entdeckenden

8 Handbuch Freie Schulen. Pädagogische Positionen, Träger, Schulformen und Schulen im Überblick, hrsg. von der Arbeitsgemeinschaft Freier Schulen, Reinbek bei Hamburg 1993, S. 32.

9 Vgl. u. a. Jutta Schöler, Alle sind verschieden. Auf dem Weg zur Inklusion in der Schule, Weinheim, Basel 2009.

Lernen durch Selbstständigkeit, zum offenen Unterricht, der sog. Lerngarten- und Nebenlehrer-Modelle) bringen die katholischen Schulen den Gestaltungswillen der Weltkirche und viele evangelische Schulen die ökumenisch gefärbte Erziehungsdiskussion der sog. Dritten Welt ins deutsche Erziehungswesen. Nicht zuletzt seien die Internationalen (Friedens-) Schulen erwähnt, die – wie beispielsweise die Friedensschule in Heidelberg – bereits einen praxiswirksamen Schritt in die Richtung einer Europapädagogik verkörpern.[10] Von besonderer Aktualität ist das in den Reform- und Alternativschulen vorgelebte Toleranzgebot gegenüber unterschiedlichen religiösen, weltanschaulichen und anderen grundsätzlichen Positionen.[11]

Angesichts dieser hier nur andeutungsweise illustrierten Vorreiterrolle der Reform- und Alternativschulen müssen sich Schulverwaltung und Gesetzgeber fragen lassen, ob ihre traditionelle Einstellung zu diesen Schulen heute noch am Platze ist. Wenn diese Schulen öffentliche Bildungsaufgaben wahrnehmen, wirken die restriktive Vergabe von Berechtigungen, die mitunter nicht nachvollziehbaren Kriterien für Förderung oder Förderungsentzug sowie die generell beschränkte Zumessung von Finanzen veraltet und hinderlich. So musste Elke Urban bereits 1995 konstatieren, »dass die deutsche Bildungspolitik in erschreckender Blöße vom Finanzminister diktiert (wird). Dies bekommen zuerst Schulen in freier Trägerschaft zu spüren. Sie werden finanziell so weit unter die Existenzgrenze gedrückt, dass einige hochfliegende Schulgründungsinitiativen bereits flügellahm zu Boden gefallen sind. Die wenigen vorhandenen Freien Schulen kämpfen ums Überleben.«[12] Folgerichtig mussten gar alle Freien Schulen in Sachsen seinerzeit in Musterverfahren ihre Staatsregierung verklagen. Sie haben das Verfahren in erster Instanz gewonnen.[13] Das Verwaltungsgericht Dresden und das Oberverwaltungsgericht Bautzen gaben den Freien Schulen recht. Und mit der derzeitigen Legislaturperiode ist der Freistaat Sachsen als einziges Bundesland von der in Deutschland bislang üblichen dreijährigen Wartefrist für die anteilige Mitfinanzierung von Freien Schulen abgerückt und hat diese Zeitspanne sogar noch um ein Jahr verlängert.

Ein Maßstab für das demokratische Fundament einer Gesellschaft und ihrer Bildungspolitik sowie Pädagogik scheint mir darin zu bestehen, bis zu welchem Grade sie es sich leisten kann und will, Reform- und Alternativschulen aktiv zu fördern und nicht nur zu dulden. Die Haltung zur historischen oder zeitgenössischen Reformpä-

10 Vgl. Hermann Röhrs, Die Einheit Europas und die Sicherung des Weltfriedens. Grundlagen einer weltbürgerlichen Bildung, Frankfurt am Main, Berlin, Bern, Bruxelles, New York, Oxford, Wien 1992.

11 Vgl. insgesamt Andreas Pehnke, Progressive and Alternative Schools as Stimuli fort he Established School System, in: Education 54 (1996), S. 38–46, Ders., Escuelas reformadas y alternativas como impulsoras del sistema de escuelas públicas, in: Educacion 56 (1997), S. 50–59, Ders., Reform- und Alternativschulen als Impulsgeber für das Regelschulwesen, in: Pehnke, Röhrs, Reform des Bildungswesens (Anm. 5), S. 333–343.

12 Zitiert nach Pehnke, Sächsische Reformpädagogik (Anm. 3), S. 257.

13 Vgl. ebd.

dagogik wird somit zu einem Prüfstein für den vorhandenen Grad an Demokratie. In dieser Frage könnte ein Blick über die deutschen Landesgrenzen hinaus – zum Beispiel auf die Schulvielfalt in den Niederlanden – Innovationen auslösen.

Die Bildungsplaner der neuen Bundesländer und wir ostdeutschen Pädagogen stehen zudem in der ganz besonderen Verantwortung jenen Reformpädagogen gegenüber, die sich nach 1945 in der Sowjetischen Besatzungszone und jungen Deutschen Demokratischen Republik, z. B. in der Dresdner Waldorfschule, der Petersenschule in Jena, der Freien Schul- und Werkgemeinschaft Bernhard Uffrechts in Neuhaldensleben, der Magdeburger Ottoschule, der Chemnitzer Humboldtversuchsschule und schließlich der Leipziger Gaudigschule, für die Bewahrung reformpädagogischer Traditionen engagiert haben und dafür – wie schon zuvor in der Nazi-Ära – mit eindeutig diktatorischen Mitteln wiederholt gemaßregelt worden sind. So waren sächsische Reformer wie Fritz Müller, Waldus und Moritz Nestler, Kurt Schumann oder Max Kosler in den Diktaturen des 20. Jahrhunderts verfolgt und vollständig ausgegrenzt worden.[14] Carl Rudolph bezahlte diesen Einsatz 1955 sogar mit seinem Leben.[15]

Das Regelschulwesen soll nicht durch Reform- und Alternativschulen ersetzt werden. Das wäre eine unrealistische Forderung. Schließlich besuchen heute bundesweit lediglich etwa sieben Prozent aller Schüler Schulen in freier Trägerschaft. Es geht in erster Linie darum, das Bildungswesen offen zu halten für alle begründeten pädagogischen Wege, die zu einer Erziehung zum selbstverantwortlichen Menschen in einer demokratischen Gesellschaft führen. Die Förderung (nicht nur Duldung) von Reform- und Alternativschulvarianten ist deshalb nicht nur eine Frage demokratischen Verfassungsrechts, sondern vielmehr Ausdruck der Bejahung einer Bildung, die befähigt zur autonomen Auseinandersetzung mit den Fragen, die die gesellschaftliche Entwicklung stellt, und den Gefahren, denen unsere Gesellschaft durch Anonymität und Zentralismus ausgesetzt ist: »Keine Demokratie sollte sich der Auseinandersetzung mit freien Initiativen, der konkreten Kritik und der Konkurrenz Freier Schulen berauben, einfach deshalb, weil Technokratie und Systemzwang nur durch Institutionen, die dem System nicht unterworfen sind, durchbrochen werden können.«[16]

---

14 Vgl. dazu meine Buchreihe »Widerständige Lehrer« im Sax-Verlag: Andreas Pehnke, »Ich gehöre in die Partei des Kindes!« Der Chemnitzer Sozial- und Reformpädagoge Fritz Müller (1887–1968), Beucha ^{2}2002, Ders., Botschaft der Versöhnung. Der Leipziger Friedens- und Reformpädagoge Waldus Nestler (1887–1954), Beucha 2004, Ders., »Ich gehöre auf die Zonengrenze!« Der sächsische Reformpädagoge und Heimatforscher Kurt Schumann (1885–1970), Beucha 2004, Ders., »Vollkommen zu isolieren ...!« Der Chemnitzer Schulreformer Moritz Nestler (1886–1976), Beucha 2006, Ders., Frieden zwischen den Religionen. Max Kosler (1882–1966) – Sächsischer Brückenbauer für ein harmonisches deutsch-jüdisches Zusammenleben und sein Schicksal in den Diktaturen, Beucha, Markkleeberg 2009.

15 Vgl. Andreas Pehnke, Carl Rudolph (1891–1955) – Aufrechter Chemnitzer Schulreformer und Sozialdemokrat, in: Carlowitz, Winkelhofer und andere Chemnitzer Biografien (Mitteilungen des Chemnitzer Geschichtsvereins, N. F. 16), Chemnitz 2011, S. 143–156.

16 Handbuch Freie Schulen (Anm. 8), S. 36.

Leipziger Reform- und Alternativschulen als Beispiele erfolgreich verwirklichter Reformpädagogik[17]

In Leipzig war es nach den gesamtgesellschaftlichen Umbrüchen des Herbstes 1989 zunächst Wolfgang Tiefensee, der anfangs als Beigeordneter für Jugend, Schule und Sport und sodann ab 1998 als Oberbürgermeister ein Schulvielfaltangebot für Leipzig forderte, um nicht zuletzt Investoren für ein dauerhaftes Engagement in der Messestadt zu motivieren. Damit diese mit ihren Familien in Leipzig sesshaft werden konnten, war u. a. eine interessante und für viele Ideen offene Schullandschaft förderlich. Und mit Elke Urban, der Symbolfrau für den basispädagogischen Aufbruch in Leipzig, wurde seit 1990 im Leipziger Schulamt eine Expertin für die Betreuung von Schulen in freier Trägerschaft und von Schulgründungsinitiativen angestellt, die zugleich für Schüleraustauschprogramme und Schulpartnerschaften verantwortlich zeichnete. In der bundesdeutschen Bildungslandschaft gibt es bis heute nichts Vergleichbares. Mittlerweile ist Frau Urban im Leipziger Schulmuseum (Lernwerkstatt) tätig. Mit dem derzeitigen Oberbürgermeister Burkhard Jung ist der verdienstvolle Gründungsdirektor des Evangelischen Schulzentrums Leipzig an die Spitze der Leipziger Stadtverwaltung gewählt worden. Es darf angenommen werden, dass er auch weiterhin das Schulvielfaltangebot seiner Stadt aktiv fördern wird.

Vor dem Hintergrund eines durchgreifend reglementierten Erziehungs- und Bildungssystems in der DDR ergab sich nach deren Zusammenbruch – sozialpsychologisch durchaus verständlich – eine besondere Hochschätzung solcher Theorieansätze, die – wie in der Waldorfpädagogik – weniger Organisation und Autorität, dafür umso mehr Individualität und Liberalität zu versprechen schienen. So entstanden im ersten Halbjahr 1990 in den neuen Bundesländern sogleich 15 Waldorfschulen, darunter auch die *Freie Waldorfschule Leipzig*, die unmittelbar aus der *Initiative Freie Pädagogik* hervorgegangen war und im Schuljahr 1990/91 mit ihrem Unterrichtsbetrieb in Leipzig-Grünau begann. Die Leipziger Waldorfschule steht übrigens in der Tradition mit einer kirchlichen Elterninitiative, die sich bereits in den 1950er-Jahren mit den Ideen Rudolf Steiners beschäftigt hatte und innerhalb der Christengemeinschaft einen Vorschulkinderkreis zunächst in einer Privatwohnung, später im eigenen Gemeindehaus gründeten. Während der Unterrichtsbetrieb im Gründungsjahr mit 120 Kindern für die Klassenstufen 1 bis 4 mit sechs Pädagogen in einem früheren Seniorenheim begann, können seit August 2000 – nach verschiedenen räumlichen Zwischenlösungen– etwa 300 Schüler in einem einstigen DDR-Schulgebäude im Stadtteil Mockau unterrichtet werden. Die ersten Abiturienten verließen 1999 diese Waldorfschule.

17 Für die nachfolgenden Kurzporträts der Schulen habe ich die Reihenfolge nach der Chronologie der Schulgründungen gewählt.

Diese reformpädagogische Schulvariante steht allerdings seit Jahren verstärkt in der öffentlichen Kritik: Zum einen äußern nicht wenige Eltern Vorbehalte gegenüber diesem Typ einer »Weltanschauungsschule«, zumal mit dem Ende der DDR-Schule überwiegend eine in weltanschaulichen Fragen sehr offene Schule eingefordert wurde und die Anthroposophie Rudolf Steiners zudem in erheblichem Maße von naturwissenschaftlichen Erkenntnissen abweicht. Zum anderen wurde – mit vergleichendem Blick auf andere Reformpädagogiken – vom Unterricht der heute in Deutschland existierenden 231 Waldorfschulen ein vielfältiges didaktisch-methodisches Instrumentarium erhofft, um der einseitigen Dominanz des Frontalunterrichts begegnen zu können.

Wenngleich sich aus meiner Wahrnehmung zahlreiche Waldorfpädagogen diesen Kritikpunkten in weitgehend konstruktiver Weise zu stellen versuchen, indem sie eine zeitgemäße offene Reformpädagogik praktizieren und somit der Gefahr einer schleichenden »VerSTEINERung« begegnen, so steht die enorme Resonanz der Waldorfpädagogik im Osten Deutschlands und in Ost- und Mitteleuropa nach dem Ende des realen Sozialismus zugleich als Beleg für eine naive Reformpädagogik-Rezeption.[18] Reformpädagogik wurde a priori als gut oder fortschrittlich verstanden und beispielsweise nicht hinreichend zwischen demokratischen Reformpädagogiken einerseits und durchaus problematischen Reformpädagogiken andererseits unterschieden. Die schnelle unkritische Übernahme des scheinbar Gesicherten und vielfach als bewährt Gepriesenen schien sicherlich bei der Suche nach Alternativen zur DDR-Schulrealität problemloser als die mühsame Umsetzung selbsterarbeiteter, aber noch nicht ausgereifter Reformgedanken. Hier zeigt sich ein interessantes Phänomen für die Bewertung von Reformpädagogiken: Die Abkehr von zentralen Ideen der Aufklärung wie Individualismus, Liberalismus, Rationalismus und Republikanismus sowie das Favorisieren voraufklärerischer Positionen wie bei den ersten Gründern der Landerziehungsheime (Cecil Reddie, Hermann Lietz, Gustav Wyneken oder Paul Geheeb)[19] und besonders in der Waldorfpädagogik lässt wissenschaftliche Standards vermissen, wie sie bei jenen Reformpädagogiken mit hauptsächlichen Quellenbezügen zur Entwicklungspsychologie (wie in den sächsischen Lehrervereinen) oder zur Philosophie des Pragmatismus (vor allem in den angelsächsischen Reformpädagogiken um John Dewey) keineswegs zu finden waren.

---

18 Andreas Pehnke, Noch einmal zur Spontanrezeption der Reformpädagogik, in: Pädagogik und Schulalltag 47 (1992) 6, S. 653–655.

19 Vgl. dazu die dunklen Seiten der Reformpädagogik, die Jürgen Oelkers, Eros und Herrschaft. Die dunklen Seiten der Reformpädagogik, Weinheim, Basel 2011 als Reaktion auf den systematischen sexuellen Missbrauch an der Odenwaldschule, der berühmtesten Modellschule Deutschlands, analysiert hat.

Von den Leipziger Schulgründungen in freier Trägerschaft ist die *Freie Schule* in Leipzig-Connewitz besonders bemerkenswert. Sie orientiert sich an der 1972 gegründeten Glockseeschule der Partnerstadt Hannover. Hatten einst vor acht Dekaden die Leipziger Versuchsklassen einen Modellcharakter für Schulen in Hannover,[20] so wurde nun die Glockseeschule zum Vorbild für Leipziger Schulreformer. Leipzigs Freie Schule ist ein Modell, das sicherlich am entschiedensten eigene Wege entwickelt, dass sich am weitesten von staatlichen Vorgaben freimacht und das dem Impuls des aufrechten Ganges vom Herbst 1989 sowie die Erneuerungsvisionen der Leipziger *Initiative Freie Pädagogik* durch konsequente Selbstbestimmung der Schulgestaltung von den Kindern her verwirklicht.

Im September 1990 begannen vier Lehrer(innen) mit 24 Kindern im Alter von 9 bis 12 Jahren ihre spezifische Reformpädagogik, die sich zunächst stark an antiautoritären Schulkonzepten anlehnte, zu leben. Heute besuchen ca. einhundert Schüler die Freie Schule in drei Altersgruppen, die etwa der ersten bis dritten, vierten bis sechsten sowie siebten bis zehnten Klasse entsprechen. 12 Lehrer(innen) begleiten gegenwärtig die Lernprozesse und setzen vor allem auf freies, selbstbestimmtes Lernen. Die Kinder erhalten sehr früh schon Gelegenheit, über die Lehrinhalte und die Methoden in ihrer Schule mitzubestimmen. Sie tragen die Probleme, die Fragen und die Möglichkeiten aus ihrem Lebensumfeld in die Schule hinein und sind deshalb hoch motiviert, Lösungen zu erarbeiten. Gerade dieses Schulangebot ist für Kinder und Jugendliche von besonderer sozialpädagogischer Bedeutung, die in staatlichen Schulformen (mitunter wiederholt) gescheitert sind. Privatschulen haben oft eine hohe Quote von sog. Quereinsteigern. Im bundesweiten Vergleich aller Montessori- und Waldorfschulen beträgt dieser Wert sogar über ein Drittel.

Die offene Schulkonzeption der Freien Schule in Leipzig wird ständig weiterentwickelt und den Bedürfnissen angepasst. Die Vormittage sind durch individuelle Wochenpläne strukturiert. Die Nachmittage bieten handwerkliche, musische, technisch-naturwissenschaftliche und sportliche Angebote, bei denen auch die Kinder des Wohnumfeldes willkommen sind.[21]

In den bewegten Leipziger Herbsttagen 1989 fanden sich Pädagogen und Künstler sowie andere an der Entwicklung von Kindern interessierte Leipziger Bürger zu einer *Initiative Nachbarschaftsschule* zusammen. Ihr Aufruf vom 26. Februar 1990 in der »Leipziger Volkszeitung« provozierte über 500 interessante Leserzuschriften. Sodann konstituierte sich eine Arbeitsgruppe zur Vorbereitung einer alternativen Schulgründung, die ein Konzept einer staatlichen reformpädagogisch orientierten Schule nach

20 Vgl. dazu ausführlich Pehnke, Institut für experimentelle Pädagogik (Anm. 1), S. 219–244.

21 Vgl. auch Anwen Roberts vom 11. Februar 2010: http://www.spiegel.de/schulspiegel/wissen/schule-mal-ganz-anders-wer-will-kann-zehn-jahre-im-baum-hocken.

den Vorbildern Community Education, Praktisches Lernen sowie Montessori- Petersen- und Freinetpädagogik entwarf. Schließlich wurde der Verein *Initiative Nachbarschaftsschule Leipzig* gegründet. Im Frühjahr 1991 begann zunächst die Arbeit mit einer Vorschulgruppe, zum Schuljahresstart 1991/92 erfolgte die Eröffnung der Nachbarschaftsschule in Leipzig-Lindenau mit sechs altersgemischten Grundschulgruppen für insgesamt 86 Kinder, die seinerzeit von fünf Lehrerinnen, einem Lehrer, einer Erzieherin sowie einer Schulleiterin unterrichtet und betreut wurden. Seit 1996 zählt auch die Sekundarstufe zur Schulstruktur. Nach zehn Jahren wuchs die Schülerzahl bereits auf 430, die in 20 Klassen (zweizügig bis zur Klassenstufe 10) vor allem mit Wochenplan- und Projektarbeit als reguläre Unterrichtsformen ausgebildet werden.

Die Nachbarschaftsschule versteht sich als eine Schule auf dem Weg; d. h. sie entwickelt sich auf »Suchwegen« entlang den Fragen, die sich beim Lernen und Arbeiten stellen und die nach Antworten verlangen. Der Schulname leitet sich von dem Begriff *Community Education* ab; er könnte auch mit der Wortmarke »Stadtteilschule« umschrieben werden. Damit wird ein Plädoyer für Offenheit gegenüber den Fragen und Forderungen gesprochen, die sich aus dem Hier und Heute ergeben; Offenheit für die Lebenssituationen der Schüler(innen) und ihren Familien ebenso wie für die kleinen und großen Probleme des Stadtteils, der Stadt – bis hin zur gesamten Welt. Dieses Pädagogik-Verständnis bildet, im Unterschied zu klassischen reformpädagogischen Grundmodellen wie etwa dem der Montessori- oder der Waldorfpädagogik, kein in sich mehr oder weniger geschlossenes, traditionsbestimmtes Konzept mit festgeschriebenen Organisationsformen und Unterrichtsmethoden. In einer Welt, die sich sehr schnell wandelt, wollen die Pädagogen der Nachbarschaftsschule ihre Schüler(innen) auf das Leben und die Arbeitswelt deshalb weniger durch traditionelles Einüben und Vermitteln von Hergebrachtem vorbereiten, sondern vielmehr durch die Aneignung flexibler Kompetenzen für die Bewältigung einer in vielen Bereichen unvorhersehbaren Zukunft. Die Nachbarschaftsschule steht als Mittelschule nicht nur für ein ausgewogenes Verhältnis der zu vermittelnden Sach- und Sozialkompetenz, sondern nutzt bewusst die gegenseitig fördernden Potenzen im Zusammenspiel von fachlichem und sozialem Lernen. Unter sozialerzieherischen Gesichtspunkten wird vor allem auf Heterogenität in der Schülerpopulation gesetzt. Die in der Nachbarschaftsschule gelebte Reformpädagogik, die von der Arbeit in altersgemischten Gruppen, von differenzierten Leistungsbewertungsformen ohne Notengebung, von fächerübergreifendem Unterricht und der Arbeit in Klassenräumen, die einen Ateliercharakter besitzen, geprägt ist, hat sich in den zurückliegenden zwei Dekaden bewährt und als sächsischer Modellversuch – neben dem um ein Jahr älteren Chemnitzer Schulmodell[22] – etablieren können, was

22 Andreas Pehnke, Das Chemnitzer Schulmodell – Zehn Jahre »Pädagogik in Bewegung«, in: PÄD Forum 28/13 (2000) 4, S. 323–329.

sich nicht zuletzt in den permanent gestiegenen Anmeldezahlen spiegelt. Dieser enormen Nachfrage konnte noch in keinem Schuljahr entsprochen werden!

Diese Schule fand, nicht zuletzt, weil sie sich stets für interessierte Pädagogen und Lehramtsstudierende öffnete sowie ihre Erfahrungswerte publizierte,[23] überregional lebhafte Resonanz. Sie erlebte beispielsweise auch im Zusammenhang mit dem vergebenen Sonderpreis »Innovative Schulen« im Rahmen des *Carl Bertelsmann Preises 1996* durch die Berücksichtigung für den Endausscheid eine verdiente Anerkennung.

Eingedenk der Tatsache, dass die überzeugendsten reformpädagogischen Modellschulen heute staatlich sind, verwundert mich die erstaunliche Zurückhaltung der sächsischen Staatsregierung gegenüber seinen offensichtlichen Modellschulperlen des Landes, des Chemnitzer Schulmodells und der Leipziger Nachbarschaftsschule, die aus meiner Wahrnehmung eher als basispädagogische Gründungsinitiativen des Herbstes 1989/90 maximal toleriert, anstatt ganz besonders gefördert werden.

Das *Evangelische Schulzentrum Leipzig*, das Grund- und Mittelschule sowie Gymnasium unter einem Dach beherbergt, hat eine geradezu spannende Gründungsgeschichte hinter sich. Der Mut, mit dem 1991 der Landesregierung und dem Landesbischof die Genehmigung durch eine Gruppe mutiger Mütter abgetrotzt wurde, erinnert an die Visionen des Herbstes 1989. Die Zahl der Bedenkenträger gegen dieses Schulprojekt war übrigens innerhalb der evangelischen Kirche am größten. Inzwischen ist die Vereinsträgerschaft der »Gründungsmütter« in die Trägerschaft der beiden evangelischen Kirchenbezirke übergewechselt, aber der basiskirchliche Schwung ist erhalten geblieben: Zunächst glaubte man, in den kirchlichen Kindergärten reformpädagogische Ansätze finden zu können. Deshalb drängten Eltern und Pädagogen, eine am einzelnen Kind orientierte Pädagogik in der Grundschule fortzusetzen. Angesichts der nur schleppend vorankommenden Bildungserneuerung wünschten sich viele Eltern aber bald auch weiterführende christliche, ökumenische Schulen. 1991 entstand in Trägerschaft eines Elternvereins mit Unterstützung westlicher Landeskirchen und der Evangelischen Schulstiftung in Bayern das Evangelische Schulzentrum Leipzig.

Mittlerweile ist aus einer kleinen fünfklassigen Aufbauschule mit 121 Kindern und sieben Lehrern, die zunächst noch mit zwei weiteren Staatsschulen unter einem Dach startete, ein Schulzentrum für mehr als 1000 Schüler(innen) und ca. 100 Pädagogen geworden. Ein Schulgebäude, das 1870 als Höhere Mädchenschule mit Lehrerseminar eröffnet wurde, zwischen Petrikirche und Bayrischem Bahnhof im Stadtzentrum gelegen, einst von 1900 an für sieben Jahre Wirkungsstätte des international renommiertesten sächsischen Reformpädagogen Hugo Gaudig, beherbergt heute in glücklicher

23 Vgl. u. a. Katharina Marlow, Die Nachbarschaftsschule Leipzig. Eine Schule auf dem Weg, in: Andreas Pehnke (Hrsg.), Einblicke in reformorientierte Schulpraxis der neuen Bundesländer. Frankfurt am Main, Berlin, Bern, Bruxelles, New York, Oxford, Wien 1996, S. 139–148.

Symbiose von Ortsgemeinde und Schule Grund- und Mittelschule sowie Gymnasium und Hort. 1993 übernahmen die evangelisch-lutherischen Schulbezirke Leipzigs mit Unterstützung der Sächsischen Landeskirche die Trägerschaft der Schule. Die Anmeldequote übersteigt die Aufnahmekapazität um ein Vielfaches, deshalb kann stets nur gelost werden, allerdings gibt es eine zehnprozentige Quote für ausländische Kinder und für Schüler(innen) mit besonderem Förderungsbedarf. Es wird kein Schulgeld erhoben, und die Schule öffnete sich von Anbeginn für Christen und Nichtchristen.

Besonders im Profilfach *Soziale Diakonie,* dessen Lehrplan die Schule selbst entwickelt hat, kommen evangelische Grundüberzeugungen zum Tragen. Glaubwürdig und dem christlichen Anliegen gemäß ist auch die Durchlässigkeit zwischen Mittelschule und Gymnasium. Das Kollegium arbeitet an speziellen Einkehrtagen am *Proprium,* dem besonderen Anliegen evangelischer Schulen. Die geistige Mitte des Evangeliums mit seiner Zusage zum Geliebtwerden und zum Angenommensein unterscheidet auch in der Schule sehr genau zwischen Leistung und Wert eines Menschen. Das seit Schulgründung ausgewogen zusammengesetzte Kollegium aus ost- und westdeutschen Pädagogen trug Erfahrungen von guter Schule zusammen, um daraus etwas Neues, auch im Westen noch nicht Vorhandenes zu entwickeln. Somit konnten hier Schulerfahrungen aus Ost und West in einem bis dahin nicht gekannten Ausmaß praxiswirksam zusammengeführt werden.

Die Schule versucht sich in besonderer Weise diakonischen Aufgaben zu stellen. So leisten beispielsweise alle Schüler(innen) des gymnasialen Zweiges in der neunten Jahrgangsstufe anstelle des sonst üblichen Berufspraktikums einen zweiwöchigen diakonischen Einsatz in einer sozial-diakonischen Einrichtung. Die Mittelschüler(innen) können das sozial-diakonische Profil mit vier Wochenstunden wählen. Ein allgemeinbildendes praktisches und theoretisches Fach mit Berufsspezifizierung wird von Religionslehrern, Sozialpädagogen und Gestaltungslehrern angeboten.

Die seit August 1992 bestehende *Leipzig International School* begann zunächst mit lediglich sechs Kindern und drei Pädagogen im Stadtteil Möckern. Heute werden in dem 2001 bezogenen Schulhaus in der Könneritzstraße[24] etwa 750 Schüler aus fast 60 Ländern von über 100 Pädagogen unterrichtet. Die Schule gliedert sich in Pre-School (Vorschule), Primary School (Klassenstufen 1 bis 5) und Secondary School (Klassenstufen 6 bis 12).

---

24 Es wurde 1891 als erstes Schleußiger Schulgebäude eingeweiht. Später beherbergte der Bau die 26. Bezirkschule, sodann die XV. Bürgerschule und schließlich die 48. Grundschule bzw. die 48. POS »Maurice Thorez« Leipzigs, die wegen eines politischen Schauprozesses gegen vier Lehrer im Jahre 1959 traurige Berühmtheit erlangte, vgl. Andreas Pehnke, Widerständige sächsische Schulreformer im Visier stalinistischer Politik (1945–1959). Biografische Skizzen, neue Befunde und eine tschechische sowie ungarische Vergleichsstudie, Frankfurt am Main, Berlin, Bern, Bruxelles, New York, Oxford, Wien 2008, S. 201–215. Zuletzt nutzte das Carl-Goerdeler-Gymnasium dieses Schulhaus.

Die internationale Zusammensetzung der Schüler- und auch Lehrerschaft ist hier kein Zufall, sonder Programm. Ideologische und politische Unabhängigkeit, aber eine völkerverbindende, humanitäre Grundhaltung gehören generell zum Selbstverständnis der Internationalen Schulen. Auch Leipziger Eltern melden ihre Kinder an, um ihnen eine »Erziehung zum Weltbürger« zu ermöglichen. Neben den vielfältigen Nationalitäten der Schüler(innen) sind für diese Schulen auch die unterschiedlichen Sprachniveaus in der englischen Unterrichtssprache charakteristisch.

Seit 2000 legen die Schüler(innen) der Leipzig International School ihre Ausbildung – wie die meisten Absolventen der weltweit vertretenen Internationalen Schulen – zumeist mit dem *International Baccalaureate* (IB) ab, einer international anerkannten Hochschulreife. Wahlweise kann neben dem IB auch das amerikanische High School Diplom erworben werden. Im Vergleich mit unserem Abitur werden an das IB allerdings höhere Anforderungen gestellt: So gibt es auf der Oberstufe drei Grund- und drei Leistungskurse, während es an den staatlichen deutschen Schulen nur je zwei gibt. Zusätzlich zu den mündlichen und schriftlichen Prüfungen müssen die Kandidaten für das IB eine schriftliche Examensarbeit von 50 bis 100 Seiten anfertigen – selbstredend in englischer Sprache. Der übliche Fächerkanon wird zudem in der Oberstufe durch das Unterrichtsfach *Lerntheorie* erweitert. Außerdem sind entsprechende Praktika für die kulturelle und soziale Ausbildung verpflichtend. Wer nicht das IB anstrebt, kann auch schon mit der zehnten Klasse ausscheiden und eine international anerkannte Mittlere Reife, das *International General Certificate of Secondary Eduvation* (IGCSE), erlangen.

In Zusammenarbeit von Elternhaus und Schule möchten die Schulgründer dieser Leipziger Einrichtung ein internationales Miteinander ermöglichen. Hier können sich die Kinder und Jugendlichen zu verantwortungsbewussten Bürgern für die Welt von morgen entwickeln. Sie erleben täglich andere Kulturen, andere Religionen und können auf diese Weise eine andere Lebenswelt besser verstehen und sie wie ihre eigene annehmen. Sie können sich als Partner verstehen, denen gemeinschaftliche Erfahrungen mehr bedeuten als kulturelle Unterschiede.

Sicher ist jedenfalls, dass die Entscheidung ausländischer Investoren, sich in der Region um Leipzig anzusiedeln, maßgeblich vom Vorhandensein der Internationalen Schule abhing und noch heute abhängt. Dieser Schultyp hat somit für die Infrastruktur eines Ballungsraumes einen herausragenden Stellenwert.

Das *Bischöfliche Maria-Montessori-Schulzentrum Leipzig* hat seine Arbeit im August 1996 unter Leitung der Rheinländerin Regina Nothelle, der Österreicherin Silvia Baier und der Leipzigerin Veronika Brier mit 28 Kindern, darunter fünf mit besonderem Förderungsbedarf, beginnen können. Träger der Schule ist das Bischöfliche Ordinariat des Bistums Dresden-Meißen. Heute lernen in der Grundschule acht altersgemischte

Klassen (mit etwa 25 Kindern pro Klasse), in denen jeweils Schüler(innen) mit einem spezifischen Förderungsbedarf erfolgreich integriert sind. Schließlich konnten mittlerweile auch ein zweizügiger Mittelschul- sowie ein ebenfalls zweizügiger Gymnasialteil die Schulstruktur komplettieren. Heute unterrichten 62 Lehrer(innen) in diesem Schulzentrum.

Zu einer der größten Herausforderungen sollte es für die Schulgründer zunächst werden, das in Leipzig-Grünau anfangs genutzte Schulgebäude in der Neuen-Leipziger Straße, eine frühere DDR-Vorschuleinrichtung, für die integrationspädagogischen Herausforderungen der Montessoripädagogik im Allgemeinen sowie der Leipziger Schulkonzeption im Besonderen umzugestalten. Diesen Ansprüchen konnte man allerdings erst nach dem 1997 realisierten Umzug in das Schulgebäude in der früheren 82. Schule in der Alten Salzstraße (heute Haus A) besser gerecht werden. Im selben Jahr erfolgte auch die Einweihung des Mittelschulteils. Im Jahre 2000 konnte auch noch das benachbarte Gebäude der ehemaligen Robert-Koch-Schule erworben werden (heute Haus B). Der gesamte Schulkomplex wurde von 2001 bis 2003 nach modernsten Gesichtspunkten saniert. Seit 2007 komplettiert schließlich der Gymnasialteil die Struktur des Schulzentrums.

Die jüngste Bereicherung des Reform- und Alternativschulangebots in Leipzig verbindet sich mit der 1997 in Leipzig-Paunsdorf eröffneten *BIP Kreativitätsschule.* Aus der kleinen Grundschule erwuchs nach etwa zehn Jahren ein monumentaler Schulkomplex in der Torgauer Straße Leipzigs, in dem sich neben der dorthin umgezogenen Grundschule nun auch ein Gymnasium und seit 2008 die Akademie für Kreativitätspädagogik Leipzig (AKL) findet. Weitere Grundschulen (zumeist mit Kindertagesstätten) erfreuen sich in Berlin (gleich fünf), Chemnitz, Dresden, Gera, Potsdam und Neubrandenburg ebenso größter Beliebtheit, wie das zweit BIP Gymnasium in Berlin-Lichtenberg. Eine weitere gymnasiale Schulgründung wird derzeit für das Schuljahr 2013/14 in Dresden vorbereitet.

Das Schulkonzept basiert auf der Kreativitäts- und Begabungsforschung des einstigen Professorenehepaares Gerlinde und Hans-Georg Mehlhorn, die beide schon seit Ende der 1960er-Jahre kontinuierlich in Leipzig durchführten. Ihre gewonnenen theoretischen Erkenntnisse wurden von 1988 bis 1993 in einem Modellversuch gemeinsam mit zahlreichen Wissenschaftlern, Künstlern, Lehrern und Erziehern in Leipziger Kindergärten im letzten Vorschuljahr und ab 1989 in regulären Grundschulen praktisch geprüft.

Die Basisidee war, dass erfolgreiche Persönlichkeiten wie Nobelpreisträger, Erfinder, bedeutende Künstler und Wissenschaftler überzufällig häufig in einer anregenden, musisch und künstlerisch aufgeschlossenen Atmosphäre aufgewachsen und durch erwachsene Bezugspersonen aus ihrer Umgebung angeregt wurden, sich auf einem oder mehreren Gebieten zu betätigen und auszuprobieren. Bei genauerem Hinsehen waren spontane Prozesse der Interessenfindung und Beschäftigung weitaus geringer, als die Persönlichkeiten in ihren Biografien und Selbstzeugnissen darstellten. Hinzu kam, dass sich diese Kinder fast immer mit künstlerischen Dingen befassten, und zwar auch diejenigen, die später überragende wissenschaftliche und technische Leistungen vollbrachten.

Deshalb liegt der Schwerpunkt des Konzeptes auf Anregung durch Formen der künstlerischen Tätigkeit, was sich auch in dem Kürzel BIP symbolisiert wird, das für die Begriffe Begabung, Intelligenz und Persönlichkeit steht. Das BIP-Schulkonzept geht von dem Grundsatz aus, dass die in jedem Menschen (nicht nur bei begabten Personen) angelegten psychischen und physischen Voraussetzungen sich immer in enger Wechselwirkung mit den sozial gegebenen Anregungen der emotionalen Zuwendung und Akzeptanz sowie den individuellen Erfolgserfahrungen für und in eigener Beschäftigung beim Spielen, Lernen und in der Arbeit entwickeln. In dieser Kreativitätsschulpraxis wird nach dem Prinzip der Anregung aller Sinne für alle Kinder (unabhängig vom individuellen Fähigkeits- und Begabungsniveau) durch die Einbeziehung kreativitätsfördernder Medien in den Unterricht und die Ergänzung des Unterrichts – beispielsweise in der Grundschulpraxis – durch Förderung in acht verschiedenen Kreativitätsrichtungen im außerunterrichtlichen Bereich der Ganztagsschule gearbeitet. Dabei geht es erstens: um eine vielseitige Interessenbewegung aller Schüler(innen), zweitens: um das Wachhalten aller Sinne, weil dies die Grundlage jedweden kreativen und schöpferischen Schaffens ist, und schließlich drittens: um eine ausgewogene Balance der Unterstützung des Herausbildens sowohl des rational-abstrakten Denkvermögens als auch der Phantasie, des Einfallsreichtums, der emotionalen Intelligenz, der Fähigkeit zu ganzheitlichem Wahrnehmen und schließlich der künstlerischen und ästhetischen Sensibilität.

Bereits in der ersten Klasse wird ein anspruchsvolles Fremdsprachenprogramm in Angriff genommen. Die Zeit der hohen geistigen Flexibilität der Grundschüler soll dazu genutzt werden, sie an Intonations- und Grundmuster von drei bedeutenden Sprachen heranzuführen, an eine hamitisch-semitische Sprache (Arabisch), an eine germanische (Englisch) und eine romanische (Französisch). In der Wissenschaft gibt es mittlerweile Konsens, dass jeder Mensch mit der Möglichkeit geboren wird, alle Sprachen in jedweder Intonation zu erlernen, dass aber diese Intonationsfähigkeit im Verlauf der Schulzeit verlorengeht, in der Regel gegen Ende der Grundschulzeit, wenn diese Grundmuster nicht ausgefüllt werden, wenn sie also nicht durch den Erwerb von Sprachen benötigt werden. Der frühe Gebrauch dieser Intonationsmöglichkeiten ist eine Voraussetzung dafür, sich in der fremden Sprache einmal akzentfrei unterhalten zu können. Weil das Regelschulwesen in seiner Ausbildung zu vordergründig sprachliche Lernprozesse in den Mittelpunkt rückt, fordert die Mehlhornsche Kreativitätspädagogik eine methodische Balance zwischen wissenschaftsbezogenem rationalem Lernen und Anreizen für kreatives Schaffen.

Die Feststellung, dass Reformpädagogik mit Lehreraus- und -fortbildung beginnt, gilt ebenso wie für die Montessori- oder Waldorfschulpädagogen auch für diese Alternativschulform. So absolvieren die Lehrkräfte aller BIP-Schulen an der eigenen Akademie für Kreativitätspädagogik eine spezielle Ausbildung zum Kreativitätslehrer.[25]

Fazit

Die hier skizzierten sieben Fallbeispiele von Reform- und Alternativschulen, die in Leipzig im Zuge der gesamtgesellschaftlichen Umbrüche des Herbstes 1989 als basispädagogische Gründungsinitiativen entstanden sind, bieten den Leipzigern eine durchaus bunte Vielfalt und Wahlfreiheit in der Schullandschaft, so wie es das Grundgesetz explizit vorschreibt, für ein vielfältiges Schulangebot zu sorgen. Es gibt also zwei kirchliche Schulzentren und reformpädagogisch orientierte Schulen wie die Waldorfschule oder die staatliche Nachbarschaftsschule, alternative (Freie Schule) und eher kommerziell ausgerichtete Einrichtungen wie BIP Kreativitätsschulen.

Neben diesem hier schwerpunktmäßig thematisierten pädagogischen Raum Schule könnte die enorme Reformpädagogik-Rezeption zu Beginn der 1990er-Jahre in Leipzig auch um den vor- und sogar den nachschulischen Raum erweitert werden. Hierfür möchte ich jeweils ein Fallbeispiel ergänzen.

Als 1991 die Reggio-Pädagogik[26] von der UNESCO als weltweit bestes Elementarerziehungskonzept ausgewählt und prämiert wurde, ergriffen die Leipziger Erzieherinnen Barbara Koch und Susanne Urban sogleich die Intitiative für einen Dialog mit

---

25 Vgl. insgesamt Andreas Pehnke, Erste Erfahrungen ostdeutscher Reform- und Alternativschulen für eine moderne und für viele Ideen offene Pädagogik, in: Ute Geiling (Hrsg.), Pädagogik, die Kinder stark macht. Ansätze zur Arbeit mit Kindern in Not, Opladen 2000, S. 119–136, hier S. 128–134 sowie zuletzt Hans-Georg Mehlhorn, Gerlinde Mehlhorn, Die Entstehung der wissenschaftlichen Kreativitätspädagogik und die Etablierung eines eigenständigen Bildungssystems der BIP Mehlhornschulen von 1978–2010, in: Dieter Kirchhöfer, Christa Uhlig (Hrsg.), »Verordnete« Einheit versus realisierte Vielfalt. Wissenschaftliche Schulenbildung in der Pädagogik der DDR, Frankfurt am Main, Berlin, Bern, Bruxelles, New York, Oxford, Wien 2011, S. 329–359.

26 Hier nur zwei markante Merkmale: Die Vertreter der Reggio-Pädagogik lassen sich von der Einsicht leiten, dass das Kind potenziell die Möglichkeit hat, sich in einer Vielzahl von Sprachen (»Hundert Sprachen hat das Kind!«) auszudrücken, wie zum Beispiel im Malen, Zeichnen, Formen, Tanzen, Singen etc. – Jedes dieser Ausdrucksmittel müsse gleichberechtigt gefördert werden. Deshalb wird eine ganzheitliche Pädagogik favorisiert. – Jedem Reggio-Kindergarten ist für die Realisierung von Projektarbeiten ein Atelier zugeordnet. Der dafür eigens angestellte Atelierist verfügt über eine künstlerische Ausbildung, benötigt aber nicht zwingend einen pädagogischen Abschluss, vgl. ausführlich: Pehnke, Sächsische Reformpädagogik (Anm. 3), S. 258–265.

dem Pädagogischen Zentrum im italienischen Reggio Emilia. Die anvisierte Information vor Ort wurde im März 1992 ermöglicht. Die beiden Leipziger Kindergärtnerinnen erhielten die Gelegenheit, in Reggio Emilia drei Vorschuleinrichtungen und das dazugehörige Atelier des Puppenspielers Mariano Dolci zu besuchen und sich mit der Fachberaterin, Frau Paola Cagliari, zu verständigen. Beide in Sachen Reggio-Pädagogik Reisenden wussten in Leipzig für diese Reformpädagogik zu motivieren, sodass schon im September 1992 in der Kindertagesstätte in der Kändlerstraße in Leipzig-Grünau Reggio-Pädagogik – durch das Team um Frau Spindler einfühlsam praktiziert– bei den Kindern, Erzieherinnen und nicht zuletzt Eltern eine uneingeschränkte Anerkennung fand. Es folgten sodann zahlreiche Kindergärten Deutschlands, die sich dieser italienischen Reformpädagogik verschrieben. Im November 1995 gipfelte dieser Boom in der Gründung der bundesweiten Vereinigung *Dialog Reggio* mit Sitz in Potsdam zur Förderung der Reggio-Pädagogik in Deutschland.

Als Beispiel für die außer- oder nachschulische Reformpädagogik-Rezeption in Leipzig sei die am 3. Mai 1991 wiedereröffnete Berlitz School of Languages[27] erwähnt, die es in der Zwischenkriegszeit und in der ersten Nachkriegszeit in Leipzig – wie in zahlreichen anderen Großstädten der Welt – bereits als kommerzielles Fremdspracheninstitut gegeben hatte. Der Eigentümer des Leipziger Instituts, Lorenz Petersen, hatte unmittelbar nach Ende des Zweiten Weltkrieges den Unterrichtsbetrieb zunächst wieder aufnehmen können. Aber von Beginn an sah er sich heftigen Anfeindungen ausgesetzt, weil seine Privatschule aus der Sicht der Bildungsfunktionäre nicht in die Landschaft ostdeutscher Schulpolitik passen sollte.[28]

Fast zeitgleich mit der Wiedereröffnung der Leipziger Berlitz School sind auch in Ost-Berlin, Potsdam, Cottbus, Dresden, Halle/S. und Magdeburg weitere Einrichtungen dieser Art, die ihre Schülerschaft vorrangig aus renommierte Firmen rekrutieren, in den neuen Bundesländern gegründet worden.

27 Der 1852 in Möhringen im Schwarzwald geborene M.D. Berlitz wanderte 1870 als junger Sprachwissenschaftler in die USA aus. Sechsundzwanzigjährig gründete er 1878 seine erste Berlitz-School in Providence. Noch im gleichen Jahr begann er mit der Ausarbeitung seiner Methode, die auf konsequente Einsprachigkeit, mündlicher Schwerpunktsetzung und intensiver Schülerbeteiligung besteht sowie das muttersprachliche Prinzip zur Bedingung hat, d.h., nur Muttersprachler dürfen die entsprechende Sprache lehren. 1900 existierten weltweit bereit 100 Berlitzschulen, 1906 waren es 225 (davon 47 in Deutschland) und 1912 gar 310. Heute existieren in den hochentwickelten Staaten mehr als 300 Schulen. Über 5000 Berlitz-Mitarbeiter(innen) arbeiten in 30 Ländern an der Optimierung des Fremdsprachtrainings. Bis heute ist über 30 Millionen Menschen das Erlernen von Fremdsprachen durch diese reformpädagogische Fremdsprachenmethode erleichtert worden, vgl. ausführlich Pehnke, Sächsische Reformpädagogik (Anm. 3), S. 278–282.

28 Vgl. zum Schicksal dieser Schule: Stadtarchiv Leipzig, Stadtverordnetenversammlung, Rat der Stadt, Nr. 9996.

Abschließend möchte ich das historische Leipziger Reformpädagogik-Zentrum, das im ersten Drittel des 20. Jahrhunderts eine enorme internationale Anerkennung genoss,[29] mit der hier behandelten Leipziger Reformpädagogik-Rezeption im letzten Jahrzehnt des vergangenen Jahrhunderts in Beziehung setzen: Dabei fällt zuvörderst auf, dass das, was die historische Reformpädagogik in Leipzig in Gestalt der Versuchsklassenarbeit seit 1911 oder der Versuchsschulpraxis seit 1921 einst so einzigartig machte, dass sie vor allem durch das von Wilhelm Wundt 1879 gegründete Psychologische Institut der Universität Leipzig sowie durch das 1906 gegründete Institut für experimentelle Pädagogik und Psychologie des Leipziger Lehrervereins wissenschaftlich begleitet wurde, in der heutigen Schulreformpraxis der Leipziger Reform- und Alternativschulen kaum noch eine Rolle spielt. Die heutigen Schulen stehen kaum noch im konstruktiven Dialog zueinander; zumeist nur innerhalb ihrer spezifischen Schulvariante (Waldorfschule mit anderen Waldorfschulen usw.), aber nicht innerhalb des Schulvielfaltangebots der Stadt, geschweige zu den staatlichen Schulangeboten. Zu Beginn der Weimarer Republik war es beispielsweise eine Grundbedingung für die Genehmigung von Versuchsschulen durch das Kultusministerium, dass sich die Modellschulen zur Aus- und Fortbildung sowohl anderer Versuchsschullehrer als auch interessierter Regelschullehrer zu öffnen hatten. Der fruchtbare Ertrag des *Blicks über den Zaun*[30] liegt einst wie heute im Durchbrechen der eigenen Wahrnehmungs-, Bewusstseins- und Gewohnheitsschranken. Erst dadurch wird es möglich, im eigenen Tätigkeitskreis einen größeren Spielraum zu erobern und selbstständig denkend aktiv zu werden.

29 Vgl. Pehnke, Institut für experimentelle Pädagogik (Anm. 1), S. 219–244.

30 Neben den üblichen universitären und außeruniversitären Kooperationsmöglichkeiten für eine m. E. zwingend notwendige wissenschaftliche Begleitforschung der Schulpraxis ist 1989 mit der Blick-über-den-Zaun-Bewegung ein Schulverbund von etwa 15 Schulen gegründet worden, der sich mittlerweile für 120 Schulen, die in 14 Arbeitskreisen tätig sind, zu einer überaus interessanten basispädagogischen Evaluationsinstanz etablieren konnte.

Der vergessene »Stadtbaukünstler« Carl James Bühring

Sandra Miehlbradt

> »In einer Monographie über Hubert Ritter, Stadtbaurat in Leipzig, hat Winfried Nerdinger vor fünf Jahren die Notwendigkeit einer gesamtdeutschen Architekturgeschichtsschreibung angemahnt, dort besonders mit Blick auf die zwanziger Jahre. Zu viele Architekten und Bauten seien durch die Teilung in Vergessenheit geraten [...]. Für Ritter [...] hat sich die Situation in den letzten Jahren geändert. Unverändert gilt Nerdingers Mahnung aber für Ritters Amtsvorgänger Carl James Bühring.«[1]

In der Tat ist Carl James Bühring (1871–1936) in Vergessenheit geraten, nicht nur als Architekt und Gemeindebaurat von Weißensee[2], sondern auch als Stadtbaurat von Leipzig. Nur wenige haben sich in Ansätzen mit Bührings Schaffen auseinandergesetzt: oft fokussiert auf einen Aspekt in seinem Schaffen, wie seine Zoobauten oder seine Bauten in Berlin-Weißensee, oder die Artikel kommen als biographischer Abriss daher.[3] Joachim Bennewitz hat als Einziger Bührings Werk in einer selbstständigen Publikation zusammengefasst und bietet einen Orientierungspunkt, eine kunsthistorische Auswertung seines Schaffens erfolgt jedoch auch hier nicht. Dieser Beitrag versucht eine Mischung aus beidem: Anhand seiner Biographie sollen ausgewählte Werke vorgestellt und seine Tätigkeit gewürdigt werden.

Gleichzeitig soll dieser Aufsatz einen Anstoß bieten, sich weiter mit seinen Werken – die hier nur exemplarisch herausgegriffen wurden – zu beschäftigen und Bühring in das Gedächtnis – vor allem der Leipziger – zurückzurufen.

---

1 Torsten Birne, Architektur des 20. Jahrhunderts. Die Anlage des Zoologischen Gartens in Leipzig von Carl James Bühring (1925–1930), in: Der Architekt 2 (1999), S. 14.

2 Heute Berlin-Weißensee.

3 Für ersteres seien Thorsten Birne und Joachim Bennewitz, vgl. Joachim Bennewitz, Die Stadt als Wohnung. Carl James Bühring. Architekt in Berlin und Leipzig, Köthen 1994, genannt, für den letzten Aspekt steht Nils Gormsen. Vgl. Nils Gormsen, Vom Stadtraum ins Detail. Carl James Bühring – sensibler Gestalter von Stadträumen und Gebäuden, in: Leipziger Blätter 40 (2002), S. 62–64.

1. Kindheit und Jugend

Carl James Bühring wurde am 11. Mai 1871 in Berlin als ältester Sohn von Johann Heinrich Carl Bühring (1840–1913) und Eliza Watt Anderson (1845–1914) geboren.[4] Sein Vater war Großkaufmann und kam aus einer Familie von mecklenburgischen Rittergutsbesitzern. Er heiratete am 7. Juli 1870 Eliza Watt Anderson, welche aus einer englischen Offiziers- und Beamtenfamilie stammte.[5] Seine Jugend verbrachte Carl James Bühring in Berlin, Edinburgh und Kristiana (dem heutigen Oslo),[6] wo er ein humanistisches Gymnasium besuchte.[7] Nach Edinburgh bestanden die Kontakte vermutlich durch seine Mutter, die dort geboren wurde. Beide Eltern verbrachten ihre letzten Lebensjahre in Kristiana, Bühring war zu dieser Zeit schon als Gemeindebaurat in Weißensee tätig, sein Vater verstarb am 5. März 1913, seine Mutter am 22. Mai 1914.[8]

Nach Abschluss des Gymnasiums im Jahr 1891 nahm Bühring eine einjährige »handwerksmäßige« Tätigkeit auf.[9] Nach deren Abschluss begann er ein Studium an der Technischen Hochschule in Braunschweig, welches er im Jahr 1896 mit der 1. Hauptprüfung für das Hochbaufach mit dem Prädikat »gut« abschloss.[10]

2. Regierungsbauführer

Mit dem Bestehen der 1. Hauptprüfung konnte Bühring zum Regierungsbauführer ernannt werden; die Berufung erfolgte am 26. Januar 1897.[11] Damit schlug er eine Laufbahn als Baubeamter im höheren Staatsdienst ein, für die der Weg vorgegeben war: Ein Baubeamter konnte nach mindestens dreijähriger Ausbildungszeit und nach Bestehen der 2. Hauptprüfung zum Regierungsbaumeister ernannt werden.[12]

Sein erstes Ausbildungsjahr verbrachte Bühring bei der Kreisbauinspektion Wiesbaden, wo ihm der Bauführerposten für den Neubau des Landes- und Amtsgerichts übertragen wurde. Noch im gleichen Jahr nahm er an dem Wettbewerb zum Neubau

4 Stadtarchiv Leipzig (im Folgenden: StadtAL), Kap. 10 B Nr. 629, Bl. 6.

5 Ebd., Bl. 1.

6 Ebd., Bl. 6.

7 Bennewitz, Stadt als Wohnung (Anm. 3), S. 12.

8 StadtAL, Kap. 10 B Nr. 629, Bl. 1.

9 Ebd., Bl. 6.

10 Ebd., Bl. 12 f. Bennewitz schreibt, dass Bühring sein Studium an der Technischen Hochschule in Charlottenburg bei Berlin begonnen hätte, Bühring selbst erwähnt dieses Studium in seinem handschriftlichen Lebenslauf vom 24. Januar 1915 nicht.

11 Ebd., Bl. 6.

12 Dörte Beier, Kiel in der Weimarer Republik. Die städtebauliche Entwicklung unter der Leitung Willy Hahns (Sonderveröffentlichungen der Gesellschaft für Kieler Stadtgeschichte 48), Kiel 2004, S. 31.

eines Rathauses in Charlottenburg bei Berlin teil.[13] Seine Arbeit, die unter dem Pseudonym »Ilse« eingereicht wurde,[14] fand keine weitere Nennung. 1898 führte Bühring eine Studienreise für einige Monate nach Italien. Nach seiner Rückkehr begann er eine Tätigkeit bei dem Privatarchitekten Alfred Schellenberg in Wiesbaden. Dieser übertrug ihm die künstlerische Bearbeitung und Bauleitung für ein Wohn- und Geschäftshaus in der Wiesbadener Wilhelmstraße. Im gleichen Zeitraum übernahm er die Leitung der kunstgewerblichen Abteilung der Kunst[hoch]schule in Kristiana. Parallel zu seiner beruflichen Tätigkeit beteiligte er sich weiterhin an Wettbewerben: So wurde er mit einem 1. und 2. Preis für den Entwurf von Wohnungseinrichtungen, ausgeschrieben in Kristiana, ausgezeichnet. Näheres ist hier leider nicht bekannt.[15] Im Sommer 1900 kehrte er zur Kreisbauinspektion nach Wiesbaden zurück und wurde mit der Prüfung von Baupolizeigesuchen und der Ausarbeitung spezieller Entwürfe für den Neubau eines Polizeipräsidiums beauftragt.[16] Seinen letzten dortigen Abschnitt als Regierungsbauführer absolvierte er bei der Ministerial-, Militär- und Baukommission in Berlin. Hier wurde er vor allem mit Verwaltungsarbeiten beschäftigt.

3. Als Regierungsbaumeister in Berlin und Nienburg

Am 8. November 1901 wurde Bühring zum Regierungsbaumeister ernannt,[17] nachdem er am 2. November die 2. Hauptprüfung für das Hochbauwesen abgelegt hatte.[18] Zunächst wurde er, wie er in seinem Lebenslauf schreibt, mit der Bauleitung des anatomischen Instituts der tierärztlichen Hochschule in Berlin betraut: »Dieser auch in finanzieller Hinsicht nicht leichten Aufgabe habe ich mich zur Zufriedenheit meiner Vorgesetzten entledigt.«[19] Nebenher arbeitete Bühring am Entwurfskolleg für

13 Charlottenburg war zu diesem Zeitpunkt noch eine eigenständige Gemeinde, die erst später nach Berlin eingemeindet werden sollte. Die Ausschreibung des Wettbewerbes für den Neubau, der an der Berliner Straße und Lützower Straße errichtet werden sollte, erfolgte im April 1897. Vgl. Centralblatt der Bauverwaltung, Nr. 17, 28.04.1897, S. 195–196, hier S. 196. Der erste Preis ging an die Architekten Heinrich Reinhardt (1868–1947) und Georg Süßenguth (1862–1947) aus Charlottenburg. Vgl. Centralblatt der Bauverwaltung Nr. 50, 15.12.1897, S. 572. Insgesamt waren 52 Entwürfe eingegangen, von denen nur wenige von auswärtigen Architekten stammten. Das spiegelte sich auch unter den Preisträgern wider, von den 3/5 aus Charlottenburg und 2/5 aus Berlin stammten. Vgl. Centralblatt der Bauverwaltung Nr. 52, 18.12.1897, S. 573–575, hier S. 573.

14 Centralblatt der Bauverwaltung Nr. 1, 01.01.1898, S. 8.

15 Ebenso wie über seine Teilnahme an einem Wettbewerb zum Entwurf von Grabdenkmälern in Mainz im Jahr 1900.

16 StadtAL, Kap. 10 B Nr. 629, Bl. 6.

17 Ebd., Bl. 7.

18 Ebd., Bl. 14f.

19 Ebd., Bl. 7.

Hochbauten des Geheimen Rates Professor Bernhard Heinrich Kühn[20] (1838–1917) an der Technischen Hochschule in Berlin. Ein Jahr später, 1902, ging Bühring nach Nienburg an der Weser, um die Stellvertretung des Kreisbauinspektors und die kommissarische Leitung des Baukreises Nienburg zu übernehmen. Zeitgleich betrieb er ein privates Architekturbüro in Hannover und beteiligte sich als Lehrer an der Kunstgewerbeschule.

Während seiner Amtszeit in Nienburg an der Weser war Bühring für den Um- und Erweiterungsbau des Landratsamtes in Stolzenau, den Umbau des Landratsdienstgebäudes in Hoya, den Neubau einer Trinkwasseranlage für das Forstgehöft in Uchte, sieben Schulneubauten und den Neubau eines Stall- und Wirtschaftsgebäudes der Domäne in Stolzenau verantwortlich. Außerdem lieferte er Entwürfe zum Erweiterungsbau des Amtsgerichtsgefängnisses in Stolzenau, für ein Wohnhausneubau für die Domäne Memsen, für drei kleinere Schulneubauten und für das Königliche Progymnasium in Nienburg an der Weser,[21] das zwischen 1904–1906 realisiert wurde.[22] Letzteres ist ein Putzbau in einfachen Formen der deutschen Renaissance – eine typische Stilwahl für höhere Schulbauten jener Zeit. Bühring hielt sich damit an die Konventionen und ist hier noch den historisierenden Formen der Neorenaissance verpflichtet.[23] Im Jahr 1903 reichte er seine Kündigung ein; er sah seine Selbstständigkeit in künstlerischer Sicht als unzureichend an.[24]

4. Als Privatarchitekt in Berlin

Nachdem Bühring im Jahr 1903 aus dem Staatsdienst ausgeschieden war, betätigte er sich für zweieinhalb Jahre als Privatarchitekt und ging zurück nach Berlin. Dort war er auch als Assistent der Technischen Hochschule und als Lehrer an der Kunstgewerbeschule tätig. Zeitweise wirkte er als Stellvertreter des Geheimen Baurates Professor Karl Heinrich Friedrich Mohrmann (1857–1927) in Hannover, der ihm die staatliche Aufsicht aller Pfarr- und Kirchenbauten der Provinz Hannover übertrug. Sein bauliches Schaffen und seine Entwürfe als Privatarchitekt sind kaum erforscht. Daher

20 Ich danke Frau Claudia Schülzky vom Universitätsarchiv der Technischen Hochschule Berlin für die Informationen zu Professor Kühn.

21 StadtAL, Kap. 10 B Nr. 629, Bl. 7.

22 Centralblatt der Bauverwaltung Nr. 64, 07.08.1907, S. 426–428, hier S. 428.

23 Vgl. Centralblatt der Bauverwaltung Nr. 64, 07.08.1907, S. 426–428 sowie Heinrich Lang, Gymnasien und Real-Lehranstalten, in: Josef Durm, Hermann Ende, Eduard Schmitt, Heinrich Wagner (Hrsg.): Handbuch der Architektur, 4. Teil: Entwerfen, Anlage und Einrichtung der Gebäude, 6. Halbband: Gebäude für Erziehung, Wissenschaft und Kunst, 1. Heft: Niedere und Höhere Schulen, Darmstadt 1889, S. 141 f.

24 StadtAL, Kap. 10 B Nr. 629, Bl. 7 f.

können hier nur zwei Beispiele seiner Tätigkeit erwähnt werden: eine »herrschaftliche Villa« in Honnef am Rhein und ein Einfamilienhaus in der Villenkolonie Kleefeld bei Hannover, auf das näher eingegangen wird.[25]

Am 26. März 1904 verheiratete sich Bühring mit Alexandrine Agnes Maria Oster.[26] Mit ihr hatte er fünf Kinder: Lilly (geb. 7.1.1905), Karl Arthur (geb. 18.3.1906),[27] Ruth (geb. 19.7.1907), Sigrid (geb. 17.8.1910) und Armin (geb. 27.11.1914).[28]

Das Einfamilienhaus in Kleefeld bei Hannover

Das Einfamilienhaus in der Schellingstraße wurde auf einem Eckgrundstück erbaut und erhielt dank Bührings Planung durch die Verkleinerung des Hofes um ein Mindestmaß und die Rücksetzung der Bauflucht um drei Meter einen Garten, der Eckgrundstücken in diesem Viertel ansonsten vorenthalten blieb. Der Bau selbst ist um einige Meter nach hinten versetzt, sodass sich der Garten an zwei Seiten anfügt. Auf Wunsch der Bauherren wurde nur ein Zugang zum Haus angelegt.[29] Im Erdgeschoss lagen ein Vestibül, eine Garderobe, ein Herren- und ein Damenzimmer, eine Wohndiele mit anschließender Terrasse und der Treppe zum Obergeschoss sowie ein Speisezimmer und die Küche – beide waren durch eine Anrichte miteinander verbunden und lagen zu einem rückwärtigen Hof. Das Obergeschoss war mit drei Schlafzimmern, zwei Wohnzimmern und einem Bad ausgestattet. Im Dachgeschoss war ein Fremdenzimmer eingerichtet.[30] Die Wohndiele vermittelte den Zugang zu allen Zimmern; sie wurde durch einen breiten Gurtbogen in einen Wohn- und einen Treppenbereich getrennt. Sie war mit einer Holzvertäfelung und frei liegenden Deckenbalken mit geputzten Zwischenfeldern versehen. Alles Holzwerk war grün gestaltet, die Decke mit violetter Farbe, der Gurtbogen in terrakotta gestrichen, die Treppengitter in goldbronze lasiert. Das Speisezimmer erhielt eine braune Vertäfelung sowie silberne und goldbronzene Wände und Decken; ein blaugrauer ein Meter breiter Tapetenstreifen vermittelte den Übergang zwischen Vertäfelung und Wand.[31]

Der Putzbau wurde an verschiedenen Stellen mit Backsteinen versehen: im Eingangsbereich und vor allem an den Eckbebauungen und Fenstereinfassungen ist das Material zu finden. Verschiedene Erkerformen verwinkeln den Bau. Bühring spielt mit unterschiedlichen Formen und verwendet den Backstein als Gestaltungselement,

---

25 Ebd., Bl. 8.
26 Bennewitz, Stadt als Wohnung (Anm. 3), S. 55.
27 Beide leben später in Hannover. Vgl. StadtAL, Kap. 10 B Nr. 629, Bl. 237.
28 Ruth, Sigrid und Armin lebten 1936 in Berlin-Weißensee. Vgl. StadtAL, Kap. 10 B Nr. 629, Bl. 237.
29 O.V., Das Einfamilienhaus der Villenkolonie Kleefeld bei Hannover, in: Deutsche Bauzeitung, Nr. 84, 19.10.1907, S. 591–594, hier S. 591.
30 Ebd., S. 592.
31 Ebd., S. 594. Hier sei kurz angemerkt, dass über die Farbgebung von Räumen in den Bauzeitschriften eher selten berichtet wird, daher sollen diese Details hier nicht ausgespart werden.

so wie er es später auch an seinen größeren Wohnbauten in Berlin und Leipzig tun wird. Inwieweit Bühring hier erstmals Backstein in einem seiner Bauten zur Anwendung brachte, kann in diesem Rahmen nicht geklärt werden. Es kann jedoch festgehalten werden, dass er sich schon als Privatarchitekt mit diesem Material auseinandergesetzt hat.

5. Gemeindebaurat in Weißensee

Im Dezember 1905 beschloss die Gemeindevertretung von Weißensee, die Ausschreibung der Stelle eines Tiefbau- und eines Hochbaurates.[32] Bühring bewarb sich auf Letztere und wurde im Frühjahr 1906 zum Leiter des neu gegründeten Hochbauamtes ernannt.[33] Weißensee bestand zum Amtsantritt Bührings aus einem 2500 Einwohner umfassenden Dorf und der Gemeinde Neu-Weißensee mit ca. 32000 Einwohnern. Beide Ortschaften waren 1905 als Landgemeinde zusammengeführt worden und standen unter der Leitung des Gemeindevorstehers Dr. Carl Woelck (1868–1937). Er bemühte sich um eine weitere Entwicklung des Ortes an und förderte die Bautätigkeit. In diesem Zusammenhang wurden die Stellen eines Hochbau- und eines Tiefbaurates geschaffen. Die Gemeinde strebte seit 1899 die Erhebung zur Stadt an, die ihr jedoch verwehrt bleiben sollte.[34]

Bühring sollte nun neue Baukomplexe schaffen, die auch Vorbild für andere Bauschaffende sein konnten. Daneben sollte das Wohnungsangebot für die verschiedenen sozialen Schichten weiter entwickelt werden. In diesem Zusammenhang entstand das Gemeindeforum am Kreuzpfuhl, auch Munizipalviertel genannt. Das Forum wurde zwischen 1908 und 1912 erbaut und umfasste außer Wohnungsbauten auch Gemeinde- und Versorgungsbauten, wie einen Fest- und Turnsaal, eine Pumpstation, ein Ledigenwohnheim, eine Oberrealschule sowie Garten- und Parkanlagen.[35] Alle Gebäude wurden überwiegend als Backsteinbauten errichtet und positionieren sich heute entlang der Pistoriusstraße über die Woelckpromenade, Paul-Oestreich-Straße hin zur Schönstraße. Zudem hatte Bühring ein Volksbad, eine Feuerwehrstation sowie die Weiterführung der Wohnbebauung an der Woelckpromenade und an der Schönstraße geplant, diese Bauten wurden jedoch nie ausgeführt.

Die Wohnbebauung an der Woelckpromenade ist zentraler Bestandteil des Ensembles am Kreuzpfuhl; sie entstand in den Jahren zwischen 1908 und 1912. Die Woelckpromenade Nr. 1–7 bildet die südöstliche Begrenzung. Im Eckbau zur Pis-

32 Bennewitz, Stadt als Wohnung (Anm. 3), S. 13.
33 StadtAL, Kap. 10 B Nr. 629, Bl. 8.
34 Bennewitz, Stadt als Wohnung (Anm. 3), S. 14.
35 Georg Dehio, Handbuch der deutschen Kunstdenkmäler: Berlin, München, Berlin [3]2006, S. 397.

toriusstraße war das Ledigenwohnheim untergebracht. Die Backsteinbebauung hebt sich hier besonders durch ihren mit Rundbogenfenstern versehenen, hohen Bruchsteinsockel vom Rest der Wohnbebauung ab. Lisenen und hochrechteckige Fenster schmücken die oberen Geschosse und geben dem Gebäude einen vertikalen Gliederungsschwerpunkt. Zur Pistoriusstraße hin ist ein Arkadengang eingerichtet. Die übrigen Gebäude, Woelckpromenade Nr. 2–7, werden durch verschiedene Elemente gegliedert: polygonale, geschossübergreifende Erker, Lisenen, vielfältige Balkon- und Fensterformen, ornamentaler Terrakottaschmuck – gefertigt von Hans Schellhorn.[36] Ähnliche Schmuckformen finden sich später auch an den in Leipzig ausgeführten Bauten an der Lößniger Straße und in einfacherer Form ebenso an der Weidenhofsiedlung in Leipzig-Mockau.

An der Woelckpromenade 8 schloss sich die ehemalige Oberrealschule[37] am Kreuzpfuhl an. Sie bildete gewissermaßen das Zentrum des Gemeindeforums. Ursprünglich war hier auch der Turn- und Festsaal der Gemeinde zu finden. Die 1908 erbaute Halle wurde im Zweiten Weltkrieg zerstört; das dazugehörige Restaurant ist erhalten.[38] Im Nordosten folgt die Wohnbebauung an der Paul-Oestreich-Straße 1–4 sowie der Woelckpromenade 36/37. Diese roten Backsteinbauten werden durch ihre rundbogigen und querrechteckigen Loggien, ihre Ornamentik und zwei eingeschossige kubische Vorbauten, die aus der Gebäudeflucht hervortreten, gekennzeichnet. An der Schönstraße bricht die Wohnbebauung Bührings ab und wird erst an der Pistoriusstraße 24 a/b wieder aufgenommen. Der Putzbau mit gerundeten Ecken war ursprünglich mit polygonalen Zeltdächern ausgestattet und weist, wie alle Weißenseer Bauten Bührings, eine Vielfalt an Fenster- und Balkonformen sowie eine reiche Klinkergliederung auf.[39]

Bühring stellte das Modell des Munizipalviertels im Jahr 1910 auf der Architekturausstellung in Berlin vor. Weiterhin wurde es in London und 1913 auf der Internati-

36 Ebd., S. 402.

37 Die Oberrealschule wurde zwischen 1908–1912 auf einem Eckgrundstück an der Woelckpromenade erbaut. vgl. Dehio Berlin (Anm. 35), S. 400. Der zweiflügelige, dreigeschossige Klinkerbau mit Walmdach ist zentraler Bestandteil des Gemeindeforums. Die ungewöhnliche Grundrisslösung mit einem fast quadratischen Hauptbau und einem Seitenflügel ist auf den Eckbauplatz zurückzuführen. Ein hohes granitverkleidetes Bruchsteinsockelgeschoss, die vertikale Betonung der Fassade, die übergiebelten Risalite und der Terrakottaschmuck charakterisieren den Schulbau. Stilistisch greift der Bau auf die nahegelegene Bethanienkirche am Mirbachplatz zurück, die in Luftlinie in einer Achse liegen. Die Kirche, die zwischen 1900–1902 von Ludwig von Tiedemann und Robert Leibnitz erbaut wurde, weist ebenfalls einen hohen Bruchsteinsockel auf, über dem sich ein Backsteinbau erhebt. Eine ähnliche Grundgestaltung wird nochmals im 1913 erbauten Ledigenwohnheim in der Pistoriusstr. 17/Woelckpromenade 1 übernommen. Damit schuf Bühring ein punktuell aufeinander abgestimmtes Ensemble an verschieden Eckpunkten des Viertels.

38 Bennewitz, Stadt als Wohnung (Anm. 3), S. 56.

39 Dehio Berlin (Anm. 35), S. 402.

onalen Baufachausstellung[40] in Leipzig ausgestellt, wodurch Bührings Bekanntheitsgrad stieg.[41] Auf letzterer hieß es:

> »[...] Eine Überraschung, selbst für die Berliner, ist vielleicht höchstens Büring, dessen ganz ausgezeichnetes Wirken als Gemeindebaurat von Weißensee höchstens in Fachkreisen bekannt geworden ist. [...] Einer Berliner Vorortgemeinde eine solche Platzanlage zu schaffen, setzt eine Summe von Ursprünglichkeit, künstlerischer Kraft und diplomatischen Geschick voraus, die in einem ganz großen Gemeinwesen den passenden Wirkungskreis finden sollte.[...]«[42]

Bühring wurde also bereits zu Lebzeiten für seine Bauten in Weißensee geehrt und war auch in verschiedenen Fachzeitschriften immer wieder vertreten. Einer seiner wichtigsten Bauten, neben dem Munizipalviertel, war das Kinder- und Säuglingskrankenhaus in Berlin.

Das Kinder- und Säuglingskrankenhaus

Schon im Jahr 1905 begannen die Planungen und Vorarbeiten für ein Kinder- und Säuglingskrankenhaus, heutige Adresse Hansastraße 178–180.[43] Das Krankenhaus ging aus der Säuglingsabteilung der 1905 eröffneten Klinik des Vereins Säuglingskrankenhaus e.V. hervor und war das erste allgemeine Krankenhaus für Säuglinge in Preußen.[44] Bis dahin hatte es lediglich Krankenhausabteilungen für Säuglinge, »Aufnahmestätten für ernährungsgestörte, schwächliche oder frühgeborene« Säuglinge oder Heime für unterkunftslose Säuglinge gegeben.[45] Im Herbst 1908 fuhr Bühring mit anderen Gemeindevertretern sowie dem ärztlichen Leiter des späteren Krankenhauses auf eine Studienreise, um alle in Frage kommenden »modernen Aufnahmeanstalten für Säuglinge« zu besuchen.[46] Man orientierte sich aneinander und übernahm so die neuesten Techniken und Ausführungsweisen. Die Anstalt wurde am 8. Juli 1911 eröffnet und war nach nicht einmal drei Wochen voll belegt, sodass sich schon zur Eröffnung eine Erweiterung nötig machte.[47] Das war nicht zuletzt dem rapiden Wachstum der Städte zu verdanken. Oftmals waren Versorgungsanstalten, die im Vor-

---

40 StadtAL, Kap. 10 B Nr. 629, Bl. 16 (Beitrag von Hans Schliepmann, »Die International Baufach-Ausstellung 1913 in Leipzig«, in: Tägliche Rundschau vom 04.06.1913).

41 Bennewitz, Stadt als Wohnung (Anm. 3), S. 22.

42 StadtAL, Kap. 10 B Nr. 629, Bl. 16 (Beitrag von Hans Schliepmann, »Die International Baufach-Ausstellung 1913 in Leipzig«, in: Tägliche Rundschau vom 04.06.1913).

43 Das Gebäude wird heute nicht mehr als Krankenhaus genutzt und steht leer.

44 Julius Ritter, Das kommunale Säuglingskrankenhaus und die öffentlichen Säuglingsfürsorgemaßnahmen der Gemeinde Berlin-Weißensee, Leipzig 1913, S. 3.

45 Ritter, Säuglingskrankenhaus (Anm. 44), S. 4.

46 Ebd., S. 3.

47 Ebd., S. 4.

feld auf bestimmte Kapazitäten ausgelegt waren, zu Beginn ihrer Eröffnung zu klein und mussten erweitert werden.

Die Berliner Anstalt umfasste neben dem eigentlichen Krankenhaus auch eine Säuglingsfürsorgestelle, eine Milchkuranstalt mit Musterkuhstall und Nahrungsbereitungsanstalt, ein Säuglings- und Wöchnerinnenheim mit Entbindungssaal und Schwangerenunterkunft, eine Freiluftkrippe, Stillstuben, ein Ammenvermittlungsamt für die Provinz Berlin und Brandenburg sowie das Aufsichtsamt für das »Halte- und Pflegekinderwesen«.[48] Schaut man sich alle zugehörigen Institutionen an, wird auch das Konzept des Krankenhauses klar: Neben der Behandlung von Kinderkrankheiten sollten vor allem die Geburtsvor- und -nachsorge gewährleistet werden. Die Einrichtung von Beratungsstellen komplettierte das Konzept.

Im Hauptgebäude, dem Krankenhaus, waren Spezialabteilungen für Augen-, Hals-, Haut-, Ohren-, ansteckende und chirurgische Krankheiten eingerichtet.[49] Der Eingang und die zwei Aufnahme- und Untersuchungszimmer waren vom Rest des Hauses getrennt und konnten wechselseitig geöffnet und bei Bedarf geschlossen werden. Ansteckende Krankheiten konnten so schnell isoliert und die Kinder in die sogenannten »Infektionspavillons« überwiesen werden. Im Erdgeschoss waren die Dienst- und Verwaltungsräume des Krankenhauses untergebracht: Laboratorien, ärztliche Sprechzimmer, ein Speisesaal für die Schwestern sowie eine Küche mit zugehörigen Räumlichkeiten. Im Obergeschoss lagen die Krankenräume. Insgesamt standen 70 Krankenbetten zur Verfügung, die auf zwei Zehnbett-, sieben Fünfbett-, ein Dreibett- und je vier Zweibett- und Einzelzimmer verteilt waren. Zwischen den Fünf- und Zehnbett-Krankenzimmern waren Bäder mit Glaswänden eingerichtet, sodass Besucher nur indirekt zu den Kindern zugelassen wurden. Daneben verfügte das Krankenhaus über einen Operationssaal und ein Photografisches Atelier. Eine Brücke vermittelte den Zugang zu einem kleineren Nebengebäude, in dessen Obergeschoss ein Hörsaal für 60 Personen, im Erdgeschoss ein Warteraum mit Vorraum, ein Geräteraum und eine Fürsorgestelle eingerichtet waren.

Das zweigeschossige asymmetrische Hauptgebäude wurde als vielgliedriger Putzbau mit Mansarddach erbaut. Anklänge vom Heimatstil lassen sich am Gebäude finden, so u. a. im asymmetrischen Grundriss und in der Aufteilung des Haupthauses in verschiedene Baukörper sowie der Holzverwendung in den Giebelbereichen. Diese Stilwahl war unter Krankenanstalten jener Zeit keine seltene, wie man an der unter Otto Wilhelm Scharenberg (1851–1920) zwischen 1904 und 1906 erbauten Lungenheilanstalt in Adorf oder der Heilanstalt Dösen, 1899–1901 errichtet, sehen kann. Die Ausführung in einem Pavillonsystem war seit dem 19. Jahrhundert üblich. Eine Neue-

48 Ebd., S. 5.
49 Ebd., S. 18.

rung war sicherlich die Anbindung der Milchkuranstalt, die die Versorgung der Säuglinge ermöglichte und darüber hinaus auch die Umgebung mit Milchprodukten belieferte. Für den Bau erhielt Bühring im Juli 1911 den Kronenorden 4. Klasse – eine Auszeichnung, die für besondere Verdienste vom preußischen König verliehen wurde.[50]

Neben den zwei vorgestellten Projekten hat Bühring noch diverse andere Bauten in Weißensee und Berlin realisiert: das Pfarrhaus in Pankow-Heinersdorf (1909),[51] die 5. Gemeindeschule an der Bernkasteler Straße (1913),[52] die Wohnungsbauten an der Caseler Straße 1–5, der Berliner Allee 196–198 und der Trierer Straße 9–17 (1913–1914)[53] sowie die Torbauten zum Städtischen Friedhof in Weißensee (1915).[54]

6. Als Stadtbaurat in Leipzig

Schon im Jahr 1913 hatte Bühring sich nach einer anderen Stelle umgeschaut und sich um den Posten als Stadtbaurat von Posen beworben. Er kam in die engere Auswahl, erhielt jedoch die erforderliche Stimmenmehrheit nicht. Etwa zwei Jahre später bewarb er sich am 24. Januar 1915 um die Stelle des Stadtbaurates für Hochbau in Leipzig.[55] Otto Wilhelm Scharenberg, der das Amt bisher inne hatte, wollte in Altersruhestand gehen. Daher suchte man einen neuen Leiter für die Leipziger Hochbauverwaltung. Seine Wahl erfolgte am 10. März in einer Stadtverordnetensitzung, das Protokoll gibt dazu wieder:

> »Meine Herren! Ehe ich die Aussprache eröffne, teile ich das Ergebnis der Wahl eines Stadtbaurates für die Leitung des Hochbauamtes mit. Es waren 60 Herren anwesend und 60 Stimmzettel sind auch abgegeben worden. Davon lauten: 58 auf Herrn Gemeindebaurat Karl James Bühring in Weißensee bei Berlin, 1 auf Herrn Gemeinderat Karl Bühring, wo der 2. Vorname durchgestrichen ist, [Heiterkeit] und 1 Zettel ist weiß. Damit ist also Herr Gemeindebaurat Karl James Bühring in Weißensee mit der erforderlichen Mehrheit und zwar auf 6 Jahre als Stadtbaurat für Leipzig gewählt. Meine Herren! Wir sind uns der Bedeutung dieser Wahl alle voll bewusst. Wir wissen, daß der Mann berufen ist, möglicherweise für lange Zeit einen großen Einfluss auf die bauliche Ausgestaltung Leipzigs auszuüben, und wir haben deshalb alle den herzlichen Wunsch, daß wir den richtigen Mann gewählt haben.«[56]

50 StadtAL, Kap. 10 B Nr. 629, Bl. 7.
51 Dehio Berlin (Anm. 35), S. 372.
52 Ebd., S. 400.
53 Die Gebäude entstanden in Zusammenarbeit mit Erich Olszewski. Vgl. Dehio Berlin (Anm. 35), S. 401.
54 Ebd., S. 404.
55 StadtAL, Kap. 10 B Nr. 629, Bl. 5.
56 Ebd., Bl. 24.

Dr. Carl James Bühring
(Stadtbaurat Dr. Carl James Bühring, StadtAL, BA 1987/23024)

Zum 1. April 1915 trat Bühring seine neue Stelle an. Bei seiner Einstellung hieß es: »Herr Stadtbaurat Bühring sei aus einer großen Zahl von Bewerbern nach drei Gesichtspunkten gewählt worden, zum ersten, dass er Städtebaukünstler sei, zum andern, dass er ein guter Verwaltungsbeamter und endlich drittens, dass er auch im Entwerfen von Bebauungsplänen geübt sei. In allen gehe ihm ein guter Ruf voraus, der Gutes für Leipzig erwarten ließe.«[57] Seine Verpflichtung und Einweisung erfolgten am 7. April 1915.[58]

Als Bühring sein Amt als Stadtbaurat in Leipzig antrat, waren die Auswirkungen des Ersten Weltkrieges vor allem für das Hochbauamt spürbar. Waren 1914 unter Leitung Otto Wilhelm Scharenbergs noch einige größere Bauten fertiggestellt worden, wurde die Bautätigkeit bis 1918 aufgrund von Personal- und Materialmangel sowie behördlicher Verfügungen auf ein Minimum beschränkt. Das Bauen wurde auf die kriegswichtigen Betriebe reduziert und die Tätigkeit des Hochbauamtes auf den Krieg eingestellt: So waren die Hochbaubeamten u. a. für die Beschlagnahmung von Metallen zuständig und richteten eine Kartenverteilungsstelle ein.[59] Viele Baubeamte waren zum Kriegsdienst eingezogen worden, Bühring selbst wurde am 26. Oktober 1916 ausgemustert.[60] Er nutzte die Zeit, um einige Veränderungen innerhalb der Hochbauverwaltung herbeizuführen. Zunächst wurde die Abteilung Stadterweiterung, die zuvor zum Baupolizeiamt B gehörte, dem Hochbauamt unterstellt und eine strengere Trennung der Entwurfsabteilung von der Bau- und Verwaltungsabteilung durchgeführt.

57 Ebd., Bl. 33.
58 Ebd., Bl. 23.
59 StadtAL, Kap. 19 Nr. 229 Bd. 1, Bl. 17.
60 StadtAL, Kap. 10 B Nr. 629, Bl. 41.

Daneben begann man verschiedene Bauten zu planen, die jedoch nie zur Ausführung kamen: ein Kunstgewerbemuseum, eine Fachschule für das Buchgewerbe und ein Polizeipräsidium.[61] Letzteres ist in der Zeitschrift »Der Profanbau« Nr. 23/24 aus dem Jahr 1919 durch Baurat Dr.-Ing. Walter Mackowsky besprochen worden.[62] Das Justizministerium wollte sein Gerichtsgebäude erweitern und dafür das Polizeipräsidium in der Wächterstraße erwerben. Der Neubau hätte neben der Polizei auch andere Zweige der städtischen Verwaltung aufgenommen.[63]

Bühring schuf fünf verschiedene Lösungen für dieses Verwaltungsgebäude auf dem Areal der alten Thomasmühle und des Lurgenstein-Gartens gegenüber der Thomaskirche.[64] Zunächst plante er eine Fünfflügelanlage mit zwei Binnenhöfen, die dem Grundstück folgend nach Nordwesten abknickte. Im Zentrum der Anlage lag ein Rundbau, der durch zwei zweibündig angelegte Gänge mit dem Hauptbau am Thomasring und der rückwärtigen Anlage an der Zentralstraße verbunden war und den fünften Flügel bildete. Der Hauptbau war als symmetrischer, blockhafter Bau mit Satteldach und zwei Eckrisaliten geplant, der durch seine strenge Fensterordnung und ionische Wandpfeiler einen starken vertikalen Fassadenaufbau erhielt.[65] Seine weiteren Entwürfe, die im Oktober 1915 entstanden, lockerte Bühring mehr und mehr auf. Zwar behielt er zunächst den Hauptbau am Thomasring bei, doch ging er von der Fünfflügelanlage immer mehr ab und konzipierte eine vielgliedrige Anlage mit mehreren Höfen. Sein fünfter und letzter Entwurf sah einen ovalen Rundbau mit vorgelegtem konvex gewölbtem Säulengang vor, der die beiden Seitenbauten verband. Die zahlreichen Nebenbauten lagen dem ovalen Mittelbau an.[66] Das Innere des Baus sollte recht einfach gehalten werden, da neben der Polizei auch andere Verwaltungsabteilungen der Stadt innerhalb des Gebäudes untergebracht werden sollten. Bühring plante Kanzleien in einfachster Ausstattung; Sitzungs- und Festräume, größere Hallen und Treppenaufgänge sollten der Übersicht halber vermieden werden.[67] Dieser Bau wurde nie ausgeführt.

61 StadtAL, Kap. 19 Nr. 229 Bd. 1, Bl. 18.

62 In dem Beitrag werden neben den Entwürfen zum Polizeipräsidium auch eine Auswahl seiner Reiseskizzen vorgestellt.

63 Mackowsky: Zu Skizzen und Entwürfen von Stadtbaurat Bühring in Leipzig, in: Der Profanbau Nr. 23/24 (1919), S. 190–192, hier S. 190.

64 Ebd., S. 191.

65 Vgl. Mackowsky, Skizzen (Anm. 63), S. 203 (Abbildung der Fassade, erste Entwurfsskizze zur Schauseite des neuen städtischen Verwaltungsgebäudes).

66 Vgl. Mackowsky, Skizzen (Anm. 63), S. 204 ff. Dass der Neubau als städtebauliche Einheit mit der Thomaskirche gedacht war und über die Giebelarchitektur eben zu jener Einheit verschmolzen werden sollte, wie Mackowsky es behauptet, kann in diesem Zusammenhang nicht verifiziert werden. Vgl. Mackowsky, Skizzen (Anm. 63), S. 191. Weder scheint die Giebelarchitektur beider Bauten in irgendeiner Weise aufeinander abgestimmt, noch finden die Bauten stilistisch zueinander.

67 Ebd., S. 191.

Messebauten

Ähnlich verhielt es sich mit den Messebauten der Stadt. Nachdem der Erste Weltkrieg auch die Bautätigkeit an den Messehäusern zum Erliegen gebracht hatte, begannen nach dem Krieg Neuplanungen für das Messewesen. So glaubte man, dass sich der internationale Handel schnell erholen und Leipzig wieder zu einem wichtigen Messe- und Handelsstandort erstarken würde. Diese Annahme zog eine Reihe von gigantischen Messehausprojekten nach sich: den Entwurf für einen Messeturm auf dem Fleischerplatz von Arno Caroli, Emanuel Haimovici und Richard Tschammer (1919),[68] den Welthandels- und -messepalast auf dem Schwanenteichgelände (1920/21)[69] oder den Entwurf für eine Messe- und Handelszentrale am Roßplatz von Wilhelm Krüger und Otto Agsten (1924).

Innerhalb dieses Kontextes entwarf auch Bühring einen Messebau für die Lindenauer Wiesen. Da ein Neubau innerhalb der Altstadt aufgrund mangelnder Bauplätze nicht in Frage kam, plante Bühring seinen Bau außerhalb des Stadtzentrums und strebte eine weitere Dezentralisierung des Messewesen, wie sie schon mit der Ausgliederung der Baumesse begonnen hatte, an.[70] Dabei schien ihm der Leipziger Westen mit Lindenau, Leutzsch, Plagwitz und Kleinzschocher am geeignetsten. Er plante zwei elfstöckige, vierflügelige Gebäude auf quadratischem Grundriss mit je einem Innenhof, denen an den Ecken oktogonale, achtgeschossige Bauten angelagert waren. Zwei viergeschossige Zwischenbauten setzten an den oktogonalen Eckabschlüssen an und verbanden die beiden als »Brückenköpfe« betitelten Hauptgebäude. Dadurch entstand ein dritter großer Innenhof. Beide Zwischenbauten sollten über die Frankfurter Straße, die heutige Jahnallee, führen und diese überbauen. Fünf rundbogige Portale hätten den Weg für Straßenbahn und Straßenverkehr freigegeben und wären durch den dritten Innenhof hindurch geführt worden. Hier hätte es neben einer Haltestation für die Beschäftigten auch die Möglichkeit zur An- und Ablieferung der Messegüter gegeben.[71]

Im Inneren war das Gebäude nach einem zweibündigen System konzipiert, welches in den zwei obersten Geschossen der Zwischenbauten aufgenommen wurde und dadurch einen fließenden Übergang zwischen beiden Blöcken ermöglichte. Diese Gliederung wurde lediglich an den Stirnseiten und zum Hof hin durch ein einbündi-

---

68 Für weitere Informationen: Peter Leonhardt, Moderne in Leipzig. Architektur und Städtebau 1918 bis 1933. Leipzig 2007, S. 75–112, hier S. 76 f.

69 Iris Reuther, Prototyp und Sonderfall. Über Hochhäuser in Leipzig, in: Marianne Rodenstein (Hrsg.), Hochhäuser in Deutschland. Zukunft oder Ruin der Städte?, Stuttgart, Berlin, Köln 2000, S. 171–192, hier S. 174.

70 H., Zur Entwicklung des Hochhauses in Deutschland, in: Deutsche Bauzeitung Nr. 19, 09.03.1921, S. 94.

71 Ebd., S. 95.

ges System aufgebrochen. Die Umgebung sollte mit Villenbebauung bestückt und die Frankfurter Straße zu einem Geschäftszentrum erweitert werden.[72]

In Zusammenhang mit den monumentalen Messebauentwürfen wurde auch die Hochhausdebatte neu entfacht. Bühring selbst wurde in der Deutschen Bauzeitung als Vorreiter des Hochhausbaus in Deutschland gepriesen, hatte er doch bereits im Jahr 1915, in einem Wettbewerb für die Gestaltung des Vorplatzes des Bahnhofs Friedrichstraße in Berlin, einen Hotelhochhausbau konzipiert.[73] Dort entwarf er einen zwölfgeschossigen Rundbau, dessen »Sockel« sich der Dreiecksform des Grundstückes anpasste. Gesimse gliederten den Bau in vier Zonen. Die strenge Anordnung der rechteckigen Fenster betonten die Vertikale. Vasen, Skulpturen, Balkone, Portiken und geschossübergreifende Säulen gliederten und schmückten die unteren neun Geschosse, während die obersten Geschosse frei von jeglichem architektonischen Schmuck bleiben sollten.[74] Das Projekt wurde nicht verwirklicht.

Das Grassitextilmessehaus

Erst in den Jahren 1924–25 erhielt Bühring die Möglichkeit, einen Messebau zu planen und zu errichten. Zum Zwecke der Ausstellung für die Textilmesse wurden auf dem hinter dem Grassimuseum am Königsplatz gelegenen Areal ein Neubau sowie eine Erweiterung des vorhandenen Grassimuseums angestrebt. Der Neubau erfolgte auf Kosten der Grassi-Textilmeßhaus A.G., die sich im Januar 1923 gegründet hatte,[75] der Erweiterungsbau wurde durch die Stadt getragen.[76] Auf einer Grundfläche von 2 620 qm entstanden der 1 500 qm große Neubau und der 1 120 qm fassende Erweiterungsbau.[77]

Das Grassimuseum wurde im Westflügel um drei Achsen erweitert und über einen fünfgeschossigen Querriegelbau mit dem Ostflügel verbunden, sodass ein Innenhof entstand, den Bühring mit Glas überdeckte. Im Querriegelbau lag die Haupteingangshalle des Textilmessehauses, der Zugang erfolgte von Osten. Das Haupttreppenhaus und die Fahrstuhlanlagen positionierten sich im Westen; sie vermittelten auch einen Zugang zum Neubau, der sich mit seinem Hintergebäude an das Grassimuseum anschloss. Der Neubau erstreckte sich auf einem T-förmigen Grundriss, die Hauptfassade zeigte zur Härtelstraße. Dort vermittelten zwei Zugänge einen Weg in das Gebäude. Während im westlichen Gebäudeteil Verwaltungszimmer und ein weiteres

72 Ebd., S. 96.

73 Ebd., S. 92.

74 Ein kurzer Abriss und Abbildungen von Bührings Entwurf finden sich bei: Florian Zimmermann (Hrsg.), Der Schrei nach dem Turmhaus. Der Ideenwettbewerb Hochhaus am Bahnhof Friedrichstraße Berlin 1921, Berlin 1988, S. 23–27.

75 O. V., Aus der Bautätigkeit der Stadt Leipzig, in: Deutsche Bauzeitung Nr. 70, 30.08.1924, S. 445.

76 Ebd., S. 446.

77 Ebd., S. 445.

Treppenhaus untergebracht waren, befanden sich im Osten und im Hinterbau die Messeräumlichkeiten. Diese waren nach einem zweibündigen System eingerichtet worden. In der Mitte des Hinterbaus, im Osten, lagen ein drittes Treppenhaus und der Notausgang.[78]

Die symmetrische Hauptfassade an der Härtelstraße zeigt ein System aus schmalen Pfeilern aus Rochlitzer Porphyr mit geputzten Wandflächen, die die hochrechteckigen Fenster aufnehmen. Zwei zweiachsige Seitenrisalite umspannen den Bau. Die zwei Zugänge mit dem Schriftzug »Grassi-Textilmessehaus Eingang«[79] sind in einen Schulterbogen mit waagerechtem Abschluss, einem scheidrechten Bogen ähnlich, eingefasst. Ein Gesims fasst die Pfeiler und Risalite zusammen; darüber erhebt sich ein durchfenstertes Geschoss, dass zunächst einem Mezzanin[80] gleicht. Schaut man sich den Schnitt durch das Gebäude an, wird man jedoch feststellen, dass auch hier ein Vollgeschoss von 3,50 m Höhe ausgeführt wurde. Das Geschoss wirkt durch die niedrigeren Fenster und deren Einbindung in eine horizontal um die Fenster herumlaufende Putzfläche niedriger, als es in Wirklichkeit ist. Das Satteldach war mit Schleppgauben und einzelnen Fledermausgauben ausgestattet.[81]

Bührings Wohnungsbauten in Leipzig

Neben den Messebauten bildet der Wohnungsbau einen weiteren Schwerpunkt in Bührings Leipziger Schaffen. Zum Ende des Ersten Weltkrieges hatte sich auch der Wohnungsmarkt zunehmend verschlechtert. Die Bautätigkeit privater Investoren und Baugenossenschaften konnten die Wohnraumbedürfnisse nicht mehr befriedigen, und die Beschränkung der Bautätigkeit während des Krieges tat ihr Übriges.[82] Während des Krieges wurde gerade einmal ein Fünftel bis ein Siebentel der Vorkriegswohnungsbautätigkeit erreicht.[83] Unmittelbar nach dem Krieg war der private Wohnungs-

78 Ebd., S. 447 (Abbildungen der Grundrisse).

79 Der Schriftzug ist heute nicht mehr am Gebäude zu finden.

80 Als Mezzanin bezeichnet man ein sogenanntes Halbgeschoss. Es zeichnet sich durch eine geringe Raumhöhe im Vergleich zu den anderen vorhanden (Voll-)Geschossen aus. Im Äußeren scheint das Geschoss jedoch niedriger, durch die horizontale Betonung der Fassade und die kleineren Fensterformen.

81 Die Gauben sind heute nicht mehr erhalten.

82 Kunibert Jung, »... Serienbau (...) innerhalb alter Bebauungspläne ...«. Von der Gründung der Weimarer Republik bis zum Ende des Zweiten Weltkrieges, in: »Eine Wohnung für alle«. Geschichte des kommunalen Wohnungsbaus in Leipzig 1900–2000, hrsg. von Pro Leipzig e.V., Leipzig 2000, S. 38–46, hier S. 38.

83 Die Zahlen zu den innerhalb der Kriegsjahre erbauten Wohnbauten schwanken von 1 700, vgl. Jung, Serienbau (Anm. 82), S. 38, bis hin zu 3 820 Wohnungen, vgl. Max Reimann, Die Bautätigkeit der Gegenwart, in: Carl-James Bühring, Deutschlands Städtebau – Leipzig, Leipzig 1923, S. 19–25, hier S. 19.

bau nahezu eingestellt, die politische Lage erschwerte langfristige Kalkulationen, es fehlte an Baumaterialien, an Krediten und ebenso blieben die Einkommen niedrig. Auch der Erlass von Gesetzen, wie das Reichswohnungsmangelgesetz aus dem Jahr 1918, welches die Meldung von freiem Wohnraum vorschrieb, änderte die Situation kaum. Dieser Mangel an Wohnraum stand also in engem Zusammenhang mit den politischen und gesellschaftlichen Umwälzungen sowie der schwierigen wirtschaftlichen Lage,[84] die dann in der Weltwirtschaftskrise gipfelte. Vor jenem Hintergrund war es nun also an Bühring – als Vorstand der Hochbauverwaltung –, den kommunalen Wohnungsbau voranzutreiben. Daher verwundert es kaum, dass sein Hauptwerk innerhalb Leipzigs im Wohnungs- und Siedlungsbau zu finden ist.

Eine »kleine rotschimmernde Backsteinstadt« – Die Weidenhofsiedlung in Mockau

Eine seiner ersten Siedlungen war die Weidenhofsiedlung in Leipzig-Mockau. Angesiedelt im Nordosten der Stadt zwischen Mockauer Straße und der Parthenaue sowie dem Abtnaundorfer Park begann Bühring die Siedlung bereits im Jahr 1918 zu planen und zu entwerfen.[85] Er sah 228 Häuser in sechs Grundrissvarianten und vier Läden vor; realisiert wurden 263 zweigeschossige Häuser.[86] Sie wurden in verschiedenen Bauabschnitten zwischen 1919 und 1924 erbaut und sind heute in privatem Besitz. Die Backsteinreihenhäuser sind um drei Wohnhöfe – den Pappel-, Erker- und den Weidenhof – gruppiert und reihen sich entlang der Beuthstraße, den Straßen »Zu den Wiesen« und »Am Thore« sowie der Gontardstraße. Die zweigeschossigen Häuser wurden mit sparsamen Ornamenten und Doppelfenstern mit Fensterläden im Erdge-

Der Weidenhof, Siedlung Leipzig-Mockau (StadtAL, Kap. 19 Nr. 229 Bd. 1, Bl. 107)

84 Jung, Serienbau (Anm. 82), S. 39.
85 Otto Goertz, Leipzigs Wohnungsbau der Nachkriegszeit, Leipzig 1930, S. 63.
86 Leonhardt, Moderne (Anm. 68), S. 48.

Der Pappelhof der Weidenhofsiedlung (StadtAL, Kap. 19 Nr. 229 Bd. 1, Bl. 107)

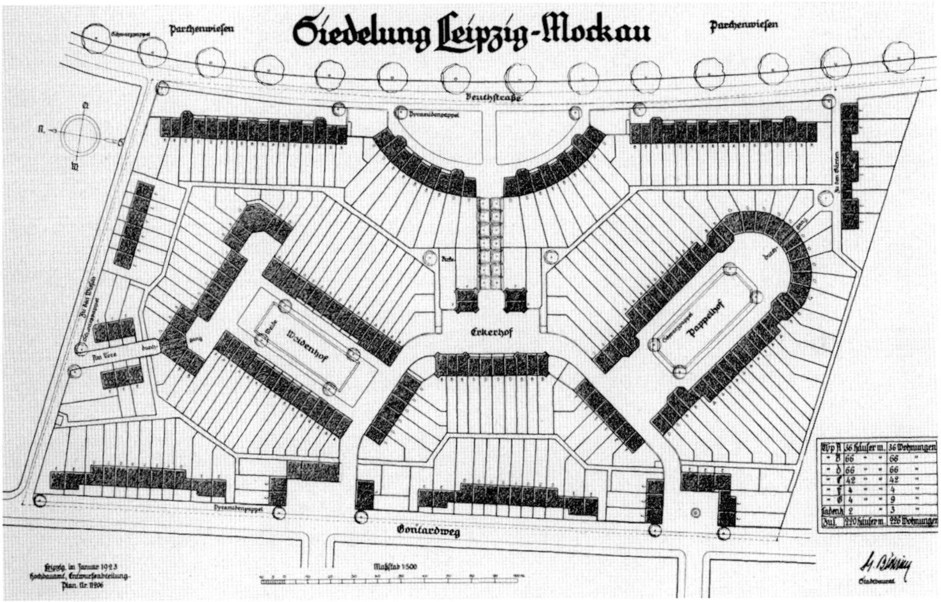

Siedlung Leipzig-Mockau (Städtebau S. 23)

schoss ausgeführt. Zu den Häuschen gehört jeweils ein kleines etwa 200 qm großes Gartengrundstück. Die Wohnungsflächen variieren zwischen 50 und 73 qm und sind mit drei bis vier Zimmern, einer Küche, einem Abort und teilweise mit Bädern ausgestattet. Fichtenfußböden und farbige Wandanstriche runden die Bauten ab.[87]

87 StadtAL, Kap. 19 Nr. 229 Bd. 1, Bl. 104.

Bühring griff hier die Idee der Gartenstadt[88] auf, die sich nach und nach auch in Deutschland etablierte. Er schuf eine Siedlung einfacher Arbeiterwohnhäuser in ländlicher Umgebung, die sich vor allem durch ihre Lage, Bebauungsform und Materialwahl auszeichnet. Leider ist der ursprüngliche Charakter nicht mehr erhalten, da infolge der Privatisierung der Siedlung, viele, nicht immer denkmalgerechte Sanierungen vorgenommen wurden.

Weitere Wohnbauprojekte

Im gleichen Zeitraum folgte eine Reihe weiterer Wohnbauprojekte unter der Regie von Bühring. Zunächst erbaute das Hochbauamt 1921–1924 die Wohnhäuser an der Lützner Straße und Saalfelder Straße in Leipzig-Lindenau. In weiteren Bauabschnitten zwischen 1923 und 1925, bereits unter der Ägide Hubert Ritters (1886–1967),[89] wurde das Wohngebiet an der Demmeringstraße und dem Lützner Plan vervollständigt.[90] Es entstanden 305 Wohnungen, zwei Läden und ein Rollhaus.[91] Auch hier handelte es sich um einfache Arbeiterwohnungen mit zwei bis drei Zimmern, Küche und Innenabort. Die Wohnungsgrößen variierten zwischen 52 und 76 qm.[92] Ebenfalls im Jahr 1921 wurden 112 Wohnungen an der Elisabethallee, der heutigen Erich-Zeigner-Allee, in Leipzig-Kleinzschocher erbaut.[93]

Im Juli 1922 begannen die Bauarbeiten zu 14 Einfamilienreihenhäusern mit großem Garten in Leipzig-Gohlis. Sie entstanden in zwei Gruppen an der Roonstraße, der heutigen Otto-Adam-Straße, und der Kleiststraße in Angrenzung an den Eutritzscher Park. Sie wurden im Mai 1923 fertiggestellt. Die Vier- bis Fünf-Zimmerwohnungen mit Küche, Innenabort und teilweise mit Bad, hatten Wohnflächen zwischen 70 und 75 qm.[94] Im Jahr 1924 erbaute das Hochbauamt weitere Häuser an der Wustmannstraße.[95] Bis 1930 entstanden keine weiteren kommunal errichteten Einfamilienhäuser.[96] Im Mai 1924 begannen die Bauarbeiten zu 248 Wohnungen in der Stein-,

88 Die Idee geht auf Ebenezer Howard (1850–1928) zurück. Er wollte »landschaftlich eingebundene Kleinstädte« mit nicht mehr als 30 000 Einwohnern schaffen, die mit Reihen- und Einfamilienhäusern statt mit den sogenannten »Mietskasernen« ausgestattet waren. Vgl. Klaus Jan Philipp, Das Reclambuch der Architektur. Stuttgart 2006, S. 341. Man wollte dadurch den teils katastrophalen Wohn- und Lebensverhältnissen entgegenwirken, die durch die Urbanisierung und den Bevölkerungszustrom in die Städte infolge der Industrialisierung entstanden waren. Vgl. Michael Peterek, Wohnung. Siedlung. Stadt. Paradigmen der Moderne 1910–1950, Berlin 2000, S. 32.

89 Hubert Ritter (1886–1967) übernahm die Leitung des Hochbauamtes und das Amt des Stadtbaurates, nachdem man Bühring im Mai 1924 als Stadtbaurat abgewählt hatte.

90 StadtAL, Kap. 19 Nr. 229 Bd. 1, Bl. 111.

91 Goertz, Leipzigs Wohnungsbau (Anm. 85), S. 68.

92 StadtAL, Kap. 19 Nr. 229 Bd. 1, Bl. 111.

93 Goertz, Leipzigs Wohnungsbau (Anm. 85), S. 68.

94 StadtAL, Kap. 19 Nr. 229 Bd. 1, Bl. 111.

95 Goertz, Leipzigs Wohnungsbau (Anm. 85), S. 63.

96 Ebd., S. 64.

Fichte- und Lößniger Straße.[97] Nach der Wohnbebauung in Lindenau war dies die zweitgrößte Wohnanlage, die in Bührings Amtszeit fiel.

Alle Wohnhäuser beherbergten einfache Arbeiterwohnungen. Dafür spricht die Größe der Wohnungen ebenso wie die Ausstattung mit Stuben, Kammern, einer Küche und Abort.[98] Die äußere Gestaltung reichte von Putzbauten bis hin zu den immer wieder mit Bühring in Verbindung gebrachten Backsteinbauten. Während die Putzbauten vergleichsweise einfach gehalten wurden, sind es die Backsteinbauten, die durch ihre Formenvielfalt und ihre Ornamentik ins Auge fallen.[99] Besonders die bauliche Dekoration ist an den Putzbauten der Elisabethallee, der Demmering- und Saalfelder Straße nur begrenzt zu finden. Den Backstein setzte Bühring hingegen spielerisch ein und schien aus der durch das Material möglichen Formenvielfalt zu schöpfen. Er selbst soll einmal gesagt haben, dass vor allem die Bauten in Lüneburg ihm »Anregung zum Schaffen« gaben. »Ihre Formenwelt stammt aus einer Zeit, da das konstruktive Prinzip verlassen war. Von den gerippten Rundstäben, die tauartig gewunden in vertikaler und horizontaler Richtung, wie auch in Kranzform die ganzen Fassaden rein dekorativ zusammenfassen, entspringt ein wunderbarer Quell neuer Möglichkeiten für die Behandlung des Materials.«[100] Diese »Formenwelt« wird Bühring noch einmal bei seinen späteren Zoobauten aufgreifen.

Am 19. November 1920 wurde Carl James Bühring der Ehrendoktor, Dr. Ing. h.c., von der Technischen Hochschule Carolo-Wilhelmina zu Braunschweig verliehen. Anlässlich des 175-jährigen Bestehens der Ausbildungsstätte fanden damit Bührings hervorragende Leistungen auf dem Gebiet der Stadtbaukunst Würdigung.[101] Zwei Monate später, am 19. Januar 1921, wurde er auf weitere sechs Jahre mit 41 von 68 Stimmen als Stadtbaurat wiedergewählt.[102] Bühring hatte während der Verhandlungen einer Abweichung vom Paragraphen 22 des Ortsstatuts, das eine Wahl auf Lebenszeit anordnete, zugestimmt und ließ sich auf sechs Jahre wählen.[103] Die Kreis-

97 StadtAL, Kap. 19 Nr. 229 Bd. 1, Bl. 111.

98 Karl Weissbach, Handbuch der Architektur, 4. Teil: Entwerfen, Anlage und Einrichtung der Gebäude, 2. Halbband: Gebäude für die Zwecke des Wohnens, Handelns und Verkehres, 1. Heft: Wohnhäuser, Stuttgart 1902, S. 231.

99 Die bauliche Gestaltung ist auch in Bezug auf die Stadtviertel unterschiedlich ausgefallen. Lindenau und Kleinzschocher waren Arbeiterviertel, hier bot sich eine einfache Gestaltung der Häuser an. Gohlis hingegen war als Viertel des gehobenen Bürgertums mit Villenbebauung und Bürgerhäusern ausgestattet, so dass die Reihenhäuser am Eutritzscher Park anspruchsvoller gestaltet wurden. Die Südvorstadt war ein bürgerliches Viertel, in dem viele Bürgerhäuser im weiteren Sinne entstanden waren, auch hier war die Bebauung in der Stein-, Fichte- und Lößniger Straße aufwendiger ausgefallen. Die Verwendung von Backstein hob die Gebäude jedoch erheblich von der Umgebungsbebauung ab.

100 Bennewitz, Stadt als Wohnung (Anm. 3), S. 25.

101 StadtAL, Kap. 10 B Nr. 629, Bl. 45.

102 Ebd., Bl. 46 ff.

103 Ebd., Bl. 52.

hauptmannschaft Leipzig lehnte diese Sonderregelung allerdings ab und sah Bühring als auf Lebenszeit gewählt an. Trotz der Bemühungen der Stadt um eine Sonderbewilligung bestätigte das Sächsische Ministerium des Innern am 13. August 1921 die Entscheidung der Kreishauptmannschaft.[104] Damit war Bühring auf Lebenszeit gewählt. Dieser Umstand sollte 1927, als die Ruhegehälter für Beamte neu geregelt wurden, zu einem Rechtsstreit führen, der sich bis in das Jahr 1930 hinzog.

7. »Sie wollen dem Hochbauamt zu Leibe gehen und insbesondere dem Leiter desselben.«

Trotz seiner Wahl auf weitere sechs Jahre wurde Carl James Bühring drei Jahre später, am 28. Mai 1924 in der 17. Sitzung der Stadtverordneten mit 38 Stimmen zum 1. Oktober 1924 abgewählt.[105] Der Absetzung war eine Reihe von Ereignissen vorausgegangen, die in Zusammenhang mit dem veränderten politischen Kräfteverhältnis innerhalb der Bürgerschaftsvertretung und der Unzufriedenheit mit der Tätigkeit des Hochbauamtes und der Bührings standen. Bereits am 12. Dezember 1923 war es in der Sitzung der Stadtverordneten zu Streitigkeiten gekommen. Der Hochbau- und der Verfassungsausschuss wollten die Stadtbauratsstelle aus »Ersparnisgründen« streichen und das Hochbauamt dem Siedlungsamt unterordnen. Dazu hieß es: »Zur Abrundung der wirtschaftlichen und verwaltungstechnischen Einheit des Siedlungsamtes ist das Hochbauamt diesem einzugliedern.«[106] Bühring sprach sich gegen diese Angliederung aus, da das Siedlungsamt für den Bau und die Unterhaltung von Wohnungen, das Hochbauamt für alle weiteren städtischen Bauten der Daseins- und Wohlfahrtsfürsorge, der Bildung, der stadttechnischen Versorgung und des Handels, aber auch für städtische Wohnungsbauten zuständig war. Alle Bauaufgaben unter die Leitung des Siedlungsamtes zu stellen, das neben dem Neubau und der Erhaltung von Wohnungen auch die Beschaffung von Siedlungs- und Bauland, die Mietpreisfragen, den Mieterschutz, die Baugeld- und Hypothekenbeschaffung bewerkstelligen musste, hätte nach Bührings Meinung dem Amt eher geschadet als es »abgerundet«.[107] Kritik an der Tätigkeit des Hochbauamtes kam vonseiten des Stadtverordneten Walther Beyer[108], der sich vehement für die Streichung der Stadtbauratsstelle und die Umstrukturierungen einsetzte. Seiner Meinung nach war Bühring seinem Amt nicht gewachsen, was er vor allem an den dem Hoch-

104 Ebd., Bl. 105.

105 StadtAL, gedruckte Stadtverordnetenprotokolle, 17. Sitzung, 28.05.1924, S. 398.

106 StadtAL, gedruckte Stadtverordnetenprotokolle, 40. Sitzung, 12.12.1923, S. 684.

107 Ebd., S. 684 f.

108 Walther Beyer (1885–1966) wird nach dem Zweiten Weltkrieg Stadtbaurat von Leipzig. Er hatte die Stelle zwischen 1945–1949 inne und wurde dann von Kurt Brendel (1909–1971), dem letzten Stadtbaurat Leipzigs, abgelöst.

bauamt entzogenen Aufgabengebieten – wie die Unterhaltung der städtischen Güter oder die Entwurfsarbeit von Wohnhäusern – maß.[109] Dieses Zusammenschrumpfen der Obliegenheiten des Hochbauamtes sah Beyer als Grundlage für seinen Vorstoß gegen Bühring. Schließlich unterstanden dem Siedlungsamt bereits das Baupolizeiamt, das Vermietungsamt, das Wohnungspflege- und das Wohnungsschiedsamt, das Stadterweiterungsamt, die Städtische Baugesellschaft und einige weitere kleinere Ämter.[110] Da schien es nur konsequent, das Hochbauamt mit seinem schwindenden Tätigkeitsfeld ebenfalls dem Siedlungsamt zu unterstellen. Letztlich kam es weder zu dieser Umstrukturierung noch zur Streichung der Stadtbauratsstelle. Mit einer Mehrheit von nur einer Stimme wurden beide Anträge von den Stadtverordneten abgelehnt.[111]

Die Kritik an Bühring muss in Zusammenhang mit den zeitlichen Gegebenheiten gesehen und gewertet werden. Hatte sein Vorgänger Otto Wilhelm Scharenberg eine Vielzahl von Bauten zu planen und zu realisieren, die im Zuge der Stadterweiterung und -vergrößerung notwendig wurden, die das Leben in der Stadt und die Versorgung der Einwohner sicherten – zu jenen zählten neben Gas- und Wasseranstalten, auch Schulen, Krankenhausbauten, Feuerwehrstationen oder die Erweiterung des Vieh- und Schlachthofes –, so war mit dem Amtsantritt Bührings diese »Grundausstattung« Leipzigs so gut wie abgeschlossen. Zunächst war es der Erste Weltkrieg, der Bührings Bautätigkeit massiv einschränkte. Nach Kriegsende war es die veränderte politische und wirtschaftliche Situation, die dem Hochbauamt und Bühring die Hände banden: Es gab nur wenige finanzielle Mittel für Neubauten, und die beginnende Inflation beeinflusste die Bauarbeiten durch den Anstieg der Preise für Baumaterialien. Das machte auch die Unterhaltung der städtischen Gebäude zunehmend schwieriger. Daneben rückte der Wohnungsbau mehr und mehr in den Vordergrund. Dieser kam als neue Bauaufgabe zum Tätigkeitsfeld des Hochbauamtes hinzu.[112] Dennoch konnten die unter Bührings Ägide entstandenen städtischen Wohnungsbauten das Wohnungsproblem ebenso wenig lösen wie der private Wohnungsbau, der nach Kriegsende am Boden lag.[113] Zwischen 1918 und Juni 1923 entstanden 4989 Wohnungen,[114] der Fehlbestand lag jedoch noch 1930 bei 28000 Wohnungen.[115] Dieser Wohnraummangel, der in den Augen der Stadtverordneten durch das Hochbauamt hätte beseitigt werden müssen, bildete die Grundlage für die Kritik an Bührings Arbeit. Schließlich stand er dem Hochbauamt vor und war somit Hauptverantwortlicher für die kommunale Bautätigkeit Leipzigs.

109 StadtAL, gedruckte Stadtverordnetenprotokolle, 40. Sitzung, 12.12.1923, S. 687.
110 Ebd., S. 688.
111 Ebd., S. 689.
112 StadtAL, Kap. 19 Nr. 229 Bd. 1, Bl. 102.
113 Dazu trug die politische Lage unmittelbar bei. Langfristige Kalkulationen waren kaum möglich, es mangelte an Baumaterial und Krediten. Vgl. Jung, Serienbau (Anm. 82), S. 39.
114 Reimann, Bautätigkeit (Anm. 83), S. 19.
115 Jung, Serienbau (Anm. 82), S. 39.

Die Unzufriedenheit war aber nur ein Faktor, der dazu führte, dass Bühring seinen Posten verlor. Ein zweiter nicht zu vernachlässigender Punkt waren die sich ändernden politischen Rahmenbedingungen. Im August 1923 war die Sächsische Gemeindeordnung geändert worden. Nach dem Paragraphen 186 Absatz 2, der die Übergangszeit regelte, konnten die Stadtverordneten nunmehr die im Amt befindlichen Stadträte und Bürgermeister auffordern, ihr Amt niederzulegen.[116] Die Umsetzung erfolgte in Leipzig ein Jahr später, im Mai 1924. Bereits am 7. Mai des Jahres bat der Vorsitzende der Stadtverordneten die Fraktionsvorsitzenden, eine Abberufung besoldeter Ratsmitglieder, einschließlich des Oberbürgermeisters und der Bürgermeister, zu überdenken und zu entscheiden, ob und welche Ratsmitglieder aus dem Ratskollegium ausscheiden sollten.[117] Die sozialdemokratische Stadtverordnetenfraktion reichte daraufhin am 20. Mai eine Liste mit sechs Kandidaten ein; Bührings Name stand mit auf der Liste.[118] Die kommunistische Fraktion beantragte die Abberufung aller besoldeten Stadträte.[119] Der Wahlausschuss entschied am 23. Mai, dass eine Abwahl aller besoldeten Stadträte nicht realisierbar sei, da dann auch Neuwahlen anständen und die abberufenen Ratsmitglieder nicht erneut berufen werden könnten.[120]

Am 28. Mai 1924 wurden die Anträge der sozialdemokratischen und der kommunistischen Fraktion in der Stadtverordnetenversammlung behandelt. Der Antrag der kommunistischen Fraktion, alle besoldeten Stadträte abzuwählen, wurde mit 37 gegen 32 Stimmen abgelehnt.[121] Die sozialdemokratische Fraktion hatte neben der Abwahl von Stadtbaurat Bühring auch die Abberufung von Oberbürgermeister Dr. Karl Rothe, Bürgermeister Friedrich Roth, Stadtrat Max Bruno Alfred Felix Ackermann, Stadtrat Ludwig Theodor Dix und Stadtrat Dr. Paul Julius Erich Merkel vorgeschlagen. Die Stimmung innerhalb der Versammlung kann nur als hitzig und emotional beschrieben werden, glaubte doch jede Fraktion von den anderen missgünstig behandelt zu werden. Es brauchte drei Anläufe, um eine gültige Abstimmung zu erzielen. Als abgewählt galten jene, die über die Hälfte der Stimmen der Stadtverordneten erhielten: Bei 69 Stadtverordneten mussten sich also mindesten 35 für die Abwahl entscheiden. Nur zwei der sechs besoldeten Stadträte kamen über die geforderte Stimmenmehrheit und wurden demzufolge abgewählt: Einer von ihnen war Carl James Bühring.[122]

---

116 StadtAL, StVAkt. S Nr. 8 Bd. 2, Bl. 15 (Sächsisches Gesetzblatt Nr. 32, 1923, S. 401 f. – Gemeindeordnung für den Freistaat Sachsen).
117 StadtAL, StVAkt S Nr. 7 Bd. 18, Bl. 128.
118 Ebd., Bl. 207.
119 Ebd., Bl. 208.
120 Ebd., Bl. 209.
121 StadtAL, gedruckte Stadtverordnetenprotokolle, 17. Sitzung , 28.05.1924, S. 396.
122 Ebd., S. 398.

Nachdem Bühring zum 1. Oktober 1924 sein Amt niederlegen musste, schrieb man am 22. August 1924 die Stelle des Stadtbaurates neu aus.[123] Es bewarben sich 87 Architekten und Bauräte, unter ihnen auch Walther Beyer,[124] der sich so vehement gegen Bühring eingesetzt hatte. Doch nicht Beyer, sondern Hubert Ritter wurde Nachfolger Bührings. Bühring indessen begann mit einer ehrenamtlichen Tätigkeit für den Leipziger Zoo.

Am 1. Oktober 1927 wurde das Ruhegehalt für die Beamten, das sich an den Gehältern der im Amt befindlichen Beamten orientierte, neu geregelt. Beamte, deren Ruhegehaltsbezüge über dem Betrag von 13 200 RM im Jahr lagen, konnten nicht an der Erhöhung der Bezüge teilnehmen. Bühring büßte dadurch 400 RM pro Monat ein und reichte daraufhin Klage ein.[125] Er berief sich auf die Gesetzeswidrigkeit seiner Abwahl als Stadtbaudirektor, da der Paragraph 186 Absatz 2 der Sächsischen Gemeindeordnung durch Artikel 129 der Weimarer Reichsverfassung ausgehebelt wurde. Daher forderte er seine vollen Bezüge und weitere Vergünstigungen, die den Beamten zustanden: Dazu zählten Freifahrten mit der Straßenbahn, der Eintritt in die Ratslauben der städtischen Theater, freier Eintritt in den Zoologischen Garten, den Palmengarten und in das Planetarium.[126] Im Artikel 129 der Weimarer Reichsverfassung vom 11. August 1919, auf den Bühring sich bezog, heißt es: »Die Anstellung der Beamten erfolgt auf Lebenszeit, soweit nicht durch Gesetz etwas anderes bestimmt ist. Ruhegehalt und Hinterbliebenenversorgung werden gesetzlich geregelt. Die wohlerworbenen Rechte der Beamten sind unverletzlich. Für die vermögensrechtlichen Ansprüche der Beamten steht der Rechtsweg offen.«[127]

Das Verfassungsamt pflichtete Bühring zunächst bei und bestätigte ihm seine Wiederwahl auf Lebenszeit, die ihm zuvor schon die Kreishauptmannschaft Leipzig und das Sächsische Ministerium des Inneren zugestanden hatten, sowie die unrechtmäßige Abwahl.[128] Daraus ergab sich, dass die Stadt nunmehr auch die Rechtsgültigkeit der Wahl Hubert Ritters prüfen musste.[129]

In einer weiteren Sitzung des Rates am 3. Januar 1929 wurden die vermögensrechtlichen Ansprüche Bührings noch einmal unterstützt und die Frage einer Wiedereinstellung nach Ablauf der Amtszeit Ritters erörtert.[130] Bühring selbst erklärte sich am 11. Februar 1929 zu einer Wiederaufnahme seines Amtes gegen Ende

123 StadtAL, StVAkt S Nr. 7 Bd. 18, Bl. 238.
124 Ebd., Bl. 245 sowie StVAkt. S Nr, 7 Bd. 18 Beiheft 1, Bl. 178.
125 StadtAL, Kap. 10 B Nr. 629, Bl. 77.
126 Ebd., Bl. 78.
127 Die Verfassung des Deutschen Reiches vom 11. August 1919, in: Reichsgesetzblatt 1919, 2. Halbjahr, Nr. 152, Berlin 1919, S. 1407.
128 StadtAL, Kap. 10 B Nr. 629, Bl. 79.
129 Ebd., Bl. 81.
130 Ebd., Bl. 82.

des Jahres bereit.[131] Trotz dieser Entwicklung verweigerte die Gesamtratssitzung am 22. Februar 1929, entgegen dem Abteilungsbeschluss des Rates,[132] Bühring die Gehaltsansprüche.[133] Die Stadtverordneten pflichteten dem Gesamtratsbeschluss am 10. April 1929 bei und entschieden sich gleichermaßen gegen die Wiedereinsetzung Bührings als Stadtbaurat.[134] Bühring hatte zuvor noch einmal seine Bereitschaft zur Rückkehr bei der Kreishauptmannschaft bekräftigt.[135] Der Rechtsstreit zog sich bis in das Jahr 1930, als das Landgericht Leipzig zugunsten Bührings entschied: Seine Gehaltsansprüche konnte er dadurch sichern,[136] seine Wiedereinsetzung ins Amt musste Bühring jedoch über einen Rekurs entscheiden lassen.[137] Die Stadtverordneten lehnten die Wiedereinsetzung, die mit Ende der ersten Amtszeit Ritters am 22. November 1930 möglich gewesen wäre, nach wie vor mit der Begründung ab, dass von Bühring weitere Rechtsansprüche zu erwarten wären.[138] Da kein rechtlicher Anspruch auf Wiedereinstellung bestand, bat der Stadtrat am 21. März 1930 die Kreishauptmannschaft Leipzig um Abweisung des Rekurses.[139] Die Kreishauptmannschaft kam dem mit der Begründung nach, dass Bühring sein Recht auf Wiederaufnahme des Amtes bis ins Jahr 1928 nicht geltend gemacht und dadurch stillschweigend auf sein Amt verzichtet hätte.[140] Zwar versuchte Bühring den Beschluss nochmals anzufechten, doch die Klage wurde am 24. September 1930 abgewiesen.[141]

8. Ehrenamtliches Engagement

Nach seiner Abwahl war Bühring bis zu seinem Tode unentgeltlich für den Leipziger Zoo unter der Leitung Dr. Johannes Gebbings[142] (1874–1958) tätig. Gebbing plante eine umfassende Umgestaltung des Zoos, nachdem die bisherigen Anlagen nicht mehr den Standards der Zeit genügten. Bestehende Einrichtungen sollten erweitert

131 Ebd., Bl. 85.
132 Hier sind vermutlich die besoldeten Stadträte gemeint
133 Ebd., Bl. 86.
134 Ebd., Bl. 110.
135 Ebd., Bl. 108.
136 Ebd., Bl. 144.
137 Ebd., Bl. 141.
138 Ebd., Bl. 142.
139 Ebd., Bl. 144.
140 Ebd., Bl. 147 f.
141 Ebd., Bl. 162 ff.
142 Gebbing wurde am 21. Dezember 1874 in Bocholt/Westpfalen geboren. Vgl. StadtAL, Kap. 10 G Nr. 566 Bd. 1, Bl. 1. Er wird im Jahr 1909, nach dem Ableben Ernst Pinkerts – dem Begründer des Leipziger Zoologischen Gartens – Direktor des Zoos. Vgl. Mustafa Haikal, Jörg Junhold (Hrsg.), Auf der Spur des Löwen. 125 Jahre Zoo Leipzig, Leipzig 2003, S. 97. Seine Entlassung erfolge am 22. Oktober 1934, ebd., S. 149.

und neue »Tierbehausungen« erbaut werden. Die Planung übernahm Bühring, der für den Zoo u. a. das Dickhäuterhaus (1926), die Vogelflugvolieren (1928), den Affenfelsen – ursprünglich mit einem Menschenaffenhaus (1927/1928) geplant[143] – und die Bärenburg (1929) realisierte.

Die Zooerweiterung begriff Bühring als einen »Neuaufbau« und beschrieb sie in einem Bericht zum 50-jährigen Bestehen des Zoos als eine »eigenartige, schwierige, darum aber auch höchst interessante Aufgabe für den Baukünstler«.[144] Er maß dem Zoo eine zweifache Bedeutung bei, die zwischen dem Zweck zur Erholung der Menschen und jenem der Beherbergung von Tieren schwankte. Der »Volkspark« diente Bühring bei der Erweiterung als Leitmotiv. Neben neuen Tiergehäusen und -gehegen entstanden auch Wege, Brücken, Erholungs- und Schmuckplätze, die ineinandergefügt ein einheitliches Ganzes bildeten. Außerdem sollte dem Zoo ein architektonisches Gepräge gegeben werden. Vor allem die Unterkunft der Tiere, die gleichzeitig einem Publikum präsentiert werden sollte, war für Bühring von besonderer Wichtigkeit. Die Gehege entstanden als »Bühne« zur Repräsentation der Tiere und für öffentliche Fütterungen, welches besonders bei der Bärenburg deutlich wurde. Gleichzeitig waren Einrichtungen zur Beobachtung und für die Pflege und Reinigung der Tiere vonnöten, da vor allem letzteres nicht in der Öffentlichkeit erfolgen sollte.[145] Für die eigentliche Umgestaltung des Geländes fügte Bühring zwei große Achsen in das vorhandene Wegesystem ein: eine verläuft von der Kongresshalle an der Pfaffendorfer Straße in Richtung Rosental und greift auf eine Alleeachse zurück, die August der Starke für seine Schlossanlage im Rosental hatte anlegen lassen. Die andere Achse reicht vom Dickhäuterhaus am Kickerlingsberg zu einem Schmuckplatz in der Mitte des Gartens.[146] Bühring überlegte sogar, das gesamte Achsenkonzept der Schlossanlage für August dem Starken für die Umgestaltung des Zoos aufzunehmen,[147] realisiert wurde diese Idee jedoch nicht.

Das Dickhäuterhaus im Leipziger Zoo

Die Umgestaltung des Zoologischen Gartens startete mit dem Neubau des Dickhäuterhauses. Die Bauarbeiten begannen am 14. August 1924, und das Dickhäuterhaus wurde am 2. April 1926 eröffnet. Da die bisherige Unterkunft nur als Provisorium gedacht war, hatten Bühring und Gebbing eine neue Behausung für die Elefanten geplant. Zugleich sollten Flusspferde in dem Gebäudekomplex untergebracht werden.

143 Haikal, Junhold, Zoo Leipzig (Anm. 142), S. 114.
144 Johannes Gebbing (Hrsg.), 50 Jahre Leipziger Zoo 1878–1928, Leipzig 1928, S. 87.
145 Ebd., S. 88.
146 Vgl. Gebbing, Leipziger Zoo (Anm. 144). S. 87–92. Die genauen Pläne der Umgestaltung finden sich in der Festschrift zum 50-jährigen Jubiläum. Bühring hat seine Planungen hier selbst dargestellt.
147 Ebd., S. 89.

Das Gebäude liegt im Norden des Zoos und wurde in Ost-West-Richtung positioniert. Auf zwei aneinandergefügten, quadratischen Flächen – eine große für die Elefanten, eine kleinere für das Nilpferdbecken – wurden die Tiere untergebracht. Die 13 Meter hohe mit einem Glasdach versehene Halle bildete den Mittelpunkt. Hier befand sich ein hufeisenförmiger, um ein Pflanzareal herum gelegter Gang, der die Ansicht der verschiedenen Tiergehege ermöglichte. Die Elefanten standen etwas erhöht ohne Gitter, von einem zwei Meter breiten und tiefen Graben getrennt, im Süden des Gebäudes.[148] Im Norden waren Gehege für Faultiere und Ameisenbären, im Osten brachte Bühring das 288 Kubikmeter fassende Nilpferdbecken unter.[149] Ein Freigelände mit Badebecken für die Elefanten und Backsteinsäulen zum Reiben ergänzte die Anlage.

Der einfache, länglich gehaltene, basilikale Backsteinbau, »ganz nach den massiven Wesen der Insassen angeglichen«, kombinierte ein Tier- und Pflanzenhaus. Verschiedenfarbige Ziegel, schmale pilasterartige Wandpfeiler und die rundbogigen Zugänge gliedern den Bau. Zwischen den Wandpfeilern liegen zweireihige »Backsteinspiegel«, die mit verschiedenen, für Bühring typischen Backsteinornamenten gestaltet sind: Die vier zu einem Quadrat gemauerten Backsteine mit einem zentral hervorspringenden Stein, wie man sie auch an der Wohnhaussiedlung in Mockau oder den Wohnungsbauten in Weißensee findet, oder einfach quadratische Formen, die stark an Fliesen erinnern, schmücken das Gebäude. Der Mittelbau wurde mit einem Glasdach im Zollbausystem, die Seitenbauten mit einem Flachdach abgeschlossen.

Ursprünglich war eine zweite Ausbaustufe des Gebäudes geplant, die aber aus finanziellen Gründen nie verwirklicht wurde.[150] Das »Dickhäuterhaus« ist bis heute in Benutzung, Zweifinger-Faultier und Zwergflusspferd haben jedoch andere Quartiere bezogen, sodass die Anlage allein für die asiatischen Elefanten genutzt wird.

»Eine Burg für die Bären«

Ein weiterer wichtiger Bau war die Bärenburg, die 1929 entstand und den Abschluss der zweiten Bauperiode markierte. Auf hufeisenförmigem Grundriss positionierte Bühring fünf »Bühnen« für je eine Bärenart. Sechs Meter hohe Backstein-Quaderbauten (»Türmchen«) trennen die Plattformen voneinander und dienten den Bären zugleich als Unterkunft und Rückzugsort. Die Bühnen erhielten terrassenförmig abgestufte Backsteinsäulen und -podeste, die im Eisbärengehege durch grüne Glasplatten hergestellt worden waren.[151] Ein Graben trennte die Tiere von den Besuchern.

148 Johannes Gebbing, Das neue Dickhäuterhaus des Leipziger Zoo, in: Mitteilungen aus dem Zoologischen Garten zu Leipzig (1927) 5, S. 2.
149 Gebbing, Dickhäuterhaus (Anm. 148), S. 5.
150 Haikal, Junhold, Zoo Leipzig (Anm. 142), S. 114.
151 Ebd., S. 130.

Zoo Leipzig, Bärenburg von 1929 (StadtAL, Bildarchiv)

Bärenburgen wurden ab den 1860er-Jahren in den Zoologischen Gärten geschaffen.[152] Häufig im Stil mittelalterlicher Zwingburgen aus massivem Mauerwerk mit Türmen und Zinnen, wie auch die alte Anlage des Leipziger Zoos zeigt. Bühring konzipierte seine »Bärenburg« nun gänzlich freier: Er schuf eine »bühnenartige Freilichtanlage«, die nur vereinzelt auf Elemente der »Bärenburgen« zurückgriff. Die Massivität und die Monumentalität der Anlage sowie die Wahl des Baumaterials lassen den Rückbezug auf eine Burg zu. Auf Zinnen hatte Bühring gänzlich verzichtet, und die Türme sind in den Quaderblöcken nur noch abstrahiert wahrnehmbar. Es war die erste Bärenanlage, die ihre Bewohner frei von Gittern darbot.[153]

Auf die biologischen Ansprüche der Tier wurde hier nicht eingegangen, Temperatur- und Nahrungsansprüche hatten den Tieren zu genügen. Der Anlage wurde ein starkes architektonisches Gepräge gegeben, und eine Nachbildung des natürlichen Umfeldes der Tiere kam nicht in Frage: Die Rezeption der Tiere stand im Vordergrund.[154] Gemsen und Böcke lebten in Almhütten, Löwen in schluchtenartig gesenkten Gehegen und Bären eben in den »Bärenburgen«, die ihre Gefährlichkeit unterstrichen. Gleichzeitig sah man darin aber auch die Bezwingbarkeit dieser Raubtiere.[155]

152 Lothar Dittrich, Warum ein Regenwaldhaus und keine Bärenburg? – Über das immaterielle Fundament der Zoobauten, in: Mitchell G. Ash, Mensch, Tier und Zoo. Der Tiergarten Schönbrunn im internationalen Vergleich vom 18. Jahrhundert bis heute, Wien, Köln, Weimar 2008, S. 335–344, hier S. 336 f.

153 Ebd., S. 337.

154 Dittrich geht hier kurz auf die verschiedenen Rezeptionsarten der verschiedenen Tierarten ein, vgl. Dittrich, Regenwaldhaus (Anm. 152), S. 335.

155 Ebd., S. 336.

Die Bauten, die Bühring für den Leipziger Zoo schuf, prägen das Ganze bis heute. Es ist eine Mischform aus englischem Landschaftsgarten kombiniert mit einem Achsensystem, das, wenn auch entfernt, an barocke Gartenanlagen erinnert. Gleichzeitig verband Bühring hier seine Backsteinarchitektur, die schon expressionistische Züge aufwies, mit den Glas-Eisenkonstruktionen des 19. Jahrhunderts.

Bühring verstarb am 2. Januar 1936 in seiner Dienstwohnung, die sich auf dem Gelände des Zoos befand. In einem Nachruf Carl Friedrich Goerdelers (1884–1945) an die Witwe Maria Bühring heißt es:

> »[...] Der Verstorbene hat seine Kräfte unserer Stadt in einer Zeit zur Verfügung gestellt, wo die wirtschaftliche Lage der Bautätigkeit der Gemeinden schwere Fesseln auferlegte, so daß es ihm nicht beschieden gewesen ist, seine reichen künstlerischen Fähigkeiten in vollem Umfange zu entfalten. Was er trotz der Ungunst der Verhältnisse aber in Leipzig geschaffen hat – ich nenne hiervon nur seine vorbildlichen Siedlungsbauten, den Umbau des Grassimuseums an der Härtelstraße und der Krankenhäuser, seinen Einfluß auf die Gestaltung des Stadtbildes und nach seinem Ausscheiden aus dem Amte den Umbau des Zoologischen Gartens – das wird ihm in unserer Stadt ein bleibendes Andenken sichern. [...]«[156]

Trotz Goerdelers Appell ist Bühring bei vielen in Vergessenheit geraten oder gar unbekannt. Das verwundert umso mehr, wenn man sich vor Augen hält, dass gerade seine Zoobauten Leipzig bis heute prägen; Ähnliches kann man auch für seine Bauten in Weißensee festhalten. Immer wieder wurde sein Werk in der zeitgenössischen Fachwelt erwähnt und hervorgehoben, er gewann verschiedene Preise, wurde mit der Ehrendoktorwürde und dem preußischen Kronenorden 4. Klasse ausgezeichnet. Unermüdlich war er an den Kunstgewerbeschulen in Berlin, Hannover und Kristina tätig – eine Tätigkeit über die wir kaum etwas wissen. Gleiches gilt für Bührings Wirken als Regierungsbauführer und -meister, als Privatarchitekt und über sein Privatleben. Sein Formen- und Stilrepertoire war reich: Neben historistischen Gebäuden finden sich Anleihen aus dem Jugendstil bis hin zu frühen expressionistischen Zügen. Nordische Backsteinbauten, die Gartenstadtbewegung und die Idee, ganze städtebauliche Ensembles zu bauen, spielten ebenso eine Rolle im Œuvre Bührings.

Eine Beschäftigung mit seinen städtebaulichen Planungen wäre nicht nur für die Kunst- und Architekturgeschichte bedeutsam, auch die Stadtplanung und der Städtebau könnten von einer Auseinandersetzung mit Bührings städtebaulichen Ensembles profitieren und einen Einblick in stadtplanerische Aspekte vor und nach dem Ersten Weltkrieg erhalten.

156 StadtAL, Kap. 10 B Nr. 629, Bl. 219.

Leipzigs russische Welt

Erhard Hexelschneider

In den letzten Jahren sind verschiedene Sammelwerke vorgelegt worden, in denen das Verhältnis zwischen Leipzig und Russland (vor allem im kulturell-künstlerischen und wissenschaftlichen Bereich) und umgekehrt behandelt wurde. 2003 erschien das Büchlein »Russen in Leipzig. Damals – heute«; ein Jahr später die ergänzte und erweiterte russische Fassung, beides herausgegeben vom Europa-Haus Leipzig e.V. in der Schriftenreihe »Europäer in Leipzig – damals und heute«. Zu nennen ist aber vor allem der Band »Leipzig und Russland. Streiflichter aus Vergangenheit und Gegenwart« (Rosa-Luxemburg-Stiftung Sachsen e.V. 2007) in der Redaktion von Erhard Hexelschneider und Alita Liebrecht. Diese Bände, die flankiert werden von einer Reihe von Einzelaufsätzen in anderen Publikationen, umfassen ein breites Band von Themen, beginnend im 18. Jahrhundert bis zur Gegenwart. Durch die Initiative des hiesigen Kulturvereins »Deutsch-Russisches Hilfswerk zur Heiligen Alexandra e.V.« und mit den entsprechenden Finanzmitteln des Moskauer Fonds »Russki mir« ausgestattet, entstand das bisher umfassendste Werk zu dieser Thematik unter dem Titel »Russki mir Leipziga [Leipzigs russische Welt]«, verfasst von einem Autorenkollektiv unter der Leitung von Erhard Hexelschneider und Elizaveta Tumim. Das Buch liegt (vorläufig) leider nur in einer russischen Fassung vor, sodass hier im Folgenden der Inhalt des Buches in Form einer Selbstdarstellung für den an Leipzigs Beziehungen zu Russland und seiner Kultur interessierten Leser in seinen relevanten Thesen referiert wird.

Zeitlich umfasst dieser Band den Zeitraum vom 18. Jahrhundert bis zum Beginn des Ersten Weltkrieges. Die Zeit danach wurde weitgehend ausgeklammert, da der Forschungsstand zu solchen Themen wie Leipzigs Russland-Beziehungen in der Weimarer Republik, die nachrevolutionäre Emigration in Leipzig (ab 1917), Russland und Leipzig während des Faschismus und schließlich die Beziehungen während der Existenz der DDR unbefriedigend ist. Somit stellt das Buch keine in sich geschlossene Monographie dar, zumal auch für die Zeit bis zum Ersten Weltkrieg Lücken und weiße Flecken bestehen.

Was wird von den Autoren unter der »russischen Welt« in Leipzig verstanden? Das meint in erster Linie die Präsenz russischer oder auch russländischer Bürger in der Stadt, wobei mit dem letzten Begriff die Gesamtheit aller aus dem Russischen Reich stammenden Staatsbürger unterschiedlicher Nationalität (unter Einschluss der Russen) verstanden wird. Grob gesprochen lassen sich die »Russen in Leipzig« in drei große Gruppen unterschiedlicher Bedeutung einteilen: russisches Militär (vor allem

1813–1815 und dann seit den Weltkriegen), Kaufleute und Händler und schließlich Studenten und Gelehrte. Die Zahl der Touristen aus Russland war im 18. und 19. Jahrhundert, dem eigentlichen Untersuchungszeitraum, ausgesprochen gering; eine adlige »Kolonie« mit eigenen Salons – wie sie sich in Dresden oder in den Kurorten Süddeutschlands und Böhmens herausgebildet hatte –, gab es in Leipzig nicht. Die Zahl der ständig in Leipzig lebenden russischen Bewohner war sehr gering und statistisch nicht signifikant. Bis 1914 waren die russländischen Bewohner in der Stadt durchweg »Bewohner auf Zeit«, das heißt, sie lebten hier einige Zeit und kehrten dann nach Hause zurück oder reisten weiter in den Süden oder Westen Europas.

Einige Beispiele mögen das illustrieren. Russische Truppen tauchten erst im ersten Drittel des 19. Jahrhunderts in der Stadt im Gefolge der napoleonischen Eroberungskriege und der sich anschließenden Befreiungskriege auf. So berührten russische Truppen 1801 nach Beendigung der Koalitionskriege Leipzig auf der Heimkehr nach Russland. An der Völkerschlacht zu Leipzig nahmen im Oktober 1813 über 127 000 russische Soldaten, Offiziere und Generäle teil, von denen über 22 000 gefallen sind. Die blutigen Kämpfe blieben für immer im Gedächtnis der russischen Kriegsteilnehmer und der deutschen Bevölkerung haften. Im Gefolge der Teilung Sachsens durch die Alliierten wurde zunächst ein russisches und danach ein preußisches Generalgouvernement errichtet. Die russische Garnison unter dem Kommando des legendären Obersten Viktor Prendel umfasste 1813–1814 durchschnittlich 800 Soldaten, eine für die einst zwar reiche, nun aber durch die Kriegszeiten ruinierte Stadt erhebliche Zahl. Und im Oktober 1814 marschierten 60 000 Soldaten auf der Heimkehr nach Russland durch Leipzig.

Die russischen Kaufleute und Händler waren in der Stadt zumeist auf den Messen, noch vor den Soldaten und vor allem mit friedlichen Zielen präsent. Auf den Messen der Jahre 1800–1830 wurden 5 194 Vertreter der russischen Kaufmannschaft offiziell gezählt (ohne die aus dem »russischen« Polen); diese Zahl dürfte sich mit Kutschern, Verkäufern und anderen Bediensteten auf das Fünf- bis Sechsfache erhöhen. Bezeugt wird für die ersten Jahre des 19. Jahrhunderts, dass die russischen Kaufleute mit 200 bis 300 Wagen in die Stadt einfuhren und die Straßen verstopften.

Schließlich die Studenten. Von 1704–1799 wurden an der Leipziger Universität 96 russische Studenten immatrikuliert. An der Schwelle zum 20. Jahrhundert vergrößerte sich ihre Zahl aus verschiedenen Gründen sehr rasch um das Vierfache. Im Wintersemester 1912–1913 zum Beispiel studierten 408 Studenten aus Russland (von einer Gesamtzahl von 5 351), das heißt, die Russen machten damals 52,04 Prozent aller Ausländer an der Universität aus. Wieviel russische Studenten an den übrigen Leipziger Hochschulen studierten, wird weiter unten angeführt.

Aber die »russische Welt« in Leipzig bildet nicht nur eine anonyme Masse russischer Menschen, die die Stadt für längere oder kürzere Zeit besucht haben oder sich in ihr zeitweilig niederließen. Viel wichtiger sind für uns Erlebnisse, Urteile, Beobachtungen und Aussagen von berühmten oder weniger berühmten, ja sogar von unauffälligen Menschen aus Russland über Leipzig und seine Bewohner, über ihre Ansichten und ihr Leben. Diese Betrachtung einer Stadt durch das ausländische Prisma bietet auch dem bodenständigen Leipziger oftmals erstaunliche Blicke auf sich selbst, wird doch gezeigt, womit sich Leipzig für den Auswärtigen, um so mehr für den Ausländer ausgezeichnet hat.

Deshalb muss man sofort fragen: Was assoziierte ein gebildeter Russe im 18. und 19. Jahrhundert mit Leipzig, worin sah er die Bedeutung der Stadt und ihre Spezifik für sich selbst und für Russland? Anders und moderner gefragt: worin bestanden die »Alleinstellungsmerkmale« Leipzigs für den Besucher aus dem Russischen Reich? Es geht dabei um das Image der Stadt im Ausland und um seine Anziehungskraft auf den Ausländer, in unserem Fall auf die Russen. Um es konkret zu verdeutlichen. Im Vergleich etwa zu Dresden fallen einige gravierende Unterschiede sofort auf: dort die königliche sächsische Hauptstadt, hier eine reiche und von sich selbst überzeugte Bürgerstadt; hier eine barocke Kunststadt mit unermesslichen Kunstschätzen, wo sich Leipzig nur (das aber mit vollem Recht) mit der Galerie des Barons Speck von Sternburg schmücken kann; und was stellt damals die Umgebung Leipzigs im Vergleich zu den Schönheiten der skurrilen Sächsischen Schweiz dar?

Leipzig besaß in der Vorstellung der russischen Reisenden des 18. und 19. Jahrhunderts ganz andere Pfunde, mit denen es wuchern konnte und die seine Vorzüge ausmachten. Fünf von ihnen wurden zu tragenden Momenten bei der Abfassung dieses Buches:

1. Leipzig erfreute sich lange vor dem 18. Jahrhundert als Stadt des Handels und der Messen eines guten Rufes und war ein anerkanntes Zentrum des Warenaustausches und von Finanzaktionen zwischen West und Ost, ein starker Wirtschafts- und Handelsfaktor für die sächsische Wirtschaft. Der bekannte Publizist und Kritiker Pawel Annenkow sprach zu Beginn der 1840er-Jahre in seinem Essay über Leipzig von der ehemals freien Stadt Leipzig, die »heute eine Perle Sachsens darstellt, bemerkenswert durch die Messe«.

2. Leipzig wurde mit seiner Universität seit dem 18. Jahrhundert als bedeutendes Wissenschaftszentrum angesehen und zog viele russische Studenten, Wissenschaftler und Praktikanten zur Aus- und Weiterbildung an. Nicht zufällig schrieb der spätere Dekabrist Wilhelm Küchelbecker im November 1820: »Leipzig verdient zu Recht die Bezeichnung eines deutschen Athens«.

3. Leipzig als Stadt der Buchmessen galt zugleich als Zentrum des deutschen und internationalen Buchdrucks und Verlagswesens und wurde auch von Russen als »Mekka des Buches« gepriesen; aufgrund dieser Voraussetzungen konnte man hier in Russland verbotene oppositionelle, ja revolutionäre Bücher drucken lassen.

4. Auf die reichen musikalischen Traditionen der Stadt gegründet, wurde Leipzig mit dem Gewandhaus, dem Thomanerchor und dem Königlichen Konservatorium im 19. Jahrhundert zu einem der führenden Musikzentren Europas. Das wiederum zog viele ausländische, darunter auch russische Studenten, Komponisten und Interpreten in die sächsische Stadt.

5. Nicht zu übersehen ist der weit nachwirkende Nachklang der Leipziger Völkerschlacht als der bis zum Ersten Weltkrieg bedeutendsten und grausamsten Schlacht der europäischen Geschichte im Bewusstsein der »reisenden Russen«, wozu viele Zeugnisse beigebracht werden.

Entsprechend diesen Prämissen besteht der vorliegende Band aus 10 Kapiteln, einem Vorwort (Nadeshda Streltschuk als Geschäftsführerin des Vereins), dem Namensregister sowie einem Illustrationsverzeichnis. Um dem des Russischen kaum oder gar nicht kundigen Leser eine ungefähre Vorstellung vom Inhalt zu vermitteln, seien hier wenigstens die einzelnen Kapiteltitel aufgelistet, bevor dann auf einige für den heimatkundlich und stadtgeschichtlich interessierten Leser neue oder weniger bekannte Materialien aufmerksam gemacht werden soll: *Der russische Handel auf den Leipziger Messen und die Arbeit des russischen Konsulats* (E. Hexelschneider); *Russische Soldaten während der Völkerschlacht* (E. Tumim); *Russische Studenten und Praktikanten an der Leipziger Universität bis zum Ersten Weltkrieg* (E. Hexelschneider); *Russische Studenten an der Handelshochschule in Leipzig* (E. Hexelschneider); *»Um Musiker zu werden ...« (Das Leipziger Konservatorium)* (E. Tumim, N. Streltschuk); *Das russische Musikleben* (E. Tumim); *Russische Schriftsteller in und über Leipzig* (R. Sapessozkaya); *Das russische Verlagswesen in Leipzig* (I. Livshits); *Russische Adelsopposition und russische Revolutionäre in Leipzig* (E. Hexelschneider); *Die Gedächtniskirche des Russischen Ruhms in Leipzig* (Oberpriester A. Tomiuk).

Das Buch wendet sich in erster Linie an die hier lebenden gebildeten russischsprachigen Leser (aber auch an Interessenten in ihrer russischen Heimat und natürlich an die des Russischen kundigen »autochthonen« Deutschen). Nach Angaben des Leipziger Amtes für Statistik und Wahlen wohnten 2010 in der Stadt 11 837 Migranten aus der ehemaligen UdSSR und den Nachfolgestaaten. Ihnen vor allem soll nahegebracht werden, wer vor den heutigen Einwanderern und Neubürgern bereits in Leipzig gelebt, gelernt, gearbeitet hat, womit sie sich beschäftigt und wie sie ihre Beziehungen zu Leipzig selbst definiert haben. Das aber ist auch für die »eingesessenen« Leipziger von Belang. Denn es ist schon von Bedeutung, wie sich die Einheimischen und die Zugereisten in der Vergangenheit zueinander verhielten und wie sie ihre Beziehungen zu unterschiedlichen Zeiten gestaltet haben.

Das Buch gibt insgesamt den bisherigen deutschen und (was vor allem wichtig ist) den russischen Forschungsstand zum Thema wieder. Letzteres ist von großer Bedeutung, denn bislang wurden in der stadtgeschichtlichen Forschung nur selten russische

Quellen und Archivalien für das Thema »Leipzig und Russland« genutzt, nicht zuletzt angesichts ihrer schweren Zugänglichkeit und der sprachlichen Probleme für manche Forscher.

Die zumeist russischen Autoren sind – von wenigen Ausnahmen abgesehen – nicht vom Fach, also Philologen, Historiker oder Kulturwissenschaftler. Es sind vielmehr Enthusiasten, die sich mit großer Intensität diesem für sie oft genug neuen Gegenstand zugewandt und Vorhandenes aufgearbeitet, aber auch viel Neues entdeckt haben. Viele Persönlichkeiten oder auch Vorgänge, die hier aufgelistet und behandelt worden sind, dürften selbst dem gebildeten Russen unbekannt sein. Was soll da erst ein deutscher Leser sagen? Aber aus der Vielfalt der Namen treten immer wieder Figuren aus der Anonymität heraus, die man in Leipzig nie vermutet hätte. Dieser Reiz des Entdeckens macht vielleicht auch den Reiz des Buches aus, für den jeweiligen Autor wie natürlich in erster Linie für den Leser.

Im Folgenden sollen nun vor allem jene Probleme benannt werden, die hierzulande kaum bekannt sind, zumal für einige Themen bereits mehr oder weniger ausführliche Darstellungen vorhanden sind. Das betrifft das Kapitel *Der russische Handel auf den Leipziger Messen und die Arbeit des russischen Konsulats.* Da es nicht gelang, einen Wirtschaftswissenschaftler für diese Thematik zu finden, wurden vornehmlich ältere deutsche Arbeiten über die Messe und die wenigen Stimmen russischer Prominenter (A. I. Turgenew, F. I. Tjuttschew, I. K. Babst) ausgewertet sowie die Verbindung zur wirtschaftlichen Tätigkeit des seit 1783 bestehenden russischen Konsulats bzw. Generalkonsulats hergestellt.[1]

Auf russische Berichte greift das Kapitel *Russische Soldaten während der Völkerschlacht* zurück. Die Schlachten des Jahres 1813 in Deutschland sind von der russischen Historiographie bisher kaum behandelt worden; sie erforschte bislang vornehmlich Ursachen und Verlauf des Russland-Feldzuges von Napoleon, die Schlacht von Borodino 1812 und den verlustreichen Rückzug der Interventionstruppen, nur in Übersicht die Völkerschlacht. E. Tumim behandelt die Vorgeschichte der Schlacht sehr knapp, um dem russischen Leser (der ja zumeist kein Historiker ist) die nötigen Zusammenhänge zu vermitteln. Dann aber sucht sie auf sehr originelle Weise die Darstellung historischer Prozesse mit den zeitgenössischen Erinnerungen russischer Generäle und Offiziere und dem deutschen Erinnern über zwei Jahrhunderte hinweg zu vermitteln. Ihr geht es nicht um den Schlachtenverlauf, sondern um die russischen Berichte zu einzelnen Ereignissen und Persönlichkeiten der russischen Geschichte, die in den ver-

1 Dazu in Deutsch siehe Erhard Hexelschneider, Die älteste konsularische Vertretung in Leipzig seit 220 Jahren. Aus der Geschichte des russischen Konsulats, in: Stadtgeschichte. Mitteilungen des Leipziger Geschichtsvereins e.V., Beucha 2003, Nr. 1, S. 33–48.

schiedensten literarischen Erinnerungen, epistolaren Schriftdenkmälern und auch in den Geschichten einzelner militärischer Formationen (wie dem Finnländischen Regiment, das an den Kämpfen um Güldengossa beteiligt war) aufzufinden sind. Damit wird die Rolle Russlands in der eigentlichen Völkerschlacht deutlicher.

E. Tumim ordnet das bisher ungehobene Quellenmaterial oft in Form längerer Zitate aus den russischen Quellen (ein Vorzug für den deutschen Historiker) nach den vier Tagen der Schlacht vom 16. bis zum 19. Oktober 1813 an. Hinzu kommen im integrierten illustrativen Teil (graphisch hervorgehoben) Fotos der Gedenksteine und – soweit nötig – auch die kurze Geschichte dieser Denkmäler. Von insgesamt 100 solcher Gedenksteine, -tafeln oder auch Grabplatten sind über 30 mit der russischen Armee verknüpft. Dabei wird die Geschichte einzelner Soldaten und Offiziere hervorgehoben wie der Tod von General Nikolai Rajewski in der Darstellung seines Adjutanten, des romantischen Dichters Konstantin Batjuschkow. Gleiches betrifft die Leistung des legendären russischen Grenadiers Leonti Korennoi, der seine Offiziere bei Güldengossa rettete, selbst schwer verwundet in französische Gefangenschaft geriet, aber wegen seines heldenmütigen Einsatzes von Napoleon freigelassen wurde. Auch die Erinnerungen solcher Militärhistoriker wie Alexander Michailowski-Danilewski, der als Adjutant des russischen Kaisers an der Schlacht teilnahm (über die Gefechte bei Wachau und Schönefeld), und das »Partisanentagebuch« des Kommandeurs und Schriftstellers Denis Dawydow vermitteln ein lebendiges Bild der Kämpfe. Natürlich dürfen Würdigungen des Kosakenatamans Matwej Platow und seiner Einheit und die Rolle General von Manteuffels bei der Eroberung Tauchas nicht fehlen. Gelegentlich weist E. Tumim auf Fehler in der deutschen Forschung hin, so auf die falsche Kalenderumrechung auf dem Gedenkstein an die Schlacht bei Wachau oder auf andere Fehler bei verschiedenen russischen Inschriften. Der Leipziger wird mit Interesse zur Kenntnis nehmen, dass in der Moskauer Erlöserkirche, die zur Erinnerung an den antinapoleonischen Befreiungskrieg errichtet worden war, drei Tafeln (45–47) mit den Namen sämtlicher an der Schlacht beteiligten Regimentern und der Offiziere angebracht worden sind. Mit Interesse wird man die genaueren Personalien zu den am 13. Oktober 1913 in die neu erbaute Russische Kirche überführten Toten sowie eine Beschreibung der Vorgänge um den ursprünglich in Halle beigesetzten, 1912 aber nach Borodino überführten Generalleutnant Dmitri Newerowski lesen.

Im Verhältnis zum Schlachtgeschehen und einer ausführlichen Totenwürdigung (»Nekropole« nennt es die Autorin) bringen die Ausführungen zur Tätigkeit des russischen Generalgouvernements unter General Repnin-Wolkonski und des Stadtkommandanten Viktor Prendel keine zusätzlichen neuen Erkenntnisse aus russischen Quellen. Hier darf man aber in (hier nicht ausgewerteten) russischen Archivmaterialien noch weitere Informationen erwarten. Von hohem Interesse ist das Unterkapitel »Mit Feder und Degen«, in dem jene russischen Offiziere und Generäle aus der kämpfenden Truppe erwähnt werden, die später bekannte Schriftsteller werden sollten, darunter bei uns weitgehend unbekannte Namen, die aber für die russische Geistesgeschichte bedeutsam werden sollten, wie etwa der Philosoph Peter Tschaadajew. Zum ersten Mal mussten sie die tiefen Zivilisationsunterschiede zwischen Russland und Westeuropa erkennen. Rund 50 Offiziere sollten später zu jenen russischen Adelsrevolutionären gehören, die am 25. Dezember 1825 auf dem Senatsplatz in St. Petersburg den Dekabristenaufstand gegen den neuen Kaiser Nikolaus I. unternahmen, aber kläglich scheiterten. So wurde der Beginn der russischen revolutionären Bewegung während des Westeuropa-Feldzuges 1813–1815 gelegt. Der Dekabrist Iwan Jakuschkin schrieb: »Der Aufenthalt während des Auslandsfeldzuges richtete wahrscheinlich zum ersten Mal meine Aufmerksamkeit auf die gesellschaftlichen Zustände in Russland und nötigte mich, in ihm seine Mängel zu sehen.«

Das Kapitel *Russische Studenten und Praktikanten an der Leipziger Universität bis zum Ersten Weltkrieg* vermittelt, basierend auf den bisherigen deutschen und russischen Forschungen, einen Gesamtüberblick zum Thema. Die wichtigsten Perioden, zu denen russische Studenten an der Leipziger Universität studierten, waren das 18. Jahrhundert und dann die Zeit der 1860er- und 1870er-Jahre, schließlich die Zeit von der Jahrhundertwende bis zum Ersten Weltkrieg, als sich das Massenstudium zu entwickeln begann. Leipzigs Entwicklung als Stadt der Wissenschaften und der Aufklärung wurde in Russland seit dem 18. Jahrhundert sehr genau verfolgt; die russische Öffnungspolitik gegenüber dem Westen seit Peter I. führte zur verstärkten Präsenz russischer Studenten in Leipzig. Dabei legte man zumeist Wert auf ein Vollstudium, wie das Beispiel der von Katharina II. entsandten größeren Studentengruppe um Alexander Radischtschew, Fjodor Uschakow und anderer auf Staatskosten zeigt, von denen fast alle danach als qualifizierte Spezialisten hohe und höchste Funktionen im Staat einnehmen sollten.

Der Student Roman Zebrikow, der übrigens (eine Ausnahme im 18. Jahrhundert!) auf eigene Kosten studierte und sein Geld als Wirtschafts- und Ratsdolmetscher während der Messen verdiente, nannte Leipzig nicht zufällig »Umoproswedschtschénsk« (deutsch etwa Stadt der geistigen Aufklärung) im Gegensatz zur russischen Hauptstadt, die er als »Bespétschina« (deutsch etwa Stadt der Sorglosigkeit) bezeichnete. Hier ist die Meinung einer ganzen Studentengeneration über den Universitätsstandort Leipzig formuliert, was sich übrigens auch später in einigen literarischen Werken mit dem Handlungsort Leipzig und seine Universität widerspiegelte. So veröffentlichte 1828 Alexej Perowski unter dem Pseudonym Antoni Pogorelski die Novelle »Verderbliche Folgen einer ungezügelten Fantasie«; er selbst war Teilnehmer der Völkerschlacht und später Adjutant des russischen Generalgouverneurs in Dresden. In dieser E.T.A. Hoffmann nachempfundenen Novelle über die tragische Liebe eines russischen Studenten zu einer künstlichen Puppe bildet Leipzig mit seiner Universität und den Messen allerdings nur den sehr allgemeinen Hintergrund für die Handlung. Fast 100 Jahre später veröffentlichte der sowjetischrussische Prosaist Wenjamin Kawerin in einem Almanach der Serapionsbrüder die Erzählung »Chronik der Stadt Leipzig auf das Jahr 18..« (1922), ebenfalls über ein schemenhaftes Leipzig und seine Universität und genau so ein fantastisches Sujet, nur dass dieser Autor nicht einmal in Leipzig war. Aber die Beispiele bezeugen auf ihre Art die Fernwirkung von Universitätsstudien in Leipzig in Russland.

Über die Gruppe der von Katharina II. entsandten Studenten hinaus (die weitgehend erforscht ist) werden in diesem Kapitel auch solche Fragen gestellt, wie und auf welchen Wegen andere Studenten ihr Studium finanzierten und welche Rolle bestimmte Leipziger Professoren für die Ausbildung der russischen Gäste spielten (z. B. Gottfried Heinsius oder Ernst Platner). Gerade das ist bisher noch kaum erforscht, bedarf aber künftig genauerer Untersuchungen, um das Beziehungsgeflecht zwischen Leipziger Universität und den petersburger wissenschaftlichen Einrichtungen noch besser zu verdeutlichen. So sorgte sich Heinsius, der selbst 1736–1744 an der Akademie der Wissenschaften in St. Petersburg gearbeitet hatte und von dort einen Ehrensold erhielt, um ein russisches Stipendium für Grigori Kosizkij, der später ein bekannter Übersetzer und einer der Sekretäre der russischen Kaiserin werden sollte.

Im 18. Jahrhundert verteidigte der Biologe Afanassi Kawersnew (der mit einem Stipendium der »Freien Ökonomischen Gesellschaft« in Leipzig studieren konnte) als erster Russe eine in deutscher Sprache abgefasste Dissertation in Leipzig (1775) mit dem Titel »Von der Abartung der Tiere« unter der wissenschaftlichen Anleitung des Biologen Nathanael Leske. Grundthese war die Auffassung, dass einzige Quelle der Veränderlichkeit von Lebewesen der direkte Einfluss der Umwelt sei. Das war ein früher Ansatz der Evolutionstheorie, der sich aber zum damaligen Zeitpunkt in Russland nicht durchsetzen konnte; Kawersnew blieb bis in die 1930er-Jahre vergessen.

Der Besuch der Alma mater Lipsiensis durch russische Studierende ist für die erste Hälfte des 19. Jahrhunderts nicht untersucht; ihre Zahl geht kaum über die 40 hinaus. Erst mit den 1860er-Jahren beginnt erneut eine Zeit, in der die Anziehungskraft der Leipziger Universität auf die russländischen Studenten zunehmend deutlich wird. Das Wirken weltberühmter Gelehrter wie Karl Büchner, Paul Flechsig, Karl Lamprecht, August Leskien, Wilhelm Ostwald, Wilhelm Roscher, Wilhelm Wundt, und vieler anderer aus den Bereichen der Medizin, Chemie, Ökonomie, Universalgeschichte, Philologie (um nur einige zu nennen) bewegte viele Studenten zum Studium in Leipzig. Das wurde möglich, weil sich in Russland im Hochschulwesen größere Veränderungen abzeichneten. Der innerrussische Bedarf an qualifizierten Spezialisten für eigentlich alle Lebensgebiete (besonders an Ärzten, Technikern und Ingenieuren, Lehrern und Gelehrten), in erster Linie aber für die Entwicklung der Wissenschaften (Besetzung von Lehrstühlen an den Universitäten und Hochschulen), wie er nach den vorsichtigen und oft auch halbherzigen Reformen unter Alexander II. entstanden war, war entscheidend gestiegen. Die erleichterten Auslandsreisebedingungen ermöglichten es nun auch Vertretern aus bürgerlichen Schichten, mit einem Auslandsstudium zu beginnen. Die Zahl der ausländischen, darunter auch der russischen Studenten an der Universität wuchs in den 1860–1880er-Jahren um das Vielfache. So studierten beispielsweise im Wintersemester 1875/76 insgesamt 2925 Deutsche und 350 Ausländer (= 11,9% der Gesamtzahl), davon kamen 67 aus Russland (das waren 19,04% aller Ausländer). Ausführliche und anregende Berichte über die Universität (z.B. aus der Feder des Philologen Jakow Grot) taten das Ihre, dieses Interesse weiter zu verstärken.

Das Auslandsstudium der Russen vollzog sich im Falle Leipzigs zu dieser Zeit in drei Richtungen: sehr selten als Vollstudium; zumeist als Teilstudium bis zu vier Semestern; vor allem aber als (so würde man heute sagen) postgraduale Qualifizierung bei den Koryphäen der Wissenschaft (dazu werden für die medizinischen und naturwissenschaftlichen Fächer umfangreiche Beispiele angeführt). Das russische Bildungsministerium entsandte zu diesem Zweck Stipendiaten mit dem Magistergrad für mehrere Semester ins Ausland, wobei Leipzig sehr häufig besucht wurde. Allein zwischen 1865 und 1904 wurden 15 junge Gelehrte an das Chemische Institut zu Hermann Kolbe, Johannes Wislicenus und Wilhelm Ostwald entsandt. Fast gleichzeitig, von 1865 bis 1901, arbeiteten 42 russische Wissenschaftler am Physiologischen Institut bei Karl Ludwig und Ewald Hering. Das bedeutet, dass faktisch jeder Fünfte der 210 Ludwig-Schüler aus Russland stammte; fast alle nahmen später wichtige Positionen im Wissenschaftssektor ein.

Unter den Studenten der sozialwissenschaftlichen Fächer, die nach ihrer Rückkehr nach Russland zumeist als Professoren berufen wurden, ragt der Wirtschaftswissenschaftler und Finanzrechtler Iwan Janshul hervor, der auch lesenswerte, sehr lebendige Memoiren über seine Leipziger Zeit hinterließ. Aus ihnen lässt sich viel über die Ausbildung in den ökonomischen Fächern bei Wilhelm Roscher und Georg Friedrich Knapp und über das studentische Leben erfahren. Andere Persönlichkeiten verteidigten in Leipzig ihre Dissertationen, so der spätere Innenminister Graf Dmitri Tolstoj, der Arabist Viktor von Rosen oder die spätere Frauenrechtlerin Anna Jewreinowa, die als erste Russin überhaupt 1873 an der Juristenfakultät eine strafrechtliche Arbeit verteidigte, obwohl es damals in Leipzig noch kein Frauenstudium gab.

Unikal war die Schaffung des Russischen Philologischen Instituts (1873–1890), das mit russischen Finanzmitteln als (so würde man heute sagen) »An-Institut« unter Leitung des klassischen Philologen Friedrich Ritschl als deutsch-russisches Gemeinschaftsprojekt begründet wurde. Es sollte helfen, den akuten Mangel an Gymnasiallehrern für alte Sprachen in Russland zu beseitigen. In 17 Jahren wurden 113 Stipendiaten zu Lehrern ausgebildet (die Unterrichtsprache war Lateinisch), darunter

36 Deutsche mit russischer Staatsbürgerschaft. Aus dem Institut gingen auch die später bekannten Altphilologen Faddej Selinski und Ernest von Stern hervor. Der Schluss dieses Kapitels, gestützt auf die Forschungen von S. Hoyer, beschäftigt sich mit dem Übergang zur Massenuniversität und dem damit verbundenem Zustrom russischer Studenten, was zu erregten öffentlichen Debatten in Leipzig (und nicht nur dort) führte.

Völlig neu werden in diesem Buch die russischen Studierenden an anderen Hochschulen Leipzigs entdeckt (mit Ausnahme der Kunsthochschule, wozu noch nicht geforscht wurde). In den Kapiteln *Russische Studenten an der Handelshochschule in Leipzig*[2] und *»Um Musiker zu werden ...« (Das Leipziger Konservatorium)* wird nun wertvolles Material dazu beigebracht. Allein an der 1898 gegründeten Handelshochschule mit ihrer nur zweijährigen Ausbildung studierten bis 1914 insgesamt rd. 4300 Studenten, davon über 1000 Russen. Ihre Zahl erreichte zeitweilig 50 Prozent aller ausländischen Studierenden. Das Interesse der russischen studentischen Jugend für die Handelshochschule zeigt sehr deutlich das sog. Russen-Verzeichnis, ein einzigartiges Dokument. Es wurde von der Leitung der Hochschule für die Zeit von 1902 bis 1914 zusammengestellt, als die Zahl der russischen Studenten ihr Maximum erreichte. Das rief wie an der Universität erneut stürmische öffentliche Diskussionen über das Pro und Contra des Ausländerstudiums überhaupt hervor, zumal die Handelshochschule über weite Strecken von der Stadt Leipzig finanziert wurde.

Von besonderer Anziehungskraft auf Ausländer, vor allem auch auf Russländer, war das 1843 gegründete Konservatorium. Betrug anfangs die Zahl der Ausländer etwa 11–12 Prozent, so wuchs sie in den folgenden Jahren fast auf ein Drittel und zählte in einzelnen Jahren bis zur Hälfte alles Studierenden, im Wesentlichen kamen sie aus Nord- und Osteuropa. Besonders groß war der Anteil russländischer Studenten. Am Konservatorium studierten seit seiner Gründung (1843) bis 1917 insgesamt 838 russländische Studenten, darunter zählte man 426 Frauen. Dabei stammten 168 aus dem eigentlichen Russland, 219 aus der Ukraine, 150 aus dem »russischen« Polen, viele aus dem damals russischen Finnland und den baltischen Gouvernements sowie dem Kaukasus. Etwa zwei Drittel von ihnen waren ethnische Deutsche und Juden. Das hing allem Anschein nach mit der Nationalitätenpolitik des russischen Staates zusammen. Zudem gab ein Diplom des Leipziger Konservatoriums, das einem Dokument zur Erlangung der höheren Reife entsprach, den Juden die Möglichkeit, die ihnen in Russland vorgeschriebenen Ansiedlungsgebiete zu verlassen. Im Verzeichnis der »russischen« Studenten – so stellte E. Tumim fest – finden sich eigentlich

2 Der Aufsatz liegt in einer deutschen Version vor: Erhard Hexelschneider, Russische Studenten an der Handelshochschule zu Leipzig (1898–1914), in: Osteuropa in Tradition und Wandel. Leipziger Jahrbücher. Historische Zäsuren und aktuelle Tendenzen in Osteuropa, Bd. 12, [Leipzig] 2011, S. 32–57.

nicht mehr als 60 russische und ukrainische Familiennamen. Aber diese Studenten erhielten insgesamt in Leipzig eine solide musikalische Ausbildung, was bewirkte, dass nicht wenige von ihnen später bekannte, ja berühmte Persönlichkeiten im russischen Musikleben wurden.

Bedeutsam ist die Rolle, die das Leipziger Konservatorium als Vorbild für die Schaffung der entsprechenden Einrichtungen in St. Petersburg und Moskau spielte. Darüber sprach die Großfürstin Jelena Pawlowna mit Robert Schumann im Frühjahr 1844 während seines Aufenthaltes in Russland, die mehr über den damals noch jungen Versuch in Leipzig erfahren wollte und den Komponisten am liebsten bei sich behalten hätte; das Konservatorium in St. Petersburg wurde aber erst 1862 begründet. Doch ist es sicher kein Zufall, dass sich unter den künftigen Lehrern am Petersburger Konservatorium nicht wenige »Leipziger« befanden. Genannt sei hier zuerst der Cellist Karl Dawydow, der von 1860–1862 als Professor in Leipzig arbeitete und dann an das Konservatorium der russischen Hauptstadt zurückkehrte. Ein anderer Name ist der Folklorist und Musikwissenschaftler Alexander Faminzyn, der als Leipzig-Absolvent ebenfalls Professor in St. Petersburg wurde. Man könnte die lange Reihe bekannter Namen, die ihre musikalische Ausbildung in Leipzig erhalten und danach eine bestimmte Rolle in der Geschichte der russischen Musik gespielt haben, fortsetzen, so etwa mit dem wichtigen Mäzen Grigori Demidow. Aber hier lernten auch Persönlichkeiten, die am Beginn der originären Musik ihrer Völker stehen wie der Ukrainer Mykola Lyssenko, der Litauer Mikalojus Čiurlionis (beide mit bemerkenswerten Briefen aus der Studienzeit) oder Jeanett Dalgat, eine Frau, die für das nordkaukasische Volk der Dagestaner und seine Musik von Bedeutung werden sollte.

Leipzig entwickelte sich – wie gesagt – im 19. Jahrhundert, begründet durch die musikalischen Traditionen des Gewandhauses und der Musikhochschule, weniger durch den Thomanerchor (was religiöse Gründe gehabt haben könnte) zu einem der führenden musikalischen Zentren Europas, was viele ausländische, darunter auch russische Komponisten und Interpreten bewegte, in die sächsische Stadt zu kommen. Darum geht es im Kapitel *Das russische Musikleben*. Tatsächlich waren die russischen Instrumentalisten und die gastierenden Komponisten die wichtigsten Mittler der russischen Musik an das Leipziger Publikum. So existierten im letzten Drittel des 19. Jahrhunderts zwei bemerkenswerte musikalische »russische« Zentren in der Stadt: in den 1880er-Jahren war das der Salon von Anna Brodskaja (ihr Mann Adolf Brodski war 1883 von der Musikhochschule als Professor eingeladen und blieb in dieser Funktion acht Jahre lang). Der andere Salon wurde von Vera Siloti geführt, der Ehefrau des einflussreichen Pianisten und Komponisten Alexander Siloti. Diese Zirkel waren von den Zeitgenossen anerkannte Treffpunkte des internationalen Musiklebens.

An erster Stelle standen seit den 1830er-Jahren die Gastspiele russischer Solisten und Dirigenten im Gewandhaus, die teilweise mit eigenen Werken oder solchen anderer russischer Komponisten auftraten. 1840 spielte Alexej Lwow als erster namhafter russischer Geiger im Gewandhaus unter der Leitung von Mendelssohn Bartholdy; im Oktober 1843 erklang dort seine Phantasie für Violine auf Themen russischer Volkslieder für Orchester und Chor. Sehr geschätzt wurde Anton Rubinstein mit seinem pianistischen Können. Er war wohl im 19. Jahrhundert der am meisten beschäftigte russische Solist im Gewandhaus. Am 9. Oktober 1842 spielte er hier im Alter von 13 Jahren Werke von Franz Schubert und Franz Liszt und wurde mit Clara und Robert Schumann bekanntgemacht. An dieses erste Leipziger Konzert wurde 50 Jahre später am 15. Dezember 1892 festlich erinnert, als man einige Szenen aus seiner Oper »Moses« unter Stabführung des Komponisten spielte. All die Jahre hindurch trat Rubinstein regelmäßig mit eigenen oder fremden Werken in Leipzig auf und wurde vom Publikum immer begeistert empfangen. Für März 1886 gestattete die Direktion des Gewandhauses Rubinstein die Aufführung von sieben seiner berühmten »Historischen Konzerte« im Großen Saal, allerdings bei Erstattung aller Unkosten durch den Komponisten und für 200 Mark Saalmiete bei jeder Aufführung. Zu Ehren von Rubinstein wurde 1897 ein heute verschollenes Medaillon gestiftet, das wesentlich von dem polnischen Pianisten Ignacy Jan Paderewski finanziert wurde.

Einen besonderen Platz bei der Verbreitung russischer Musik in Leipzig nimmt das Schaffen von Peter Tschaikowski ein, von dem im Gewandhaus am 12. Oktober 1876 erstmals einige kleiner Werke gespielt wurden. Der Komponist weilte mehrfach in dem von ihm außerordentlich geschätzten Konzertsaal und lernte dabei auch das übrige Musikleben der Messestadt kennen. Er verlebte den Jahreswechsel 1887/88 in der Familie seines Freundes Brodski und weilte im Januar und Februar 1888 mehrfach für jeweils einige Tage in der Stadt. Hier traf er sich mit Edvard Grieg, Johannes Brahms, mit Gewandhauskapellmeister Carl Reinecke und vielen anderen Persönlichkeiten des Musiklebens. Höhepunkt seines Aufenthalts war die Aufführung eigener Werke unter seinem Dirigat, darunter der Orchestersuite Nr. 1 d-Moll op. 43 am 5. Januar 1888, was vom Publikum begeistert aufgenommen wurde. Schon am Tag zuvor hatten ihn die russischen Studenten der Stadt auf der Generalprobe enthusiastisch gefeiert.

Besondere Impulse erhielt das Leipziger Musikleben durch den bereits erwähnten Pianisten und Dirigenten Alexander Siloti. Er hatte bei den Brüdern Rubinstein in Moskau studiert; 1883–1888 war Franz Liszt sein Mentor in Weimar, Siloti zählte zu dessen besonders befähigten Schülern. Gemeinsam mit dem Dirigenten Arthur Nikisch und dem Musikkritiker Martin Krause begründete er am 22. Oktober 1885 in Leipzig den Liszt-Verein, der bis 1902 bestand. Das war eine Vereinigung, die sich die Verbreitung der Musik von Liszt zum Ziel gesetzt hatte und damit im Gegensatz zur eher konservativen Programmgestaltung der Gewandhausdirektion stand. Silotis Familie lebte zweimal längere Zeit (mit gewissen Unterbrechungen während der

Gastspiele des Pianisten) in Leipzig: von 1887 bis 1889 und von 1897 bis 1900. Siloti sprach über seine Leipziger Zeit als über seine besten musikalischen Jahre. Neben den Werken von Liszt nahm Siloti immer mehr Werke solcher russischen Komponisten in sein Repertoire auf wie Borodin, Rimski-Korssakow und Rachmaninow, sodass ihn Tschaikowski als einen »Agenten der russischen Musik« im Ausland bezeichnete.

Noch eine wichtige Episode ist mit dem Namen Silotis verbunden. Gemeinsam mit seinem Freund, dem Pianisten Wassili Sapelnikow, bat er den Petersburger Bildhauer Robert Bach, auf ihre Kosten eine Kopie jener Tschaikowski-Büste herstellen zu lassen, die er 1894 für das Konservatorium in St. Petersburg angefertigt hatte. Bach erfüllte diese Bitte; die Büste wurde der Gewandhausdirektion offiziell am 19. März 1900 übergeben und bereits am 23. März im Foyer des Gewandhauses als erste Büste eines russischen Komponisten in Deutschland aufgestellt. Unter dem Dirigat von Arthur Nikisch wurde aus diesem Anlass Tschaikowskis Sinfonie Nr. 6, h-Moll (Pathétique) zur Aufführung gebracht; die Büste selbst ist verschollen. Sollte man nicht eine Replik anfertigen?

Etwas genauer werden die Russland-Beziehungen des Gewandhauskapellmeisters (seit 1895) Arthur Nikisch untersucht, der zwischen 1895–1913 fast jedes Jahr als Gast in den russischen Hauptstädten dirigierte. Aber man fuhr auch zu Nikisch als »Praktikant« wie Alexander Chessin, der seinen Leipzig-Aufenthalt lebhaft schilderte, und auch der armenische Dirigent Konstantin Saradshjan. Auf zwei regelmäßige Besucher der Gewandhauskonzerte soll noch verwiesen werden: auf Valentina Serowa, eine der ersten russischen Komponistinnen, die mit Chessins Unterstützung Zugang zum Leipziger Musikleben suchte. Bemerkenswert ist ihre Verbindung zu dem sozialdemokratischen Ehepaar Hermann (damals Student am Konservatorium) und Käte Duncker, die sie mit ihrem Sohn, dem Maler Valentin Serow, 1902 in ihrer Wohnung in Gohlis besuchte. Sergej Rachmaninow schätzte Nikisch als Dirigenten vor allen anderen. Er besuchte Leipzig während seines Dresden-Aufenthaltes mehrfach, nur um Nikisch im Gewandhaus zu erleben, so im Dezember 1906 und im Februar 1907. Bei dieser Gelegenheit lernte er auch den Bildhauer Max Klinger kennen, begeisterte sich für dessen »Beethoven« und muss Klinger im Atelier besucht haben, denn im Buch wird erstmalig seine Kreidezeichnung des russischen Komponisten Rachmaninow (S. 178) abgebildet, die im Museum der bildenden Künste aufbewahrt wird.

Leipzig war eine Bürger-, Universitäts- und Geschäftsstadt, niemals ein dichterischer Olymp. Dennoch konnten in dem Kapitel »*Russische Schriftsteller in und über Leipzig*« wertvolle ältere und neue Materialien zu Tage gefördert werden, die die Präsenz russischer Autoren in der Stadt bezeugen. Hier residierte im Zentrum der mitteldeutschen Aufklärung Johann Christoph Gottsched mit seinem Kreis und seinen umfangreichen russischen Verbindungen, hier fühlte man sich zu Christian Fürchtegott Gellert und Christian Felix Weiße hingezogen, denen jeder russische Reisende seine Aufwartung zu machen pflegte. Weiße war es auch, der 1768 in seiner »Neuen Bibliothek der schönen Wissenschaften und der freyen Künste« die anonyme »Nachricht von einigen russischen Schriftstellern« veröffentlichte, die als erste umfassende Übersicht über die russische Literatur in deutscher Sprache angesehen wird und die aufgrund meiner Recherchen von dem Schauspieler Iwan Dmitrijewski stammt. Zwar war – wenn man bei der Literatur des 18. Jahrhunderts bleibt – der Name des führenden klassizistischen Dramatikers Alexander Sumarokow sehr wohl bekannt, der 1756 zum Ehrenmitglied von Gottscheds »Gesellschaft der freyen Künste« ernannt wurde. Und Michail Lomonosow (der zweimal ganz kurz als Student die Stadt berührte) war der akademischen Öffentlichkeit durch viele Übersetzungen vor allem seiner wissenschaftlichen Werke geläufig. Berichte über Begegnungen mit Universitätsprofessoren und das Geistesleben der Universität gaben auch 1777 und 1784 der Dramatiker Denis Fonwisin (Leipzig war für ihn die erste westeuropäische Stadt, »die Beachtung verdient«) und der sentimentalische Schriftsteller Nikolai Karamsin mit seinen weithin bekannten »Briefen eines russischen Reisenden« (1791–1792).

Für die spätere Zeit fehlen allerdings für Leipzig die großen Namen der russischen Literatur, vor allem dann, wenn man nach längeren Aufenthalten in der Stadt fragt. Leipzig war vor allem seit der Erfindung der Eisenbahn ein wichtiger Verkehrsknotenpunkt geworden, wo man umstieg, nicht aber ausstieg und blieb – und sei es für noch so kurze Zeit. Das betraf etwa Iwan Turgenjew, Fjodor Dostojewski und Lew Tolstoi, aber auch den Literaturkritiker Wissarion Belinski, den Romancier Iwan Gontscharow oder den Dramatiker Alexander Ostrowski. Andere erreichten Leipzig mit einer sehr konkreten Zielstellung. Der vielseitige Dramatiker und Lyriker Alexej Konstantinowitsch Tolstoj heiratete hier (nicht wie vielfach behauptet wird, in Dresden) im April 1863 in der griechisch-orhodoxen Kirche seine langjährige Geliebte S. A. Miller, um den Gerüchten innerhalb der Dresdner russischen Kolonie aus dem Wege zu gehen. An der Jahreswende 1913/14 nahm der Schriftsteller Andrej Bely an einem ihn zutiefst berührenden Kurs über »Christus und die geistigen Welten« teil, die der von ihm hochverehrte Anthroposoph Rudolf Steiner durchführte. Dessen theoretisches Gebäude war übrigens von großer Anziehungskraft auf die russische Intelligenz jener Zeit. Bely besuchte bei dieser Gelegenheit Friedrich Nietzsches Geburtsort Röcken und machte in einem »russischen Klub« die Bekanntschaft mit dem eigenwilligen Dichter Christian Morgenstern. Neu ermittelt wurde von der Kapitelautorin auch das Leipziger Gastspiel des Moskauer Künstlertheaters (MChT) am 2. und 3. April 1906 unter der Leitung von Konstantin Stanislawski und Wladimir Nemirowitsch-Dantschenko mit den berühmten Aufführungen von Maxim Gorkis »Nachtasyl« und »Zar Fjodor Ioannowitsch« von A. K. Tolstoj und das entsprechende Presseecho. Das Publikum (darunter sehr viele russische Studenten) feierte das Ensemble noch lange nach den Vorstellungen in der Leipziger Innenstadt.

Nur wenige Autoren gaben Porträts von Leipzig. Hier wären im 18. und beginnenden 19. Jahrhundert die bereits erwähnten D. I. Fonwisin, N. M. Karamsin und W. K. Küchelbecker zu nennen, die zumeist von ihren Begegnungen mit Gelehrten der Universität berichteten; die Studenten wussten später nur in seltenen Fällen etwas zu berichten. Im 19. Jahrhundert publizierten einige russische Wissenschaftler und Kritiker ihre Leipziger Eindrücke in Form von kleineren Skizzen. Zu nennen sind hier Pawel Annenkows »Briefe aus dem Ausland« (1841–1843), Jakow Grot (über die Situation an der Universität im »Tagebuch einer Auslandsreise«, 1862) und Iwan Babst (vornehmlich über das Buch- und Verlagswesen in »Von Moskau bis Leipzig«, 1859).

Die Leipziger Völkerschlacht blieb – wie bereits hervorgehoben – sehr intensiv in der Erinnerung russischer Schriftsteller haften, vor allem jener, die selbst an den Kämpfen aktiv teilgenommen hatten. Dabei interessierten die Autorin des Kapitels in diesem Zusammenhang weniger die Gefechtsbeschreibungen, die naturgemäß in den verschiedenen memoirenhaften Darstellungen dominieren, sondern vor allem die künstlerischen Reflexionen über das Leiden der Soldaten und das Leben der Zivilbevölkerung inmitten von Brutalität und Grausamkeit. Zu nennen wären hier vor allem Konstantin Batjuschkow mit seinen Gedichten, in denen die Schlacht mehrfach Erwähnung findet, dann der Partisanenführer Denis Dawydow mit seinem Tagebuch. Ein Augenzeugenbericht des späteren Militärschriftstellers Alexander Michailowski-Danilewski beschreibt die Situation in Leipzig unmittelbar nach der Schlacht. Er bezeugt einen Besuch bei dem UB-Direktor Prof. Christian Daniel Beck, der ihn mit den Schätzen der Universitätsbibliothek vertraut gemacht und ihn zu Ernst Platner, dem inzwischen 70jährigen Philosophen und Lieblingslehrer einen ganzen Generation russischer Studenten, geschickt hatte. Bedeutungsvoll aber wurde dann vor allem Fjodor Glinka, einer der Adjutanten von General Miloradowitsch, mit seinen »Briefen eines russischen Offiziers« (1815–1816), der dieses Buch sogar Goethe dedizierte und das noch heute in Weimar aufbewahrt wird. Glinka (der Leipzig nicht berührte) entwarf ein lebendiges Bild Sachsens im Krieg und verglich das Vorgefundene vor und nach den Kämpfen mit den sozialen Zuständen in seiner Heimat. Es würde zu weit führen, alle dieses Memoiren und ihre Verfasser hier aufzulisten und kurz zu charakterisieren; eine Textsammlung dieser russischen Quellen in deutscher Übersetzung könnte vermutlich auch für die sächsische Landesgeschichte von Wert sein.

Vielleicht die wichtigste literarische Darstellung Leipzigs und seiner Universität aus der Feder eines russischen literarischen Zeitzeugen stammt von Michail Prischwin, der vom 18. April 1901 bis 6. März 1902 an der Philosophischen Fakultät ökonomische und agrarwissenschaftliche Fächer studiert hatte und sich später als Schilderer der mittelrussischen Landschaft einen dauerhaften Namen machte. Er gibt in seinem in mehreren Jahrzehnten entstandenen autobiographischen Werk »Die Kette des Kastschej« (1928–1954, liegt in Deutsch vor) eindrucksvolle Beschreibungen seiner Studienzeit und über die Zustände an der Leipziger Universität. Natürlich handelt es sich um künstlerisch verfremdete Darstellungen jener Zeit; gleichzeitig aber finden sich gerade in den Leipzig-Kapiteln hochinteressante Beschreibungen von Prischwins Hochschullehrern, vor allem Wilhelm Ostwald, in dessen berühmten Physikalisch-chemischen Laboratorium er auch arbeiten durfte.

Demgegenüber – um die Reihe der größeren oder kleineren Leipzig-Darstellungen in der russischen Literatur abzuschließen – fällt der seinerzeit viel gelesene Roman von Olga Forsch »Die Kaiserin und der Rebell« (1932), ein Buch über die Leipziger Studienzeit Alexander Radischtschews, aus heutiger Sicht ab. Die Autorin war offenbar nicht in Leipzig, kannte aber Nürnberg und stützte sich auf Goethes »Dichtung und Wahrheit«, auf Material aus der Studentenfolklore sowie stadtgeschichtliche Überlieferungen. Mit viel Fantasie entwarf sie zwar ein farbenprächtiges Leipzig-Bild und fügte dabei aus künstlerischen Gründen verschiedene zeitlich auseinander liegende Tatsachen zusammen, entwickelte aber dabei Konstellationen, die vom damaligen sowjetischen Zeitgeist eher gewünscht als tatsächlich möglich waren, so etwa angebliche Begegnungen Radischtschews mit deutschen revolutionären Handwerksgesellen.

Spätestens seit dem 18. Jahrhundert gilt Leipzig nicht nur in der russischen Wahrnehmung als ein Zentrum des Buchdrucks und Buchhandels, als »Hauptstadt der Bibliophilie«. Davon handelt das Kapitel *Das russische Verlagswesen in Leipzig*. Das war mehreren Umständen geschuldet. An erster Stelle standen die jährlichen Buchmessen, zu denen sich die Büchermacher aus ganz Europa trafen: Händler, Verleger, Autoren, Liebhaber. Hier kaufte z. B. der romantische Dichter Wassili Shukowski im Frühjahr 1827 im Brockhaus-Verlag für die Ausbildung des ihm anvertrauten russischen Thronfolgers Alexander Bücher im Werte von über 4000 Taler; kaum ein Besucher von Rang, der sich nicht in der Querstraße mit den modernsten typografischen Maschinen und Verfahren vertraut machte. In der Stadt existierten viele Druckereien und Verlagsanstalten, die über kyrillische Schriftsätze verfügten. Bereits 1799 besaß Immanuel Breitkopf mehr als 18 kyrillische Schriftsorten und Typen und der Leipziger Buchhändler P. G. Kummer stellte 1803 eine Buchsendung für die wiedererrichtete Universiät Dorpat im Wert von 20000 Rubel zusammen.

Aber die russischen Besucher interessierten sich nicht allein für den Handel mit und die Edition von Büchern; sie versuchten vor allem den Erfolg der Stadt im Bereich des buchhändlerischen Unternehmertums und der eigentlichen Geheimnisse des Buchhandels zu ergründen. Nikolai Karamsin berichtete 1789 voller Staunen über solche Erscheinungen, die damals für das Russland des 18. Jahrhunderts noch völlig unbekannt waren, wie etwa das Urheberrecht, die Regularien für die Zahlung von Honoraren an die Autoren oder den Kampf gegen unerlaubte Nachdrucke und Plagiate. Voller Staunen stellte der bereits erwähnte, sehr angesehene Ökonom Iwan Babst Ende der 1850er-Jahre fest, dass es in Leipzig damals 160 Buchhändler gab, von denen sich 80 ausschließlich mit dem Kommissionsbuchhandel befassten; dazu kamen 36 Druckereien mit 100 Maschinen und Schnelldruckpressen, die von 700 Setzern und Druckern in Gang gehalten wurden.

Großes Interesse erweckte in Russland die Gründung des Börsenvereins des Deutschen Buchhandels (1825) als wichtigem Impulsgeber für die weitere Entwicklung des Buchhandels. Babst entwarf in seinem Reisebericht ein ausführliches Bild über die Arbeit der Buchbörse. Insbesondere das System des Kommissionsbuchhandels sowie das Bestellsystem waren für Russland neu, wie Babst zu berichten nicht müde wurde. Nach seinen Angaben übertraf die Summe des jährlichen Geldumlaufs im Buchhandel Leipzig im Durchschnitt 6 Millionen Taler. Babst beschrieb auch, welcher Wert auf die Ausbildung und Schulung der künftigen Buchhändler in öffentlichen Kursen und in welchen Fächern gelegt wurden. Kein Wunder, das eben in Leipzig 1898 an der neu gegründeten Handelshochschule im Rahmen des Gesamtstudienganges auch das Lehrfach Buchhandel eingerichtet wurde.

Und noch ein Moment war für die in Leipzig weilenden russischen Intellektuellen bedeutsam. Die relativ liberale sächsische Zensur erlaubte den Autoren, ihre in Russland nicht erlaubten oder gar verbotenen Bücher in russischer oder anderen Sprachen herauszubringen. Der Aufschwung des russischen Buchdrucks im Ausland begann bekanntlich zu Beginn der 1850er-Jahre, als A. I. Herzen und N. P. Ogarjow in London ihre »Freie russische Druckerei« (1855) begründet hatten. Sie wurde zum Zentrum für den Druck von in Russland verbotenen Büchern und Broschüren, die auf geheimen Wegen ins Russische Reich befördert wurden. In der Folge entstanden auch in einigen anderen deutschen Städten solche Punkte eines »russischen Verlagswesens«, besonders in Berlin, Stuttgart und eben auch in Leipzig. Aber im Unterschied zur Londoner Druckerei, die unter Leitung von russischen revolutionär-demokratischen gesinnten Verlegern arbeiteten, wurden alle in Leipzig gedruckten russischen (russischsprachigen) Bücher in deutschen Verlagen und Druckereien auf kommerzieller Grundlage herausgebracht.

Unter den deutschen Verlagsunternehmungen in Leipzig, die auch die Edition russischsprachiger Titel in ihrem Programm hatten, sind vor allem folgende Verlage hervorzuheben: Breitkopf & Härtel (gegründet 1719), F. A. Brockhaus (1805), Wolfgang Gerhard (1845), Franz Wagner (1853), die »Slawische Verlagsbuchhandlung« (1864) des polnischen Verlegers Erazm Łukasz Kasprowicz und der Musikverlag M. P. Beljajew (1885). In der zweiten Hälfte des 19. Jahrhunderts sind bisher mehr als 15 verschiedene Firmen bekannt, die russische Autoren in russischer, deutscher oder französischer Sprache edierten oder druckten. In die Tiefe gehende Untersuchungen stehen noch aus.

Wie gesagt, die Buchhandelsfirmen und Verlage Leipzigs waren zu dieser Zeit gut organisiert und verfügten über ein hohes professionelles Niveau. Nicht zufällig durchliefen seit dem 18. Jahrhundert viele bekannte Persönlichkeiten aus dem Osten hier eine polygraphische Ausbildung. Das war eine effektive Hilfe deutscher Verleger für die revolutionären, liberalen und reformerischen Bewegungen in Russland. In Leipzig wurden – wie die Materialdurchsicht zeigt – in erster Linie die von der Zensur entstellten Werke russischer Autoren, zugleich aber auch aktuelle Analysen und polemische Werke konservativer Autoren gedruckt. Ja, es gab sogar Versuche, bei Wolfgang Gerhard russische Zeitungen herauszugeben, so die liberale Zeitung »Strela« (Der Pfeil) in der Redaktion von Iwan Golowin (1858–1859) und die von Fürst Peter Dolgorukow herausgegebenen Zeitungen »Prawdiwy« (Der Gerechte) (1862) und »Prawdiljubiwy« (Der Wahrheitsliebende) (1862–1863). Nach der vierten Nummer wurde allerdings Dolgorukow auf Intervention des russischen Konsuls in Leipzig von der Leitung der Zeitung verdrängt, und sie ging ein. Diese Titel ließen sich bislang in Leipzig nicht finden, aber sie schufen den Boden, dass wesentlich später W. I. Lenin und andere in Leipzig einige Nummern der »Iskra« (Der Funke) (1900) als Organ der Sozialdemokratischen Partei Russland herausgeben konnten. Andererseits war der russische Buchdruck für die Leipziger Druckereibesitzer und Verleger oft genug ein profitables Unternehmen, das als Lohndruck auch kaum in die Verlagsverzeichnisse aufgenommen wurde. Das klappte aber nicht immer. So erschien in den Jahren 1861–1862 bei Brockhaus die »Bibliothek russischer Autoren« unter der Redaktion des bekannten Übersetzers Nikolaj Gerbel und des Bibliografen Jewgeni Jakuschkin. Das war eine für die Geschichte des russischen revolutionären Gedankens wichtige Publikation. Bd. 1 enthielt die vollständige Sammlung der Werke des dekabristischen Autors K. F. Rylejew; der 2. Band weitere Gedichte von mit der dekabristischen Bewegung verbundenen Autoren wie W. K. Küchelbecker, A. F. Odojewski und A. A. Bestushew-Marlinski. Mehr erschien nicht, vermutlich, weil das Gesamtunternehmen doch finanziell für den Verleger nicht rentabel genug war. Das gleiche Schicksal ereilte den Dramatiker Alexander Suchowo-Kobylin mit seinem Stück »Die Akte«. Er vermochte 1861 in der Leipziger Druckerei von Gustav Beer und Hermann nur 25 Exemplare zu drucken, bevor er die gesamte Ausgabe abbrach.

Initiator der erwähnten »Bibliothek russischer Autoren« bei Brockhaus war offenbar der Pole Erazm Łukasz Kasprowicz, der 1859 in die Firma Brockhaus eingetreten war. Sein Traum war die Gründung einer »Slawischen Kommissionsbuchhandlung« in Leipzig, die er sich als Verbindungsglied zwischen Ost und West vorstellte, was sich aber nicht verwirklichen ließ. Kasprowicz edierte zwischen 1874 und 1909 eine insgesamt 36 Bände umfassende »Internationale Bibliothek« in russischer Sprache; eine zweite Serie unter dem Titel »Sammlung von Materialien zur Geschichte der Wiedererweckung Russlands« erschien 1877. Darin wurde von demokratischen und bürgerlich-liberalen Positionen aus die russische Selbstherrschaft kritisiert. Kasprowicz war ideologisch sehr eng mit dem liberalen Emigranten Iwan Golowin verbunden, dessen

Publizistik er in großem Umfang in russischer. deutscher und französischer Sprache herausbrachte. Aber er stand auch in Verbindung mit Alexander Herzen in London und nutzte in nicht geringem Umfang dessen Editionen. So erschien 1876 in zwei Auflagen das Aufsehen erregende und in Russland gleich bei Erscheinen verbotene Buch des ehemaligen Leipzig-Studenten A. N. Radischtschew »Die Reise von Petersburg nach Moskau« nach der Londoner Ausgabe mit einem Vorwort von Alexander Herzen, die in Weimar in der Druckerei von Gustav Uschmann gedruckt wurde. Außerdem gab Kasprowicz in Russland verbotene Gedichte von A. S. Puschkin und Ju. M. Lermonotow sowie den Roman »Prolog« von N. G. Tschernyschewski heraus. Die Einfuhr dieser Bücher nach Russland war verboten, sodass der Vertrieb auf illegalem Wege erfolgen musste.

Der bereits erwähnte Verleger Wolfgang Gerhard eröffnete zu Beginn der 1860er-Jahre eine »Zentrale Buchhandlung für slawische Länder«. Von 1858 bis in die1900er-Jahre veröffentlichte er hier seine »Russische Bibliothek« mit fast 60 kleinformatigen Büchern, darunter befanden sich Werke von Puschkin, den Dekabristen, Turgenew, Nekrassow und L. N. Tolstoj. Auch hier erschienen Werke aus der Feder von Iwan Golowin, seine russisch geschriebene Arbeit »Ein Katechismus für das russische Volk« (1849) wurde auf Intervention des russischen Gesandten in Sachsen verboten. In diesem Zusammenhang wurden 1851 Verhöre und Hausdurchsuchungen in den Häusern der Verleger Heinrich Brockhaus und Ernst Keil durchgeführt. Übrigens gab Gerhard 1864 die erste deutsche Übersetzung des Dostojewski-Romans »Aufzeichnungen aus einem Totenhaus« heraus; leider wurden nur 150 Exemplare verkauft, sodass Gerhard die Restauflage in die Makulatur gab. Der deutsche Leser sollte Dostojewski für sich erst in den 1880er-Jahren dauerhaft entdecken.

Auch der Verlag F. A. Brockhaus setzte die Edition russischsprachiger Literatur trotz des beschriebenen Misserfolgs fort. Hervorzuheben ist die von Fürst E. E. Uchtomski verfasste »Reise nach Osten« (1894–1899), die Beschreibung einer Reise durch die Länder des Nahen und Mittleren Osten an der Seite des Thronfolgers und künftigen Kaisers Nikolaus II: Aber das größte Projekt eines Leipziger Verlegers im 19. Jahrhundert war die Edition des »Enzyklopädischen Wörterbuches« in russischer Sprache, das unter dem Kürzel »Brockhaus-Jefron« weltbekannt werden sollte und ein Gemeinschaftswerk von Heinrich Eduard Brockhaus und dem Petersburger Unternehmer Ilja Abramowitsch Jefron bildete.[3] Der große Mangel an einem lexikografischen Universalnachschlagewerk ließ die Idee wachsen, einer Reihe von gescheiterten Versuchen eine moderne russische Enzyklopädie entgegenzustellen. Deshalb

3 Siehe ausführlich Erhard Hexelschneider, Der »Brockhaus« erobert den russischen Markt. Zur Entstehungsgeschichte des »Brockhaus-Efron«, in: Thomas Keiderling (Hrsg.), F. A. Brockhaus 1905–2005. Leipzig, Mannheim 2005, S. 207–218.

wurden im April 1889 in St. Petersburg mit einem Gemeinschaftskapital von einer halben Million eine gemeinsame Druckerei und der Verlag »Brockhaus und Jefron« gegründet, der bis 1931 existierte. Grundlage für das auf 41 (82 Halbbände) plus zwei Zusatzbände berechnete Unternehmen war die 13. Auflage des Leipziger Brockhaus-Lexikons (Conversations-Lexikon, 1882–1887 mit nur 16 Bänden). Aus der erhöhten Bandzahl wird bereits sichtbar, dass sich die ursprüngliche Konzeption des Projekts im Verlauf der Jahre grundlegend verändert hatte. Die zunächst geplante einfache Übersetzung aus dem Deutschen ins Russische (mit Ausnahme der nur auf Russland bezogenen Artikel und Stichwörter) verwandelte sich in etwas völlig Anderes und Selbstständiges. Die Herstellung wurde bald aus praktischen Erwägungen von Leipzig nach St. Petersburg verlegt; mit der Abfassung der Texte wurden die besten russischen Gelehrten jener Zeit beauftragt. 1898 entstand daraus die Aktiengesellschaft »Verlagsunternehmen vormals Brockhaus & Jefron«; ihr Firmenkapital betrug eine Million Rubel, die Aktienmehrheit befand sich in den Händen von Jefron. Dieses sächsisch-russische Gemeinschaftsvorhaben »Brockhaus und Jefron« wurde zum Markenzeichen für solide enzyklopädische Arbeit.

In eine andere Richtung zielte die Tätigkeit des »Beliaeff Musik-Verlages«. Der reiche Holzindustrielle Mitrofan Beljajew gründete in St. Petersburg eine nach ihm benannte Stiftung; im gleichen Jahr schuf er in Leipzig eine Firma, die unter der Leitung von Franz Schäffer als Verlagsbuchhandlung wirkte. Das erklärte Ziel Beljajews war es, die Verbreitung der russischen Musikkultur im Ausland zu fördern. Zugleich erwies der Fonds finanzielle Unterstützung für russische Komponisten und Interpreten, denn Russland war zum damaligen Zeitpunkt der Berner Urheberrechtsvereinbarung noch nicht beigetreten, deshalb konnten die russischen Musiker der Willkür ausländischer Verleger und Agenturen nicht wirksam entgegentreten, die ihrerseits faktisch freien Zugang zu deren Werken hatten. Der Eintrag der Firma Beljajew erfolgte am 1. Juli 1885 in das Handelsregister des Amtsgerichts Leipzig und unterband diese Willkür. Alle Notenausgaben der Firma wurden in der Leipziger Notendruckerei von C. G. Röder gestochen und hergestellt. An der Spitze des Stiftung stand ein Kuratorium, dem anfangs die Komponisten Nikolai Rimski-Korssakow, Alexander Glasunow und Anatoli Ljadow angehörten. Nach der Revolution von 1917 wurden alle Rechte nach Paris transferiert; der Verlagskatalog umfasste Anfang 1933 insgesamt 3400 Positionen; der Verlag selbst verblieb bis 1949 in Leipzig, wonach er nach Bonn übersiedelte und bis heute existiert.

Die beiden abschließenden Kapitel bieten dem spezialisierten Leser – um das Bild von der Russischen Welt in Leipzig abzurunden – wesentlich bekanntes Material. Das betrifft vornehmlich die illegale bolschewistische Emigration (Lenin) vor 1914, wobei hier im Verhältnis zu früheren Arbeiten hochgestochene parteipolitische Wertungen zurückgenommen wurden. Neuere Untersuchungen behandeln die Adelsopposition gegen Kaiser Paul I. Ende des 18. Jahrhunderts in Dresden und Leipzig, den Aufenthalt Michail Bakunins in Leipzig 1843 und 1848–1849 sowie die Verbindungen einzelner Russen zur deutschen Sozialdemokratie vor 1900. Das Kapitel *Die Gedächtniskirche des Russischen Ruhms in Leipzig* untersucht die Geschichte des russisch-orthodoxen Glaubens in Leipzig seit dem 18. Jahrhundert und bietet hier eine Zusammenfassung bisheriger Forschungsergebnisse. Das Kapitel zieht einen großen Bogen vom Bau der Russischen Gedächtniskirche über die Schließung der Kirche im Ersten Weltkrieg und ihre Situation in der Weimarer Republik, in der Hitler-Zeit und in den Jahren seit 1945.

Russki mir Leipziga [Leipzigs russische Welt] (Elizaveta Tumim, Erhard Hexelschneider, Red.). Hrsg. vom Deutsch-Russischen Hilfswerk zur Heiligen Alexandra e. V. Leipzig 2011. 305 Seiten mit 110 zum Teil farbigen Abbildungen.
Zu beziehen nur über die Geschäftsstelle des Vereins, Dresdner Straße 82, 04317 Leipzig. Telefon: 0341 2 56 64 82. 15 €. ISBN 978-3-00-035370-3.

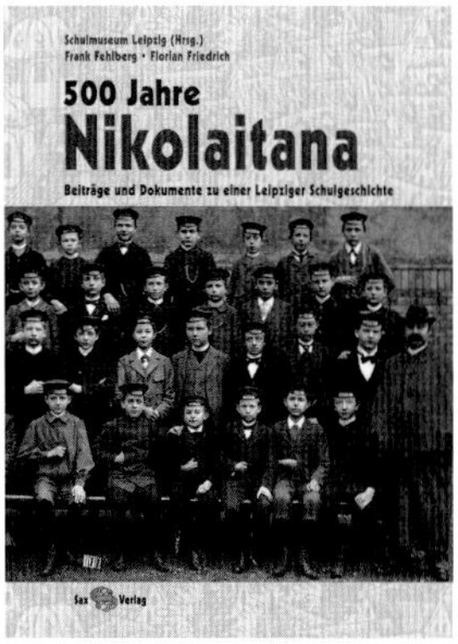

500 Jahre Nikolaitana
Beiträge und Dokumente
zu einer Leipziger Schulgeschichte
von Frank Fehlberg, Florian Friedrich
Schulmuseum –
Werkstatt für Schulgeschichte Leipzig (Hg.)

ISBN 978-3-86729-110-1
1. Auflage 2012, Format 21 x 27,5 cm
232 Seiten, 300 teils farbige Abbildungen, Gebunden
25,00 €

Als älteste städtische Bürgerschule ist die Nikolaischule Leipzig zugleich auch eine der bedeutendsten Schulen der Messestadt. Die Aufbereitung von 500 Jahren wechselvoller Geschichte dieser Schule oblag den beiden Historikern Frank Fehlberg und Florian Friedrich. »500 Jahre Nikolaitana« ist der Begleitband zur gleichnamigen Ausstellung, die im Jahr 2012 unter regem Publikumszuspruch in den Räumen der Alten Nikolaischule zu Leipzig stattfand, aber das Buch leistet noch mehr: es ist die umfassende Darstellung einer Schulgeschichte, in der steter Reformwille, ein engagierter Direktoren- und Lehrerstab und große Schülernamen zu einer unverwechselbaren Tradition führten.

In den ersten Kapiteln wird die Entwicklung der Schule von der Gründung im Jahr 1512 bis zur Zerstörung im Zweiten Weltkrieg nachgezeichnet. Danach widmen sich die Autoren dem Dämmerschlaf der »Nikolaitana« in der DDR und anschließend beschreibt der ehemalige Direktor Dr. Eginhart Lehmann die Neubelebung des traditionsreichen Namens am Gymnasium Neue Nikolaischule in der Schönbachstraße in Leipzig. Den Band beschließen Beiträge des heutigen Schulleiters Heiner Wulfert, der Leiterin des Schulmuseums Leipzig Elke Urban und schließlich des Pfarrers der Nikolaikirche Bernhard Stief.

Rahel Carolina Friederica Kees und ihr Vermächtnis

Maria Hübner

Die Leipzigerin Rahel Carolina Friederica Kees (1744–1803) war eine Urenkelin des berühmten sächsischen Postmeisters Johann Jacob Kees d. Ä. Sie gehört zu den bisher kaum beachteten Mitgliedern einer der einflussreichsten Bürgerfamilien Sachsens im 17. und 18. Jahrhundert. Weder in Veröffentlichungen zur Familiengeschichte[1] noch in anderen Zusammenhängen spielte sie eine Rolle. Lediglich im Stiftungsbuch der Stadt Leipzig ist sie mit einem testamentarisch verfügten Legat von 500 Talern zugunsten des Lehrers der Kirchenschule in Lößnig (bei Leipzig) aufgeführt[2] und im Genealogischen Handbuch mit einem Legat von ebenfalls 500 Talern für die zur Kirche gehörigen Schule in Zöbigker (bei Leipzig).[3] Außerdem ist in einem Beitrag zur Geschichte der Thomasschule vermerkt, eine »Demoiselle Kees« habe 1803 der Thomasschule 2000 Taler vermacht.[4] Ungewiss war bisher jedoch, um welches Mitglied der Familie Kees es sich dabei handelte. Ins Blickfeld rückte Rahel Carolina Friederica Kees erst kürzlich bei der Durchsicht von Akten im Stadtarchiv Leipzig. In Abschriften einzelner Passagen aus ihrem Testament und Vermerken zu weiteren Erbangelegenheiten tauchte u. a. der Name Regina Susanna Bach, der jüngsten Tochter des Leipziger Thomaskantors Johann Sebastian Bach, auf.[5] Damit begann die Spurensuche. Das komplette Testament von Rahel Carolina Friederica Kees ist im Anhang des Beitrages wiedergegeben.[6]

1 Kurt Krebs, Das kursächsische Postwesen zur Zeit der Oberpostmeister Johann Jakob Kees I und II, hrsg. von Hermann Kees, Leipzig, Berlin 1914.

2 Heinrich Geffcken, Chaim Tykocinski, Stiftungsbuch der Stadt Leipzig, Leipzig 1905, S. 336. Der Lehrer erhielt die jährlichen Zinsen.

3 Bernhard Koerner (Hrsg.), Deutsches Geschlechterbuch (Genealogisches Handbuch Bürgerlicher Familien), Band 43, Görlitz 1923, S. 460.

4 Albert Brause, Johann Gottfried Stallbaum. Ein Beitrag zur Geschichte der Thomasschule in der ersten Hälfte des 19. Jahrhunderts, Teil 1, Leipzig 1897, S. 12.

5 Stadtarchiv Leipzig (im Folgenden: StadtAL), Tit. VIII (F) 296 »Protocoll vom 1. August bis ult. Decembr: 1803« sowie Ristu 572 A, Teil 2. Für den Hinweis auf dieses Material danke ich Frau Carla Calov, Bestandsreferentin im Stadtarchiv Leipzig.

6 StadtAL, Stift XII Gen. 50 »Acta über gesammlete Testamente ... Ergangen bei der Schoßstube in Leipzig, im Jahr 1805«, beglaubigte Abschrift, Bl. 177r-188r.

Zur Familie Kees

Die Familie Kees erlangte ihre herausragende Bedeutung bekanntermaßen durch die Pachtung und Modernisierung der sächsischen Post. Der aus Lindau am Bodensee stammende Johann Jacob Kees d. Ä. (1645–1705) kam Anfang der 1660er-Jahre nach Leipzig, arbeitete zuerst im Handelsgeschäft seines Onkels Andreas Egger, unternahm zahlreiche Bildungsreisen, war dann als Kaufmann tätig und pachtete schließlich die sächsische Post, der er mit einer Unterbrechung bis zu seinem Tode vorstand. Neben zahlreichen weiteren Ämtern, beispielsweise als Leipziger Ratsherr, Baumeister oder Zeitungsverleger, beschäftigte er sich mit Geschichte, den Rechten, der Mathematik, malte und zeichnete »wie auch die Musicalische Instrumenten, ihme einige Erquickung« verschaften«.[7] Auf sein musikalisches und geschichtliches Interesse weist übrigens auch die Widmung des Buches »Historische Beschreibung der Edlen Sing- und Kling-Kunst« an »Hn. Johann Jacob Käsen, Vornehmen des Rathes und berühmten Handels-Herrn in Leipzig«.[8]

Sein Sohn Johann Jacob Kees d.J. (1677–1726) trat in vielerlei Hinsicht in die »Fußstapffen seines seel. Vaters«,[9] er übernahm auch das Amt des Oberpostmeisters. 1712 wurde die Post schließlich verstaatlicht, und Kees d.J. erhielt eine ansehnliche Abfindung sowie den Titel »Sr. Königl. Majest. in Pohlen und Churfürstl. Durchl. zu Sachsen hochbestallter Hof- und Justitien-Rath«.[10] Bereits Kees d.Ä. hatte den Besitz von Landgütern im Süden von Leipzig angestrebt, und so vererbte er seinem Sohn Johann Jacob d.J. die Güter in Lößnig, Connewitz sowie Dösen.[11] Kees d.J. erwarb zudem nach seiner Zeit als Oberpostmeister aus den Entschädigungsgeldern für die Post 1714 das Rittergut Zöbigker mit Prödel. In Leipzig hatte er das Haus seiner Stiefmutter Johanna Maria Kees, geb. Rappold in der Katharinenstraße gekauft und 1707 erneuern lassen.[12] Im selben Jahr heirateten Johann Jacob Kees d.J. und Johanna Christiana Rappold (1688–1749),[13] das Haus blieb somit in der Familie.

---

7 Paul Jacob Marperger, Erstes Hundert Gelehrter Kauffleut, Dresden, Leipzig [1717], S. 74.

8 Wolfgang Caspar Printz, Historische Beschreibung der Edlen Sing- und Kling-Kunst, Dresden 1690 (VD17 23:640685F). Weitere Widmungsträger: Friedrich Benedict Carpzov aus Leipzig und Wolfgang Mauritius Endter aus Nürnberg.

9 Marperger, Kauffleut (Anm. 7), S. 77.

10 Christoph Ernst Sicul, Annales Lipsienses maxime academici, Band 4, Leipzig 1727, S. 222.

11 Staatsarchiv Leipzig, 20009, Amt Leipzig, Nr. 715, Bl. 1r. Siehe auch Axel Flügel, Bürgerliche Rittergüter (Beiträge zur europäischen Gesellschaftsgeschichte 16), Göttingen 2000, S. 153 u.a.

12 Nach der Häuserzählung von 1793 mit der Nummer 367 bezeichnet, seit 1885 die Straßennummer 23. Nach dem Abriss des Hauses samt der beiden Nachbarhäuser entstand 1912 ein größerer Neubau mit der Straßennummer 17, heute als Kretschmanns Hof bekannt. Siehe StadtAL, A. Anders Häuserchronik, Tit. XXIV CC (K) Nr. 30, Band 9, Bl. 194r. Nikolaus Pevsner, Leipziger Barock, Dresden, 1928 (Nachdruck: Leipzig 1990), S. 68, 167.

13 Sie war eine Nichte von Johanna Maria Rappold, vgl. Koerner, Deutsches Geschlechterbuch (Anm. 3), S. 182.

Später übernahm die Besitzungen deren Sohn Jacob Friedrich Kees d. Ä. (1713–1780), Königlich Polnisch und Kurfürstlich Sächsischer Kammmerrat zu Zeitz/ Naumburg. Aus seiner 1741 geschlossenen Ehe mit Johanna Christiana Graeve (1720–1782, Enkelin des Leipziger Bürgermeisters Gottfried Graeve) stammten folgende Kinder:

Christiana Friederica Wilhelmina (* 2. Februar 1742, † 26. August 1749)[14]
Rahel Jacobina Friederica (* 13. Dezember 1742, † 10. August 1805)[15]
Rahel Carolina Friederica (* 24. Oktober 1744, † 3. September 1803)[16]
Jacob Friedrich d.J. (* 23. August 1750, † 5. Dezember 1821)[17]

Rahel Carolina Friederica Kees wurde am 26. Oktober 1744 in der Leipziger Nikolaikirche von Christian Gottlob Eichler getauft, demselben Diakon, der zwei Jahre zuvor der jüngsten Bach-Tochter Regina Susanna in der Thomaskirche die Taufe gespendet hatte.[18] Die Patenämter übernahmen mehrere Verwandte: Carolina Friederica Trier – die Halbschwester der Kindsmutter – war die Tochter des Thomasschulvorstehers und späteren Leipziger Bürgermeisters Carl Friedrich Trier, der übrigens als Ratsherr 1723 bei der Wahl des neuen Thomaskantors sein Votum für Bach gegeben hatte.[19] Auch Carolina Friedrica Trier war mit der Thomasschule verbunden, denn sie stiftete später eine Freistelle und ein Universitätsstipendium für einen Thomaner.[20] Zudem übernahmen ihr Onkel, der »Herr Berg Rath Philipp Friedrich Trier in Dreßden«,[21] und Johanna Sophia Winckler, die Ehefrau des Leipziger Ratsmitgliedes, Baumeisters und Bankiers Hartmann Winckler, Patenämter.

Die Schwester Rahel Jacobina Friederica Kees war mit dem Mediziner Johann Carl Gehler (einem geschätzten Geburtshelfer), Botaniker und Mineralogen in dessen zweiter Ehe verheiratet.[22] Der Bruder Jacob Friedrich Kees d.J. wirkte in Leipzig

14 Koerner, Deutsches Geschlechterbuch (Anm. 3), S. 183. Getauft wurde sie am 3. Februar 1742 in Leipzig, Kirchenarchiv Leipzig (im Folgenden: KAL), Taufbuch St. Nicolai 1741–1747, S. 120.

15 Koerner, Deutsches Geschlechterbuch (Anm. 3), S. 183. Sie wurde in Zöbigker geboren und dort am 16. Dezember getauft, Martin-Luther-Kirchgemeinde Markkleeberg, Kirchenbuch (Taufen, Trauungen) 1705–1752, S. 392. Die Reihenfolge der Vornamen hier »Rahel Friderica Jacobina«.

16 Koerner, Deutsches Geschlechterbuch (Anm. 3), S. 183.

17 Ebd. Getauft am 24. August 1750, KAL, Taufbuch St. Nicolai 1748–1754, S. 267.

18 KAL, Taufbuch St. Nicolai 1741–1747, S. 460. Werner Neumann, Hans-Joachim Schulze (Hrsg.), Bach-Dokumente, Band 2: Fremdschriftliche und gedruckte Dokumente zur Lebensgeschichte Johann Sebastian Bachs,1685–1750, Leipzig 1969, Nr. 505.

19 Neumann, Schulze, Bach-Dokumente (Anm. 18), Nr. 129, 130. Johanna Christiana Graeves Mutter, Rahel Christiane geb. Winckler, ging 1725 eine zweite Ehe mit Carl Friedrich Trier ein, Koerner, Deutsches Geschlechterbuch (Anm. 3), S. 183.

20 Geffcken, Tykocinski, Stiftungsbuch der Stadt Leipzig (Anm. 2), S. 287.

21 Er kam allerdings nicht zur Taufe nach Leipzig, sondern ließ sich von seinem Bruder Carl Friedrich Trier vertreten. Auch bei Geschwistern von Rahel Carolina Friederica Kees übernahmen mehrere Mitglieder der Familie Trier Patenämter.

22 Koerner, Deutsches Geschlechterbuch (Anm. 3), S. 183. Seine erste Ehefrau war Christina Sophie Mencke. Siehe Karl-Heinz Mehnert, »... in der so schönen Gehler'schen Sammlung aufbewahrt.« Zu Provenienzfragen der Sammlung Johann August Otto Gehler, in: Museum der bildenden Künste Leip-

als Professor und Senior der juristischen Fakultät. Er verfasste zahlreiche Veröffentlichungen auf dem Gebiet der Rechtswissenschaften, darunter ein »Handbuch des protestantischen Kirchenrechts«.[23]

Die ersten vierzig Lebensjahre von Rahel Carolina Friederica Kees hinterlassen kaum Spuren. Sie heiratete nicht und lebte wohl im Elternhaus, einem Treffpunkt der gelehrten bürgerlichen und aristokratischen Welt. Ihr Vater hatte bereits als 17-jähriger Student gern Gäste in seinem Leipziger Haus und auf seinem Zöbigker Gut empfangen, beispielsweise Johann Christoph Gottsched oder die jungen Grafen Johann Friedrich und Ludwig Siegfried Vitzthum von Eckstädt. Die umfangreichen Bibliotheken im Leipziger und Zöbigker Wohnsitz konnte sicher auch Rahel Carolina Friederica nutzen. Außerdem schätzte sie wohl die oft gerühmten Annehmlichkeiten des Landsitzes mit »Bluhmen- Obst- und Thiergärten«.[24] In den Akten taucht ihr Name erst wieder 1784 auf. Die Eltern waren inzwischen verstorben, und sie hatte das zuvor auf ihre Mutter, die Witwe Johanna Christiane Kees geb. Graeve, übergegangene Leipziger Haus in der Katharinenstraße geerbt.[25] Die Landgüter, darunter das Gut Zöbigker, gingen an ihren Bruder Jacob Friedrich Kees d. J. Im Jahr 1786 erwarb er zudem ein Haus in Leipzig, ebenfalls in der Katharinenstraße.[26] Ob Jacob Friedrich Kees d. J. ursprünglich damit gerechnet hatte, auch das elterliche Haus in Leipzig erben zu können und erst, nachdem es an seine Schwester gegangen war, Interesse am Kauf eines Hauses in dieser Straße bestand – darüber lassen sich nur Vermutungen anstellen. Immerhin soll die »patriarchalische Erbpraxis« ein kennzeichnender Zug der Familie Kees gewesen sein.[27]

1791 erwarb die inzwischen 46-jährige Rahel Carolina Friederica Kees in Leipzig einen Garten im Clostergässchen der südlichen Vorstadt, vor dem Peterstor (heute etwa im Bereich Nonnenmühlgasse).[28] Die Vorbesitzerin war Johanna Sophia Herrmann, die Ehefrau von Georg Friedrich Herrmann. Nach deren Tod heiratete der Witwer

zig, Jahresheft 2002, S. 8–18, hier S. 8. Der Leipziger Jurist und Kunstsammler Johann August Otto Gehler war sein Sohn aus erster Ehe.

23 Jacob Friedrich Kees, Handbuch des protestantischen Kirchenrechts, Leipzig 1791.

24 Andrew Talle, »Ein Ort zu studiren, der seines gleichen nicht hat« – Leipzig um 1730 in den Tagebüchern des Königsberger Professors Christian Gabriel Fischer, in: Stadtgeschichte. Mitteilungen des Leipziger Geschichtsvereins e.V. 2008, S. 55–138, hier S. 98–100.

25 StadtAL, A. Anders Häuserchronik, Tit. XXIV CC (K) Nr. 30, Band 9, Bl. 194r.

26 StadtAL, A. Anders Häuserchronik, Tit. XXIV CC (K) Nr. 30, Band 9, Bl. 198v. Nach der Zählung 1793 mit der Nr. 391, ab 1885 Katharinenstraße 6. Nach dem Tod von J. F. Kees d. J. ging das Haus an seine Witwe Christiana Friederika Kees (2. Ehefrau). Das Gebäude ist Mitte der 1830er-Jahre verkauft worden, es ist nicht erhalten.

27 Flügel, Bürgerliche Rittergüter (Anm. 11), S. 154.

28 StadtAL, A. Anders Häuserchronik, Tit. XXIV CC (K) Nr. 30, Band 11, Bl. 240r. Nach der Zählung von 1795: Grundstück Nr. 777. Nach dem Tod von Rahel Carolina Friederica Kees kaufte der Kaufmann Friedrich August Ockel den Garten. In einigen Testaments-Vermerken, StadtAL, Tit. VIII (F) 296, z. B. Bl. 183v, 193v, wird neben dem Clostergässchen auch das ganz in der Nähe liegende Klitscher-

1791 in zweiter Ehe Susanna Elisabeth Richter,[29] die Besitzerin des Bosehauses am Thomaskirchhof (heute Bach-Archiv) und mehrerer Gärten. Das Gartengrundstück vor dem Peterstor war damit wohl entbehrlich geworden. In dem Garten standen ein nicht näher beschriebenes Haus sowie ein Gartenhaus, das die Gärtnersfamilie bewohnte.[30] Zu ihr unterhielt Rahel Carolina Friederica Kees offenbar gute, auch persönliche Kontakte. Denn in ihrem Testament wurden nicht nur der Gärtner, sondern ausdrücklich auch dessen Frau und deren Töchter bedacht. Über Rahel Carolina Friedericas folgende Lebensjahre ist wiederum fast nichts bekannt. Einen Einblick in ihre Persönlichkeit ermöglicht jedoch ihr Testament, das sie am 31. August 1803 verfasste und »welches Jungfer Rahel Carolina Friederica Kees in ihrer in dem ihr zugehörigen auf der Catharinenstraße sub No: 367. gelegenen Hauße im Hintergebäude zwey Treppen hoch befindlichen mit 3. auf den Hof gehenden Fenstern versehenen Stube dem Creisamts-Actuar ... am 2. September 1803 versiegelt übergeben«.[31]

Das Testament

Das bürgerliche Engagement war im 17. bis ins 19. Jahrhundert in Leipzig weit verbreitet, viele gemeinnützige Einrichtungen profitierten oder entstanden überhaupt erst durch die Unterstützung zumeist wohlhabender Bürgerinnen und Bürger. Auch das Testament der »Jungfer Keesin« bescheinigt soziale Ambitionen und ist darüber hinaus ein aussagekräftiges Zeitzeugnis. Die Abschrift ihres Vermächtnisses erfolgte am 17. September 1803, vierzehn Tage nach ihrem Tod.[32]

Zehn unverheiratete Frauen

Rahel Carolina Friederica Kees bestimmte 1000 Taler »10. guten tugendhaften, auch alten unverheyratheten Frauenspersonen«. Jede von ihnen erhielt 100 Taler: »2. Jungfern: Lorenzin, 2. [Jungfern] Hänel, 2. [Jungfern] Rietzsch, 1. [Jungfer] Bach, 1. [Jungfer] Harrerin, 1. [Jungfer] Becker, 1. Jungfr: Vetter«.[33] Sie »quittirten ... jegliche absonderlich« am 3. November 1803.[34] Nur eine der Frauen, die »Jungfer Beckerin«, konnte ihre Erbschaft nicht mehr entgegennehmen, da sie bereits gestorben war.

oder Glitschergässchen (heute Dimitroffstraße) genannt. Ob es sich dabei möglicherweise um dasselbe oder ein anderes Grundstück handelt, ist fraglich.

29 Maria Hübner, Bürgerstolz und Musenort, 300 Jahre Bosehaus, Ausstellungskatalog Bach-Museum, Altenburg 2011, S. 34 f.

30 StadtAL, Tit. VIII (F) 296, Bl. 193v.

31 StadtAL, Stift XII Gen. 50, Bl. 177r-188r, Zit. Bl. 188r-v.

32 Die Abschrift wurde für die Thomasschule angefertigt. StadtAL, Stift XII Gen. 50, Bl. 189v.

33 StadtAL, Stift XII Gen. 50, Bl. 183r-v.

34 StadtAL, Tit. VIII (F) 296, Bl. 157r. Die einzelnen Quittungen sind nicht erhalten.

Für »Jgfr. Regina Susanna Bachin, Herrn Johann Sebastian Bachs, vormaligen Cantors an der hiesigen Thomasschule, hinterlassene Tochter«[35] war dies die dritte, nicht unbedeutende finanzielle Unterstützung innerhalb von vier Jahren. Denn aufgrund eines Spendenaufrufs zugunsten der letzten noch lebenden Bach-Tochter, den der Leipziger Herausgeber der Allgemeinen Musikalischen Zeitung, Johann Friedrich Rochlitz, initiiert hatte, waren ihr im Dezember 1800 knapp 100 Taler übergeben worden. Eine weitere, von dem Klavierbauer Johann Andreas Streicher organisierte Spendensammlung in Wien hatte im Mai 1801 sogar rund 200 Taler erbracht.[36] Für die 61-jährige Regina Susanna hatte sich damit offenbar eine für ihre Verhältnisse so komfortable Situation ergeben, dass sie in eine der schönsten Leipziger Vorstadtstraßen, die Quergasse (heute Querstraße) umziehen konnte. Mit der Erbschaft im Jahr 1803 kann erstmals eine Verbindung der Familien Kees und Bach dokumentiert werden. Zwar existiert schon seit einem Jahrhundert die Vermutung, dass J. S. Bach 1723 seine Motette »Jesu, meine Freude« BWV 227 für den Trauergottesdienst der verstorbenen Johanna Maria Kees geb. Rappold (der Witwe von Johann Jacob Kees d. Ä.) komponiert habe.[37] Doch bisher konnten dafür keine eindeutigen Belege gefunden werden, weshalb diese These in der neueren Forschung eher skeptisch betrachtet wird.[38]

Rahel Carolina Friederica Kees bedachte in ihrem Testament auch die 52-jährige »Jgfr. Christiana Sophie Harrerin, H. Gottlob Harrers, gewesenen Cantoris an der Thomasschule alhier hinterlassene Tochter«.[39] Die Tochter von Bachs Nachfolger im Kantorenamt wird in der Literatur – wohl aufgrund einer Verwechslung im Taufbuch – auch Christiana Elisabeth Harrer genannt.[40] Dabei handelt es sich aber um den Namen der Mutter. Bisher wurde der Eintrag im Sterberegister als fehlerhaft angesehen: »Eine ledige Weibspers. 62. j. Christiane Sophie Harrerin, Einwohnerin im Brühl, st. 16. Jan. 1814«.[41] Da in den Akten zum Testament der Keesin jedoch auch der Name Christiana Sophie Harrer steht, ist davon auszugehen, dass dieser der richtige ist.

35 StadtAL, Tit. VIII (F) 296, Bl. 156v.

36 Hans-Joachim Schulze (Hrsg.), Bach-Dokumente, Band 3: Dokumente zum Nachwirken Johann Sebastian Bachs, 1750–1800, Leipzig 1972, Nr. 1034, 1040, 1044. Zudem erhielt Regina Susanna eine zwar kleine, jedoch regelmäßige finanzielle Unterstützung durch die Universität Leipzig und die Stiftung Frege. Siehe Maria Hübner (Hrsg.), Anna Magdalena Bach, Ein Leben in Dokumenten und Bildern, Leipzig 2004, S. 125, 128–132.

37 B. F. Richter, Über die Motetten Seb. Bachs, in BJ 1912, S. 9.

38 Martin Petzoldt, Überlegungen zur theologischen und geistigen Integration Bachs in Leipzig 1723, in: Beiträge zur Bachforschung 1 (1982), S. 46–53, hier S. 49. Werner Breig, Grundzüge einer Geschichte von Bachs vierstimmigem Choralsatz, in: Archiv für Musikwissenschaft 45 (1988) 3, S. 183–185.

39 StadtAL, Tit. VIII (F) 296, Bl. 156v.

40 Siehe Ulrike Kollmar, Gottlob Harrer (1703–1755), Kapellmeister des Grafen Heinrich von Brühl am sächsisch-polnischen Hof und Thomaskantor in Leipzig (Schriften zur mitteldeutschen Musikgeschichte 12), Beeskow 2006, S. 50, 56 (betr. Taufeintrag vom 7. April 1751).

41 StadtAL, zit. nach Kollmar, Gottlob Harrer (Anm. 40), S. 56.

Von den anderen »Jungfern« wissen wir noch weniger, die Eintragungen erlauben immerhin eine soziale Zuordnung. Die »Jgfr. Rahel Rosina und Jgfr. Maria Florentina Lorenzin, Johann Georg Lorenzens gewesenen Oberleichenschreibers hieselbst hinterlassene Töchter«[42] waren die Töchter jenes Oberleichenschreibers Johann Georg Lorenz (Lorentz), der 1737 im Zusammenhang mit dem sog. »Präfektenstreit« zwischen Johann Sebastian Bach, dem Schulrektor Johann August Ernesti und dem Rat der Stadt dem Thomaskantor persönlich die Ratsordnung überbracht hatte.[43] Als die beiden Schwestern das Legat erhielten, hatten sie mindestens ein Alter von Mitte 60 Jahren erreicht, denn ihr Vater war bereits 1740 gestorben. Zu den Empfängerinnen gehörten auch »Jgfr. Christiana Elisabeth und Christiana Dorothea Rietschin, H. Caspar Benjamin Rietschens gewesenen Bürgers und Wundarztes alhier hinterbliebene Töchter«, »Jgfr. Augusta Friedericka Vetterin, Herrn Wilhelm Ferdinand Vetters gewesenen Copisten bey der löbl. Juristenfacultät alhier hinterbliebene Tochter« und »Jgfr. Christiane Henriette und [Jgfr.] Adwinen Ernestine Hänelin, Gottfried Hänels, vormaligen Einwohners alhier hinterbliebene Töchter«.[44] Die Hänel-Töchter stammten wohl aus dem Haushalt eines »Victualienhändlers«, denn sie wählten – ebenso wie die Töchter des Arztes und des Kopisten – ihre eigenen Kuratoren (für amtliche Vorgänge nötige Rechtsbeistände) aus dem sozialen Umfeld ihres Vaters. Die beiden Kantoren-Töchter und die Lorenz-Schwestern hatten keinen eigenen Kurator, sondern akzeptierten den für diese Angelegenheit zuständigen Juristen Christian Friedrich Wirth.[45]

Ob Rahel Carolina Friederica Kees diese in ihrem Testament bedachten Frauen persönlich kannte und zu einigen vielleicht persönliche Kontakte unterhielt, ist ungewiss. Denkbar wäre, dass durch ihren an der Juristenfakultät lehrenden Bruder Jacob Friedrich Kees d. J. eine Verbindung zu der Tochter des dort tätigen Kopisten Vetter zustande gekommen war. Mit Mitgliedern der Familie Bach könnte sie beispielsweise über ihre Tante und Taufpatin Carolina Friederica Trier oder über ihren Stiefneffen Johann August Otto Gehler in Berührung gekommen sein. Denn der Jurist Gehler besaß eine bedeutende Sammlung von Zeichnungen, darunter mehrere von Johann Sebastian Bach dem Jüngeren, einem Enkel des Leipziger Thomaskantors.[46] Außerdem ist davon auszugehen, dass Rahel Carolina Friederica Kees in ihrer Kindheit und Jugend häufig Werke der Thomaskantoren in der Nikolaikirche hörte, darunter vielleicht auch Kompositionen von Bach, die ja teilweise noch nach 1750 aufgeführt wurden.[47]

42 StadtAL, Tit. VIII (F) 296, Bl. 156v.

43 Neumann, Schulze (Hrsg.), Bach-Dokumente 2, (Anm. 18), Nr. 398.

44 StadtAL, Tit. VIII (F) 296, Bl. 156v-157r.

45 StadtAL, Tit. VIII (F) 296, Bl. 156v.

46 Anke Fröhlich, Maria Hübner, Zwischen Empfindsamkeit und Klassizismus. Der Zeichner und Landschaftsmaler Johann Sebastian Bach d. J., Leipzig 2007, S. 18, 192, 194 f., 198.

47 Michael Maul, Peter Wollny, Quellenkundliches zu Bach-Aufführungen in Köthen, Ronneburg und Leipzig zwischen 1720 und 1760, in: Bach-Jahrbuch 89 (2003), S. 97–142, hier S. 110–119.

Verwandte, Bedienstete u. a.

Als Universalerben bestimmte Rahel Friederica Carolina Kees ihre Geschwister, »meine liebe Schwester, die verw. Frau Doctor Rahel Jacobinen Friedericken Gehler, geb. Kees, und meinen lieben Bruder, Herrn D. Jacob Friedrich Kees, des Ober-Hofgerichts und der Juristen-Facultaet allhier u. Beysitzer«.[48] Ihrer Schwester vermachte sie zudem ein »Praecipuum« oder »Prälegat« von 2000 Talern, über das sie unabhängig von der gesamten Erbmasse gleich verfügen konnte.[49] Offenbar hatte Rahel Friederica Carolina zu ihrer Schwester ein enges Verhältnis. Im Testament nannte sie diese stets zuerst, im Gegensatz dazu wurde in den städtischen Aktenvermerken immer an erster Stelle ihr Bruder, der Jurist und Oberhofgerichtsassessor, aufgeführt.[50]

Weiterhin bedacht wurden sieben Kinder ihres Bruders Jacob Friedrich mit zusammen 8000 Talern. Der älteste, der zugleich ihr Patenkind war, erhielt 2000 Taler, die anderen jeweils 1000 Taler.[51] Der Sohn ihrer Schwester, Johann Carl Gehler – ebenfalls Rahel Carolina Friedericas Patenkind – erhielt 4000 Taler.[52] Da dessen schon erwähnter gleichnamiger Vater bereits 1796 gestorben und sein Sohn beim Antritt des Erbes noch minderjährig war, wurde dieser von seinem Stiefbruder Johann August Otto Gehler juristisch vertreten. Ein weiteres Patenkind »Demoiselle Rahel Charlotten Friedericken Hecht« erhielt 2000 Taler »zu einem Andenken von mir und aus Dankbarkeit gegen ihren Vater«.[53] Ihr Vater ist möglicherweise identisch mit Christian Friedrich Hecht, der als Auktionsproklamator der Stadt besonders im Bereich der Leipziger Ratsbibliothek agierte.[54] An Magister »Carl Ernst Gottlieb Rüdel, substituirter Prediger an der Kirche zu St. Johannis alhier« gingen 1000 Taler.[55] Die beiden Ärzte Johann Gottlieb Daehne und Carl August Kühl, die die Keesin in ihrer letzten Lebenszeit betreuten, bekamen »für ihre Mühe und Sorgfalt, die sie für mich getragen« jeweils 800 Taler,[56] der ihr zur Seite stehende Kurator Johann Friedrich Gottlieb Günther für seine »Mühwaltung ... und als ein Andenken an mich« 1000 Taler.[57] Auch an das Hauspersonal gingen beachtliche Zuwendungen: Für den Diener Christian Friedrich Thomas waren 800 Taler vorgesehen[58]. Die »junge Magd

48 StadtAL, Stift XII Gen. 50, Bl. 180r.

49 StadtAL, Stift XII Gen. 50, Bl. 180v. StadtAL, Tit. VIII (F) 296, Bl. 187r.

50 Jacob Friedrich Kees d.J. soll angeblich ein Geizhals gewesen sein, über den 1787/88 sogar eine Schmähschrift herausgegeben wurde. Siehe Gustav Wustmann, Leipziger Pasquillanten des 18. Jahrhunderts, in: Aus Leipzigs Vergangenheit, Neue Folge, Leipzig, 1898, S. 236–338, hier S. 264 ff.

51 StadtAL, Stift XII Gen. 50, Bl. 181r-v.

52 StadtAL, Stift XII Gen. 50, Bl. 181r.

53 StadtAL, Stift XII Gen. 50, Bl. 181v-182r. Siehe auch StadtAL, Tit. VIII (F) 296, Bl. 155r-v.

54 Friedrich Gottlob Leonhardi, Leipzig um 1800, hrsg. von Klaus Sohl, Leipzig 2010, S. 322.

55 StadtAL, Tit. VIII (F) 296, Bl. 155v. Siehe auch StadtAL, Stift XII Gen. 50, Bl. 182v.

56 StadtAL, Stift XII Gen. 50, Bl. 183r.

57 StadtAL, Stift XII Gen. 50, Bl.183v-184r.

58 StadtAL, Stift XII Gen. 50, Bl. 185r. Siehe auch StadtAL, Tit. VIII (F) 296, Bl. 157v.

Johannen Dorotheen Lampin« erhielt 600 Taler, darüber hinaus zwei Betten, Wäsche, Kleider, Pelze, Schuhe u. a.[59] Die Köchin Maria Elisabeth Wittich bekam 200 Taler, ein Bett, einige Wäsche und ein Kleid.[60] Ihrem Gärtner Johann Gottfried Flister kamen 300 Taler zu, dessen Ehefrau Marie 100 Taler und deren beiden Töchtern Johanna Sophie und Marie Friedericke jeweils ein Kleid, Betten aus dem Gartenhause und Wäsche. Die jüngere Tochter Marie Friedericke bekam außerdem 100 Taler. Den Empfang des Erbes quittierte Johann Gottfried Flister am 25. Oktober 1803.[61]

Öffentliche Einrichtungen

Der Leipziger Thomasschule vermachte Rahel Carolina Friederica Kees »zu einiger Unterstützung Zwey Tausend Thaler«.[62] Das bereits anfänglich genannte Legat war nicht zweckgebunden und konnte für den Thomanerchor oder für andere Zwecke verwendet werden. Am 14. November 1803 nahm der Vorsteher der Thomasschule und Stadtsyndicus [Jurist] Christian Friedrich Pohl das Geld in Empfang.[63] Zudem bedachte Kees weitere öffentliche Einrichtungen in Leipzig mit beachtlichen Zuwendungen:

Dem »hiesigen Zucht und Waysenhauße, um manches unschuldiges Kind dadurch mehr zu erquicken, Eintausend Thaler« [Georgenhaus am Brühl], »dem hiesigen Lazarethe, um etwa manchen Armen Krancken mehr zu erquicken Zwey Tausend Thaler« [am Rosenthal], »dem hiesigen Raths und Stadt Armen Directorio, um einige Arme mehr zu erfreuen, Zwey Tausend Thaler«, »dem hiesigen Universitaets Allmosen, Ein Tausend Thaler«, »der hiesigen Freyschule Ein Tausend Thaler« und »dem hiesigen neu errichteten Arbeitshauße Ein Tausend Thaler« [zum Georgenhaus gehörig].[64]

Für die Kirchen bzw. Schulen der Landgüter ihrer Familie waren vorgesehen: »der Lößniger Kirche die Summe von Fünfhundert Thaler – wovon die jährlichen Zinsen dem dasigen Schulmeister zur Verbeßerung seines Gehaltes gereicht werden sollen ... der Zöbicker Kirche ebenfalls Fünfhundert Thaler, – davon die jährlichen Zinßen ebenfalls zur Verbesserung des Schuldienstes daselbst angewendet werden sollen«.[65] Am 22. November 1803 »Erschienen Jacob Kersten, Nachbar und Einwohner in Prödel und Mstr. Gottlob Dennhardt, Hufschmidt in Zöbicker, beyderseits als Vorsteher der Kirche zu Zöbicker« und quittierten in Leipzig den Empfang des Geldes.[66] Am

59 StadtAL, Stift XII Gen. 50, Bl. 185r-v. Im Protokoll (StadtAL, Tit. VIII (F) 296, Bl. 157v) über die Empfangnahme des Erbes am 3. November 1803 wird die Magd Marie Dorothee Lampin genannt.

60 StadtAL, Stift XII Gen. 50, Bl. 186v. Siehe auch StadtAL, Tit. VIII (F) 296, Bl. 157v-158r.

61 StadtAL, Stift XII Gen. 50, Bl. 184v, 185. Siehe auch StadtAL, Tit. VIII (F) 296, Bl. 140r-v.

62 StadtAL, Stift XII Gen. 50, Bl. 182r.

63 StadtAL, Tit. VIII (F) 296, Bl. 172v-173r.

64 StadtAL, Stift XII Gen. 50, Bl. 182r-v. Siehe auch wie StadtAL, Tit. VIII (F) 296, Bl. 172v-173r, 192v.

65 StadtAL, Stift XII Gen. 50, Bl. 184r-v. Zu Lößnig und Zöbigker vgl. die Literatur in den Anmerkungen 2 und 3.

66 StadtAL, Tit. VIII (F) 296, Bl. 183r-v.

folgenden Tag wurde es an »Johann Carl Bauer, Nachbar und Einwohner zu Lößnig, als Kirchenmaler der dasigen Kirche ... [und] Vorsteher der Kirche zu Lößnig dermalen baar ausgezahlet«.[67]

Zur Beerdigung

Rahel Carolina Friederica Kees äußerte zudem Wünsche für ihre Beerdigung, die – gemessen an ihrem gesellschaftlichen Umfeld – eher bescheiden anmuten. Sie bat darum, ihren »entseelten Leib, in aller Stille, ohne Aufsehen, in ein Tuch eingeschlagen zur Erde bestatten zu laßen«.[68] Ihrem Anliegen, möglichst in der Familiengruft der Zöbigker Kirche – in der u. a. schon ihre Eltern bestattet worden waren – beerdigt zu werden, verlieh sie mit weiteren finanziellen Zuwendungen an die Kirche und die an der Trauerzeremonie beteiligten Personen Nachdruck. Denn als Leipziger Bürgerin wäre sie normalerweise auf dem Johannisfriedhof bestattet worden. Die Beerdigung in der Zöbigker Gruft dagegen hing vom Wohlwollen ihres Bruders ab. Drei Tage nach der Errichtung des Testaments starb Rahel Carolina Friederica Kees in ihrem Hause in der Katharinenstraße. Am Mittwoch, 7. September 1803, wurde ihr Leichnam ihrem Wunsch gemäß nach Zöbigker überführt.[69] Aus dem dortigen Kirchenbuch geht auch hervor, dass sie am »3. Sept. früh 2 Uhr« in Leipzig gestorben war und die Beerdigung am Tag der Überführung stattfand. Unter der Rubrik »Art u. Ort des Begräbnißes« ist vermerkt: »Trauerrede in allhiesiges Herrschaftliches Erbbegräbniß«, als Todesursache ist »Brustwaßersucht« vermerkt.[70] In der Zöbigker Kirche, die heute als Ruine erhalten ist, wurden noch bis Anfang des 20. Jahrhunderts Mitglieder der Familie Kees bestattet.

Anhang
Das Testament von Rahel Carolina Friederica Kees

31. August 1803

Stadtarchiv Leipzig, Stift XII Gen. 50 »Acta über gesammlete Testamente ... Ergangen bei der Schoßstube in Leipzig, im Jahr 1805«, Bl. 177r-188r

Im Namen der Heil. und Hochgelobten Dreyeinigkeit! Demnach ich, Rahel Caroline Friedericke Kees, aus dem göttlichen Worte, und der täglichen Erfahrung wohl weiß, daß alle Menschen dem Tode unterworfen sind, die Stunde desselben aber ungewiß ist; als will ich jezt, und da ich meines Verstandes und Willens noch vollkommen mächtig bin, mein Haus be-

67 StadtAL, Tit. VIII (F) 296, Bl. 186r.
68 StadtAL, Stift XII Gen. 50, Bl. 178r.
69 StadtAL, Leichenbuch Tom 35 (1803), Bl. 274v.
70 Martin-Luther-Kirchgemeinde Markkleeberg, Kirchenbuch Zöbigker 1750–1843, S. 460, 461.

stellen und durch gegenwärtigen aus freyen Willen, und ohne Jemandes Zureden verfertigtes Testament wohlbedächtig verordnen, wie es nach meinem Tode allenthalben gehalten werden soll. Zuförderst und

1.

danke ich fußfällig und demüthig den grundgütigen Gott für das unzählige Gute, so er mir an Seel und Leib von Kindesbeinen an bis diese Stunde in dieser Zeitlichkeit erwiesen hat, und ergebe meine durch Christi Blut theuer erkaufte Seele in die Hände ihres Erlösers in der gewißen Zuversicht, daß der grundgütige Gott, nach seiner unendlichen Barmherzigkeit, meiner Sünden nicht gedencken, und um des theuern Verdienstes Jesu Christi Willen meine Seele zu sich in sein ewiges Freudenreich auf- und annehmen werde. Dahingegen bitte ich mein liebe Geschwister und nach eingesezte Universal-Erben; meinen entseelten Leib, in aller Stille, ohne Aufsehen, in ein Tuch eingeschlagen zur Erde bestatten zu laßen. Am liebsten wünsche ich in der Gruft der Zöbicker Kirche bey meinen Eltern und nächsten Verwandten begraben zu werden, wenn noch Raum für mich allda vorhanden wäre; Sollte aber dieß nicht erlaubt, oder möglich seyn; So will ich, daß man mich allhier in unsern gemeinschaftlichen Schwibbogen, ohne alles Aufsehen in der Stille, christlichen Gebrauch nach, beysetze. Im Fall mein lieber Bruder und nacheingesezte Universal Erbe mir eine Stelle in seiner Gruft verstatten könnte und wollte; So vermache ich nicht allein der Zöbicker Kirche als ein Legat Fünfhundert Thaler, sondern ich setze auch überhaupt zu meinem Begräbniße Eintausend Thaler aus damit ein Jeder, der mit meinem verblichenen Leichnam und deßen Besorgung sich beschäftiget, dafür reichlich kann belohnet werden. Wie ich denn auch verordne, daß ein jeder der hiesigen Herren Geistlichen ihr bey dieser Gelegenheit ihnen Gebührendes nicht unter 10. rh: [Reichstaler] – für einen Jeden erhalten, der Geistliche in Zöbicker aber 20. rh: – und der dasige Schulmeister 10. rh: – übrigens aber ein jeder der die Leiche begleitet, Einen Thaler 8 gr [Groschen] – bekommen sollen. Sollte alsdann von vorgedachten 1000. rh – noch Etwas übrig bleiben; So soll dasselbe an arme fromme Haußarme von meinen Universal-Erben nach ihrer Willkühr vertheilet werden. Würde auch bey meinem Absterben die Summe von 1000. rh: – bey mir nicht vorräthig vorhanden seyn; und es wollte Eins meiner nächsten Verwandten diese Summe auf 5. bis 6. Wochen vorschießen, so soll derselbe dafür 30. rh: – zum voraus aus meinem Nachlaße erhalten. Was nun aber

2.

mein mir von dem gütigen Gott beschertes zeitliches Vermögen betrift, es bestehe in Mobilien, oder in Immobilien, baaren Gelde, außenstehenden Schulden, pretiosis,[71] Hauß- und Wirthschaftsgeräthe, oder worinnen es nur immer wolle, nichts davon allenthalben ausgeschloßen; So setze ich dazu meine liebe Schwester, die verw. Frau Doctor Rahel Jacobinen Friedericken Gehler, geb. Kees, und meinen lieben Bruder, Herrn D. Jacob Friedrich Kees, des Ober-Hofgerichts und der Juristen-Facultaet allhier u. Beysitzer, als meine einzigen und wahren Universal Erben

71 Wertgegenstände.

titulo institutionis honorabili zu gleichen Theilen hiermit ein, dergestallt, daß sie nach meinem Ableben meines gesammten Nachlaßes sich einzig und allein anmaaßen und solchen Friedlich unter sich zu gleichen Theilen vertheilen sollen. Jedoch vermache und legire ich

3.

meiner lieben Schwester und Mituniversal Erbin, Frau Rahel Jacobinen Friedericken verw. D. Gehler, geb. Kees, im voraus und als ein Praecipuum Zwey Tausend Reichs Thaler – Ferner legire ich

4.

1. ihren Sohne, meinen lieben Neffen und Pathen, Herrn Johann Carl Gehlern Vier Tausend Reichsthaler –
2. den sämtlichen lieben Kindern[72] meines Herrn Bruders des H. Oberhofgerichts Assessoris D. Kees, überhaupt Acht Tausend Thaler – als:
2000. rh: – dem ältesten Sohne, meinen lieben Pathen, Johann Jacob Kees,
1000. rh: – Christianen[73] Wilhelminen,
1000. rh: – Jacobinen Friedericken,
1000 rh: – Carl Jacob,
1000. rh: – Rahel Carolinen
1000. rh: – Christian Friedrichen und
1000. rh: – Christianen Henrietten
uts.[74] zu ihren eigenen Gebrauch bey erwachsenen Jahren, als ein Andenken von mir.
3. meiner lieben Pathe, der Demoiselle Rahel Charlotten Friedericken Hecht Zwey Tausend Thaler – zu einem Andenken von mir und aus Dankbarkeit gegen ihren Vater,
4. dem hiesigen Zucht und Waysenhauße, um manches unschuldiges Kind dadurch mehr zu erquicken, Eintausend Thaler, –
5. dem hiesigen Lazarethe, um etwa manchen Armen Krancken mehr zu erquicken Zwey Tausend Thaler, –
6. der hiesigen Thomasschule zu einiger Unterstützung Zwey Tausend Thaler, –
7. dem hiesigen Raths und Stadt Armen Directorio, um einige Arme mehr zu erfreuen, Zwey Tausend Thaler, –
8a. dem hiesigen Universitaets Allmosen, Ein Tausend Thaler –
8b. der hiesigen Freyschule Ein Tausend Thaler, –
9. dem hiesigen neu errichteten Arbeitshauße Ein Tausend Thaler, –

72 Jacob Friedrich Kees d.J. und seine Frau aus 1. Ehe, Caroline Wilhelmine, geb. Sattler (1758–1800) hatten 13 Kinder. Die ersten fünf Kinder starben alle innerhalb weniger Wochen im April/Mai 1785, Martin-Luther-Kirchgemeinde Markkleeberg, Kirchenbuch Zöbigker 1750–1843, Bl. 429r, 430r. Das jüngste Kind starb 1800 im Jahr seiner Geburt, kurz zuvor war seine Mutter verstorben. Die anderen Kinder erreichten das Erwachsenenalter, Koerner, Deutsches Geschlechterbuch (Anm. 3), S. 184–187.

73 Abweichender Vorname: Johanne Wilhelmine, siehe Koerner, Deutsches Geschlechterbuch (Anm. 3), S. 186.

74 Ut supra: wie oben.

10. dem Herrn Mag: Carl Ernst Gottlieb Rüdel, jetzigen Substituto an der hiesigen Hospital-Kirche Ein Tausend Thaler, –
11. meinem Medico, Herrn D. Johann Gottlieb Daehne Achthundert Thaler, –
12. meinem zweyten Medico, H. D. Carl August Kühl, ebenfalls Achthundert Thaler – für ihre Mühe und Sorgfalt, die sie für mich getragen,
13. nachbenannten 10. guten tugendhaften, auch alten unverheyratheten Frauenspersonen, als:
2. Jungfern: Lorenzin,
2. " Hänel,
2. " Rietzsch,
1. " Bach,
1. " Harrerin,
1. " Becker
1. Jungfr: Vetter,
und zwar einer jeden 100. rh: – folglich allen zusammen Ein Tausend Thaler, – daferne auch eins, oder, mehrere von diesen Personen mit Tode abgehen würden, so sollen an deren Stelle soviel andern gute und fromme Personen treten, welche diese Wohlthat bedürfen.
14. meinem gegenwärtigen Curator, dem Herrn Adv: Johann Friedrich Gottlieb Günther allhier, für die zu übernehmende Mühwaltung, der vorbestimmten Legate an die Empfänger auszuzahlen und selbige darüber quittiren zu laßen, und als ein Andenken an mich die Summe von 1000. rh:, so aus eigner Bewegung geschehen,
15. der Lößniger Kirche die Summe von Fünfhundert Thaler – wovon die jährlichen Zinsen dem dasigen Schulmeister zur Verbeßerung seines Gehalts gereicht werden sollen.
16. der Zöbicker Kirche ebenfalls Fünfhundert Thaler, – davon die jährlichen Zinßen ebenfalls zur Verbesserung des Schuldienstes daselbst angewendet werden sollen, und zwar ausser obigen 500. rh: – so für die Begräbniß Stelle in der Gruft in der Kirche bestimmt werden, wenn mein Gesuch statt haben kann.
17. meinem Gärtner, Johann Gottfried Flister, wenn er bey meinem Tode noch in meinen Diensten ist, Dreyhundert Thaler, –
18. seiner Ehefrau auf diesen Fall ebenfalls Einhundert Thaler, –
19. ihrer Tochter in dem nämlichen Falle, nämlich der jüngsten, Friedericken Flisterin, Einhundert Thaler, – sowohl überdem derselben und ihrer Schwester, Sophien Flisterin, die 3. vollständigen Betten in meinem Garten, als das Meinige und die zwey der beyden Mägde, um sich darein zu theilen, auch einer jeden Eins von meinen Kleidern 6. Stück Hemden und 6. Tücher
20. meinem Bedienten, Christian Friedrich Thomas, wenn er bey meinem Tode noch in meinem Dienste ist zu einiger Erquickung im Alter Achthundert Thaler –
21. meiner junge Magd Johannen Dorotheen Lampin, daferne sie bey meinem Absterben noch in meinem Dienste ist, Sechshundert Thaler, – überdem aber ihr Bette, worauf sie hier im Hauße schläft nebst demjenigen, das zu meinem Gebrauch bestimmt gewesen, und hiernächst 4. gute Uiberzüge 4. Betttücher, 2. zwillchne Tischtücher, 2. Dutzend dergl. Servietten,

etliche ordinaire Kleider, meine Unterröcke, Corsetten, Leibchen, Pelze, Schuhe, Strümpfe, ordinaire Wäsche, als Nacht Camisöler,[75] Mützen, Kopftücher, Nachthalßtücher, ordinaire Schnupftücher, jedoch alles dieses nach dem Gutbefinden meiner lieben Schwester, der Frau D. Gehler, als meiner Gerade-Erbin; Wäre aber die Lampin nicht mehr bey mir, in welchem Falle dieses Legat für sie wegfällt; So müße diejenige Magd, welche an ihre Stelle getreten, sich sehr gut verhalten haben, wenn sie auf die legirten Gerade-Stücke sich Rechnung machen wollte, außerdem sind dieselben an andern Personen, die mir im Leben zugethan gewesen, abzugeben, worüber nur allein, meine liebe Schwester die Frau D. Gehler entscheiden soll, ohne deren Willen ich ohnehin in diesem Testamente, der Gradehalber, gültiger Weise nichts disponiren kann.

22. der Köchin, welche zur Zeit meines Todes in meinem Dienste seyn wird, und sich gut verhalten hat, Zweyhundert Thaler – nebst dem Bette, das sie im Gebrauche gehabt, 2. Uiberzügen und 2. Betttüchern; wie auch von meinen Haußkleidern ein Habit und etwas ordinaire Wäsche nach dem Gutbefinden meiner Gerade Erbin.

5.

Da meine Frau Schwester, die Frau D. Gehler meine ganze Gerade den Rechten nach von mir erbt, so hoffe ich auch zu ihrer Güte und Liebe, daß, wenn ich etwa in einem eigenhändigen Aufsatze noch über einige Gerade Stücken disponiren würde, sie solches genehmigen werde. Dieß ist nun

6.

mein lezter Wille und Meinung, welcher steif fest und unverbrüchlich gehalten werden soll, und sollte derselbe nicht als ein zierliches Testament bestehen, so soll derselbe dennoch als ein Codicill, Fideicommiss,[76] Schenkung auf den Todesfall, oder anderer zu recht beständiger letzter Wille gelten. Würde auch

7.

Jemand damit nicht zufrieden seyn, sondern Streit und Zanck auch wohl gar Prozeß erwegen der soll enterbt, oder das Legato verlustig seyn. Urkundlich habe ich dieses mein Testament durch eine vertraute Hand ins Reine schreiben lassen, und nachdem ich daßelbe meinem Willen gemäß befunden, hier am Ende eigenhändig unterschrieben und besiegelt, ich will auch solches nächstens deponiren.

Leipzig den 31. August 1803
L[oco] S[igilli][77] Rahel Carolina Friederica Kees.

---

75 Nachthemden.

76 Falls das Testament einer strengen juristischen Prüfung nicht standhalten sollte, sei ihr letzter Wille als ein dem Gewissen verpflichtetes Vermächtnis aufzufassen.

77 Loco sigilli – die Stelle, an der sich im Original das Siegel befindet.

REZENSIONEN

800 Jahre Thomana. Glauben – Singen – Lernen
Festschrift zum Jubiläum von Thomaskirche, Thomanerchor und Thomasschule

Hrsg. von Stefan Altner und Martin Petzoldt

Verlag Janos Stekovics, Wettin-Löbejün 2012, 496 Seiten, Ladenpreis: 19.80 Euro
ISBN 978-3-89923-238-7

Das Jahr 2012 stand in Leipzig ganz im Zeichen der 800-jährigen Jubiläen von Thomaskirche, Thomanerchor und Thomasschule sowie des Krankenhauses St. Georg. Neben Festveranstaltungen, Ausstellungen, musikalischen und literarischen Veranstaltungen, umfangreichen Medienberichten erschienen dazu auch mehrere Publikationen. Eine davon ist der schwergewichtige von dem Geschäftsführer des Thomanerchores Stefan Altner und dem Theologen Martin Petzoldt in Zusammenarbeit mit der Universität Leipzig, Lehrstuhl für Historische Musikwissenschaften, Helmut Loos, und dem Museum für Musikinstrumente der Universität Leipzig, Esther Fontana, herausgegebene, oben genannte Band.[1] Er bietet in einem einmaligen Preis-Leistungs-Verhältnis eine hervorragende Ausstattung mit sehr gutem Papier, zwei Lesebändchen, großzügigen, teils ganzseitigen Abbildungen und als Extra liefert der Band noch eine CD mit einer Kostprobe von Aufnahmen des Thomanerchores.

Aber nicht nur die äußere Erscheinung ist exzellent. Die Publikation enthält neben diversen Grußworten, einem Vorwort und einer umfangreichen Einleitung 30 Beiträge anerkannter Historiker, Musikwissenschaftler und Theologen, die ein breites Spektrum der gewürdigten Institutionen beleuchten. Innerhalb dieser Rezension ist es nicht möglich, den gesamten Inhalt zu besprechen, deshalb sollen beispielhaft einige Beiträge herausgegriffen werden.

In der Einleitung versuchen Stefan Altner und Martin Petzoldt einen Überblick über die Gesamtthematik des Bandes zu geben. Dabei resümieren sie den bisherigen Forschungsstand und die erschienene Literatur, zeigen noch bestehende Desiderate der Forschung auf und regen damit zur weiteren Beschäftigung auch über das Jubiläum an. Die Einleitung verweist auch darauf, dass kein extra Beitrag zu dem wohl bedeutendsten Thomaskantor, Johann Sebastian Bach, enthalten ist, weil dazu bereits umfangreiche wissenschaftliche Literatur vorliegt bzw. weitere vorbereitet wird. Der häufige Bezug auf ältere Literatur könnte teilweise mehr Quellenkritik vertragen. So ist die vielfach zitierte Publikation von Carl Niedner[2] schon bei

1 Zum 2009 begangenen Jubiläum 600 Jahre Universität Leipzig erschien im selben Verlag eine Publikation in gleicher Ausstattung: Eszter Fontana (Hrsg.), 600 Jahre Musik an der Universität Leipzig. Studien anlässlich des Jubiläums, Verlag Janos Stekovics 2010.

2 Carl Niedner, Das Patrozinium der Augustiner-Chorherren-Stiftskirche St. Thomae zu Leipzig. Untersuchungen zur Frühgeschichte d. Bach-Kirche u. d. Leipziger Altstadt (Leipziger stadtgeschichtliche Forschungen; 2), Bibliograph. Inst. 1952.

ihrem Erscheinen in den 50er-Jahren des 20. Jahrhunderts nicht unumstritten gewesen.[3] Die Zusammenstellung aller Urkunden zur Gründungsgeschichte mit den fast kompletten Texten in den Anmerkungen bietet ebenso wie die Abbildung einzelner Quellen, bei denen der Text lesbar ist, ein reizvolles Angebot für die Leser, die Aussagen der Autoren zu überprüfen. Archivalien aus dem Archiv des Thomanerchores werden hier nach meiner Kenntnis teils erstmalig vorgestellt.

In seinem Beitrag zur Frühgeschichte des Thomaskantorats und der Entwicklung des Chores bis zum Amtsantritt Bachs zeigt der Musikwissenschaftler Michael Maul, dass die Thomasschule zeitweise die musikalisch leistungsstärkste Knabenschule Deutschlands war. Die musikalische Aufnahmeprüfung für die Alumnen bildete den »Garant für die außergewöhnliche Leistungsfähigkeit des Chores« (S. 80). Für die Schule und die Versorgung der Alumnen waren Stiftungen und durch die Schüler »ersungene« Einnahmen neben ihrer Mitwirkung an den Gottesdiensten der Thomas- und Nikolaikirche sowie ab 1699 wieder in der Neuen und ab 1712 in der Peterskirche existentiell notwendig. Für seine Untersuchung der Stellung sowie des Einkommens des Thomaskantors kann der Verfasser auf seine umfangreichen, intensiven Quellenstudien der letzten Jahre zur Thomasschule und zu vielfältigen musikwissenschaftlichen Themen zurückgreifen. Er weist nach, dass spätestens seit dem 17. Jahrhundert der besondere Schwerpunkt der Lehrtätigkeit des Kantors auf der musikalischen Ausbildung lag, das Kantorat bis Mitte des 16. Jahrhunderts noch Durchgangstation für junge, musikalisch gebildete Theologen, Ende des 16. Jahrhunderts aber Lebensstellung für Musiker mit in der Regel einschlägiger Berufserfahrung geworden war. Er würdigt die Kantoren vor Bach wie Sethus Calvisius, Johann Hermann Schein, Tobias Michael, Sebastian Knüpfer, Johann Schelle und Johann Kuhnau.

Der Direktor des Bach-Archivs Leipzig, Christoph Wolff, sieht in seinem Beitrag zur historischen Begründung der Musiktradition an St. Thomae neben der zunehmenden Bedeutung der Musikpflege nach Einführung der Reformation das Alleinstellungsmerkmal für den Thomanerchor in seinem Standort in einer europaweit renommierten Messestadt und seiner Verbindung zur Universität. Die Inventare zur Musikbibliothek und die Unterlagen zur alten Chorbibliothek beweisen die Pflege des Instrumentalspiels durch die Schüler im Gegensatz zu der vorherrschenden A-cappella-Praxis der übrigen Lateinschulchöre. Daraus entwickelte sich die studentischen Collegia musica als Bestandteil des frühbürgerlichen Musiklebens in Leipzig. Wichtig für die Entwicklung der Musiktradition der Thomana war auch die Tatsache, dass die Thomaskirche, die spätestens seit 1489 über zwei Orgeln verfügte, zu den Stätten mit den frühesten Nachweisen für den Orgelgebrauch im Gottesdienst zählt.

Einem ganz anderem Thema widmet sich die Kirchenhistorikerin Christiane Schulz. Sie untersucht in ihrem Beitrag »Pferdestall, Lazarett und offenes Feuer – Die Thomaskirche zur Zeit der Befreiungskriege« die Nutzung der Kirche als Quartier der französischen Truppen ab 1806. Das Kirchengestühl wurde verfeuert, der Raum später als Magazin und zur Lagerung von Stroh für die Pferde benutzt. Die Thomasgemeinde musste auf die Peterskirche ausweichen. Ab 1808 erfolgte eine Instandsetzung, 1813 wurde die Kirche wie fast alle öffentlichen Gebäude der Stadt als Lazarett genutzt. 1814/15 erfolgte erneut die Renovierung. Die von Schulz als unbefriedigend eingeschätzte Quellenlage für die baulichen Maßnahmen (Anm. 7)

3 S. dazu das Nachwort des Herausgebers Heinz Füßler und den Beitrag von Herbert Helbig in der Vierteljahresschrift für Sozial- und Wirtschaftsgeschichte, Bd. 41, 1954, S. 70–72.

hätten durch Archivalien des Stadtarchivs Leipzig ergänzt werden können.[4] Die Korrektur des Soldatenbildnisses im Aufgang zum Turm der Thomaskirche vom französischen Jäger zum preußischen Soldat (Abb. auf S. 87, Text S. 189) muss erneut berichtigt werden. Bei der Restaurierung in diesem Jahr wurde festgestellt, dass es sich um einen sächsischen Artilleristen handelt.

Die Musikwissenschaftlerin und Historikerin Kerstin Sieblist untersucht in ihrem Beitrag »Singen, sammeln und hofieren« dezidiert die musikalische Tätigkeit der Thomaner bei außerkirchlichen Gelegenheiten. Dabei waren die Kurrende, Neujahrs- und Gregoriussingen, die Mitwirkung bei privaten Festen, wie Hochzeiten, Taufen, Beerdigungen, bei Rats- und Universitätsfeiern sowie anderen politischen Anlässen die Gegenleistung für freie Kost und Logis im Alumnat. Anfang des 19. Jahrhunderts wandte sich der Rektor der Thomasschule Friedrich Wilhelm Ehrenfried Rost gegen die übermäßige Belastung und gesundheitliche Schäden hervorrufende Vielzahl dieser Einsätze. Erst 1837 wurden aber die Singumgänge eingestellt. Das Singen bei Beerdigungen und Hochzeiten wurde noch bis 1876 fortgeführt. Im 19. Jahrhundert begann die Mitwirkung der Thomaner an öffentlichen Konzerten, eine Tradition, die bis heute fortbesteht.

Der Historiker Thomas Fuchs und der Musikwissenschaftler Andreas Glöckner widmen sich in ihren Beiträgen der Bibliothek der Thomaskirche bzw. der Notenbibliothek der Thomasschule. Dabei verweist Fuchs kurz auf die mittelalterlichen Handschriften und frühen Drucke, die aus den säkularisierten Klöstern, darunter auch aus der Bibliothek des Augustinerchorherrenstifts, an die Universitätsbibliothek Leipzig gekommen sind. Zum anderen untersucht er ausführlich die Kirchenbibliothek der Thomaskirche nach der Reformation, deren Bestand sich heute auch in der Universitätsbibliothek befindet. Glöckner wertet die an verschiedenen Orten überlieferten Verzeichnisse der Notenbibliothek der Thomasschule erstmalig aus.[5] Ein Großteil der wertvollen, historischen Musikalien gingen im Zweiten Weltkrieg bzw. der unmittelbaren Nachkriegszeit verloren. Glöckner hofft aber, dass diese doch wieder zum Teil oder gar vollständig auftauchen.

Der Band enthält neben weiteren interessanten Artikeln zur Geschichte der drei Einrichtungen auch mehrere Beiträge zum heutigen Leben und Wirken im Thomanerchor, der Thomasschule und der Thomasgemeinde. Er bringt Interviews mit Kirchenvorstandsmitgliedern zur Entwicklung im Herbst 1989 und mit dem gegenwärtigen Thomasorganisten Ulrich Böhme.

Der Anhang bietet eine Übersicht zu den Bediensteten der Thomaskirche und Thomasschule seit der Reformation und Lebensdaten zu den Kantoren, Rektoren, Konrektoren und Direktoren der Thomasschule sowie den Superintendenten, Pfarrern, Diakonen, Sonnabendspredigern und Küstern. Damit erweist sich der Band auch als Nachschlagewerk zu Personen aus dieser 800-jährigen Geschichte. Die Zusammenstellung der jetzigen Mitarbeiter und Sänger des Chores, ein ausführliches Autorenverzeichnis und ein Personenregister runden die Publikation ab.

Der Band ist eine empfehlenswerte Lektüre gleichermaßen für Historiker, Musik-, Kunst- und Kulturwissenschaftler wie für allgemein an der Stadtgeschichte oder speziell an der

4 Z. B. Jahreshaupt- und Teilrechnungen der Einnahmestube sowie Rechnungen der Thomaskirche der entsprechenden Jahre.

5 S. dazu Andreas Glöckner, Die ältere Notenbibliothek der Thomasschule zu Leipzig. Verzeichnis eines weitgehend verschollenen Bestands. Leipziger Beiträge zur Bachforschung; 11, Olms 2011.

Geschichte der gewürdigten Einrichtungen Interessierte. Die einzelnen Artikel bringen in unterschiedlichem Umfang neue Erkenntnisse und ziehen dabei auch bisher wenig oder unerschlossene Quellen heran. Die Abkürzungen für die Archive werden, obwohl im Abkürzungsverzeichnis ausgewiesen, in den einzelnen Beiträgen unterschiedlich verwendet, so dass die Auffindung der Quellen für den Nutzer nicht immer eindeutig ist. Kleine Unstimmigkeiten wie das falsche Geburtsjahr der Universitätsrektors Caspar Borner (S. 40)[6], vertauschte Fotos bzw. Bildunterschriften (S. 48) oder eine fehlerhafte Fußnote (S. 69)[7] sind bei einem so umfangreichen Werk nie ganz zu vermeiden und mindern nicht den bleibenden Wert der Publikation.

Carla Calov (Grimma)

800 Jahre St. Georg in Leipzig: vom Hospital des Chorherrnstifts St. Thomas zum medizinisch-sozialen Zentrum (Unternehmensgruppe St. Georg); 800 Jahre in Leipzig 1212–2012, 100 Jahre nach Neubau 1913; ein Lesebuch.

Hrsg. im Auftrag des Klinikums St. Georg gGmbH von Rolf Haupt, Karsten Güldner und Wolfgang Hartig unter besonderer Mitarbeit von Annegret Gahr ...

Leipziger Universitätsverlag, Leipzig 2011, 576 Seiten + 1 CD, Ladenpreis: 24 Euro, ISBN 978-3-86583-563-5

Im Jahre 2012 können mehrere Leipziger Einrichtungen auf eine achthundertjährige Geschichte zurückschauen. Außer dem Thomanerchor, der Thomasschule und der Thomaskirche reiht sich auch das Krankenhaus St. Georg mit einer Vielzahl von Veranstaltungen in die Reihe der Jubilare ein. Der Ausstellungseröffnung im Dezember 2011 folgten u. a. die gemeinsame Festveranstaltung am 20. März 2012 sowie zahlreiche Vorträge für das Klinikpersonal und interessierte Besucher. Die erste Präsentation des Buches »800 Jahre St. Georg«, das unter Leitung von Rolf Haupt, Karsten Güldner und Wolfgang Hartig entstand, fand ebenfalls im Dezember 2011 statt. Mit der Wahl des Untertitels »Ein Lesebuch« verbinden die Herausgeber den Wunsch, einen breiten Leserkreis zu erreichen. Dazu bietet der umfangreiche und im wahrsten Sinne des Wortes schwergewichtige, mit zahlreichen historischen und aktuellen Abbildungen reich illustrierte und grafisch hochwertig gestaltete Band ein interessantes inhaltliches Spektrum.

Den Erwartungen an eine historische Darstellung zum Werden und Wachsen des über die Grenzens Leipzigs bekannten Krankenhauses kommen die Autoren auf knapp 50 Seiten im ersten Kapitel mit einem chronologischen Überblick, beginnend mit der von Kaiser Otto IV. am 20. März 1212 unterzeichneten Urkunde über die Stiftung und Ausstattung eines Klosters (Augustiner-Chorherrenstift) und eines Hospitals in Leipzig, nach. Trotz mehrfacher Zerstörungen

6 Nicht 1433, sondern 1492.
7 Nr. 64 bzw. 65.

wurde die Einrichtung, die sich seit 1439 im städtischen Besitz befindet, an verschiedenen Stellen in der Stadt Leipzig neu aufgebaut, ehe sie 1913 ihren Standort in Leipzig-Eutritzsch fand. Auf dem rund 20 ha großen Gelände entstand nach Planungen des Architekten Otto Wilhelm Scharenberg quasi eine Stadt in der Stadt mit eigenen Verkehrsachsen und Versorgungseinrichtungen. Den städtischen Bauplanungen widmet sich das folgende Kapitel und zeigt, dass trotz der aus Einsparungsgründen mehrfachen Änderungen des Projektes und dem Verzicht auf ein Beamtenwohnhaus oder eine eigene Bäckerei die Gebäude nach den damals modernsten Gesichtspunkten errichtet wurden. Damit spannt das »Lesebuch« bereits den Bogen zu dem im Jahr 2013 bevorstehenden 100-jährigen Jubiläum der Inbetriebnahme der Krankenhausgebäude auf dem heutigen Klinikgelände.

Mit einer Darstellung zur Rolle des Krankenhauses St. Georg in den beiden Weltkriegen schließt sich das dritte Kapitel an, das einen knappen Überblick zur Nutzung als Lazarett bietet. Berichtet wird über die Errichtung von Baracken und kleineren stationären Holzhäusern, den Bau des Bunkers mit mehreren unterirdischen Operationssälen auf dem Klinikgelände, den Einsatz von ausländischen Arbeitskräften im Zweiten Weltkrieg. Erinnert wird auch an die Gebäudeschäden und die beim Luftangriff am 20. Februar 1944 ums Leben gekommenen Klinikmitarbeiter. In diesem Kontext wird der besondere Einsatz von Professor Dr. Carly Seyfarth gewürdigt, der dem Antifaschisten Dr. Fritz Gietzelt und der Ehefrau von Carl Goerdeler Schutz gewährte und sich zum Kriegsende weigerte, Kriegsgefangene auszuliefern, wovon noch heute deren aus Feldsteinen errichtetes Denkmal auf dem Klinikgelände kündet. Ihre Verbundenheit mit und Hochachtung gegenüber Carly Seifarth bringen die Autoren darüber hinaus auch an anderen Stellen des »Lesebuches« zum Ausdruck. So wird insbesondere im Kapitel 4, das sich mit allgemeinen Ausführungen zur Entwicklung des Krankenhauses von 1913 bis 1998 anschließt, sein Wirken als Chefarzt der Medizinischen Klinik und als Ärztlicher Direktor zwischen 1929 und 1950 hervorgehoben. Noch heute wird sein Buch »Der Arzt im Krankenhaus« (der sogenannte Ärzte-Knigge) in Fachkreisen geschätzt und oft zitiert. Gleichzeitig finden die Leistungen anderer Ärzte auf medizinischem Gebiet bis 1990 Anerkennung, und es wird über die Entstehung neuer Klinikbereiche berichtet. Besonders beeindrucken natürlich die gravierenden Veränderungen im baulichen Bereich und die Fortschritte auf medizinisch-technischem Gebiet seit 1990.

Bei der Darstellung in den ersten Kapiteln kann es sich aufgrund der Fülle der überlieferten archivalischen und gedruckten Quellen nur um einen Überblick handeln. Die Textzusammenstellung erfolgte überwiegend anhand von Druckwerken. Der historische Abriss basiert zum Teil auf älteren Arbeiten wie einer Dissertation aus dem Jahr 1914 oder den Veröffentlichungen von Carly Seifarth aus den 1930er-Jahren. Für die Entwicklung des St. Georgs im 20. Jahrhundert wird meist auf die Festschriften zu den Jubiläen des Krankenhauses von 1963 bis 1998 oder die Verwaltungsberichte des städtischen Hochbauamtes von 1909 bis 1910 bzw. 1910 bis 1913 zurückgegriffen.

Die nachfolgenden Kapitel, die sich der Entwicklung der Krankenpflege und der medizinischen Bereiche widmen, würdigen die Leistungen von Ärzten und Schwestern in der pflegerischen Arbeit und der medizinischen Forschung im Zeitraum 1913 bis 1998. Die Ausführungen korrespondieren mit den vorangegangenen Kapiteln und führen teilweise historische Daten wiederholt auf. Ergänzt werden die Darstellungen durch biografische Skizzen zu ausgewählten Personen (Kapitel 6) sowie Informationen zur beruflichen Aus-, Fort- und Weiterbildung im Krankenhaus und zu dessen Wirken als Akademisches Lehrkrankenhaus (Kapitel 8). Mit der

Angliederung und Fusion von und mit anderen ehemals selbständigen Krankenhäusern entwickelte sich das St. Georg seit 1990 zur Unternehmensgruppe. Die dem Kapitel 9 beigefügten Übersichten und Lagepläne zeigen das Netz, welches das St. Georg mit seinen Einrichtungen heute über das Stadtgebiet Leipzig spannt und das bis zum Standort in Wermsdorf/Fachkrankenhaus Hubertusburg reicht.

In Kapitel 10 folgt unter der Überschrift »Und stets eine Baustelle« eine eindrucksvolle Bilanz über die baulichen Veränderungen an und in den Klinikgebäuden. Mit der Nutzung von zeitweisen Provisorien, der Veränderung der Krankensäle in ansprechende Patientenzimmer mit eigenen Sanitäreinrichtungen oder der Modernisierung der Infrastruktur im Krankenhausgelände können hier nur einzelne Facetten vorgestellt werden. Auch in diesem Abschnitt werden Fakten aus den Kapiteln 4 oder 5 erneut genannt, allerdings mit Angaben aus den letzten Jahren ergänzt.

Im abschließenden Kapitel 11 wird die Unternehmensentwicklung auf dem Weg ins 21. Jahrhundert vorgestellt. Dabei ist die Unternehmensstruktur sicher für den Laien weniger relevant, allgemein interessieren dürften aber der Leistungsumfang der einzelnen Klinikbereiche und angeschlossenen Einrichtungen, die sich mit ihrem medizinischen Profil sowie den Rehabilitations-, Pflege-, Betreuungs- und ambulanten Angeboten vorstellen.

Für die Leipziger und die Patienten von außerhalb wird es wohl unabhängig von allen Unternehmensstrukturen im Sprachgebrauch für immer einfach »das Georg« bleiben!

Das im Anhang erstellte Autorenverzeichnis weist mehr als 90 Einträge aus. Der Band entstand unter Mitarbeit zahlreicher ehemaliger und heutiger Angehöriger des St. Georg-Krankenhauses. Zu diesem Personenkreis gehören neben den Verantwortlichen aus der Klinikleitung, dem Verwaltungsmanagement und der Bibliothek der Einrichtung auch die Chefärzte der einzelnen Kliniken bzw. die Leiter der verschiedenen medizinischen, psychiatrischen und sozialen Versorgungsbereiche. Ergänzt werden die Darstellungen durch einzelne biografische Aufzeichnungen, Mitschriften von Interviews mit Krankenschwestern, Pflegern und Mitarbeitern, die einen Einblick in den Klinikalltag ermöglichen oder an besondere Situationen wie das Flugzeugunglück in Leipzig/Schkeuditz im September 1975 erinnern (Kapitel 7).

Für Interessierte bietet die beiliegende CD zusätzliche Informationen. Dazu gehören eine über die Literaturhinweise des Hauptbandes hinausgehende Auswahlbibliografie zu »800 Jahren St. Georg«, in der auch Veröffentlichungen der Mitarbeiter des St. Georgs bzw. wissenschaftliche Arbeiten aufgelistet werden, eine Auswahl wissenschaftlicher Veranstaltungen, an denen Ärzte des Klinikums beteiligt waren sowie erweiterte Literaturangaben zu Kapitel 1 und 5 des Hauptbandes.

Das »Lesebuch« lädt beim Durchblättern zum Innehalten und Vertiefen in einzelne Abschnitte ein und lässt das respektvolle Verhältnis der Autoren zum Werden und Wachsen ihres Krankenhauses sowie die generelle Achtung vor dem Dienst am Menschen in medizinischer und humanitärer Weise spüren. Dazu tragen auch die hochwertigen und liebevoll ausgewählten Detailaufnahmen des Klinikgeländes oder aus dem Klinikalltag bei.

Birgit Horn-Kolditz (Borsdorf)

Doris Mundus

800 Jahre Thomana. Bilder zur Geschichte von Thomaskirche, Thomasschule und Thomaschor

Lehmstedt Verlag, Leipzig 2012, 191 Seiten, Ladenpreis: 24.90 Euro, ISBN 978-3-942473-21-7

Niemand konnte im Frühjahr 1212 ahnen, welch zukunftsweisende Erfolgsgeschichte sich inhaltlich mit der Urkunde des Welfenkaisers Ottos IV. und der darin vorgenommenen Konfirmierung der Gründung eines Augustiner-Chorherrenstifts und Hospitals in Leipzig, die Markgraf Dietrich der Bedrängte (1162–1211) zu seinem Seelenheil und demjenigen seiner Gemahlin, zugleich aber de facto auch aus machtpolitischen Gründen (demonstrativ gegenüber der aufstrebenden und selbstbewusster werdenden Bürgerschaft zum Ausdruck gebracht) gestiftet hatte, verbinden sollte – allen Stürmen und Bedrohungen in der Geschichte der Messestadt Leipzig zum Trotz. Abgesehen von der in besagtem Diplom ebenfalls angesprochenen Fundation eines dem hl. Georg geweihten Hospitals, das als städtisches Klinikum St. Georg noch heute besteht und nunmehr ebenfalls auf eine 800jährige wechselvolle Geschichte zurückblicken kann, ist es vor allem die Trias von Thomasstift/Thomaskirche, Thomasschule und Thomanerchor die heute noch – vielleicht mehr als jemals zuvor – ein kulturpolitisches Aushängeschild Leipzig verkörpert. Wenn es beispielsweise einen Wettstreit der europa-, ja weltweit bestehenden Knabenchöre gäbe, würden die Leipziger Thomaner wohl unbestritten in jedem Jahr das Finale mit bestreiten. Sie wären sozusagen »gesetzt« – aufgrund ihrer durch unermüdliche Arbeit und Fleiß weltweit anerkannten außergewöhnlichen Klangqualität, die über Jahrhunderte gewachsen ist, wobei dies ohne Flankierung von Thomaskirche und –schule freilich undenkbar wäre.

Jubiläen zu feiern hat in Leipzig eine lange Tradition. Das Jahr 2012 besitzt dabei im Kontext der 2015 bevorstehenden 1000. Wiederkehr der Ersterwähnung der Stadt insofern einen hohen Stellenwert, weil neben 800 Jahre Thomana und 800 Jahre Hospital-Klinikum St. Georg noch eine weitere – bildungs- wie kulturgeschichtlich gleichermaßen relevante – Einrichtung der Messestadt eine Zentenarfeier begeht: die von der Stadt 1512 gegründete »Schola Nicolaitana« (Nikolaischule) als zweitälteste schulische Bildungsinstitution der Stadt feiert – ein wenig im Schatten der (zumindest historisch) nur wenige hundert Meter entfernt gelegenen Thomasschule – ihr 500jähriges Bestehen, was Vergleiche und Differenzierungen, etwa im bildungsgeschichtlichen Werdegang Leipzigs und der Ausstrahlung der entsprechenden Einrichtungen, auch ihrer Wechselwirkungen und gegenseitigen Beeinflussungen, ermöglicht.[1] Der vorliegende, anspruchsvoll gestaltete Bildband zu 800 Jahre Thomana ist Einführung und Bindeglied gleichermaßen. Der Leser, d. h. ein historisch interessiertes breites Publikum, wird anhand sorgsam ausgewählter großformatiger Bilder und knapper einführender Texte gleichsam auf eine 800jährige Zeitreise mitgenommen, die von der Gründungsurkunde 1212 bis in die aktuelle Gegenwart und damit in Zusammenhang stehende Zukunftsvisionen (Stichwort: Forum Thomanum) reicht und dabei anhand von Personen und Ereignissen die Einbettung in den

1 Vgl. hierzu die kleine Festschrift »500 Jahre Nikolaischule« (Jahrbuch des Gymnasiums Neue Nikolaischule, hrsg. vom Nikolaitanerverein Leipzig und der Förderverein des Nikolaigymnasiums Leipzig e. V., Leipzig 2012. Eine weitere umfangreiche FS ist in Arbeit, lag zum Zeitpunkt dieser Besprechung aber noch nicht vor.

stadtgeschichtlichen Hintergrund, der nicht selten von europäischer Tragweite war, aufzeigt. Wer vertiefende, weiterführende, auf bestimmte Problemfelder und Zeitabschnitte eingehende Literatur sucht, dem seien die von Stefan Althner und Martin Petzold herausgegebene Festschrift »800 Jahre Thomana, Glauben – Singen – Lernen« sowie der unlängst erschienene Ausstellungskatalog der im Stadtgeschichtlichen Museum Leipzig gezeigten Sonderschau »Cantate. 800. Geburtstag der Thomaner« (u. a. auch von Doris Mundus maßgeblich mitkuratiert) anempfohlen.[2]

Das vorliegende Buch, in dem miniaturartig auch die Leipziger Stadtgeschichte bzw. stadthistorisch relevante Fragen – häufig an Wendepunkten der lokalen, regionalen und europäischen Geschichte wie Reformation, 30jährigem Krieg, Völkerschlacht oder NS-Zeit angesiedelt – angeschnitten werden, umfasst knapp 200 Seiten und vereint damit Bilddokumente, in denen Bekanntes, aber auch weniger Bekanntes bzw. Unbekanntes aus der 800jährigen wechselvollen Geschichte von Thomaskirche, Thomasschule und Thomanerchor präsentiert wird. Die Anfänge bis zum ausgehenden Mittelalter (S. 7–16) tragen dabei der spärlichen Quellenüberlieferung (Texte, Bilder) Rechnung.[3] Vielleicht hätte man in diesem Kontext aber eine auch wirklich mittelalterliche Darstellung des hl. Thomas als des Namenspatrons von Thomaskirche, Thomasschule und Thomaschor auswählen sollen (der abgebildete Holzschnitt auf S. 8 stammt von 1534), gern hätte man auch gewusst, warum das steinerne spätgotische Grabmal Herrmanns von Harras, der 1451 zu Leipzig verstarb, erst 30 Jahre später errichtet wurde, möglicherweise wäre – mit Blick auf die Thomasschule und die inhaltliche Ausgestaltung des Unterrichts – die Abbildung eines verwendeten Lehrbuchs (etwa jenes Exercitium puerorum grammaticale per dietas distributum, gedruckt in Leipzig 1493) von Vorteil gewesen, um dem Leser bzw. Betrachter auch den »Schulalltag« zumindest ansatzweise vor Augen zu führen, doch sind dies zugegeben subjektive Einwände, die keineswegs den hervorragenden Gesamteindruck beeinträchtigen.[4]

2 Stefan Altner und Martin Petzold (Hrsg.), 800 Jahre Thomana. Glauben – Singen – Lernen. Festschrift zum Jubiläum von Thomaskirche, Thomanerchor und Thomasschule, Wettin-Löbejün OT Dößel 2012. Neben musikgeschichtlich relevanten Themen geht es hier u. a. um Probleme wie die Finanzierung des Alumnats der Schola pauperum, das Repertoire des Thomaschors seit 1808, musikalische Aufgabenfelder jenseits von Gottesdienst und Motettte sowie die NS- und DDR-Zeit. Besondere Aufmerksamkeit verdienen sodann die im Anhang beigefügte – prosopographisch wichtige – synoptische Übersicht der Bediensteten in Thomaskirche und -schule seit der Reformation sowie die Lebensdaten der Korrektoren, Superintendenten, Pfarrer, Diakone, Sonnabendprediger und Küster. Des weiteren vgl. Cantate! Zum 800. Geburtstag der Thomaner. Ausstellungskatalog des Stadtgeschichtlichen Museums, hg. von Volker Rodekamp, Leipzig 2012.

3 Ergänzt wird, zumindest was das archäologische Umfeld der Thomaskirche anbetrifft, manches durch die Aussagen des Bodenarchivs, etwa durch die seit 1996 begonnenen und 2002 fortgeführten Ausgrabungen durch das Landesamt für Archäologie, die insbesondere die Stiftszeit (1212–1543) erhellen. Vgl. hierzu »Leipzig, Thomaskirchhof. Klerus, Bürger und Beamte«, hrsg. vom Landesamt für Archäologie, 2., überarbeitete Auflage 2012.

4 Gerade mit Blick auf die Leipziger Buchkultur muss auf den schmalen, dennoch ungemein aufschlussreichen Katalog »Leipziger Buchkultur um 1500«, hrsg. von Thomas Thibault Döring, Universitätsbibliothek Leipzig 2012 verwiesen werden (hier S. 79). – Kritisch sei, mit Blick auf die Gründung der Universität Leipzig am 2. Dezember 1409 im Refektorium des Thomasklosters und die Präsenz vormaliger Prager Professoren und Scholaren, angemerkt, dass die *pragenses* nicht – auf S. 12 behauptet – wegen der Auseinandersetzungen mit den Hussiten (die gab es 1409 noch gar nicht!) aus der böhmischen

Die S. 17–76 sind der frühen Neuzeit (16.–18. Jahrhundert) gewidmet, als die Überlieferung zur Geschichte der Trias der drei Leipziger Institutionen dichter wird. Im Fokus stehen – um die inhaltliche Breite anzudeuten – Bildnisse von bekannten und weitaus weniger bekannten Thomaskantoren, beginnend bei Georg Rau, der in seiner kurzen Amtszeit (1518–20) für den Eröffnungsgottesdienst zu Beginn der berühmten Leipziger Disputation Luthers in der Thomaskirche 1519 verantwortlich zeichnete, die Predigt des Wittenberger Reformators in der Thomaskirche 1539, ein Stundenplan des Thomasrektors Jakob Lassmann von 1592, die erste gedruckte Thomasschulordnung von 1634, die Bachzeit, der Besuch Mozarts in der Thomaskirche 1789 und eine Quittung zur Vertilgung der Mäuse und Ratten in der Thomasschule aus dem Jahre 1790, die ein bezeichnendes Licht auf die mitunter unerträglichen hygienischen Zustände in dem im nachfolgenden Säkulum abgerissenen Gebäude an der Thomaskirche wirft, wobei immer wieder Bilder der drei Einrichtungen, eingebettet in die Stadtentwicklung Leipzigs, Wandel und Kontinuität deutlich werden lassen. Der Kupferstich auf S. 48 aus dem Jahre 1721 – wie auch jener von 1785 (S. 73) – führt dem heutigen Betrachter eindrucksvoll vor Augen, dass sich der Aufgabenbereich der jungen Sänger keineswegs nur auf das Singen im Gotteshaus selbst beschränkte, sondern dass die Begleitung von zur Hinrichtung verurteilter Delinquenten wie auch die Teilnahme an Leichenzügen bzw. Begräbnissen jahrhundertelang zur Pflicht des Chores gehörten.

Das »lange 19. Jahrhundert« (S. 77–120) zeigt Konstanz und Wandel gleichermaßen, gerade im beginnenden Industriezeitalter, welches das Stadtbild – und damit auch Thomaskirche und Thomasschule – nachhaltig und dauerhaft verändern sollte. Völkerschlacht, Kurrende-Singen als Einnahmequelle der Thomasschüler, Wagner und Mendelssohn Bartholdy, das neue Medium Fotografie, die neue Thomasschule in der Hillerstraße und das Alumnat in der Schreberstraße, auch der Umbau der Thomaskirche 1885–1889, sind nur einige, wenn auch wichtige Beispiele in diesem Kontext. Immer wieder wird auch exemplarisch deutlich, welch bedeutende Rolle viele Thomaskantoren über ihre eigentliche Wirkungsstätte hinaus im städtischen, sächsischen und europaweiten Musikleben spielten (Schicht, Hauptmann, Richter, Rust, Schreck). Dies sollte auch im nachfolgenden 20. Jahrhundert so sein (S. 121–171), als ab 1920 die Reisetätigkeit des Thomanerchores unter Karl Straube einsetzte und seit 1931 Rundfunkaufnahmen den exzellenten Klang der Thomaner in alle Welt zu tragen begannen. Dann folgte freilich das düsterste Kapitel in der Geschichte nicht nur der Trias von Thomaskirche, Thomasschule und Thomanerchor – die NS-Zeit, als sich der Thomanerchor der politischen Instrumentalisierung der braunen Machthaber zu erwehren suchte, was in einer totalitären Diktatur nur eingeschränkt möglich war, auch wenn es »Freiräume« gab, ein Spagat, den gerade Thomaskantor Günter Ramin (1940–1956) zu bewältigen hatte.

Im Mai 1946 fand in der schwer zerstörten Stadt (S. 151), zwischen den teilweise weggeräumten Trümmern, die erste Nachkriegsmesse – Friedensmesse tituliert – mit Gewandhaus und Thomanerchor statt, doch die Entwicklung in Europa und in der Welt lief bereits auf eine rasch fortschreitende, erneute politische Instrumentalisierung hinaus, die die nachfolgenden

Landesmetropole ausgezogen waren, sondern dass es vor dem Hintergrund schwelender Konflikte um die Stimmenmehrheit an der Prager Universität geistig-theologische sowie politisch-nationalemanzipatorische Auseinandersetzungen zwischen der, vor allem durch jüngere Universitätsmagister präsentierten einheimischen »Universitätsnation« und den drei landfremden *nationes* waren, die nachfolgend die Sezession deutscher Magister und Studenten bewirkten.

vier Dezennien in der ehemaligen DDR prägte und Einfluss auch auf das Wirken der Thomaskantoren hatte (Mauersberger, Rotzsch). Erst die Friedliche Revolution bewirkte hier eine grundlegende Neuorientierung. Der Campus forum thomanum (S. 184) ist in diesem Kontext in der Tat ein innovatives, in die Zukunft weisendes Bildungsprojekt Leipzigs, das Thomasschule und Thomanerchor – bei allen Herausforderungen der Zeit – beflügeln wird und auch dem angestammten Auftrittsort, der Thomaskirche, eine gebührende Aufmerksamkeit sichert, über die Funktion als Gotteshaus hinaus.

Insgesamt, so das Fazit, hält der Leser ein schönes, lesenswertes Buch in Händen, dem großen Jubiläum angemessen, das sich durch eine wohlüberlegte Bildauswahl, einprägsame Texte (lehrreich allemal) auszeichnet. Die abgebildeten Dokumente, Graphiken und Fotos stammen im Übrigen fast ausnahmslos aus Leipziger Beständen (mehrheitlich aus dem Stadtgeschichtlichen Museum) und sind damit auch ein Beleg für den kulturhistorischen und kulturellen Reichtum der alten sächsischen Messestadt. Autorin und Verlag sei für dieses »Geschenk« ausdrücklich gedankt!

Thomas Krzenck (Leipzig)

Die neuzeitlichen Handschriften der Signaturgruppe Ms 2000 (Ms 2001-Ms 2999) sowie kleinere Bestände (Cod. Haen, Ms Apel, Ms Gabelenz, Ms Nicolai, Ms Thomas)

Katalog der Handschriften der Universitätsbibliothek Leipzig, Neue Folge, Band II,
Bearbeitet von Thomas Fuchs

Harrassowitz Verlag, Wiesbaden 2011, 566 Seiten, Ladenpreis: 116 Euro,
ISBN 978-3-447-06497-2

Weit über 10 000 Handschriften besitzt die Leipziger Universitätsbibliothek, dazu Manuskripte und andere Handschriften in z. B. Nachlässen. Ein großer Teil mittelalterlicher Handschriften ist historischer Bestand aus den ab 1539 säkularisierten Klöstern, vor allem aus dem Dominikanerkloster in Leipzig (Paulinerkloster) und dem Zisterzienserkloster Altzelle, deren Bestände der damalige Rektor der Universität Caspar Borner weitblickend vom Landesherren der Universität übereignen ließ: der Grundstock der Universitätsbibliothek. Die erste Verzeichnung mittelalterlicher Handschriften geschah 1686 in einem Katalog, herausgegeben vom damaligen Direktor der Universitätsbibliothek Joachim Feller (1638–1691). Das blieb für lange Zeit die einzige Bearbeitung von Handschriften in der Universitätsbibliothek. Erst im frühen 19. Jahrhundert wurde die Handschriftenerschließung weiter vorangetrieben, und es entstand ein handschriftlicher Zettelkatalog.

Die über 4000 neuzeitlichen abendländischen Handschriften bilden die größte Gruppe der Handschriften. Zu ihr gehören u. a. auch Schriftstücke aus dem Bestand der Leipziger Stadtbibliothek, die 1962 als Depositum in die Universitätsbibliothek kamen.

Der erste Katalog erschien 1838: Die Handschriften der Leipziger Stadtbibliothek mit den Signaturgruppen Rep. I–Rep. VI und Cod. Mag., bearb. von Robert Naumann. In den Jahren

2000 bis 2005 erschienen vier Bände: Die Handschriften der sogenannten Nullgruppe mit den Signaturen Ms 01–Ms 01518. bearb. von Detlef Döring. Bearbeitet von Thomas Fuchs erschien 2009: Die nach dem Katalog Robert Naumanns neuzugegangenen Handschriften der Stadtbibliothek Leipzig in den Signaturgruppen Rep. I–Rep. XI und Cod. Mag.

Mit dem hier vorliegenden, im letzten Jahr erschienenen Band ist die Erschließung der neuzeitlichen abendländischen Handschriften vollständig abgeschlossen.

Wir finden Kurzkatalogisate der Signaturgruppe Ms 2000 (2001–2999) und kleinerer Provenienzen, wie Cod. Haen. = neuzeitliche Handschriften aus der Bibliothek des Leipziger Professors für Römisches Recht Gustav Friedrich Haenel (1792–1878), seit 1878 durch Schenkung in der Universitätsbibliothek

Ms Apel = neuzeitliche abendländische Handschrften aus der Bibliothek der Leipziger Patrizierfamilie Apel auf Ermlitz, seit 2004 bzw. 2008 durch Kauf erworben

Ma Gabelentz = neuzeitliche abendländische Handschriften aus der Bibliothek des Rittergutes Poschwitz der Familie von der Gabelentz, seit 1965 durch Kauf im Bestand

Ms Nicolai = neuzeitliche Handschriften der Kirchebibliothek von St. Nicolai, seit 1930 als Depositum in der Bibliothek

Ms Thomas = neuzeitliche Handschriften der Kirchenbibliothek von St. Thomas, seit 1930 als Depositum in der Bibliothek.

Die Handschriften sind nach den DFG-Richtlinien beschrieben; die Formalien Sprache, Beschreibstoff, Dokumententyp, Entstehungszeit, Umfang, Größe, Entstehungsort, Einband und Provenienz werden jeweils durch Regesten ergänzt. Der Katalog ist nach der Folge der Signaturen geordnet und durch Personen-, Orts- und Sachregister und Register der Körperschaften und Provenienz erschlossen. Die Einleitung gibt einen guten Überblick über den Handschriftenbestand der Bibliotheka Albertina und dessen Erschließungsgeschichte.

Am Beginn steht ein Verzeichnis der beschriebenen Dokumente, sodass für den Benutzer ein Überblick möglich wird. Durch die vorhandenen Register ist ein gutes Recherchieren gegeben. Die wirklich wenigen kleinen Lese- bzw. Schreibfehler sind zu verschmerzen, wie z. B. Ms 2675 Elise Polto statt Polko. Unklar scheint, wie etwa zwischen ein Wachstafelbuch aus dem 17. Jahrhundert und die Waldsteinsche Verschwörung ein Bestand Fotos gelangt, wo z. B. der Besuch des Botschafters der UdSSR in der Universitätsbibliothek 1987 abgelichtet ist. Das ist wohl der bibliothekarischen Ordnung, sprich Signatur-Vergabe geschuldet. Man findet dann auch tatsächlich den Satz: »Die Fotografiensammlung wurde von Dietmar Debes [1925–1999, Direktor der Universitätsbibliothek 1990–1992] in der UBL angelegt. Die von ihm hergestellte Ordnung wurde belassen.« Wer sich in Bibliotheken auskennt, weiß, dass und wie solche kleinen Bestände zustande kommen und verzeichnet werden.

Wenn man sich den Überblick verschafft hat, ist der Katalog sehr gut zu benutzen und gibt auf 566 Seiten einen detaillierten Überblick über die Bestände der neuzeitlichen Handschriften. Allerdings dürfte der Katalog weniger für die eigene Bibliothek des Forschers als eher für Bibliotheken interessant sein; schon des Preises wegen.

Die Erschließung der Handschriften ist über die Maßen verdienstvoll. Thomas Fuchs dankt dann auch im Vorwort seinen vielen Helfern, ohne die eine solche Mammutarbeit nicht zu bewältigen wäre.

Doris Mundus (Leipzig)

Geschichte der Universität Leipzig 1409–2009 (5 Bände mit zwei Halbbänden).
Hrsg. im Auftrag des Rektors der Universität Leipzig Franz Häuser

Leipziger Universitätsverlag, Leipzig 2009–2011, 5197 Seiten, Ladenpreis: 249 Euro,
ISBN 978-3-86583-310-5 (Gesamtausgabe)

Das Verhältnis von »Jubiläumsschrift und Alltagsarbeit«[1] gehört zu den vieldiskutierten methodisch-wissenschaftsorganisatorischen Problemen der Universitätsgeschichtsschreibung. Noch immer wird dieses Forschungsfeld von Konjunkturen bestimmt, die vor allem durch den Druck von Öffentlichkeit und Staat erzeugt werden, wenn sich das Jubiläum einer Hochschule am Zeithorizont abzeichnet. Plötzliche Finanzierungsbereitschaft, fehlende Grundlagenforschung und der Wunsch nach medienwirksamer Selbstdarstellung gehen dabei bisweilen ein Bündnis ein, das der sachgerechten und zugleich in der aktuellen Forschung verorteten Universitätshistoriographie alles andere als günstig ist. Auf der anderen Seite führt die Konvention des Universitätsjubiläums als eines Elementes erinnerungskulturell strukturierter Zeit immer wieder zu historiographischen Forschungs- und Darstellungsergebnissen, die nicht nur mit diesen universitätsgeschichtlichen Konjunkturzyklen versöhnen, sondern sie geradezu als historiographischen »Glücksfall« erscheinen lassen können. Die neue, 2009/10 in fünf Bänden (Bd. 4 bestehend aus zwei umfänglichen Halbbänden) erschienene Leipziger Universitätsgeschichte ist – um dies vorweg zu nehmen – zweifellos unter der Perspektive des »Glückfalles« zu betrachten: Sie wird als universitäts- und wissenschaftsgeschichtliche Darstellung nicht nur wegen der absehbar langen Periode bis zum nächsten »runden« Jubiläum der Alma Mater Lipsiensis, sondern vor allem wegen der geglückten Verbindung von universitärer Detail- und Entwicklungsgeschichte, politisch-sozialer Kontextualisierung und moderner Wissens- und Wissenschaftsgeschichte auf lange Sicht die »gültige« Leipziger Universitätsgeschichte bleiben. Nicht zuletzt die ebenfalls durchweg gelungene Synthese von Forschungsorientierung und »Lesbarkeit« und – ein nicht zu vernachlässigender Aspekt – die ansprechende buchästhetische Präsentation dieser Universitätsgeschichte unterstützen diesen Eindruck.

Zu diesem Ergebnis hat gewiss auch der lange, bis ins das Jahr 1996 zurückreichende Vorlauf dieser Gesamtdarstellung beigetragen, auch wenn Gremienbildung und Konzeption für die vorliegende Universitätsgeschichte so wenig von »Irritationen« frei geblieben sind[2], wie dies an wohl fast allen deutschen Universitäten in ähnlicher Situation der Fall gewesen ist – eine Geschichte gescheiterter Universitätsgeschichten (allein in Jena sind für 1858 und 1908 zwei solche Fälle zu verzeichnen) wäre eine reizvolle disziplingeschichtliche Aufgabe für den Universitätshistoriker. Die Universität Leipzig reiht sich an ihrem 600. Gründungsjubiläum nicht in diese Galerie unpublizierter oder nie geschriebener Universitätsgeschichten ein, sondern präsentiert eine schon in ihren schieren Dimensionen beeindruckende Gesamtdarstellung, die zunächst in drei Bänden von jeweils um die 900 Seiten einen chronologischen

1 Vgl. Notker Hammerstein, Jubiläumsschrift und Alltagsarbeit. Tendenzen bildungsgeschichtlicher Literatur, in: HZ 236 (1983), S. 601–633.

2 Ulrich von Hehl, Zum Stand der Leipziger Universitäts- und Wissenschaftsgeschichte zur ersten Hälfte des 20. Jahrhunderts, in: Ders. (Hrsg.), Sachsen Landesuniversität in Monarchie, Republik und Diktatur. Beiträge zur Geschichte der Universität Leipzig vom Kaiserreich bis zur Auflösung des Landes Sachsen 1952, Leipzig 2005, S. 19–50, hier S. 19.

Durchgang von 1409 bis 2009 ermöglicht, in zwei weiteren Bänden Fakultäten, Institute und zentrale Einrichtungen der Universität vorstellt, und in einem letzten Band die »Geschichte der Leipziger Universitätsbauten im urbanen Kontext«, also in einer während des 19. Jahrhunderts stark wachsenden, bis 1910 zur viertgrößten deutschen Kommune aufgestiegenen Großstadt nachzeichnet. Letztgenannter Band, dem in einer Sparte, die sich oft in baugeschichtlichen Katalogen der Universitätsgebäude erschöpft, nur wenig Vergleichbares zur Seite gestellt werden kann, ermöglicht hochinteressante Einblicke in das Spannungsverhältnis von Stadtentwicklung und universitärem Baugeschehen, in den Zusammenhang zwischen (Natur-) Wissenschaftsentwicklung und Architektur sowie in die »Symbolik der universitären Raumaufteilung«[3].

Der Schwerpunkt einer Gesamtbesprechung dieser Universitätsgeschichte muss auf den Bänden der chronologischen Darstellung liegen, und kann selbst hier nur einzelne Schneisen schlagen – vor allem, indem nach den Beiträgen gefragt wird, die das vorliegende Werk aus Leipziger Perspektive zu zentralen aktuellen Forschungsfragen der Universitäts- und Wissenschaftsgeschichte beisteuert. Mit der gleichen Fragerichtung kann man an die beiden Bände zu den Fakultäten und Einrichtungen herantreten, deren Beiträge jeweils weit in die universitäre Institutionengeschichte Leipzigs ausgreifen. Für eine Universität, die im 19. und frühen 20. Jahrhundert als »Endstationsuniversität« mit Berlin und München zur Spitzengruppe des durch reale Berufungschancen strukturierten »Systems« der deutschsprachigen Universitäten gehörte[4], muss eine solche Fakultäts- und Institutsgeschichte stets unweigerlich auch wesentliche Stationen und Personen einer allgemeinen Disziplingeschichte der behandelten Fächer darstellen. Dies wäre – neben dem Hinweis auf die unentbehrliche Fülle von detaillierten universitätsgeschichtlichen Sachinformationen, die beide Fakultätsbände bieten – auch einer Kritik entgegenzuhalten, die einen solchen institutionengeschichtlichen Zugriff für zu »traditionell«, sozial- und kulturgeschichtlich unergiebig und damit obsolet hält. »Wissenschaft«, so hat Lothar Gall im Blick auf die deutsche Wissenschaftslandschaft um 1900 konstatiert, »ist an Institutionen gebunden, und diese Institutionen beeinflussen ihren Charakter, ihre Ausrichtung, auch ihre Zielsetzungen«.[5] Eine solche »Institutionengeschichte als Fachgeschichte« zeigt sich, um aus der Fülle willkürlich einige Beispiele herauszugreifen, an der von Bernd-Rüdiger Kern untersuchten Juristenfakultät mit Namen wie Georg Friedrich Puchta, Carl Friedrich von Gerber, Bernard Windscheid oder Karl Binding ebenso wie in der von Ulrich von Hehl und Markus Huttner übernommenen Geschichtswissenschaft mit Karl Lamprecht, Erich Marcks und Erich Brandenburg, in der von Dieter Michel und Volker Riede bearbeiteten Physik mit Peter Debye, Werner Heisenberg und Friedrich Hund oder in der durch Wissenschaftler wie Wilhelm Wundt, Eduard Spranger, Hans Driesch, Arnold Gehlen und Hans-Georg Gadamer geprägten Philosophie (und Pädagogik), für deren Fach- und Institutionengeschichte Klaus-Dieter Eichler verantwortlich zeichnet. Aber auch die Geschichte kulturwissenschaftlich-philologisch orientierter »kleiner« Fächer wie Afrikanistik oder Sinologie und Japanologie,

3 So die Formulierung von Sylvia Paletschek, Die permanente Erfindung einer Tradition. Die Universität Tübingen im Kaiserreich und in der Weimarer Republik, Stuttgart 2001, S. 62.

4 Vgl. dazu Marita Baumgarten, Professoren und Universitäten im 19. Jahrhundert. Zur Sozialgeschichte deutscher Geistes- und Naturwissenschaftler, Göttingen 1997.

5 Lothar Gall, Zur politischen und gesellschaftlichen Rolle der Wissenschaften in Deutschland um 1900, in: Helmut Coing u. a. (Hrsg.), Wissenschaftsgeschichte seit 1900. 75 Jahre Universität Frankfurt, Frankfurt a. M. 1990, S. 9–28, hier S. 9.

die in Leipzig während der letzten Jahrzehnte eine eigenständige Ausrichtung und Tradition entwickelt haben, wird eingehend behandelt. Die beiden Teilbände des vierten Bandes der Universitätsgeschichte bilden so ein Kompendium, in dem eine Vielzahl fachwissenschaftlich kompetenter Autoren den fortgesetzten Paradigmenwandel und die Differenzierung ihrer Wissenschaftsbereiche auf den institutionellen Rahmen abbilden, der ihnen an der Universität Leipzig gesetzt war und ist.

Das »Herzstück« der neuen Leipziger Universitätsgeschichte bilden all dessen ungeachtet die drei ersten Bände, in denen die 500-jährige Geschichte der Universität in chronologischer Ordnung entrollt wird. Durchgängig fällt bei allen Autoren die konsequente Einbindung der Universitätsgeschichte nicht nur in die sächsische Territorial- und Landesgeschichte und die allgemeine Universitätsgeschichte, sondern auch in zentrale Forschungsdiskussionen um das Verhältnis von Universität, Herrschaftsverdichtung und Staatsbildung, das Spannungsfeld Universität und Kommune, die Formen und Zielsetzungen der »Produktion« und Vermittlung gelehrten Wissens an der Universität und die Alltagsgeschichte des Lehrens, Lernens und Lebens an und mit der Universität auf. Den ersten Teil, in dem Enno Bünz sich mit der Gründungs- und Entfaltungsphase der Universität bis zur Einführung der Reformation in Leipzig und im albertinischen Sachsen beschäftigt, kann man geradezu als ein gerafftes »Handbuch« zur Geschichte der europäischen und deutschen Universität im späten Mittelalter lesen. Bünz macht, von Paris und Bologna als Modellen ausgehend, die sozial, verfassungs-, kirchen- und theologiegeschichtlichen Hintergründe transparent, ohne die weder die Entstehung der Leipziger »Mutteruniversität« Prag, noch die schließlich im Zeichen der Hussitischen Revolution erfolgende Errichtung eines »Generalstudiums« in Leipzig verständlich sind. Zugleich stellt Bünz klar, dass die in der Universitätshistoriographie gängigen Modelle der »Gründungswellen«, zu deren erster, gemeinhin durch Prag 1348 und Rostock 1419 abgegrenzter, auch die Leipziger Gründung gezählt wird, nicht schematisch verstanden werden dürfen. Vielmehr sei für jede einzelne Universitätsgründung – sei sie nun, wie in Leipzig, von Dauer gewesen oder über die Anfänge nicht hinausgekommen – ein spezifisches Zusammenspiel von übergreifenden, territorialen und lokalen Faktoren zu rekonstruieren ist. Dieses Geflecht von Faktoren zeigt Bünz mit Verweisen auf die Entwicklung der Markgrafschaft Meißen zu Beginn des 15. Jahrhunderts und den Aufstieg Leipzigs zu einem städtischen Zentrum im wettinischen Herrschaftsbereich auf. Die spezifische Leipziger Gründungskonstellation ist schon allein deshalb bemerkenswert, weil im mitteldeutschen Raum mit Erfurt bereits eine etablierte, überregional verankerte Universität bestand, die überdies – worauf Bünz mit dem Tübinger Universitäts- und Landeshistoriker Sönke Lorenz differenziert verweist – über eine noch vor Prag zurückreichende Studien-Tradition verfügte. Die für die Universitätsgeschichte sowohl im Mittelalter als auch in der gesamten Neuzeit stets spannungsgeladene Beziehungsgeschichte von Universität, Kommune, Landesherrschaft bzw. Staat und – zumindest bis zur Reformation – Kirche bildet eines der strukturierenden Themen des Abschnitts, der im Anschluss an die Darlegungen zur Gründungsgeschichte und die Analyse der Gründungsdokumente, die Verfassung der neuen Universität, vor allem die in Leipzig so lange überdauernden »Nationen«, und die Fundierung der Universität erörtert. Ausführliche Kapitel werden dem geistigen Profil und dem Graduierungswesen der Fakultäten sowie der universitären Korporation als Sozialkörper gewidmet. Akademische Wissensvermittlung, korporativ-soziale Abgrenzung nach außen sowie Hierarchisierung und Reglementierung im Inneren, das macht Enno Bünz im Blick auf die Immatrikulation, das Sozialprofil von Lernenden und Lehrenden, die alltägliche Lebensgestaltung und die Sanktionierung des Abweichens durch die akademische Gerichtsbarkeit deutlich, waren im Selbstverständnis der »universitas magistrorum et scholarium« während des Mittelalters und der Frühen Neuzeit untrennbar miteinander verbunden. Der Schluss dieses ersten Abschnitts richtet den Blick mit Hinweisen auf Leipzig als eine im Vergleich zur kurfürstlich-ernestinischen »Schwester« Wittenberg lange »reformationsresistente« Universität zum einen, und auf die Tendenz zur Ausprägung als albertinisch-sächsische »Landesuniversität« zum anderen in das konfessionelle Zeitalter.

Mit den Stichworten Reformation, Konfessionalisierung, Landesausbau und Staatsbildung setzt Manfred Rudersdorf in seinem pointierten, um zentrale bildungs-, konfessions- und territorialgeschichtliche Fragestellungen gruppierten Abschnitt zur Alma Mater Lipsiensis zwischen 1539 und 1648/60 ein. Die Universität Leipzig erscheint hier als exemplarisch für die Prozesse von spätmittelalterlicher Herrschaftsverdichtung, frühneuzeitlicher Konfessionalisierung, Zentralisierung und »Durchherrschung«, die in den frühmodernen Landestaat mündeten und gerade die »Landesuniversitäten« als Ausbildungsstätten der zukünftigen Eliten in Kirche und Verwaltung zu einem zentralen »instrumentum dominationis« (S. 509) machten. Die Entwicklung Leipzigs zur »Landesuniversität« hebt Rudersdorf sowohl im Blick auf den mit der Einführung der Reformation 1539 einsetzenden und in der Universitätsordnung von 1580 gipfelnden Umgestaltungsprozess als auch durch den nachdrücklichen Verweis auf die Neuansätze im sächsischen Bildungswesen, vor allem die Gründung der drei sächsischen Fürsten- und Landesschulen 1543 bzw. 1550, hervor. Rudersdorf stellt die »auf eine enge Verzahnung mit der Leipziger Universität« angelegten (S. 375) Landesschulen in Meißen, Pforta und Grimma, die erst seit Beginn des 21. Jahrhunderts wieder stärker in den Fokus der neueren bildungsgeschichtlichen Forschung gerückt sind, zu Recht deutlich als wesentliche Elemente eines in der zweiten Hälfte des 16. Jahrhunderts entfalteten Systems territorialstaatlicher höherer Bildung und Elitenreproduktion heraus, in der Leipzig und das 1547 nach der militärisch-politischen »Katastrophe« der ernestinischen »Vettern« hinzugekommene Wittenberg die Spitze bildeten: Landesschulen und Landesuniversitäten waren untrennbar aufeinander bezogen. Zugleich kommt es Rudersdorf darauf an, überzogene Urteile zu den »Kosten« dieser Entwicklung zur »Landesuniversität« zu relativieren: Weder sei damit eine »Provinzialisierung« der Universität verbunden gewesen, noch sei Leipzig, das der Reformation unter der Herrschaft Herzog Georg des Bärtigen so lange Widerstand entgegengesetzt hatte, mit der lutherischen Konfessionalisierung umstandslos von einer »Scholastik« zur nächsten, nun im Zeichen lutherischer Orthodoxie gewechselt. Trotz des unverkennbaren Zuges zum »Traditionalismus«, trotz der zögerlichen Aufnahme des Humanismus sei dieses Bild, so Rudersdorf prononciert, »in Teilen zweifellos revisionsbedürftig« (S. 470). Nicht nur konnte das in Leipzig mit dem Philologen Joachim Camerarius d. Ä. etablierte humanistische Paradigma in teilweise scharfer Auseinandersetzung und spannungsgeladener Symbiose mit der lutherischen Orthodoxie – »zwei unterschiedlich profilierte wichtige Seiten« der »erst in den Anfängen stehenden konkurrierenden Konfessionskultur(en)« (S. 427) – bewahrt und auch noch 1580 im universitären Curriculum institutionell verankert werden. Es gelte auch, so Rudersdorf, die Leipziger Universität des späten 16. und des 17. Jahrhunderts mit den zeitgenössischen Maßstäben einer Hochschule zu messen, die nicht auf die hier anachronistische Kategorie wissenschaftlicher »Innovation«, sondern auf die Entfaltung der Wissenschaften in dem als identitätssichernd wahrgenommenen Rahmen konfessioneller Konsolidierung ausgerichtet war. Darüber hinaus – auch das macht Manfred Rudersdorf eindrücklich deutlich – konnten weder die konfessionelle Orthodoxie, die nach kurzzeitigen »Calvinisierungs«-Versuchen unter Kurfürst Christian I. wieder an Boden gewann, noch der besonders während des Dreißigjährigen Krieges starke Leipziger Pennalismus verhindern, dass die Universität in der Handels- und Messestadt zu einer der meistfrequentierten Hochschulen des Alten Reiches aufstieg.

Der anschließende Abschnitt Detlef Dörings zur Geschichte der Universität Leipzig zwischen 1650 und der Universitätsreform von 1830/31 zeichnet sich mit seiner starken Konzentration auf die Wissenschaftsgeschichte in der universitären Forschung und Lehrpraxis sowie auf eine alltags-, mentalitäts- und sozialgeschichtliche Analyse der Studenten- und Hochschullehrerschaft durch eine Schwerpunktsetzung aus, die oft beklagte Desiderata und Schwachstellen der Universitätsgeschichte ins Zentrum rückt. Döring entwirft für Leipzig ein facettenreiches Bild jener konkreten, seit dem Ende des 17. Jahrhunderts zunehmend durch die Aufklärungsbewegung geprägten »Forschungskulturen« und akademischen Lebensformen, über die man in universitätsgeschichtlichen Darstellungen oft wenig erfährt. Gerade für den letztgenannten Bereich, die studentische Alltagsgeschichte, liegt das, wie Döring eingangs seines aufschlussreichen Kapitels über den »Leipziger Studenten« erläutert, an der noch immer nachwirkenden Dominanz einer auf das Anekdotische oder die (verbindungs-)studentische Traditionsbildung ausgerichteten Studentengeschichte. Muss also auch Döring auf oftmals noch ausstehende Forschungen verweisen, geht er doch auf eine Vielzahl bedeutsamer Fragestellungen einer universitäts- und wissenschaftsgeschichtlich produktiven Studentengeschichte ein: das soziale Besucherprofil der Leipziger Universität einschließlich des für die deutschen Universitäten bis ins 19. Jahrhundert hinein so wichtigen Adelsanteils, die Fortdauer und Veränderungen des Pennalismus, Lebensunterhalt, Verdienstmöglichkeiten und Wohnverhältnisse der Studenten, das Stipendienwesen, Sexualität, Freizeitgestaltung sowie die in den letzten Jahren in den Fokus gerückte studentische Gewalt und das damit verknüpfte Agieren der universitären wie der staatlichen Gerichtsbarkeit. Auf ähnlich informative, von umfassendem Einblick in die aktuelle sozial- und mentalitätsgeschichtliche Forschung getragene Weise wird der Lehrkörper betrachtet: Einkommens- und Vermögensverhältnisse werden untersucht, die Rolle der Frauen in den Professorenhaushalten vorgestellt und einmal mehr auch am Beispiel Leipzigs klargelegt, dass das aus der Perspektive des 19. und 20. Jahrhunderts entworfene Bild der »verkrusteten« Familienuniversität und der akademischen »Inzucht« in Professorenfamilien ein Zerrbild ist, das weder den Mechanismen und Rationalitäten der frühmodernen Selbstergänzung der Universitäten noch dem intellektuellen Profil der »oftmals welterfahrene[n], weitgereiste[n]« Professoren (S. 633) gerecht wird. Die Wissenschaftsgeschichte der Universität Leipzig im Aufklärungszeitalter macht Döring nicht nur an der Entwicklung der in den Fakultäten institutionalisierten Fächer, z. B. der Naturwissenschaften in der Philosophischen Fakultät, sondern auch durch die Betrachtung der um die Universität gruppierten Sammlungen, Institute und Sozietäten teils eher privater teils öffentlicher Natur sichtbar, die sich im 18. Jahrhundert zu wichtigen Foren der wissenschaftlichen Kommunikation entwickelten. Im Kapitel zum Lehrbetrieb – auch dies ein oftmals unterbelichtetes Feld der Universitätsgeschichte – geht Döring auf Studiendauer und Unterrichtssprache, auf die Disputationen als Teil des Graduierungswesens und der Lehre, auf Vorlesungsankündigungen und Lehrangebot, auf die schon im 17. und 18. Jahrhundert für viele Universitätslehrer zur Existenzsicherung bitter notwendigen Kolleghonorare, auf die Orte der Vorlesungen und die Formen des Lehrens und Lernens ein.

Am Schluss seiner eingehenden wissenschaftsgeschichtlichen Durchmusterung der Leipziger Universitätsgeschichte, die durch Abschnitte zum städtischen und staatlichen Umfeld sowie zur Ereignis- und Verfassungsgeschichte der Universität ergänzt wird, muss Detlef Döring konstatieren, dass sich die Leipziger Universität vor 1830 aufgrund des Reformstaus, der in Sachsen zu Beginn des 19. Jahrhunderts entstand, wissenschaftlich wie institutionell »in einer Phase der Stagnation oder gar der Krise« befand (S. 771). Er liefert damit die »Vorlage« für Hartmut Zwahr, der seinen Abschnitt über die Jahre 1830 bis 1871, der zugleich Band 2 eröffnet, mit der durchgreifenden und konfliktreichen Reorganisation der Universität ab März 1830 einsetzen lässt. Anders als Döring, der genuin wissenschafts- und universitätsgeschichtliche Linien verfolgt, setzt Zwahr den Schwerpunkt in seinem ausführlichen Abschnitt – mit 525 Seiten der umfangreichste in den drei Bänden überhaupt – unverkennbar auf die Politikgeschichte: Auf das Verhältnis von Universität, Staat und gesellschaftlicher Bewegung in Vormärz, Revolution und Reichsgründungszeit. »Politisierung« ist deshalb ein zentraler Analysebegriff der Darstellung. Und in der Tat wurden die universitäre Korporation und die universitäre Wissenschaft als »Laboratorium der bürgerlichen Welt«[6] in Deutschland während des Vormärz und der Revolution von 1848/49 »Betroffene« und zugleich Katalysatoren der Fundamentalpolitisierung, die die deutsche Gesellschaft mehr und mehr erfasste. Zwahr stellt die Differenzierung der politischen Richtungen, Partei- und Lagerbildung, die Formierung der liberalen Bewegung, die wesentlich vom akademischen Bildungsbürgertum mitgetragen wurde, staatliche Restriktion und die sich während der 1840er-Jahre in Reaktion darauf auch in Sachsen abzeichnende Radikalisierung in Teilen der liberalen Reformbewegung detailreich und quellengesättigt am Beispiel der Konfliktlagen in der Universität dar: Im Senat, in der Burschenschaft und den übrigen sich formierenden Studentenverbindungen und Vereinen, in der in Sachsen während der 1830er- und 1840er-Jahre besonders aufgeladenen Frage konfessioneller Parität, in der Hochschullehrer- und Studentenbewegung der 1848er-Revolution und schließlich in den für die Entwicklung des deutschen Liberalismus entscheidenden 1860er-Jahren im Zeichen der von Preußen ausgehenden, zunächst verfassungs-, dann nationalpolitischen Herausforderung. Unterfüttert wird dieser strukturierende Fokus auf der Politisierung von Universität und Wissenschaft durch eingehende sozial- und institutionengeschichtliche Informationen, mit denen Zwahr die säkularen Trends der Universitäts- und Wissenschaftsentwicklung im 19. Jahrhundert für Leipzig plastisch machen kann: Expansion und institutioneller Ausbau in der Medizin und in den Naturwissenschaften; der vor allem über Extraordinarien und Privatdozenten betriebene Ausbau des Lehrkörpers als Reaktion auf die Spezialisierung in den Geistes- wie der Naturwissenschaften und als Voraussetzung disziplinärer Innovation an der Universität; schließlich die Intensivierung und Professionalisierung in der Wissenschaftsbürokratie wie in der universitären Selbstverwaltung. Angesichts der Fülle der von Hartmut Zwahr auf breiter Materialgrundlage behandelten Themen stellt sich allerdings die Frage, ob die gewählte chronologische, vor allem an politischen Zäsuren orientierte Gliederung des umfänglichen Abschnitts günstig ist: Es fällt in seiner Darstellung im Vergleich aller Abschnitte am schwersten, die über die Einzelkapitel verteilten und oft erzählend-assoziativ und zitatreich miteinander verknüpften Informationen zu bestimmten Themenfeldern wie Finanzwesen, institutionell-räumlichem Universitätsausbau, Universitätsverfassung und -verwaltung oder einzelnen Persönlichkeiten zusammenzusuchen.

6 Vgl. Pierangelo Schiera, Laboratorium der bürgerlichen Welt. Deutsche Wissenschaft im 19. Jahrhundert, Frankfurt am Main 1992.

Geht man von der realistischen Einschätzung aus, dass die Rezeption einer mehrbändigen, »Handbuch«-Charakter tragenden Gesamtdarstellung wie der vorliegenden Universitätsgeschichte zumeist nicht durch kontinuierliche Lektüre, sondern eher themenbezogen und okkasionell erfolgt, erweist sich eine klare, nicht durch die Chronologie, sondern durch Problemfelder strukturierte Aufbereitung, wie sie auch Jens Blecher für seinen Abschnitt zur Universität Leipzig zwischen der Reichsgründung und dem 500. Jubiläum der Universität 1909 wählt, als sachdienlicher. Blecher schreibt stärker als Zwahr als Universitätshistoriker im engeren Sinne und verweist schon in seiner Vorbemerkung programmatisch auf Sylvia Paletscheks Entwurf einer »inneren Geschichte« oder Rekonstruktion der »Realgestalt« der Universität als konzeptionelle Grundlage. Er leistet diese Rekonstruktion konzis in sieben Kapiteln. Thematisiert werden das städtische Umfeld und die Konturen der sächsischen Wissenschaftspolitik im Kaiserreich, die akademische Selbstverwaltung und die immer weiter abgebaute akademische Gerichtsbarkeit, der von den Ordinarien angeführte Lehrkörper, zu dem breite sozialstatistische Angaben geboten und bei dessen Erörterung auch die Leipziger Nichtordinarienbewegung vorgestellt wird; Studium und Studentenschaft aus rechts- und alltagsgeschichtlicher Perspektive, das Promotionswesen und die Universitätsfinanzen. Das instruktive Kapitel zur Finanzierung und zu den Stiftungen der Leipziger Universität ist besonders hervorzuheben, gilt doch, wie Blecher eingangs dieses Kapitels beklagt, auch für Leipzig das, was für die Finanzgeschichte der meisten deutschen Universitäten und Hochschulen zutrifft: Eine moderne, sowohl in der Universitätshistoriographie als auch in der Wirtschaftsgeschichte und der Geschichte der öffentlichen Finanzen verankerte Finanzgeschichte der Universitäten stellt weitgehend eine terra incognita dar. Jens Blecher thematisiert hier nicht nur das Vermögen sowie die Entwicklung der Staatszuschüsse und Eigeneinnahmen der Universität, sondern geht auch ausführlich auf das Stiftungs- und Stipendienwesen in Leipzig ein, das unter dem Gesichtspunkt der »gesellschaftlichen« Universitätsfinanzierung einer der »Expansionssektoren« universitätsgeschichtlicher Forschung in der Gegenwart ist.[7] Das letzte Kapitel des Abschnitts von Jens Blecher durchbricht die problemorientierte Struktur und zeigt die »Landesuniversität mit Weltgeltung« – ein sehr treffend gewählter Titel für den im »langen« 19. Jahrhundert fortbestehenden Charakter der »Landesuniversität« in Verbindung mit der nationalen und internationalen Bedeutung Leipzigs – auf dem Höhepunkt der Jubiläumsfeierlichkeiten von 1909, bevor auch die Alma Mater Lipsiensis mit dem Ersten Weltkrieg in das »kurze 20. Jahrhundert« und damit in das »Zeitalter der Extreme« eintrat.

Um diesen Zeitraum geht es in den drei Abschnitten des dritten Bandes. Ulrich von Hehl widmet sich dem Ersten Weltkrieg, der Weimarer Republik und dem Nationalsozialismus, Günther Heydemann den Jahren der sozialistischen Transformation bis zum Mauerbau 1961 und Klaus Fitschen der Universität in der späteren DDR bis zur »Friedlichen Revolution« von 1989. Über Periodisierungsfragen wird man hier, wie stets, trefflich diskutieren können: Sinnvoll wäre sicher auch die Orientierung an einem universitätsgeschichtlichen Einschnitt wie der sogenannten »3. Hochschulreform« gewesen, zumal sie, wie Klaus Fitschen in zwei Abschnitten eindringlich deutlich macht, auch für Leipzig institutionell und im Hinblick auf das

7 Vgl. Thomas Adam, Stipendienstiftungen und der Zugang zu höherer Bildung in Deutschland von 1800–1960, Stuttgart 2008. Vgl. auch die Beiträge des im Erscheinen begriffenen Bandes 15 (2012) des »Jahrbuchs für Universitätsgeschichte«, das sich mit Studienförderung und Stipendienwesen an deutschen Universitäten vom Mittelalter bis zum 20. Jahrhundert beschäftigt.

geistige Klima eine tiefe Zäsur darstellte: »1968« hieß auch »eine starke Intensivierung der ideologischen Arbeit [...], die in der Zerstörung der Universitätskirche ihren höchsten symbolischen Ausdruck fand«. (S. 636) Überzeugend ist es in jedem Fall, Weltkrieg, Revolution, Republik und NS-Herrschaft im Sinne der Interpretationsfigur vom »Zweiten Dreißigjährigen Krieg« zu einer universitätsgeschichtlichen Periode zusammenzufassen, wie es in dem von Ulrich von Hehl verantworteten Abschnitt geschieht. Von Hehl kann seiner versierten, strukturgeschichtlich orientierten Darstellung zunächst noch eine Gliederung zugrunde legen, die, ähnlich wie bei Jens Blecher, an den Themenfeldern Verfassung und Verwaltung, Finanzen, Lehrkörper und Personal sowie Studentenschaft orientiert ist und die bereits zitierte »Realgestalt« der Universität anfangs unter den Ausnahmebedingungen des Ersten Weltkrieges, dann in den prekären, auch in Leipzig von der Skepsis beträchtlicher Teile von Hochschullehrer- und Studentenschaft gegenüber der Republik gekennzeichneten Weimarer Jahren deutlich werden lässt. Eher zurückhaltend und nur mit knappen Strichen wird – unter Verweis auf die bereits vorgestellten Fakultätsbände – die Wissenschaftsentwicklung betrachtet. Für den Nationalsozialismus schieben sich dann ohnehin ideologische Kategorien in den Vordergrund. Von Hehl geht auf »Gleichschaltung« und Selbstgleichschaltung mit ihren institutionellen aber auch disziplingeschichtlichen Auswirkungen besonders in den Geistes- und Sozialwissenschaften ein, sei es doch »mit Händen zu greifen, dass der totalitäre Erfassungsanspruch des Nationalsozialismus sich gerade in ›ideologienahen oder für die Machthaber ›interessanten‹ Fächern zeigen musste«. (S. 225) Hier, und in der resümierenden Bemerkung, bei der Wiedereröffnung der Universität unter der Ägide der sowjetischen Besatzungsmacht 1946 habe sich bereits abgezeichnet, »dass an die Stelle der erst durch den Krieg beseitigten NS-Diktatur ein Totalitätsanspruch von links treten würde« (S. 329) ist nicht zu übersehen, dass von Hehl, ungeachtet der deutlichen Kennzeichnung exzeptioneller Elemente der NS-Wissenschaftspolitik, auch die Perspektive eines sektoralen Diktaturvergleichs in der Universitätsgeschichte fruchtbar macht – eine in der Tat in vielfacher Hinsicht analytisch weiterführende Sichtweise.

Günther Heydemann greift sie in seinem Abschnitt zur frühen DDR auf, wenn er paradigmatisch das Anliegen formuliert, am Beispiel der Universitätsgeschichte Leipzigs bis 1961 zu zeigen, wie »moderne Diktaturen [...] von der totalitären Intention ihrer Machthaber her [...] fortwährend bestrebt« seien, »Staat, Wirtschaft, Gesellschaft, Kultur und sonstige Einrichtungen so weit wie möglich zu beherrschen bzw. unter ihre Kontrolle zu bringen«. (S. 337). Heydemanns Darstellung ist demgemäß auch auf die Frage nach den strukturell-institutionellen, sozialen und politischen Folgen der Ideologisierung der Universität und ihrer »Transformation« zunächst unter direkter sowjetischer Regie, dann unter Führung der SED konzentriert. Wichtige Forschungsfelder der gerade im Zeichen der Universitätsjubiläen in Jena und Berlin in den zurückliegenden Jahren recht intensiv betriebenen DDR-Universitätsgeschichte werden so aus Leipziger Perspektive beleuchtet. Das gilt etwa für die von Heydemann eingehend analysierte »Brechung des bürgerlichen Bildungsmonopols« durch die in ihren Kategorisierungen (»Arbeiter- und Bauernkind«) immer mehr aufgeweichte und ad absurdum geführte »positive Diskriminierung« bei der Studienzulassung, die Vorstudienanstalt und Arbeiter-und-Bauern-Fakultät oder die Gründung der kurzlebigen »Gesellschaftswissenschaftlichen Fakultät«. Auch Dissens, Renitenz und Resistenz besonders während der 1950er-Jahre nehmen in Heydemanns Darstellung den ihnen gebührenden Platz ein. Ein aufschlussreiches und kritisches Kapitel widmet Günther Heydemann am Ende den zwei zwar dezidiert marxistischen, aber nicht »linientreuen« »Stars« der Leipziger Universität im untersuchten Zeitraum, die erst in der Bundesrepublik die »Vorzüge« der DDR wieder zu entdecken meinten: Ernst Bloch und Hans Mayer.

Auch Klaus Fitschen konstatiert zu Beginn seines Abschnitts über die sozialistische Universität nach dem Mauerbau unumwunden, Geschichte der Universität in dem von ihm untersuchten Zeitraum sei vor allem »die Geschichte ihrer Einordnung in das System der SED-Diktatur«. (S. 571). Neben der bereits erwähnten Darstellung der »3. Hochschulreform« und ihres Umfeldes legt Fitschen besonderes Gewicht auf die schon in den 1970er-Jahren immer deutlicher hervortretende Ineffizienz bürokratisierter, unter dem Diktat der planwirtschaftlichen Mangelökonomie stehender universitärer Wissenschaftsstrukturen. Auch systemimmanente Kritik oder Veränderung scheiterte oft an der »Selbsterhaltung« von Verhältnissen, deren prinzipielle Reformfähigkeit im Verlauf der 1980er-Jahre immer fraglicher wurde. Politisierung und Ideologisierung wurden »durch Ausweichmanöver, sinnentleerte Rituale, phrasenhafte Loyalitätsbekundungen oder stillschweigende Einverständnisse« kompensiert, was, so Fitschen, viele Quellen »so nichtssagend« mache (S. 572) – eine Erfahrung, die jeder teilen wird, der sich mit der DDR-Aktenüberlieferung der 1970er- und 1980er-Jahre in den Universitätsarchiven befasst hat. Vielfach konstatierten Wissenschaftler und andere Universitätsangehörige seit den Siebzigerjahren des 20. Jahrhunderts ein Zurückbleiben des Forschungsniveaus gegenüber dem Westen, das auf ausbleibende Investitionen in die Forschungsinfrastruktur und auch auf den erschwerten wissenschaftlichen Austausch zurückzuführen war. Nicht ohne grimmige Ironie zeichnet Fitschen alltägliche Leistungs- und Kapazitätsprobleme des Lehrens, Lernen und Lebens an der Universität nach, wie etwa die allgegenwärtige Wohnraumknappheit. Diese sozial- und alltagsgeschichtlichen Beobachtungen formen in Kombination mit strukturgeschichtlichen Informationen zum »Organisationsgefüge« von Hochschule, Partei, Staatsapparat, Kommune und Industrie ein differenziertes Bild der Universitätsgeschichte in der zweiten Hälfte der DDR-Jahre. Wissenschaftsgeschichtliche Einordnungen zu dieser Phase – vor allem differenzierte Antworten zur entscheidenden Frage einer DDR-Wissenschaftsgeschichte nach der Bedeutung der DDR-Forschungen im Gesamtkontext der zeitgenössischen Wissenschaftsentwicklung – nimmt Klaus Fitschen nur summarisch vor; hier kann er, wie Ulrich von Hehl und Günther Heydemann, auf die beiden reichhaltigen Fakultäten-Bände verweisen.

Am Schluss steht ein eminent »zeitgeschichtlicher« Rückblick über den rasanten Umgestaltungs- und Neuformierungsprozess der Universität seit 1989 von Fritz König. Er löst die nicht unproblematische Aufgabe, eine Universitäts-»Geschichte« bis an die unmittelbare Gegenwart heranzuführen, mit einem zugleich sachlichen und spannenden Überblick, der Notwendigkeiten und Gelingen berechtigterweise herausstellt, Verwerfungen nicht verschweigt und auch auf Probleme der gegenwärtigen Wissenschaftspolitik vorausweist. Dennoch stellt dieser Abschnitt – nicht zuletzt weil König als noch amtierender Personaldezernent und Stellvertreter des Kanzlers selbst einer der Protagonisten des dargestellten Umbaus und der gegenwärtigen Leipziger Universitätsverwaltung ist – keine »Universitätsgeschichte« im eigentlichen Sinne mehr dar: Eine universitätsgeschichtliche Analyse dieses nahezu beispiellosen wissenschaftsorganisatorischen Transformationsprozesses muss und wird erfolgen, wenn sich der zeitliche Abstand vergrößert hat. Die Mitlebenden des Umbruchs werden hier das »letzte Wort« – wenn es ein solches in der historischen Forschung denn überhaupt gibt – nicht sprechen können. Vielleicht auch hätte der Abschnitt Mitte der 1990er-Jahre, mit dem Abschluss der unmittelbaren Übergangsphase, enden können. Dieser historiographischen Bedenken ungeachtet fügt sich Königs Darstellung aber als gelungener Schlussakkord in eine exzellente Universitätsgeschichte ein, die für die weitere Beschäftigung mit der Geschichte der Alma Mater Lipsiensis nun grundlegend ist und auch darüber hinaus viele universitäts- und wissenschaftsgeschichtliche Forschungsakzente setzt.

Stefan Gerber (Jena)

Thomas Keiderling

Aufstieg und Niedergang der Buchstadt Leipzig

Sax-Verlag, Beucha-Markkleeberg, 2012, 208 Seiten, Ladenpreis: 24.80 Euro,
ISBN 978-3-86729-098-2

In seinem vielfältigen Programm zur Regional- und Landesgeschichte hat der Sax-Verlag schon mehrere wichtige Publikationen zur Leipziger Buchgeschichte vorgelegt. Einige dieser Publikationen wurden von dem Historiker und Medienwissenschaftler Thomas Keiderling verfasst oder herausgegeben, er gilt nicht zu Unrecht als ausgewiesener Experte zum Thema. In seinem neuen Werk setzt er den Fokus auf die intensive thematische, analytische Hinterfragung des Begriffs Buchstadt Leipzig. Den Zweifel an der Berechtigung dieser Kennzeichnung für Leipzig in Keiderlings Vorwort soll nach meinem Eindruck den potenziellen Leser provozieren und damit bei den »heutigen buchaffinen Berufsgruppen« (S. 5), zu denen ich mich gern zähle, Interesse wecken. Die kritische, sorgfältige Analyse durch den Verfasser des Buches bestätigt aber eher die Richtigkeit des Terminus Buchstadt.

Keiderling zeichnet die Entwicklung der Stadt Leipzig im Buchgewerbe und als Buchstadt nach und unterteilt diese in sechs Perioden:

ca. 1480–1618	Anfänge des Buchgewerbes
1618– ca. 1800	Aufstieg zur führenden Verlags-, Druck- und Buchmessestadt
1800–1871	Formierung des Leipziger Platzes als Kern der Buchstadt
1871–1914	Höhepunkt während des Deutschen Kaiserreichs
1914–1943/45	Abschwung
1943/45–1995	2. Phase des Niedergangs

Zu jeder Periode gibt der Autor einen umfassenden Überblick. Dafür nutzt er neben umfangreicher Literatur und Interviews mit Zeitzeugen Originalquellen in verschiedenen Archiven. Neben den Leipziger Archiven (Sächsisches Staatsarchiv, Stadtarchiv und Archiv im Deutschen Buch- und Schriftmuseum der Deutschen Nationalbibliothek) und dem Bundesarchiv Berlin sind das auch verschiedene Verlagsarchive und der Bestand des Leipziger Kommissions- und Großbuchhandels, der sich im Archiv beim Bereich Buchwissenschaft der Universität Leipzig befindet.

Kern für die Zuweisung des Terminus Buchstadt bildet die Logistikfunktion für den gesamten deutschen Buchhandel. Leipzig fungierte ab dem 19. Jahrhundert als Zentrum des Zwischenbuchhandels. Dieses Alleinstellungsmerkmal Leipzigs bedingt aber und ist bedingt durch das gesamte »Buchumfeld«, wie es auch Keiderling beschreibt, also Buchdruck, Buchbinderei, Verlagswesen, Buchmesse, Bibliotheken, Buchhandel, literarisches Leben, vielfältige Ausbildungsmöglichkeiten im Buchgewerbe und Buchwissenschaft usw.

Alle Aspekte werden von Keiderling in den sechs genannten Kapiteln ausführlich beschrieben. Dabei beschäftigt sich Keiderling nicht nur mit der Entwicklung und Historie der einzelnen Zweige und Institutionen, sondern richtet sein Augenmerk auch auf die Topographie, vor allem des sich im 19. Jahrhundert herausbildenden »Graphischen Viertels« in Leipzig. Einen Schwerpunkt seiner Ausführungen bildet verständlicherweise die Funktionsweise des sogenannten Leipziger Platzes, also seiner Kernthese für die Verwendung des Titels Buchstadt. Vorgestellt werden auch die Protagonisten des Buchgewerbes. Teilweise fehlende Lebensdaten, z.B. bei den auf S. 36 genannten Verlegerinnen, zeigen hier auch Forschungslücken auf. Die von ihm als »größenwahnsinniges Projekt« (S. 103) bezeichnete Vorstellung der Schaffung eines gigantischen Bücherhofes in Nähe des Eilenburger Bahnhofes als Zentrale des Kommissionsbuchhandels und als komplett überdachter Stadtteil passt in die Reihe weiterer utopischer Träume der Stadt im ersten Drittel des 20. Jahrhunderts wie der Errichtung eines Messeturmes am Ring oder den Bau eines Flugplatzes auf dem Dach des Leipziger Hauptbahnhofs.

Interessant auch der wohl erstmalige Versuch, den Ursprung des Begriffs Buchstadt zu ermitteln bzw. seine Einführung und Verwendung nachzuvollziehen. Ergänzend sei in diesem Zusammenhang angemerkt, dass die Einordnung der Buchhändler in den Leipziger Adressbüchern als extra Rubrik noch vor den Kaufleuten und Kramern bedingt war durch deren Zugehörigkeit zur Universität bis ins 18. Jahrhundert und auch nach 1742, wie von Keiderling auf S. 107 angegeben, bestehen blieb.

Der Niedergang des Buchwesens in Leipzig schildert Keiderling in zwei Phasen, ausgelöst vor allem durch die beiden Weltkriege. Stärkste Ursache sind dabei sicher die bedingt durch den von Deutschland entfesselten Zweiten Weltkrieg erfolgten Bombardements auf deutsche Städte und die daraus resultierende fast vollständige Vernichtung der materiellen Basis des Buchwesens in Leipzig.

Das DDR-Kapitel scheint generell von einem negativen Duktus geprägt, der dem sachlichen Stil des Buches nicht immer gut tut. Wenn auch der Leipziger Kommissions- und Großbuchhandel kein vollwertiger Nachfolger der Firmen und Funktionen des Zwischenbuchhandels war, hatte er für das Gebiet der DDR doch eine ähnlich zentrale Funktion. Sein Wirken und Anspruch bestätigt Keiderlings These vom ausschlaggebenden Faktor des Kommissionsbuchhandels. Der Vorwurf der Vermarktung des Begriffs »Buchstadt« in der DDR sollte relativiert werden, denn dass Städte, Regionen oder Staaten ihre vermeintlichen Stärken und Alleinstellungsmerkmale in der Werbung und für propagandistische Zwecke verwenden, ist allgemein üblich und war nicht nur in der DDR so.

Die Zusammenfassung in Thesen am Ende des Buches, in denen Keiderling den Gebrauch des Begriffes auch als Synonym für alle mit Büchern in Zusammenhang stehenden Bezeichnungen für Leipzig sieht, bildet den versöhnlichen Abschluss des Buches, das insgesamt meine völlige Zustimmung findet und allen an der Buchgeschichte und der Geschichte Leipzigs Interessierten unbedingt empfohlen werden kann.

Vielfältige Abbildungen und Grafiken unterstützen und illustrieren die Aussagen des Textes. Der Anhang bringt neben dem umfangreichen Quellen- und Literaturverzeichnis auch ein Personen- und Firmenregister und bietet damit für die Weiterbeschäftigung mit dem Thema einen schnellen Zugriff auf benötigte Informationen.

Carla Calov (Grimma)

Brigitte Richter

Freunde zu Gast im Hause Felix Mendelssohn Bartholdys in Leipzig. Die letzte Wohnstätte des Komponisten und seiner Familie in den Jahren 1845 bis 1847.

Eudora-Verlag Leipzig Ralf C. Müller, Leipzig 2011, 320 Seiten, Ladenpreis: 25.90 Euro, ISBN 978-3-938533-39-0

Ein Kleinod der Leipzig-Literatur ist dieses überaus ungewöhnliche Buch, das die Autorin mit den Worten beginnen lässt: Dem verdienstvollen und unablässigen Förderer des wiederentstandenen Mendelssohn-Hauses Leipzig, Professor Dr. h. c. Kurt Masur, in dankbarer Verehrung gewidmet.

Die Gäste von Felix Mendelssohn Bartholdy und seiner Frau Cécile ließen in ihrem Haus einen Kreis entstehen von Intellektuellen, Künstlern und Kaufleuten, gleichsam einer Kulturelite der Stadt, Männer wie Frauen. Auch Besucher von weither waren darunter, zusammen in einer für den Leser unerwartet großen Zahl.

Die Autorin war nach dem Studium der Musikwissenschaft und Germanistik in Halle seit 1960 Wissenschaftliche Mitarbeiterin des Stadtgeschichtlichen Museums Leipzig und zunehmend dem Stoff sehr nahe. Sie vermochte von jedem der Gäste in der Königstraße 5 (heute Goldschmidtstraße) ein mehrseitiges Biogramm zu verfassen und ebenso deren persönliche Notate auszumachen, die an ihren Besuch im Hause Mendelssohns erinnerten, und sei es in einem Tagebuch, einer Autobiografie oder in Briefen. Durchweg ließen sich diese kleinen und dennoch so aussagekräftigen Texte neben das Bild beziehungsweise die feine Porträtzeichnung stellen. Selbst die Bilder des häuslichen Interieurs der Gastgeber sind zeichnerisch recht eindrucksvoll geraten.

Die lange Reihe der Gäste beginnt mit Hans Christian Andersen, der 1847 schrieb: »... verlebte glückliche Stunden bei dem genialen Mendelssohn, ... seine geistvollen Augen schienen mir in die Seele zu schauen. Nur wenige Menschen sind mehr von der inneren Flamme geprägt.« Von ihm existiert eine Autobiografie »Das Märchen meines Lebens« (1847), in der die ihm unvergesslichen Treffen mit dem Gewandhauskapellmeister eine Darstellung erfahren. Der große Verleger Heinrich Brockhaus mit Frau Pauline und ihren Kindern, oft Gast im Hause Mendessohn, schrieb 1836: »... solche Morgenunterhaltungen sind sehr angenehm. Mendelssohn ladet dazu nur wahre Freunde der Musik ein und hat mir versprochen, es mir immer sagen zu lassen, wenn er musikalische Freunde bei ihm versammelt.« Eduard Devrient gehörte dazu, der Schauspieler, Sänger, Theaterschriftsteller und ab 1844 Oberregisseur am Hoftheater in Dresden. Er und Mendelssohn nutzten den Beginn der Bach-Bewegung, die 1829 mit der folgenreichen Berliner Aufführung der Matthäuspassion durch Mendelssohn begonnen hatte. Damit war die Bach-Renaissance des 19. Jahrhunderts eingeleitet. Als Mendelssohn 1835 an die Spitze des Gewandhauses berufen wurde, begann die Messestadt zu einem musikalischen Mittelpunkt von europäischem Rang aufzusteigen und entwickelte sich noch zu seinen Lebzeiten zu einem Sammelpunkt für die Bestrebungen, Bachs Werke durch Aufführungen und Veröffentlichungen neu zu entdecken und bekannt zu machen. Moritz Hauptmann, der 1842, einer Empfehlung Mendelssohns folgend, vom Rat der Stadt Leipzig zum neuen Thomaskantor gewählt wurde, hatte seinen Anteil daran. Hinzu kam, dass Mendelssohn 1843 Mitbegründer des Leipziger Konservatoriums für Musik, des ersten in Deutschland, wurde. Devrient erinnert sich: »Mendelssohn erquickte mich durch seine Herzlichkeit ... Es hatte etwas Beglückendes, von Felix geliebt zu sein« (1869). Seinen Platz im Buch hat auch Ignaz Moscheles, der seinerzeit berühmte Komponist und Pianist. Neben dem Bild seiner Frau Charlotte steht ein Notat von ihm aus dem Jahre 1840: »Ich habe durch Mendelssohns Erscheinen einen neuen Lebensgenuss erhalten, und er nimmt neben den teuersten Familienbanden mein ganzes Ich in Anspruch.«

Bemerkenswerte Frauen hat die Autorin ebenso aufgenommen, unter ihnen Hedwig Salomon und Sophie Schloß. Als Mendelssohn im Herbst 1835 seine Tätigkeit als Kapellmeister des Gewandhauses aufnahm, war Hedwig Salomon, Tochter des Stadtrats und Vorstehers des Johannishospitals, dreizehn Jahre alt. Sie erlebte als junge Konzertbesucherin und Chorsängerin über ein Jahrzehnt lang die Leipziger Wirkungszeit Mendelssohns als Dirigent, Pianist und Komponist. Unter seiner Leitung hat sie in den Aufführungen Bachscher und Händelscher Oratorien wie auch bei Musik im privaten Kreis mitgewirkt. Und so hat sie rückschauend manches Wichtige in Tagebucheintragungen, Briefen und in ihrer Selbstbiografie überliefert. 1901, inzwischen trug sie den Namen Hedwig von Holstein, steht neben ihrem Bildnis: »Gerade Mendelssohn kann ich mir nicht tot, nicht einmal zeitweise schlafend denken, denn sein Geist war so durchaus vorherrschend, dass er ganz Seele, ganz Geist zu sein schien ...« Während mehrerer Konzertwinter war die Altistin Sophie Schloß, verheiratete Gurau, 1846/47 als »Erste Sängerin« der Leipziger Gewandhauskonzerte engagiert. Sie trat in den Abonnements- und Extrakonzerten auf und gehörte zu dem Kreis der Künstlerfreunde, die sich um den Gewandhauskapellmeister scharten. Neben ihrem Bild haben Worte Robert Schumanns über sie ihren Platz: »Fräulein Schloß war bei prächtiger Stimme und sang mit einer Bravour, dass sie das Publikum in Alarm versetzte«. Ebenso lobte Schumann die Konzert- und Liedersängerin Livia Virginia Frege nach ihrem Debüt in einem Gewandhauskonzert mit Liedern Mendelssohns in seiner »Neuen Zeitschrift für Musik«.

Elise Polko, Schriftstellerin, geborene Vogel aus Leipzig, hatte 1868 ein Buch »Erinnerungen an Felix Mendelssohn Bartholdy« geschrieben. Sie betreffen vor allem die letzten Lebensjahre des Komponisten, über die sie als Zeitgenossin aus ihren Erinnerungen berichten konnte. Der Berliner Mendelssohn-Biograf Ernst Wolff schreibt zehn Jahre nach ihrem Tode, es sei geradezu unmöglich, an ihr vorbeizugehen, wenn von seiner Musik und seinen Freunden die Rede ist.

Auch Äußerungen des Gastgebers über seine Gäste sind zu finden. Zum Beispiel verband ihn eine langjährige Freundschaft mit Ferdinand David, einem der namhaftesten Geiger und Violinpädagogen seiner Zeit. Im Jahre 1825 lernten die beiden Musiker sich kennen, und Mendelssohn schrieb 1846 über David: »... der ist mir mit seiner frischen Laune und seinem schönen Geigenton, der sehr an Rietz erinnert, in der letzten Zeit recht tröstlich und angenehm gewesen«.

Louis Spohr und Richard Wagner sind es, die am Schluss des Buches stehen. Spohr, der »deutsche Paganini«, Geiger und Kasseler Hofkapellmeister, hielt sich auf der Durchreise nach Karlsbad in Leipzig auf. Das Gewandhausdirektorium veranstaltete auf Mendelssohns Veranlassung am 25. Juni 1846 zu Ehren Spohrs ein Extrakonzert für geladene Gäste. Zu seiner Freude enthielt das Programm des Konzertabends ausschließlich Spohrsche Kompositionen, darunter die Overtüre zu seiner Oper »Faust«. Seine Frau Marianne notierte darüber: »Den Abend verlebten wir herrlich bei Mendelssohns, die alles aufboten, um Spohr soviel Freude als möglich zu machen.«

Bei dieser Begegnung war auch Richard Wagner zugegen. Das Verhältnis zwischen Richard Wagner und Felix Mendelssohn Bartholdy war nicht von Anfang an mit Spannungen belastet wie in späterer Zeit. Der angehende Opernkomponist hatte als Magdeburger Kapellmeister die Erfolge und die allerorten wachsende Beliebtheit Mendelssohns als Pianist, Dirigent und Komponist bewundert. Von Dresden aus, wo er 1843 zum Hofkapellmeister ernannt worden war, besuchte er mehrmals seine Geburtsstadt Leipzig. Als er sich auf Drängen Louis Spohrs zum verabredeten Treffen mit ihm in der Messestadt aufhielt, begegneten sich auch Mendelssohn und Wagner noch einmal: in der Mendelssohnschen Wohnung am Abend des 25. Juni 1846. Marianne Spohr hielt fest: »Wir freuten uns, dass Mendelssohn, der im ganzen gegen ihn (Wagner) war, ihn doch eingeladen (hatte) und sehr höflich gegen ihn war.«

Nicht alle aus dem Freundschaftsbund, die das Buch umfasst, vermag man zu nennen. Berühmtheiten wie Jenny Lind, Joseph Joachim oder Niels Wilhelm Gade werden von der Autorin ebenso bedacht wie heute vergessene Musikliebhaber unter Mendessohns Gästen. Besonders hervorzuheben sind die umfassenden Recherchen der Autorin, ihre souveräne Kenntnis der archivalischen und literarischen Quellen.

In allen Teilen des Buches bilden Felix Mendelssohn Bartholdy und seine Freunde den Mittelpunkt. Das Ganze schließt mit einem Literaturverzeichnis, mit der Übersicht über Briefe, Tagebücher und weitere handschriftliche Dokumente, aus denen zitiert wurde, mit einem Abbildungsverzeichnis und -nachweis sowie dem Personenregister, das an die 200 Namen nennt. Die Lektüre dieses ausgezeichneten Buches zu einem Thema der Leipziger Kulturgeschichte ist sehr zu empfehlen.

Manfred Unger (Auerbach)

Marek Wejwoda
Spätmittelalterliche Jurisprudenz zwischen Rechtspraxis, Universität und kirchlicher Karriere. Der Leipziger Jurist und Naumburger Bischof Dietrich von Bocksdorf (ca. 1410–1466)
(= Education and Society in the Middle Ages und Renaissance, Bd. 42)

Verlag Brill, Leiden-Boston 2012, 468 Seiten, Ladenpreis: 161 Euro, ISBN 978 90 04 21241 1

Bei aller Verschiedenheit der Lebensbahnen und trotz unterschiedlicher – inhaltlicher wie geographisch-räumlicher – Betätigungsfelder sowie sozialständischer Herkunft haben Ulrich Riederer, Job Vener und Dietrich von Bocksdorf eines gemeinsam – sie alle gehörten, hier stellvertretend genannt, einer Gruppe von studierten Richtern, Advokaten, Ratgebern und Beamten an, die im Spätmittelalter als Absolventen führender Universitäten im Zuge wachsender Verrechtlichung und »Verwissenschaftlichung des Regierens« (Peter Moraw) als gelehrte Juristen zunehmend an Bedeutung gewannen. Seit mehreren Jahrzehnten bereits liegen zu diesem Personenkreis unterschiedlich gewichtete Untersuchungen vor, zuletzt hat, um den Blick auf Mitteldeutschland zu lenken, Robert Gramsch in seiner Dissertation 2003, die ebenfalls bei Brill in Leiden-Boston erschienen ist, eine Kollektivbiographie von über 700 Erfurter Universitätsbesuchern zwischen 1392 und 1470 vorgelegt, die sich gerade in besagte Gruppe spätmittelalterlicher Juristen einordnen lassen.[1]

Marek Wejwoda kann als wissenschaftlicher Mitarbeiter am Lehrstuhl für sächsische Landesgeschichte der Universität Leipzig auf eine bereits beeindruckende Zahl von Veröffentlichungen zurückblicken, die nun gleich in mehrfacher Hinsicht eine monographische Erweiterung erfährt. Die vorliegende Arbeit stellt dabei den Hauptteil seiner im vergangenen Jahr fertiggestellten Dissertation dar, die in drei Teilbänden mit knapp über 1000 Seiten in drei eigenständigen Monographien mit unterschiedlicher Schwerpunktsetzung bei den Monumenta Germaniae Historica (Studien zu den rechtspraktischen Texten und zum Werk des Leipziger Juristen Dietrich von Bocksdorf), im Rahmen der »Quellen und Forschungen zur sächsischen Geschichte« (Die Leipziger Juristenfakultät im 15. Jahrhundert) sowie den Schriften aus der Universitätsbibliothek Leipzig (Dietrich von Bocksdorf und seine Bücher) erscheinen wird. Hinzu kommt noch die vorliegende Monographie, die die Biographie Bocksdorfs sowie seine Rolle als gelehrter Jurist in der Rechtspraxis – zwei zentrale Kapitel der Dissertation – in den Mittelpunkt rückt.

Einleitend beleuchtet Wejwoda die Rolle gelehrter Juristen als »gesellschaftlich-politischer Führungselite« im Spätmittelalter vor dem Forschungshintergrund der zurückliegenden Dezennien, wobei – auch durch prosopographische Studien hervorgerufen – zuletzt der Akzent auf Rechts-, Sozial- und Bildungsgeschichte gelegt wurde. Mit Blick auf Dietrich von Bocksdorf wird dabei rasch deutlich, mit welchem Dilemma der Vf. zu kämpfen hatte, war doch ein nicht unerheblicher Teil der zur Verfügung stehenden Quellen bislang unerschlossen, mitunter nicht einmal bekannt. Wejwoda ging es zunächst, ausgehend von einer kritischen Sichtung des Bestandes, in erheblichem Umfang um die handschriftliche Suche in Leipziger, Zeitzer,

1 Vgl. Robert Gramsch, Erfurter Juristen im Spätmittelalter. Die Karrieremuster und Tätigkeitsfelder einer gelehrten Elite des 14. und 15. Jahrhunderts (= Education and Society in the Middle Ages and Renaissance, Bd. 17), Leiden-Boston 2003.

Merseburger und Naumburger Beständen, dann um eine quellenkritische Sichtung des zutage geförderten Materials sowie, darauf aufbauend, um eine möglichst vollständige »rekonstruktiv-positivistische Darstellung« (S. 17) von Leben und Werk Dietrichs von Bocksdorf, die Frage nach den konkreten Wirkungen juristischer Gelehrsamkeit sowie nicht zuletzt um die Hinterfragung der konkreten Tätigkeitsfelder des gelehrten Juristen.

In Kapitel II steht folglich, als Ausgangspunkt, auf mehr als 200 Seiten die kontextuelle Biographie Dietrichs von Bocksdorf im Fokus, der einem in der Niederlausitz beheimateten Niederadelsgeschlecht entstammte, aus dem bereits der 1372 an der Prager Juristenfakultät immatrikulierte, quellenmäßig sonst nicht fassbare Heinrich sowie der 1399 ebenfalls in Prag inskribierte Tammo von Bocksdorf, der 1410 als pragensis an die kurz zuvor gegründete Alma mater Lipsiensis wechselte und nachfolgend eine universitäre und kirchliche Karriere als hochqualifizierter Jurist machte, herausragten. In deren Fußstapfen trat Dietrich – und er sollte beide Familienangehörige an Gelehrsamkeit, Erfolg und Wirksamkeit weit übertreffen. Die äußeren, quellenmäßig gesicherten bzw. ermittelten Jahreszahlen der Vita festzuhalten sind freilich das eine, die weitgeflochtenen Verbindungslinien zwischen diesen auf der Grundlage der überlieferten Quellen und der Sekundärliteratur zu ziehen und diese miteinander zu verflechten, das andere. Dies gelingt dem Autor in beeindruckender Weise, sodass in der Tat das überaus lebendige Porträt eines herausragenden Zeitgenossen gezeichnet werden kann, der in Leipzig und (dem Bologna gegenüber »preiswerteren«) Perugia Kirchenrecht und römisches Zivilrecht studierte, zum Doktor beider Rechte promovierte, das Amt des Rektors der Leipziger Universität im Sommersemester 1439 bekleidete und zum Ordinarius der Juristenfakultät aufstieg. Als solcher hatte er maßgeblichen Anteil an der Statutenreform der Universität 1446.[2] Bocksdorf war ein anerkannter Jurist, der ein weites Betätigungsfeld zwischen Universität, Stadt und Fürstendienst – hier eher als »Rat von Haus aus« (S. 125), nicht aber auf diplomatischem Parkett gefragt – beackerte und materiell, auch durch die elf tatsächlich besessenen Pfründen sowie die beträchtlichen Einkünfte, die von Vorlesungs- und Prüfungsgebühren bis hin zu Honoraren aus Gutachter- und Advokatentätigkeit reichten, »außerordentlich wohlversorgt« (S. 156) war.

Wejwoda analysiert darüber hinaus eingehend die drei Testamente Bocksdorfs aus den Jahren 1459, 1463 und 1464, sämtlich in Leipzig aufgesetzt, die, wenn man sich den Stellenwert dieser für das Spätmittelalter so wichtigen seriellen Quelle vor Augen führt und deren Aussagemöglichkeiten, aber auch Grenzen kennt, weitere wichtige Einblicke in Lebenswelt, Beziehungsnetz und Selbstverständnis des Testierers gewähren, den noch immer von einer starken Bindung an die niederadelige Familie und eine deutliche Affinität zu seinem langjährigen Wirkungsort Leipzig auszeichnen. Insgesamt kommen somit weitere maßgebliche Mosaiksteine der Biographie Bocksdorfs zum Vorschein. Die im November 1465 erfolgte *legatio librorum* – außerhalb der Testamente vorgenommen – wird den Gegenstand einer eingangs bereits erwähnten eigenständigen kleinen Monographie Wejwodas bilden. In einem Exkurs zu Dietrich von Bockdorfs professionellem Selbstverständnis und der Frage einer beruflichen Kollektividentität gelehrter Juristen im deutschen Spätmittelalter trägt der Autor Argumente und Belege vor, lässt freilich klugerweise offen, ob diese Quellen ausreichen, von einer Grup-

2 Marek Wejwoda, Wenn ein politisches Projekt Makulatur wird – Die Reform der Universität Leipzig im Jahre 1446 und das Schicksal der Originalausfertigung des Reformstatus, in: Stadtgeschichte. Mitteilungen des Leipziger Geschichtsvereins 2009 (2010), S. 17–39.

penidentität deutscher Gelehrter im Untersuchungszeitraum zu sprechen. (S. 193) Deutlich wird auch: Die abschließende Lebensetappe als gewählter und nach einigem Zögern auch päpstlich konfirmierter Bischof von Naumburg (1463–1466) war zu kurz, als dass Dietrich von Bocksdorf hier hätte ausgeprägte Initiativen in weltlichen oder geistlichen Belangen des Bistums entfalten können.

In Kapitel 3 steht der gelehrte Jurist in der Rechtspraxis im Mittelpunkt, zumal dessen rechtspraktische Texte, wie der Vf. unterstreicht, in einzigartiger Breite in Handschriften und Aktenfaszikeln in 25 Originalen und Abschriften überliefert sind. Wejwoda hinterfragt u. a. die Herkunftsgebiete der Auftraggeber (die im Einzelfall sogar aus Nordböhmen stammten) und macht die Netzwerke sichtbar, wobei persönliche Bekanntschaft und Präsenz, aber auch die herausgehobene gelehrte Stellung Dietrichs und die damit überschaubare fachliche Konkurrenz, eine wesentliche Rolle für die Erteilung von Aufträgen spielten. Die Analyse der sozialständischen Zusammensetzung der Auftraggeber (etwa für Gutachten oder Rechtsmitteilungen), die sich in immerhin 357 Fällen genau bestimmen lässt, macht u. a. deutlich, dass Städte und Bürger (91 Fälle), Niederadel (83 Fälle) und Bischöfe (54 Fälle) hier an der Spitze lagen, aber auch ländliche Gemeinden und Bauern (40 Fälle) sowie weltliche Fürsten (30 Fälle) zu den Klienten Bocksdorfs gehörten, dessen anwaltlich-praktische Arbeiten zugleich die neuartige schriftliche und gelehrte Praxis des sächsischen Rechts seit dem zweiten Viertel des 15. Jahrhunderts in einzigartiger Weise reflektieren.

Insgesamt erfährt in Wejwodas überzeugender Darstellung der Typus des mittelalterlichen gelehrten Juristen vom herausragend dokumentierten Einzelfall aus eine Konkretisierung und Differenzierung, wie das zusammenfassende Kapitel 4 noch einmal verdeutlicht. Bocksdorfs Tätigkeitsschwerpunkte als Rechtsbeistand, Gutachter und Universitätslehrer waren dabei zuallererst das Resultat einer bewussten eigenen Entscheidung des gelehrten Juristen, dessen akademische Qualifikation für den individuellen Lebenserfolg und den sozialen Aufstieg einen außerordentlichen Stellenwert besaß. Im Anhang finden sich in einem Editionsteil zahlreiche Quellenbeispiele (u. a. Bocksdorfs Testamente, Auszüge aus dem Zeitzer Kopialbuch sowie Auszüge aus den sog. Leipziger und Görlitzer *Informaciones*), dem schließen sich ein Quellen- und Literaturverzeichnis sowie ein Personen- und Ortsregister an. Insgesamt bietet die inhaltlich überzeugende Darstellung ungemein vielfältige Anregungen, der Gruppe gelehrter Juristen im Spätmittelalter weitere Studien zu Zeitgenossen Bocksdorfs folgen zu lassen, um die Aussagebasis weiter zu verbreitern.

Thomas Krzenck (Leipzig)

Enrico Hochmuth

Industrie- und Gewerbeausstellungen in Sachsen 1824–1914.
Ihr Beitrag zur kommunalen und regionalen Standortbildung
(Veröffentlichungen des Sächsischen Wirtschaftsarchivs e.V., Band 9, Reihe A: Beiträge zur Wirtschaftsgeschichte)

Sax Verlag, Beucha-Markkleeberg 2012, 216 Seiten, Ladenpreis: 24.80 Euro,
ISBN 978-3-86729-0

Das vorliegende Buch basiert auf einer langjährigen Forschungs- und Sammlungstätigkeit des Autors, der nach mehreren Vorarbeiten und Einzelstudien schließlich 2007 zu diesem Thema am Institut für Kulturwissenschaften der Universität Leipzig promoviert hat. Offensichtlich seiner Dissertation folgend, gliedert Hochmuth den Band in acht Hauptkapitel mit jeweils mehreren Teilkapiteln. Nach einer Einleitung mit Grundsatzbemerkungen, Leit- und Definitionsfragen, Ausführungen zur Bedeutungsgeschichte der Industrie- und Gewerbeausstellungen, zu Forschungsstand und Quellenlage sowie zu Aufbau und Methoden der Arbeit, wendet er sich nachfolgend den einzelnen sächsischen Regionen zu. Dabei geht der Autor meist überblicksartig auf alle wesentlichen Aspekte der Entwicklung des Ausstellungswesens im 19. und frühen 20. Jahrhundert in Sachsen ein und verknüpft diese treffend mit der allgemeinen politisch-historischen, administrativen und wirtschaftlichen Entwicklung im Königreich. Die Regionen macht Hochmuth an den damals vier, ab 1900 fünf kreishauptmannschaftlichen Bezirken fest und geht in den Unterkapiteln dann näher auf die größeren Zentren wie Dresden, Leipzig, Chemnitz, Zwickau und Plauen, aber auch auf die mittleren und kleineren Städte wie Bautzen, Freiberg, Wurzen, Borna, Döbeln, Mittweida, Marienberg, Kamenz und Zittau ein.

Zunächst widmet sich der Autor den zwischen 1824 bis 1845 mit staatlicher Förderung regelmäßig in Dresden stattfindenden Gewerbeausstellungen, skizziert den Wandel von den regionalen Universal- zu nationalen und internationalen Fachausstellungen in Dresden, bevor am Beispiel der Städte Riesa und Großenhain weitere Ausstellungsaktivitäten im Bezirk Dresden vorgestellt werden. Detaillierte Schilderungen zu Vorbereitungen und Verlauf auch der überregional bzw. international bedeutenden Expositionen wie der Deutschen Bauausstellung 1900, der Deutschen Städteausstellung 1903, den drei internationalen Gartenbauausstellungen zwischen 1887 und 1907, der Internationalen Hygieneausstellung 1911 oder den nationalen Kunst- und Kunstgewerbeausstellungen in Dresden wird der Leser jedoch vermissen. Hier muss der Autor schon aus Platzgründen auf die inzwischen meistens vorliegenden einschlägigen Spezialuntersuchungen verweisen. Allerdings hätten diese in der Übersicht zu den bedeutenden Fachausstellungen in Sachsen (Anhang) vollständig (die meisten überregionalen Kunst- und Kunstgewerbeausstellungen um 1900 in Dresden fehlen) aufgelistet werden können.

In einem dritten Kapitel wendet sich der Autor Leipzig und Umgebung zu, welches hier etwas ausführlicher besprochen werden soll. Zu Beginn stellt Hochmuth die Entwicklung des Leipziger Ausstellungswesens bis zur 3. Nationalausstellung 1850 in Leipzig vor und berücksichtigt dabei insbesondere die Wechselwirkungen mit der Messe. In dieser Zeit waren besonders die beiden Leipziger Gewerbevereine, darunter die bereits 1764 gegründete »Leipziger Ökonomische Societät«, aktive Motoren und Organisatoren der Industrie- und Gewerbeausstellungen, die zum Teil mit den Herbstmessen verbunden wurden. Danach wird die Entwicklung bis zur »Dauernden Gewerbeausstellung« in Leipzig (ab 1890), für die am Tröndlinring

1895 eine große Ausstellungshalle im Stil der Weltausstellungsarchitektur dieser Epoche errichtet wurde, dargestellt. Hier fanden nun bis zu ihrer Einstellung wegen rückläufiger Besucherzahlen im Jahre 1911 regelmäßig Ausstellungen gewerblicher Produkte, insbesondere des Maschinenbaus, statt. Breiten Raum nimmt die Sächsisch-Thüringische Industrie- und Gewerbeausstellung von 1897 in Leipzig ein, die zu einem besonderen Steckenpferd und Sammelschwerpunkt des Autors zählen dürfte. Hier erfährt man alles Wesentliche zur Vorbereitung, Finanzierung und Organisation der vom April bis Oktober geöffneten Ausstellung, über die umfangreichen und zum Teil aufsehenerregenden Ausstellungsbauten und Sensationen, über Eintrittsgelder, Aussteller und Besucher, Exponate und Preisträger, Kongresse und Schaustellungen sowie manch interessante Details und Anekdoten. Um so bedauerlicher erscheint es dem Rezensenten, dass die gerade für diese, aber auch für andere Ausstellungen um 1900 zahlreichen farbenprächtigen Litho-Karten nur in schwarz/weiß im Buch erscheinen. Farbabbildungen wären gerade bei diesen Themen ein großer Gewinn für die Publikation gewesen.

Ein drittes Teilkapitel zeigt die Entwicklung von den regionalen Universal- zu den internationalen Fachausstellungen in Leipzig vom Ende des 19. Jahrhundert bis zum Beginn des Ersten Weltkrieges auf – wobei H. insbesondere auf die Internationale Baufachausstellung (IBA) mit verschiedenen Begleitausstellungen und Kongressen 1913 mit 400000 Besuchern und die Internationale Ausstellung für graphische Künste und Buchgewerbe (BUGRA) 1914 mit immerhin rund 2 Millionen Besuchern bis zu ihrem kriegsbedingten vorzeitigem Ende ausführlicher eingeht. Schließlich werden am Beispiel der Städte Borna, Döbeln, Mittweida und Wurzen exemplarisch weitere Ausstellungen in der Kreishauptmannschaft Leipzig vorgestellt, die insgesamt mit 43 Druckseiten gegenüber Dresden (25 S.), Chemnitz/Zwickau (22 S.) und Bautzen (13 S.) deutlich dominiert. Im vierten Kapitel zum Ausstellungswesen in den Kreishauptmannschaften Zwickau (ab 1900 noch Chemnitz) und Bautzen werden jedoch wichtige Entwicklungen, Zusammenhänge und Ereignisse aufgezeigt, sodass auch für diese Regionen zumindest ein Überblick vorliegt. Hier gehen besondere Impulse und Ausstellungsaktivitäten von der aufstrebenden Industriemetropole Chemnitz, von Zwickau, Annaberg, Freiberg, Marienberg und Mittweida aus, während die Städte der Oberlausitz gemeinsame Industrie- und Gewerbeausstellungen in wechselnden Orten veranstalteten.

In einem fünften Kapitel betrachtet H. übergreifend Entstehung und Verlauf des sächsischen Ausstellungswesens im Vergleich zu anderen Regionen und spannt dabei den Bogen von der »frühindustriellen Leistungsschau« in der ersten Hälfte des 19. Jahrhunderts bis zum »spätindustriellen Heimatfest« nach 1900. Mit weiteren Fakten und statistischem Vergleichsmaterial werden Rang und Potenzial Sachsens innerhalb des Deutschen Bundes und ab 1871 des Deutschen Reiches herausgearbeitet, wobei einmal mehr deutlich wird, dass das 1815 amputierte Königreich trotzdem zu den wirtschaftlich prosperierendsten Regionen in Deutschland und darüber hinaus gehörte. Dabei unterstreicht der Autor auch den identitätsstiftenden Beitrag der Ausstellungen über die Landesgrenzen hinweg, wovon die Sächsisch-Thüringische Industrie- und Gewerbeausstellung von 1897 und weitere mitteldeutsche Ausstellungen unter Einbeziehung preußischer Gebiete Zeugnis ablegen. Die Entwicklung des Ausstellungswesens wurde bis zum Ende des 19. Jahrhunderts immer universeller und bezog neben der reinen industriell-gewerblichen Produktschau zunehmend kulturelle, volkskundliche und künstlerische Aspekte nach dem Vorbild der großen Weltausstellungen ein. Damit wurde nicht zuletzt aus kommerziellen Beweggründen eine enorme Verbreiterung der Besucherbasis erreicht, so dass die Ausstellungen nicht selten zu einem Balanceakt zwischen den Ansprüchen von Ausstellern und Fachpublikum auf der einen und den eher an Abwechselung, Vergnügen und Sensationen interessierten Massenpublikum aus der Region sowie angereisten Touristen auf der anderen Seite wurden. Im folgenden Teilkapitel gibt H. einen Ausblick zum weiteren Verlauf des Ausstellungswesens im 20. Jahrhundert, bei dem er nach der Weimarer Republik und NS-Zeit überblicksartig Gemeinsamkeiten und Unterschiede im geteilten Deutschland nach 1945 aufzeigt. In diesem Abschnitt erfahren neben den Leipziger Ausstellungs- und Messeaktivitäten auch die berühmten Jahresschauen Deutscher Arbeit in den 1920er-Jahren sowie die Hygieneausstellungen von 1930 und 1931 in Dresden Erwähnung. Für die Nachkriegszeit werden insbesondere die überregionale, deutsch-deutsche und auch internationale Bedeutung der DDR-Landwirtschaftsausstellung »agra« in Leipzig-Markkleeberg sowie der Rang der Leipziger Messe als Ost-West-Drehscheibe internationaler Handelsbeziehungen unter den Bedingungen des Kalten Krieges hervorgehoben.

In einem letzten Kapitel stellt der Autor die Organisationsgeschichte des Ausstellungswesens in ganz Deutschland vor und zieht Vergleiche zwischen Sachsen und anderen Bundesstaaten. Dabei stehen in der Frühphase das Wirken staatlicher Organisationen und Gewerbevereine, die Rolle des Wirtschaftsbürgertums sowie die Entstehung von Handels- und Gewerbekammern, berufs- und branchenspezifischen Fachorganisationen und schließlich die seit dem letzten Drittel des 19. Jahrhunderts gegründeten nationalen und internationalen Ausstellungsgremien im Fokus der Betrachtung. Einer kurzen Zusammenfassung wesentlicher Aussagen und Erkenntnisse folgen im Anhang tabellarische Übersichten zu den Universalausstellungen in Sachsen zwischen 1824 und 1912 sowie zu bedeutenden Fachausstellungen in Sachsen von 1852 bis 1914. Ein ausführliches Quellen- und Literaturverzeichnis sowie ein Personenregister runden den Band ab.

Trotz zahlreicher Fakten und Zahlen ist die vorliegende Publikation in einem flüssigen und gut lesbaren Stil gehalten und enthält aus Sicht des Rezensenten nur an wenigen Stellen Ungenauigkeiten. Als kritische Anmerkung sei hier vermerkt, dass Sachsen nicht erst 1871 seine staatliche Souveränität verlor (S. 33), sondern bereits mit der Niederlage von 1866 an der Seite Österreichs und dem unfreiwilligen Beitritt zum preußisch dominierten Norddeutschen Bund. Außerdem kann von einem Vorteil für die sächsische Industrie durch [kaum vorhandene sic!] Bodenschätze wie Gold ... (S. 33) wohl zu keiner Zeit die Rede sein. Erstaunlich ist auch, dass der Autor aus dem vor Ort ansässigen Staatsarchiv Leipzig keine Quellen genutzt bzw. angegeben hat, obwohl sich hier vor allem im Bestand der Kreishauptmannschaft Leipzig mehrere gewichtige Akten zu den Gewerbeausstellungen im Bezirk Leipzig zwischen 1837 und 1872, zur Dauernden Gewerbeausstellung in Leipzig (1890 bis 1903), zur Sächsisch-Thüringischen Industrie- und Gewerbeausstellung 1897 sowie zu verschiedenen großen Fachausstellungen befinden. Schade auch deshalb, weil sich durch die Auswertung dieser und weiterer einschlägiger Archivalien auch noch Lücken in der Übersicht der Industrie- und Gewerbeausstellungen in Sachsen hätten schließen lassen (z. B. die nicht genannten oder bekannten Gewerbeausstellungen 1893 und 1905 in Mutzschen, zu denen im Staatsarchiv Leipzig gleichfalls Akten vorliegen).

Insgesamt gesehen handelt es sich bei der vorliegenden Publikation um eine verdienstvolle Studie, die einen relativ vollständigen Überblick über das Thema vermittelt, Forschungslücken schließen kann und zu weiteren Arbeiten auf diesem Gebiet anregt. Allen im weiteren Sinne landes- und wirtschaftsgeschichtlich Interessierten ist dieses Buch daher sehr zu empfehlen.

Gerald Kolditz (Leipzig)

Moderne Zeiten. Leipzig von der Industrialisierung bis zur Gegenwart
(Themenband zur Ständigen Ausstellung Altes Rathaus)

Veröffentlichung des Stadtgeschichtlichen Museums Leipzig; hrsg. von Volker Rodekamp, Leipzig 2011; 271 Seiten, Ladenpreis: 19.90 Euro, ISBN 978-3-910034-11-2

Der großformatige Text-Bildband wurde als Begleitpublikation für den zeitlich letzten Abschnitt der ständigen Ausstellung des Stadtgeschichtlichen Museums Leipzig herausgegeben. Ob Leipzig damit das »geilste Stadtmuseum Deutschlands« (Zitat Rodekamp aus LVZ) bekommen hat, sei dahingestellt. Ausstellung und Publikation verstehen sich »als zeitgemäßer Diskurs über Stadtgeschichte«, der nicht mit »fertigen Antworten« aufwartet, sondern vielmehr dazu anregen soll, »eigenständig Fragen an die Vergangenheit« zu richten – so Volker Rodekamp im Vorwort. Auf gestalterisch recht unkonventionelle Weise bietet der Band ergänzende Informationen in Wort und Bild zu den acht Zeitabschnitten der Dauerausstellung zwischen 1815 und heute sowie zu den vier zeitübergreifenden Themenbereichen Leipzig als Buchstadt, als Musikstadt, als Messestadt und als Sportstadt.

Jeder Zeitabschnitt beginnt mit einem kurzen überblicksartigen Einführungstext und einer separaten Chronik der Zeitereignisse einschließlich biografisch und statistisch wichtiger Daten. Danach werden ausgewählte Schwerpunkte und Entwicklungen dieser Periode schlaglichtartig vorgestellt und kommentiert, wobei vertikale und senkrechte schwarze Überschriften mit Begleittexten auch bei diesen Unterkapiteln auffallen. Daneben stehen oft großflächige zeitgenössische bildliche Darstellungen, Fotos und Dokumente – manchmal auch schräg stehend oder verfremdet – und oft als Montage mit grafischen Gestaltungselementen, Symbolen und verschiedensten Schriftarten und -größen. So bietet sich dem Betrachter ein ganz eigener visueller Eindruck in den Farben schwarz-weiß-rot, der vor allem durch seine Collagetechnik, Verkleinerungen oder Vergrößerungen von Bildelementen auffällt, deren Auswahl und Kombination mitunter auch etwas gewagt erscheint. Diese Gestaltung ist sicher nicht jedermanns Geschmack (wie auch der anhaltend ausströmende spezielle Geruch dieses 1,5 kg schweren Buches), hebt sich aber deutlich von vergleichbaren Publikationen dieser Art ab und hat nach Ansicht des Rezensenten durchaus seinen Reiz. Mitunter kann man auch auf den zweiten oder dritten Blick in den Collagen noch überraschende Details entdecken.

Hinsichtlich der Proportionen des Gesamtwerkes ist festzustellen, dass mit rund 50 Seiten dem 19. Jahrhundert trotz bahnbrechender politischer und wirtschaftlicher Umbrüche relativ wenig Platz eingeräumt wird. Hier kommt, wie auch in der Ausstellung selbst, besonders der Zeitraum zwischen Ende der napoleonischen Kriegen und der Revolution von 1848/49 zu kurz weg, während Leipzig von 1933 bis 1989 mit 90 Seiten vergleichsweise viel ausführlicher dargestellt wird. So wird der Zeitabschnitt bis 1850 nach einer kurzen Einführung von lediglich zwei Spalten in drei nachfolgenden Teilabschnitten weitgehend auf die Revolution von 1848/49 und ihre Vorgeschichte reduziert. Irreführend ist zudem die Aussage, dass die sächsische Regierung nach Inkrafttreten der Verfassung von 1831 »weitere Umgestaltungen … nicht hinnehmen« wollte (S. 15). Tatsächlich war die gemäßigt liberale Verfassung rechtliche Basis und Ausgangspunkt für eine ganze Reihe von Reformen einschließlich Modernisierung der sächsischen Verwaltung in den nächsten Jahren. Etwas ausführlicher wird der Zeitabschnitt zwischen Revolution und Reichsgründung dokumentiert; hier erhalten Anfänge der Industrialisierung, Ausbau der Verkehrswege (Eisenbahn, Kanal- und Städtebau), soziale Bewegungen bzw. Anfänge der Arbeiter- und Frauenbewegung sowie Aspekte des Alltagslebens (»Erfindung des Schrebergartens«) eigene gut lesbare Abschnitte. Instruktiv ist auch die Überblicksdarstellung zu Leipzig im Kaiserreich, wobei freilich nur einige ausgewählte Aspekte dieser bedeutenden Periode in der Stadtgeschichte beleuchtet werden. Hier zeigen sich aus Sicht des Rezensenten Disproportionen, wenn sich vier von neun Teilabschnitten dem jüdischen Leben bzw. dem Antisemitismus widmen. Die verbleibenden Unterkapitel werden weitgehend auf 500 Jahre Universität, auf Ausstellungen, Feste und die Metamorphose der Stadtentwicklung seit der Gründerzeit reduziert, womit man dieser ereignisreichen Zeit mit ihrer rasanten Entwicklung in Technik, Wissenschaft und Gesellschaft nur unzureichend gerecht wird. Die nachfolgende Periode der Weimarer Republik wird mit ihren Umbrüchen auf 14 Seiten zwar knapp, aber treffend mit ihren Höhen und Tiefen vorgestellt, wobei sich die Unterkapitel der Inflation und Wirtschaftskrise, dem modernen Wohnen und neuem Bauen sowie Kultur und Verkehrsentwicklung (»Im Rausch der Goldenen Zwanziger«) schlaglichtartig widmen. Jedoch wurde die Rentenmark 1924 nicht durch die Reichsmark abgelöst (S. 84), sondern blieb noch bis 1948 neben der Reichsmark offizielles Zahlungsmittel. Auch in diesem Kapitel dominieren Bilder der Zeit oft als Collagen gegenüber dem Text und ergänzen diesen nicht nur durch bloße Illustration, sondern mit zeitgenössischen Zusatzinformationen in Form von Dokumenten unterschiedlichster Art.

In den relativ umfangreichen Abschnitten »Nationalsozialismus und Krieg«, »Unter Besatzung« (1945–1949) und »Leipzig in der DDR« werden mitunter überkommene Klischees oder Stereotype von Gut und Böse bedient und Grautöne oft vernachlässigt. Dies wird zum Teil schon in den Chronikspalten deutlich, wo neben statistischen Angaben überwiegend Negativereignisse stehen. Die NS-Zeit fast ausschließlich auf Verfolgung, Widerstand und Kriegsvorbereitung zu reduzieren, spiegelt den Alltag in Leipzig zu einseitig wider. Es verschweigt die überwältigende Zustimmung und Unterstützung, die das NS-Regime auch hier erfuhr, verbunden mit der Illusion von einer »nationalen Revolution« und einer solidarischen »Volksgemeinschaft« bis in die ersten Kriegsjahre hinein. Schließlich sind auch solche Aussagen, dass nach 1933 die Musik Mendelssohns nicht mehr erklang und dass ab 1937 der Weltruf der Leipziger Messen bereits bröckelte (S. 94 und S. 140) ebenso zu hinterfragen bzw. zu relativieren wie die beabsichtigte Mobilisierung (oder doch überwiegend Demoralisierung) der Bevölkerung durch die Bombardements der Engländer und Amerikaner (S. 95). Daneben fallen zum Teil abrupte Übergänge, Wiederholungen und plakative oder unglückliche Formulierungen auf, die sich in den Abschnitten nach 1945 fortsetzen. Hier hätten Redaktion, Beirat, Herausgeber und Textbearbeiterin bei der Endredaktion stärker Einfluss nehmen müssen. Dann wären sicher auch solche Fehler wie zwei unterschiedliche Schreibweisen für »Pogrom/Progrom« auf einer Seite (112) vermeidbar gewesen. Ein 20-seitiger Abschnitt über die amerikanische und russische Besatzung bzw. die Übergangsjahre Leipzigs zwischen Kriegsende und Gründung der DDR zeigt die wesentlichen Probleme und gesellschaftlichen Umbrüche dieser Jahre mit Wiederaufbau und Enttrümmerung, Versorgung und Betreuung (auch der »Umsiedler«), Rationierung und Schwarzmarkt sowie Enteignungen in Wort und Bild. Als Antipoden zur DDR-Geschichtsschreibung stehen tendenziöse Überschriften wie »Befreiung durch die Amerikaner« und »Unter sowjetischer Besatzung«. Die Darstellung von 40 Jahren Leipzig in der DDR waren dem Herausgeber eben so viele Druckseiten wert. In einigen Unterabschnitten sichtlich um ein differenziertes Bild des DDR-Alltags und um Grautöne bemüht, dominieren aber auch hier Verfolgung, Reglementierung und Widerstand, Mangel, Umweltzerstörung und

Niedergang. Das großformatige Foto auf den Seiten 156/157 projiziert unzulässigerweise Versorgungsverhältnisse des Hungerjahres 1946 auf das Jahr 1953 und der seit den 1970er-Jahren rasant ansteigende »Eigenheimbau« in der DDR wird in Verbindung mit »Bauen und Wohnen« (S. 168) unterschlagen bzw. zur Ausnahmeerscheinung erklärt. Das folgende Kapitel »Friedliche Revolution und Deutsche Einheit« stellt als letzten Zeitabschnitt auf 15 Seiten die Jahre von 1989 bis heute dar, wobei hier kaum Aussagen zum Alltagsleben in der Stadt vorkommen. Am Ende des Bandes stehen vier herausragende »Themen einer Stadt«. Auf über 50 Seiten wird ein kurzer Überblick über die Entwicklung des Buchgewerbes, des Musiklebens, der Messe und des Sports über die Zeiten hinweg vermittelt. Dabei werden auch einzelnen Institutionen wie Oper, Gewandhaus, Thomanerchor und Konservatorium, Verlagen wie Brockhaus oder Veranstaltungen wie den Turnfesten eigene Abschnitte gewidmet. Wer sich einen kurzen und originell illustrierten Überblick über das 19. und 20. Jahrhundert in Leipzig verschaffen will, keine allzu großen wissenschaftlichen Ansprüche stellt und die gesehene Ausstellung nochmals in Ruhe vertiefen möchte, für den kann dieser Themenband eine Bereicherung sein – neue Erkenntnisse zur Stadtgeschichte für den kundigen Leipziger selbst sind hier allerdings weniger zu erwarten.

Gerald Kolditz (Leipzig)

100 Jahre Landesgeschichte (1906–2006).
Leipziger Leistungen, Verwicklungen und Wirkungen
(Schriften zur sächsischen Geschichte und Volkskunde, Bd. 38)
Enno Bünz (Hrsg.)

Leipziger Universitätsverlag, Leipzig 2012, 477 Seiten, Ladenpreis: 54 Euro,
ISBN 978-3-86583-618-2

Nun sind es mittlerweile bereits 106 Jahre institutionalisierter Landesgeschichtsforschung in Sachsen, wobei Leipzig mit dem im Oktober 1906 von Rudolf Kötzschke (1867–1949) an der Universität der Messestadt gegründeten Seminar für Landesgeschichte und Siedlungskunde von Beginn an im Fokus stand, mit Wirkungen, die – auch und gerade durch seine Schüler hervorgerufen – weit über Leipzig hinausreichten, ja auf ganz Deutschland ausstrahlten. Natürlich ist es schade, wenn erst sechs Jahre nach der Leipziger Tagung zum Thema »100 Jahre Landesgeschichte« der entsprechende Tagungsband erscheinen kann, wofür freilich, wie Enno Bünz einleitend überzeugend darzulegen weiß, objektive Gründe sprechen. Nicht zuletzt die 600-Jahrfeier der Alma Mater Lipsiensis 2009 und die intensiven wissenschaftlichen Vorbereitungen für eine mehrbändige wegweisende Geschichte der Universität sowie weitere Verpflichtungen des Herausgebers sind hier überzeugende Begründung genug. Es tut der ganzen Sache auch keinen Abbruch bzw. schmälert ihren Wert keinesfalls, wenn in der Zwischenzeit einige der auf der Tagung gehaltenen und im vorliegenden Band nochmals (zum Teil in erweiterter, gekürzter oder veränderter Form) wiedergegebenen Beiträge bereits zeitnah zur Tagung in den Blättern für deutsche Landesgeschichte erschienen sind. Der vorliegende Band setzt, dies darf vorweggenommen werden, mit Blick auf Bilanz und Ausblick landesgeschichtlicher Forschung in Sachsen in vielerlei Hinsicht Maßstäbe und regt zu weiterer intensiver Auseinandersetzung mit dem Thema an.

Neben der Einleitung sind es insgesamt 12 Beiträge, aufgegliedert in drei Themenblöcke, die den Inhalt des Bandes ausmachen. Acht in nicht geringem Maße biographisch ausgerichtete Aufsätze rücken den Gründer des Leipziger Seminars Rudolf Kötzschke und seine bedeutendsten Schüler in den Mittelpunkt, berücksichtigen dabei notwendigerweise auch stets den zeitgeschichtlichen Rahmen, methodische und methodologische Leistungen vor dem Hintergrund nationaler und internationaler Forschungsansätze, die übrigen Beiträge zeigen dagegen die historiographischen wie kontextualen Hintergründe auf. Dabei geht es in einem ersten Themenblock zunächst um »Rudolf Kötzschke und die Landesgeschichte in Leipzig«. Ulrich von Hehl zeichnet – gleichsam als Einführung und zur Verdeutlichung der zeitlichen Achse – ein facettenreiches Bild der Geschichtswissenschaft an der Universität Leipzig im frühen 20. Jahrhundert, wobei zum einen die frühe »Exklusivität Leipzigs im Reichsmaßstab hinsichtlich des thematisch wie methodisch breitgefächerten Lehrangebots« (S. 28) klar hervortritt, zum anderen natürlich auch die dunkle, zum Teil schlimme Seite der Entwicklung in der NS-Zeit in Grundzügen zur Sprache kommt (was dann in einzelnen Beiträgen personengebunden und von den Forschungsthemen her eine detaillierte Darstellung erfährt). Mit Blick auf den 1934–1941 am Historischen Institut wirkenden Mediävisten Hermann Heimpel (1901–1988) sei hier Einspruch erhoben, wenn es beim Autor um die Formulierung, Heimpel habe es bei seiner Begabung nicht nötig gehabt, »sich bei den neuen Machthabern rhetorisch anzubiedern« (S. 36), geht. Formal mag die Feststellung zutreffen, doch sollte in gleichem Atemzug auch auf die zweite Seite der Medaille verwiesen werden, dass Hermann Heimpel als ungewöhnlich sensibler Geist nämlich einer der ganz wenigen unter den deutschen Historikern war, der sich zu seiner Schuld bekannt und darunter mit zunehmendem Alter stark gelitten hat, wie Arnold Esch 1998 in der hitzig geführten Diskussion um die Rolle deutscher Historiker im Nationalsozialismus überzeugend herausstellte.[1]

An von Hehls Ausführungen, der das fachliche und methodische Umfeld beschreibt, in dem Rudolf Kötzschke wirken konnte, schließt sich die kritische Würdigung des Begründers des Leipziger Seminars für Landesgeschichte und Siedlungskunde durch den Herausgeber des Bandes, Enno Bünz, an, der die Leistungen Kötzschkes mit Blick auf ihren – modern ausgedrückt – interdisziplinären, multiperspektivischen und vergleichen Charakter (S. 51) analysiert und dabei auch auf den Spagat von »politischer Begrenzung« (die sich nicht zuletzt terminologisch artikulierte), »methodischer Offenheit« und völkischer Ideologisierung nach dem Ersten Weltkrieg verweist, einen Balanceakt, dem auch Kötzschke selbst – bei aller Wahrung eines hohen ungemein innovatorischen Forschungsanspruchs – nicht zu entrinnen vermochte (Stichworte: »Blutgemeinschaft« und »Boden«). Dies inkludiert natürlich folgerichtig die Frage nach der Haltung Rudolf Kötzschkes im NS-System (auch wenn Kötzschke 1935 emeritiert wurde), die Bünz vornehmlich auf der Grundlage dreier Standardwerke (zweibändige Sächsische Geschichte, Kulturräume und -strömungen im deutschen Osten, Geschichte der deutschen Ostkolonisation) auch terminologisch hinterfragt. Das Denkmal Kötzschke wird dabei keinesfalls, bildlich gesprochen, vom Sockel gestoßen, jedoch die Person – auch aus der notwendigen zeitlichen Distanz heraus – kritisch gewürdigt, wobei der Autor dem großen Landeshistoriker aber weitgehend verdienten Respekt zollt. Julia Sobotta präsentiert den weitaus weniger innovativen, dennoch nicht zu vernachlässigenden Wirtschaftshistoriker Kötzscke vor dem Hintergrund neuer Trends in der Wirtschaftsgeschichte, während Karlheinz Blaschke als der wohl letzte lebende »Schüler« Kötzschkes diesen als Lehrer, Forscher und Wegweiser würdigt, bei durchaus kritischen Untertönen, wobei der Schüler seit den 1950er-Jahren die Tradition landesgeschichtlicher Forschung in Sachsen – »zwischen ideologischem Zwang und Wirklichkeitsferne« – lebendig fortzuführen sich erfolgreich bemühte. Äußerst aufschlussreich sind auch die Ausführungen Harald Lönneckers, der mit der Leipziger Universitätssängerschaft zu St. Pauli (deren Mitglied Kötzschke seit 1886 war) ein wenig beachtetes Thema herausgreift, an dem sich zugleich ein Netzwerk veranschaulichen lässt, das auch Kötzschke zugute kam.

Im zweiten Themenblock (mit wiederum fünf Beiträgen) bieten zunächst die Darlegungen von Karl Ditt über moderne Landesgeschichte in der ersten Hälfte des 20. Jahrhunderts eine Art Einführung, wobei der mit »Zwischen Raum und Rasse« umschriebene Haupttitel zugleich den Blick auf bedeutende Schüler Rudolf Kötzschkes lenkt, deren Leistung und Werdegang partiell unterschiedlicher nicht ausfallen könnten. Werner Emmerich (1908–1968) sticht dabei mit seiner verhängnisvollen Doppelkarriere als begabter Landes- und Siedlungshistoriker auf der einen und seiner Laufbahn als SS-Obersturmführer auf der anderen Seite hervor, der – wie Carsten Schneider aufzeigt – bei der Einsatzgruppe D wohl die Gräueltaten bis zum Kaukasusvorland nicht nur hautnah erlebte, sondern möglicherweise selbst an Erschießungen und Vergasungen beteiligt war, auch wenn ihm diese Verbrechen nie so nachgewiesen werden konnten und sich Emmerich zudem nach dem Kriege im Entnazifizierungsverfahren geschickt

1 Vgl. Arnold Esch, Über Hermann Heimpel. In: Deutsche Historiker im Nationalsozialismus. Herausgegeben von Winfried Schulze und Otto Gerhard Oexle, Frankfurt am Main 1999, S. 159 f.

aus seiner Verantwortung stahl und seit Ende der 1950er-Jahre noch einmal Karriere in Bayern machte. Walter Schlesinger, der seine wissenschaftliche Laufbahn in den 1930er-Jahren in Leipzig begann und nach 1945 maßgeblich für eine organisatorische und konzeptionelle Neuorientierung der ost(mittel)deutschen Landesgeschichte auch in institutionalisierter Form von Marburg aus verantwortlich zeichnete (wobei insbesondere die geschichtliche Stellung der mittelalterlichen deutschen Ostbewegung, und zwar im angestrebten Dialog mit tschechischen und polnischen Fachkollegen, von nationalistischen Übersteigerungen gereinigt, im Fokus stand). Herbert Helbig als einer der wichtigsten Repräsentanten der Kötzschke-Schule, der seit den 1960er-Jahren von Berlin aus neue Interessenschwerpunkte setzte, sowie Heinz Quirin, dessen räumlicher Schwerpunkt in der wissenschaftlichen Arbeit in Mitteldeutschland (kein historisches »Land«, das aber nach Quirin dennoch als Geschichtslandschaft beschrieben werden kann) lag und der im Jahre 2000 als letzter Vertreter der sog. Kötzschke-Schule starb, stehen im Blickfeld der Beiträge von Klaus Neitmann, Knut Schulz und Winfried Schich, die an Einzelbeispielen die von Kötzschke entwickelten und von seinen Schülern differenziert aufgegriffenen und methodisch weiterentwickelten Forschungsleistungen in ihrem politischen und geschichtswissenschaftlichen Kontext würdigen und damit zugleich ein partielles Bild deutscher Historiographie-Geschichte im 20. Jahrhundert zeichnen. Gerade der im Titel des Bandes festgehaltene Untertitel, der auf Verwicklungen und Wirkungen verweist, wird hier in besonderem Maße sichtbar.

Im abschließenden dritten Themenblock geht es um die Landesgeschichte im geteilten Deutschland, wobei vor allem der gut 100 Seiten umfassende Beitrag von Winfried Müller besonderer Würdigung bedarf, gelingt es dem Verfasser doch, kenntnisreich bis ins Detail, anschaulich ein facettenreiches und realistisches Bild der Landes- und Regionalgeschichte in Sachsen zwischen 1945–1989 zu zeichnen, das bleibende Leistungen anerkennt und noch einmal die politische Instrumentalisierung durch den SED-Staat vor Augen führt, der wenige Nischen für von westlichen Forschungsansätzen beeinflusste Studien in der DDR bot. Besonderen Wert erlangt die differenzierende Darstellung auch durch die Tatsache, dass Zeitzeugen befragt wurden, die das Außenbild in der »Regionalgeschichte« – mitunter einer Landesgeschichte ohne Land (eine kritische Würdigung erfahren hier u. a. auch die beiden Gesamtdarstellungen der Geschichte Sachsens aus dem Jahre 1989/90, die wohl gegensätzlicher in Konzeption und Wahrnehmung nicht sein könnten) – entscheidend mitbestimmt haben (Karlheinz Blaschke, Helmuth Bräuer, Reiner Groß, Siegfried Hoyer, Manfred Unger und Hartmut Zwahr). Der Rezensent, der diese Entwicklung seit den 1980er-Jahren aus unmittelbarer Nähe mitverfolgt hat, kennt den Zwiespalt zwischen Wissenschaft und Politik in diesem Kontext und kann dem Autor für seine Objektivität nur Respekt zollen. Volker Rödel skizziert im abschließenden Beitrag des Bandes Herausbildung und Werdegang der historischen Disziplin Landesgeschichte.

Es ist also, dies das Fazit, ein sehr anregender Sammelband, der die Leistungen sächsischer Landesgeschichte in den 100 Jahren nach 1906 in angemessener Form bilanziert, sie in den zeithistorischen (Erster und Zweiter Weltkrieg, NS-Diktatur, Nachkriegsspaltung Deutschlands, Wiedervereinigung und erneute Länderbildung) wie historiographiegeschichtlichen Kontext stellt, zugleich aber auch Landeshistoriker unterschiedlicher Prägung berücksichtigt und so ein realistisches und ausgewogenes Bild entwirft, das lange Bestand haben wird.

Thomas Krzenck (Leipzig)

Autorenverzeichnis

Prof. Dr. Dr. Detlef Döring
Arbeitsstellenleiter am Projekt Edition des Briefwechsels von Johann Christoph Gottsched, Sächsische Akademie der Wissenschaften zu Leipzig

Prof. Dr. Erhard Hexelschneider
Slawist, Leipzig

Dr. Karsten Hommel
Wissenschaftlicher Mitarbeiter der Franckeschen Stiftungen zu Halle

Dipl. Mus. Maria Hübner
Wissenschaftliche Mitarbeiterin am Bach-Archiv Leipzig/Bach-Museum

Dr. Gerald Kolditz
Referatsleiter im Sächsischen Staatsarchiv, Staatsarchiv Leipzig

Dr. Jens Kunze
Wissenschaftlicher Mitarbeiter im Sächsischen Staatsarchiv, Staatsarchiv Leipzig

Sebastian Kusche M. A.
Projektkoordinator wissenschaftliche Stadtgeschichte Leipzig, Stadt Leipzig

Sandra Miehlbradt M. A.
Kunsthistorikerin, Leipzig

Dr. Rüdiger Otto
Wissenschaftlicher Mitarbeiter am Projekt Edition des Briefwechsels von Johann Christoph Gottsched, Sächsische Akademie der Wissenschaften zu Leipzig

Prof. Dr. Andreas Pehnke
Lehrstuhl für Allgemeine Erziehungswissenschaft (Systematische/Historische/Vergleichende Pädagogik), Universität Greifswald

Dr. Marek Wejwoda
Wissenschaftlicher Mitarbeiter am Lehrstuhl für Sächsische Landesgeschichte der Universität Leipzig